新完譯

대동기문

상

姜斅錫 編著
李民樹 譯

명문당

大東奇聞敍

　진(秦)나라 무왕(武王)의 신하인 장사(壯士) 오획(烏獲)은 능히 천근(千斤)을 들 수 있었지만 스스로 자기의 몸을 들지는 못하였다. 물건에는 강하였지만 왜 자신에게는 약했을까? 황제(黃帝)때의 사람으로 눈이 매우 밝았다는 이주(離朱 : 一作離婁)는 모든 것을 잘 살펴볼 수가 있었지만 자기 자신은 조금도 보지 못했다. 눈으로 터럭끝은 보아도 자기의 눈썹은 보지 못한다는 것, 왜 남의 것에는 밝으면서 자기의 것에는 어둘까? 그것은 형상에 구애되어 그럴 뿐이다.

　초(楚)나라의 무당은 능히 남을 위하여는 신령도 강림하게 하면서 스스로의 재앙은 물리치지 못했으며, 진(秦)나라의 의원(醫員)은 능히 남을 위하여 생명(生命)을 회생케 하면서 스스로의 병은 고치지 못했다. 왜 남에게는 신령스러우면서 자기에게는 신령스럽지 못할까? 그것은 사사로운 것은 가리어 보이지 않게 해서 그럴뿐이다.

　만일 노(魯)나라에 살면서 춘추전(春秋傳)은 읽지 않고 오직 초(楚)나라의 역사를 바로 외우며, 송(宋)나라에 살면서 유학자의 관인 장보관(章甫冠)을 쓰지 않고 오직 휼관(鷸冠)이나 준관(鵔冠)을 바로 쓰니, 과연 형상의 구애인가 사사로운 것의 가리움인가? 한갓 그 치애(癡獃)를 보고 광혹(狂惑)할 뿐이다.

　우리나라 사람의 병은 새것을 좋아하면서 기이한 것을 숭상하고 가까운 것을 소홀히 하면서 먼 것을 중요히 여기는데 있다. 그러므로 주(周)·한(漢)·당(唐)나라에 관한 것은 부유(婦孺)라도 또한 능히 이를 말할 수 있으면서 단군(檀君)·기자(箕子) 이후에 관한 것은 비록 노숙(老宿)하여 자명(自名)한 자라 할지라도 혹은 그 사실을 자세히 말하지 못하니, 내려오면서 점점 어둡고 가까와 오면서 점점 소홀하다. 그리하여 의리에 어두워서 인식을 억눌러 순임금이 되게 하는 자가 있고, 아름답고 악한 것에 혼미하여서 은을 큰 소리로 불러 철로 만드는 자가 있으며, 시비가 문란하여서 붉은 빛을 가리키어 자주빛이라 이르는 자가 있으니, 그래서 셈에 교묘하면서 셈을 못하는 것이다.

또 혹은 그 사람을 알면서 어느 세대에 나온 사람인지 모르고 그 사건을 알면서 어떤 사람이 지었는지 모르며, 호(號)를 알면서 이름을 모르고 성을 알면서 본관을 모르는 자가 허다하다.

심지어 그의 아버지와 할아버지의 언행에 대하여 물음이 있으면 그 입을 다물면서, 좌우를 보고 외국의 일에 관하여서는 비록 겹겹의 생소한 풍속, 말이나 소가 서로 미치지 못하는 땅일지라도 손가락으로 모든 손바닥을 가리키듯이 환하며 재미를 붙여 말이 이어져 입에 침이 마른다. 이에 있어 나의 미혹은 꽤 심하였다. 그러던 중 나의 벗 금천자(衿川子 : 姜斅錫을 가리킴)는 이 땅에서 태어났고 이 땅의 역사로 늙었으며 일찍이 말하기를 승국(勝國) 이전의 것은 이미 갖추었던 것에 조선조(朝鮮朝) 태조(太祖)를 비롯하여 고종(高宗)까지의 들은 바 기사(奇事)를 첩록(輒錄)하여 4개 거편(巨編)을 한 권 책으로 묶어 표제를 《대동기문(大東奇聞)》이라 하였다.

이것은 내가 생각하기로는 대동인(大東人)의 패서(稗書)의 일단(一端)이며 대체로 기(奇)로써 쓴 책이라 여겨진다. 그러므로 제해(齊諧)가 있고 골계(滑稽)가 있고 야인(野人)의 말이 있는 바로 패사(稗史)이다. 오가(烏可)가 말하기를 콩과 조보다 또 이름난 선비의 공업(功業)이 있고, 충효(忠孝)의 탁절(卓絕)함이 있으며, 도의(道義)와 문학(文學)의 숭굉위엽(崇閎偉燁)함도 있다고 했으니 이것이 어찌 한 예(例)의 패자(稗者)이겠는가?

그동안 훈예(薰蕕)가 잡진(雜陳)하는 꽃다운 향기와 썩은 냄새가 같지 않은 것은 스스로 당연히 판명(判明)될 것이니, 모름지기 입술만 낭비할 것이다. 만일 새것을 좋아하면서 가까운 것을 소홀히 여기는 자는 옆에서 아연히 웃으며 말하기를, 이것은 진부(陳腐)할 뿐으로 족히 기이함이 없다 할 것이다. 그러나 저자는 반드시 말하리라. 송(宋)나라 사람은 마땅히 송관(宋冠)을 써야 하고, 노(魯)나라 사람은 마땅히 노사(魯史)를 읽어야 하며, 대동(大東) 사람은 마땅히 대동(大東)의 사건을 알아야 한다고.

一九二五(乙丑)年 陰 五月 十三日(또는 八月 八日)

樊川 金 寗 漢 序

解題를 겸하여

李 民 樹

　대동기문(大東奇聞)은 금천(衿川) 강효석(姜斅錫)이 찬집(纂輯)한 것으로 되어 있다. 여기에는 조선조 태조조(太祖朝)로부터 시작하여 고종조(高宗朝)에 이르기까지의 8백여 명의 사적과 부록으로 고려 말기(高麗末期)의 수절(守節) 명인(名人)들의 이야기가 수록되어 있으니 실로 이 책은 우리 나라 패사(稗史) 중에도 최대의 거질(巨秩)이다.

　여기에는 역대(歷代)의 충신(忠臣)·효자(孝子)를 비롯하여 의사(義士)·명상(名相)과 시인(詩人)·문장가(文章家)·화가(畫家)·호걸(豪傑)·부호(富豪)와 청반(淸貧)·명기(名妓)·고승(高僧)과 그 밖의 천문(天文)·지리(地理)·의약(醫藥)·복서(卜筮)에 능한 유명한 인사들의 기언(奇言)·이행(異行)이 유려하고 흥미있는 필치로 쓰여져 있다. 특히 부록에서는 목은(牧隱)·포은(圃隱)을 비롯하여 고려말(高麗末) 수절제신(守節諸臣)의 사적(史蹟)도 상세히 서술되어 있다. 그리고 여기에는 하나같이 원전(原典)의 출처(出處)를 분명히 밝히고 있다.

　여기에서 번천(樊川) 김영한(金寗漢)의 서문(序文)에 보면 이런 말들이 있다.

　……그 사람을 알면서 어느 세대(世代)에 나온 사람인지 모르고, 그 사건(事件)은 알면서 어떤 사람이 한 일인지 모르며, 호(號)는 알면서 이름은 모르고, 성(姓)은 알면서 본관(本貫)을 모

르는 자가 허다(許多)하다. 심지어 자기의 아버지와 할아버지의 언행(言行)에 대하여 누가 물으면 대답을 못하면서, 좌우(左右)를 보고 외국(外國)에 관한 일에 대해서는 비록 겹겹의 큰 바다 멀리 생소한 풍속(風俗)까지도 소상히 알고 있다. 여기에 대하여 나의 미혹(迷惑)은 꽤 심했었다.

그러던 중에 나의 벗 금천자(衿川子) 강효석(姜斅錫)이 이 땅에서 태어났고 이 땅의 역사 속에서 늙었는데, 일찍이 말하기를, 승국(勝國 : 前朝) 이전의 것은 이미 수집이 끝났고 거기에 조선조 태조(太祖)에서 시작하여 고종(高宗)까지의 들은 바 기사(奇事)를 찬록(纂錄)하여 4개의 거편(巨編)을 한 권의 책으로 묶어 그 표제(表題)를 대동기문(大東奇聞)이라고 했다. ……

또 그는 계속해서 이렇게 말하기도 했다.

……이 책은 내가 생각하기에는 대동인(大東人)의 패서(稗書)의 일종이요, 대체로 이는 오로지 '기(奇)'한 것을 골라서 쓴 책이라고 여겨진다. 그렇기 때문에 여기에는 제해(齊諧)가 있고 골계(滑稽)가 있으며 야인(野人)의 말이 있는 바로 패사(稗史) 그 것인 것이다. 더구나 여기에는 이름난 선비의 공업(功業)이 있고, 충효(忠孝)의 탁절(卓絕)함이 있으며, 도의(道義)와 문학(文學)의 숭굉위엽(崇閎煒燁)함도 있으니 이것이 어찌 심상(尋常)한 예의 패자(稗者)일 뿐이랴?

이와 같이 이 서문(序文)에는 이 책의 내용(內容)과 진가(眞價)를 어느 정도 밝혔다고 생각된다. 과연 우리는 우리 나라 안에서 일어난 사건에 너무나 소홀하다. 자래(自來)로 우리 나라 사람들의 병풍(病風)은 무엇이나 새것은 좋아하면서 특출(特出)한 것만 숭상하고, 가까운 것은 중요히 여기면서 먼 것은 알려고 하지 않는 데에 있다. 한편 서양(西洋)의 철인(哲人)이나 역사(歷史)에 대해서는 부유(婦孺)까지도 능히 알고 있으면서 우리 나라의 단군(檀君)·기자(箕子) 이후에 관한 것은 아무리 숙유(宿儒)의 이름있는 자라도 혹 그 사실(史實)을 알지 못하고 있으니 이는 어찌 통탄(痛歎)할 일이 아니겠는가?

이제라도 우리는 이 《대동기문(大東奇聞)》을 읽으면서 우리가 알지 못하던 사실(史實)을 읽혀 두는 것도 결코 무의미한 일은 아닐 것이다.

끝으로 나는 평소 이 글을 우리 말로 옮겨 볼 것을 생각하고 있었으나 워낙 분량이 많아서 감히 엄두를 못내다가 이번에 다행히 명문당(明文堂)의 후의(厚意)를 입어 2년여에 걸쳐 번역(翻譯)을 끝내고 이제 마침내 상재(上梓)하게 되니 본래(本來)의 숙망(宿望)이 헛되지 않은 것을 자못 기쁘게 여긴다. 이제 이 초라한 원고를 기꺼이 출판해 주신 명문당 김동구 사장과 이추림 주간, 그리고 그밖의 편집부 여러분께 삼가 뜨거운 감사를 드린다.

임신년 한식절에

大東奇聞(上)

目 次

□ 제 1 부・태조(太祖)〜단종(端宗)

ii

iv

《燕山君》

□ 제3부 · 중종(中宗)

《中宗朝》

viii

□ 제4부・인종(仁宗)～명종(明宗)

《仁宗朝》

《明宗朝》

□ 제1부 : 태조(太祖) — 단종(端宗)

《太祖朝》

배극렴(裵克廉)이 국새(國璽)를 받들다

배극렴(裵克廉)은 성주(星州) 사람이니, 자(字)는 양가(量可)이다. 고려(高麗) 공민왕조(恭愍王朝)에 문과(文科)에 올라 여러 번 벼슬을 옮겨 문하좌시중(門下左侍中)에 이르렀고, 청렴하고 근실(勤實)하다고 일컬어졌다.

공양왕(恭讓王) 임신(壬申) 6월 16일에 극렴(克廉)이 조준(趙浚)·정도전(鄭道傳) 등 대소신료(大小臣僚) 및 한량(閑良)[1]·기구(耆舊)[2]와 함께 국새보(國璽寶)[3]를 받들고 태조(太祖)의 집으로 가서 말을 모아 나오기를 권하자 태조(太祖)가 드디어 보위(寶位)에 올랐다.

태조(太祖)의 비(妃) 신의왕후(神懿王后)는 청주 한씨(淸州韓氏)로서 육남(六男)을 낳았는데, 정종(定宗)은 차서가 둘째요, 태종(太宗)은 다섯째이다. 또 비(妃) 신덕왕후(神德王后)는 곡산 강씨(谷山康氏)로서 이남(二男) 오녀(五女)를 낳았는데, 방번(芳

---

1) 閑良 : 향리(鄕吏)로서 14~15년을 근무한 뒤 거관(去官)한 사람.
2) 耆舊 : 늙은이.
3) 國璽寶 : 임금의 인장(印章). 어보(御寶).

蕃)은 차서가 일곱째요, 방석(芳碩)은 여덟째이다.

태조(太祖)가 일찍이 배극렴(裵克廉)·조준(趙浚)을 내전(內殿)으로 데려다가 세자(世子) 세울 것을 의논하자 극렴(克廉) 등은 말하기를,

"시절이 평탄하면 적자(嫡子)를 세우는 것이요, 세상이 어지러우면 공이 있는 자를 먼저 세우는 법입니다."

라고 했다. 그러나 신덕왕후(神德王后)가 이 말을 듣고 우는 소리가 밖에까지 들리자 자리를 파하고 나왔다.

다음 날 또 극렴(克廉)을 불렀으나, 당시 의논이 공이 있는 자를 세우느니 적자(嫡子)를 세우느니 말하는 자가 없었다. 이에 극렴 등이 물러나와 의논하기를, '강씨(康氏)가 반드시 자기가 낳은 아들을 세우려 하지만 방번(芳蕃)은 광패(狂悖)하고 그 아우가 좀 낫다.'고 하여 드디어 방석(芳碩)을 세워 세자(世子)로 봉할 것을 청했다. 〈소대기년(昭代紀年)〉

극렴은 본조(本朝)의 좌시중(左侍中)으로서 개국공(開國功) 1등에 책록(策錄)되어 특별히 보국 영상(輔國領相) 성산백(星山伯)에 올랐고, 시호(諡號)는 정절(貞節)이다.

심덕부(沈德符)가 궁실(宮室)을 짓고
종묘(宗廟) 세우는 것을 총괄해 다스리다

심덕부(沈德符)는 청송(靑松) 사람이니, 자는 득지(得之)이다. 고려 말년에 음보(蔭補)[1]로 동정(同正)이 되어 부원수(副元帥)에 이르렀다.

정몽주(鄭夢周)·지용기(池勇奇)·설장수(偰長壽)·성석린(成石璘)·박위(朴葳)·조준(趙浚)·정도전(鄭道傳)과 함께 계책을 결정하고, 종친(宗親)과 기로(耆老)를 거느리고 정비(定妃)의

---

1) 蔭補 : 조상의 덕으로 벼슬을 함.

명령으로써 우(禑)·창(昌) 부자(父子)를 폐하고 공양왕(恭讓王)
을 세우니 당시에 이들을 구공신(九功臣)이라 했다.

태조(太祖)가 도읍을 한양(漢陽)으로 옮기고 궁실(宮室)을 짓
고 종묘(宗廟)를 세우는 것을 덕부(德符)에게 명하여 그 일을 총
괄해 다스리게 했더니 덕부는 의리로 타이르고 너그럽게 부려서
백성들이 병들지 않았다. 이에 그 멀고 가까운 것을 나누고 그
좁고 넓은 것을 정하니, 경위(經緯)가 방위를 얻어 그 꼬부라
진 모양에 따라서 성지(城池)·궁궐(宮闕)·관해(官廨)·창늠(倉
廩) 등이, 1년이 못 되어 완성됐다.

여러 아들들이 벼슬을 제수받는 일이 있으면 문득 그 수족이
트고 얼음이 박힌 것을 보이면서 경계하기를,

"내가 출입하는 데 근로(勤勞)해서 비로소 능히 여기에 이르렀
는데, 너희 무리가 무슨 능한 일이 있어 앉아서 작위(爵位)를
얻는단 말이냐?"

라고 했다.

덕부(德符)는 장상(將相)의 자리에 20년을 있었으나 집에 남은
재물이라곤 없었다. 집사람에게 경계하기를,

"나는 아침 저녁으로 공청(公廳)에 있으니, 도든 편지에 물건
을 딸려 보내는 것은 받지 말라."

라고 했다. 벼슬이 좌상(左相)에 이르고 청성백(靑城伯)에 봉했
으며, 시호는 안정(安定)이다. 〈소대기년(昭代紀年)〉

정도전(鄭道傳)이 한양(漢陽)에 도읍터를 잡다

정도전(鄭道傳)은 봉화(奉化) 사람이니, 자는 종지(宗之)요, 호
는 삼봉(三峰)이다. 고려 공민조(恭愍朝)에 문과(文科)에 급제하
여 이색(李穡)의 문하에서 수업(受業)하고 삼각산 밑에 집을 짓
고 살면서 스스로 호를 삼봉(三峰)이라고 하니, 글을 배우는 자
가 그를 따르면 항상 후생(後生)을 가르쳐 이단(異端)을 물리치

14

는 것을 자신의 책임으로 여겼다. 성균좨주(成均祭主)에 뽑히
고, 고을로 나가기를 빌어 나가서 남양(南陽)의 수령(守令)이 되
었는데, 우리 태조(太祖)에게 권하여 왕창(王昌)을 폐하고 공양
왕(恭讓王)을 세워서 좌명공신(佐命功臣)에 기록되고 정당문학
(政堂文學)에 배해졌다.

임신(壬申) 7월에 개국(開國)하는 것을 도와서 그 공으로 봉
화백(奉化伯)에 진봉(進封)되고, 명령을 받아 한양(漢陽)에 자리
를 잡아 도읍을 정하고 성을 쌓았다. 임금이 밤에 도전(道傳) 등
여러 훈신(勳臣)을 불러 술자리를 마련하고 풍류를 울리다가
술이 얼근하자 임금이 도전(道傳)에게 이르기를,

"과인(寡人)이 여기에 이를 수 있었던 것은 오직 경(卿) 등의
힘이니, 서로 공경하고 삼가하여 자손 만세(萬世)에 이르기를
기약하는 것이 옳다."

하자, 도전(道傳)은 대답하기를,

"옛날에 제환공(齊桓公)이 포숙(鮑叔)에게 묻기를, 어떻게 나
라를 다스릴 것인가 하자 포숙은 대답하기를, 원컨대 공(公)
께서는 거(莒) 땅에 계실 때를 잊지 마시고, 원컨대 중부(仲
父)는 함거(檻車)에 있을 때를 잊지 말아야 한다고 했습니다.
이제 신(臣)은 원컨대 성상(聖上)께서는 말에서 떨어지실 때를
잊지 마시고, 신(臣)은 또한 항쇄(項鎖)를 찼을 때를 잊지 않
는다면 자손 만세를 기약할 수가 있습니다."

했다. 〈국조보감(國朝寶鑑)〉

임금이 춘추(春秋)가 이미 높아지고 세자(世子) 방석(芳碩)은
나이 아직 자라지 않았는데, 도전(道傳)은 남은(南誾) 등과 함
께 방석에게 붙고 정안군(靖安君:太宗)을 꺼려해서 이를 없애려
고 계획하여 무인(戊寅) 8월에 비밀히 아뢰어 중국 조정에서 여
러 왕자(王子)를 봉한 예에 의하여 여러 왕자들을 각도(各道)
에 나누어 보내라고 청했으나 임금은 이를 듣지 않고 정안군(靖
安君:太宗)에게 이르기를,

"외간(外間)의 의논을 너희들이 알지 못해서는 안 되는 일이
니, 마땅히 여러 형들을 타일러 경계하고 삼가하라."

했다.

　이때 첨장이 안식(安植)이 말하기를,

　"세자(世子)의 이모형(異母兄) 중에 천명(天命)이 있는 이가 하나뿐인 것이 아닙니다."

하자, 도전(道傳)은 말하기를,

　"즉시 마땅히 이를 없앨 것이니 무슨 걱정이 있으랴?"

했다.

　태조가 병이 중하자 도전 등은 거처를 옮길 것을 부탁해 의논하고 여러 왕자들을 불러 안으로 들어오게 한 다음, 난(亂)을 일으키고자 하여 그 무리들로 하여금 안에서 일을 도모하게 했더니 전참찬(前參贊) 이무(李茂)가 그 계획을 정안군(靖安君)에게 고했다. 이에 정안군은 익안군(益安君) 방의(芳毅) 등과 함께 영추문(迎秋門)으로 나가서 정승 조준(趙浚)·김사형(金士衡) 등을 불러 백관(百官)을 소집했는데, 이때 도전(道傳)은 이직(李稷)과 함께 남은(南誾)의 집에서 술을 마시면서 촛불을 밝히고 즐겁게 웃고 놀았다. 정안군(靖安君)이 이숙번(李叔蕃)으로 하여금 불을 놓아 그 집을 태우자 도전은 달아나서 민부(閔富)의 집에 숨었다.

　이에 민부(閔富)는 소리치기를,

　"배부른 자가 우리 집에 들어왔다."

하고, 사람을 시켜 이를 찾게 하여 도전을 결박해 가지고 정안군에게로 가서 뵈었다.

　이때 도전은 말하기를,

　"만일 나를 살려준다면 마땅히 힘을 다하여 돕겠습니다."

하자, 정안군은 말하기를,

　"네가 이미 왕씨(王氏)를 저버리고 또 이씨(李氏)를 저버리려 하느냐?"

하고 그 자리에서 죽였다.

　저술한 것으로 삼봉집(三峰集)·심리기삼편(心理氣三編)·경제문감(經濟文鑑)·경국전(經國典) 등이 세상에 전해진다.〈소대기년(昭代紀年)〉

조용(趙庸)은 비록 장순(張巡)이라도 미치지 못함

조용(趙庸)은 진보(眞寶) 사람이니, 처음 이름은 중걸(仲傑)이었다. 많이 배우고 글에 능했으며, 더욱 성리(性理)의 학문에 깊었고, 문장은 붓을 잡으면 서서 그대로 이루는데도 글의 이치가 정밀했고, 성품이 총명하여 한 번 보면 이내 기억했다.

젊었을 때 어떤 서생(書生) 하나가 원(元)나라 조정의 문선책문(文選策問)을 얻어다가 비밀히 가지고 있다는 말을 듣고 용(庸)이 보기를 청했더니 서생(書生)은 3일 동안의 기한으로 빌려 주었다. 그러나 용은 한 번 보고 나서 다 기억한 뒤에 약속대로 돌려 주었다.

어느 날 용(庸)이 서생과 함께 학교에 앉았을 때 서생에게서 빌려갔던 책문(策問)을 3, 4차례 외었는데 한 글자도 틀리지 않았다. 이에 서생은 그가 우연히 그 글에 익숙한 것이라 하여 이윽고 어지러이 쌓여 있는 여러 책문(策問)을 꺼내주면서 외어 보라고 하자 용이 전과 같이 외니 서생은 말하기를,

"그대와 같은 자는 비록 장순(張巡)이라도 미치지 못하겠도다."

했다. 고려에서 문과(文科)에 올랐고, 본조(本朝)에 들어와서는 예천(醴泉)에 귀양가 있을 때 교수(敎授)하기를 게을리하지 않아서 명사(名士)들을 많이 알았다. 조말생(趙末生)·배항(裵恒)은 모두 그 문하(門下)에서 나왔다. 시호는 문정(文貞)이다. 〈동유사우록(東儒師友錄)〉

조반(趙胖)은 명태조(明太祖)의 구교(舊交)

조반(趙胖)은 배천(白川) 사람이다. 그래서 우왕조(禑王朝)에

밀직(密直)이 되었다가 배천(白川)으로 내려가 살았는데 우리 태조(太祖)를 도와서 개국공신(開國功臣)이 되어 이등훈(二等勳)에 기록되고 복흥군 지문하부사(復興君知門下府事)에 봉해졌다.

임금은 반(胖)이 중원(中原)에서 생장(生長)했다 하여 주문사(奏聞使)로 보냈는데, 명태조(明太祖)가 그를 인견(引見)하고 책망을 많이 했다. 이에 조반은 말하기를,

"역대(歷代)의 창업(創業) 임금은 모두 하늘의 명령에 순응하여 혁명(革命)한 것이니, 비단 우리뿐이 아닙니다."

라고 했다.

이는 실상 명조(明朝)의 일을 가리킨 것이요, 또 말이 한인(漢人)의 음성과 같으므로 명태조는 탑(榻)에서 내려 반의 손을 잡고 말하기를,

"탈탈(脫脫)이 만일 있었으면 짐(朕)이 이에 이르지 않았을 것이오. 경(卿)은 실로 짐(朕)의 구교(舊交)요."

하고, 비로소 객례(客禮)로 대하기를 몹시 후하게 했다.

이보다 먼저 반의 조상은 곧 송태조(宋太祖) 조광윤(趙光胤)의 자손인데 송(宋)나라가 망할 때 반이 탈탈(脫脫)의 군중에 있었고 명태조와 함께 같은 행오(行伍) 속에 있어서 서로 가까웠기 때문에 명태조가 그런 말을 한 것이다. 시호는 숙위(肅魏)이다. 〈소대기년(昭代紀年)〉

이지란(李之蘭)이 소(疏) 속에 상투를 넣어 올리다

이지란(李之蘭)은 청해(靑海) 사람이니, 자는 식형(式馨)이요, 본성명(本姓名)은 동두란(佟豆蘭)이다. 용력(勇力)이 있고 활을 잘 쏘고 말도 잘 탔다. 대대로 여진(女眞)의 부락에 살았는데, 원(元)나라 말년에 나라 안이 크게 어지러우므로 지란(之蘭)은 거기에서 살지 못할 것을 알고 가속(家屬)과 부중(部衆)을 거느리고 동쪽으로 강을 건너서 드디어 북청(北靑)에서 살게 되었는

데, 태조(太祖)가 왕위(王位)에 오르기 전에 그를 찾아가 보고 말 한마디에 마음이 맞아서 항상 한 곳에서 잤다.

우왕조(禑王朝)에서는 일찍이 활쏘기를 시험하여 여러 장수의 등급을 뽑는데 태조가 세 번 쏘아서 세 번 모두 우두머리로 뽑혔다. 이에 지란(之蘭)이 이를 경계해서 말하기를,

"기이한 재주를 많은 사람에게 보이는 것이 옳지 못합니다."
하니, 태조가 이를 사례했다.

태조가 영흥(永興)에 귀양갔다가 풍양(豊壤)으로 돌아오자 소(疏)를 올려, 중이 되어 머리를 깎고 중의 옷을 입겠다고 청하고, 수염은 남겨두면서 말하기를, 이것으로 장부(丈夫)임을 표하겠다고 했다.

이로부터 문을 닫고 손을 끊고 보지 않더니 나이 72세에 목욕하고 앉아서 죽었다. 이때 여러 아들들은 조정에서 아직 돌아오지 않았는데, 종자(從者)들이 불에 태워 사리(舍利)를 거두어다가 부도(浮屠)에 간직하고 다만 의관(衣冠)만 장사지냈다. 선조(宣祖) 임진(壬辰) 이전에는 길가는 자들이 감히 소나 말을 타고 그 무덤 앞을 지나가지 못했다고 한다.

일설(一說)에는 지란이 북쪽으로 돌아가던 날 소(疏)를 올렸는데, 그 대략에 말하기를,

"임금을 도와 나라를 정했으니 군신(君臣)의 의리가 정해졌고, 머리 깎고 중의 옷을 입었으니 군신의 의리가 끊어졌습니다."
하고, 드디어 상투를 소(疏) 속에 넣어 올렸는데, 임금은 그를 머물게 할 수 없다는 것을 알고 비로소 이를 허락하고 건주(建州)의 오랑캐를 정벌한 공으로 청해백(青海伯)에 봉했다.

지란이 벼슬을 내놓았을 때 좌찬성(左贊成)에 이르렀고 개국 일등공신(開國一等功臣)으로 기록되었다,

그의 시호는 양렬(襄烈)이며 태조묘(太祖廟)에 배향되었다.
〈기년문헌합록(紀年文獻合錄)〉

성석린(成石璘)의 자손은 반드시 눈이 멀리라

성석린(成石璘)은 창녕(昌寧) 사람이니, 자는 자수(自修)요, 호는 독곡(獨谷)이다. 태조(太祖)의 제5자(子) 태종(太宗)은 전비(前妃) 신의 한씨(神懿韓氏)의 소생이니 태조가 창업(創業)할 때 태종이 가장 공이 있었다. 계비(繼妃) 신덕 강씨(神德康氏)가 낳은 방석(芳碩)을 세자(世子)로 책봉하자 정도전(鄭道傳) 등이 방석에게 아부(阿附)하여 태종을 해치려 하므로 태종은 군사를 내어 도전(道傳)을 베고 방석을 내쫓자, 태조는 크게 노해서 둘째 아들 정종(定宗)에게 왕위(王位)를 전하고 밤중에 함흥(咸興) 옛 집으로 거둥했다.

이때 문안사(問安使)가 계속해서 갔는데, 석린(石璘)은 스스로 생각하기에 태조와 구교(舊交)가 있다 하여 자기가 가서 태조의 뜻을 돌려보겠다고 청했다. 이에 태종이 이를 허락하자 석린은 무명옷에 백마(白馬)를 타고 마치 과객(過客)의 차림을 하고는 말에서 내려 밥을 지어 먹으면서 불 때는 시늉을 하니, 태조가 멀리서 이를 바라보다가 중관(中官)을 시켜 가보라고 했다. 이때 석린은, 일이 있어 이곳을 지나다가 해가 저물어서 말에 꼴을 먹이고 자고 가려 한다고 말하므로 중관은 그 말대로 아뢰었다. 이에 태조가 기뻐해서 즉시 불러오게 했다.

이윽고 태조와 마주앉은 석린이 조용히 인륜(人倫)의 처변(處變)의 도리를 말하자, 태조의 얼굴빛이 변하며 말하기를,

"네가 네 임금을 위하여 비유해서 나를 속이려느냐?"

하니, 석린이 말하기를,

"신(臣)이 만일, 과연 그렇다면 신(臣)의 자손이 반드시 눈이 멀어 소경이 될 것입니다."

하니, 태조가 이 말을 믿고 뜻을 비로소 돌이켜서 두 궁(宮)이 드디어 합해졌다.

그러나 석린의 큰 아들 지도(至道)는 소경이 되고, 둘째 아들 발도(發道)는 아들이 없었으며, 지도(至道)의 아들 창산군(昌山君) 귀수(龜壽) 및 그 아들은 모두 뱃속에서 소경이 되었다. 석린은 벼슬이 영상(領相)에 이르렀고 시호는 문경(文景)이다. 〈소대기년(昭代紀年)〉

박순(朴淳)이 자모마(子母馬)로 풍간(諷諫)하다

박순(朴淳)은 음성(陰城) 사람이다. 태조(太祖)가 함흥(咸興)에 거둥했을 전후에 문안사(問安使)가 가기만 하면 문득 법을 쓰니 한 사람도 돌아올 수가 없었다.

이에 태종(太宗)이 여러 신하들에게 묻기를, 누가 사신으로 가겠느냐 했으나 아무도 대답하는 자가 없었다. 이때 박순(朴淳)이 나와서 가기를 청하는데, 수레를 쓰지 않고, 스스로 자모마(子母馬)를 데리고 함흥(咸興)으로 가서 태조(太祖)가 있는 행재소(行在所)를 바라보고 일부러 새끼말을 나무에 매어 두고 그 어미만 타고 들어가니 새끼말이 돌아다보고 서로 부르니 어미말도 머뭇거리고 앞으로 나가지 못했다.

이를 유심히 보던 태조가 괴상히 여겨 묻자 박순이 대답하기를,

"길에 방해가 되기로 새끼를 나무에 매어 두었더니 새끼와 어미가 서로 헤어지지 못합니다. 비록 미물(微物)이라도 지극한 정(情)이 있어 그러합니다."

했더니, 태조도 불쌍히 여겼으나 돌아가기는커녕 잠저(潛邸) 때의 친구라 하여 머무르게 했다.

어느 날 태조가 순(淳)과 바둑을 두는데, 마침 쥐 한 마리가 제 새끼를 안고 집 모퉁이 처마에서 떨어졌는데 죽기에 이르러도 서로 놓지 않았다. 이에 순(淳)이 바둑판을 밀어놓고 땅에 엎드려 울면서 비유를 들어 간하기를 더욱 간절히 하니, 이에 비로소

돌아갈 것을 허락했다.

박순(朴淳)이 명령을 얻어 즉시 태조를 작별하고 떠나자, 행재소(行在所)에 있는 여러 신하가 힘껏 죽이기를 청했다. 이에 태조는 그가 이미 용흥강(龍興江)을 건넜을 것을 짐작한 뒤에 이를 허락하고 사자(使者)에게 칼을 주면서 말하기를,

"만일 이미 강을 건넜거든 더 쫓지 마라."

했다.

박순은 길을 떠나자 갑자기 병이 생겨서 간신히 강가에 이르러 배에 올랐으나 아직 강을 건너기 전에 사자(使者)가 이르러 그 허리를 베었다.

이 때 시(詩)가 있어,

"반은 강 위에 있고 반은 배에 있네."

하니, 태조가 이 말을 듣고 크게 놀라 통곡하기를,

"박순(朴淳)은 좋은 벗이었다. 내 끝내 옛날 약속한 말을 저버리지 않으리라."

하고 드디어 뜻을 결단하여 남쪽으로 돌아왔다. 이때 태종(太宗)은 그의 죽음을 듣고 화공(畫工)에게 명하여 그 반신(半身)을 그려서 올렸다.

순(淳)의 아내 임씨(任氏)는 부음(訃音)을 듣고 자살해 죽었다. 순은 벼슬이 판중추(判中樞)에 이르렀고, 시호는 충민(忠愍)이다. 〈민로봉집행장(閔老峰集行狀)〉

안성(安省)은 대그릇이 부서졌는데
종이가 없어서 새로 바르지 않다

안성은 광주(廣州)사람이니, 자는 일삼(日三)이요, 호는 설천(雪泉)이다. 처음 났을 때 한쪽 눈이 조금 적었기 때문에 유명(乳名)을 소목(少目)이라고 했는데 이 유명(乳名)으로 과거에 급제하여 고려 우왕조(禑王朝) 때 진사(進士)로 문과(文科)에 올라

보문각 학사(寶文閣學士)를 지냈는데, 임금이 명하여 소목(少目)을 합쳐서 한 자를 만들어 성(省)으로 사명(賜名)했다.

태종조(太宗朝)에 이르러 참찬(參贊)에 배하고 평양백(平壤伯)에 봉해졌고, 전후에 조정에 선 지 40년 동안에 여러 번 변방에 안찰사(按察使)로 나갔으나 다만 책과 이불을 담은 대그릇 하나만을 가지고 다녔다. 그러나 벼슬에서 돌아올 때는 대그릇이 찢어져서 물건을 담지 못하게 되자, 부인 송씨(宋氏)가 말하기를,

"대그릇이 찢어졌는데 어찌해서 다시 바르지 않으시오."

하니, 대답하기를,

"내게 휴지(休紙)가 없는데 어떻게 다시 바른단 말이오."

했다.

청백리(淸白吏)에 뽑히고 시호는 사간(思簡)이다.〈문헌비고(文獻備考)·동유록(東儒錄)〉

설중매(雪中梅)가 개국정승(開國政丞)을 욕하다

설중매(雪中梅)는 송도 명기(松都名妓)이다. 태조(太祖)가 개국(開國)하고 정부(政府)에서 여러 신하들에게 잔치를 내리니 이들은 모두 전조(前朝)의 옛 신하였다.

이때 잔치에 참석한 기생 설중매(雪中梅)는 재주와 얼굴이 남보다 뛰어나고 또 몹시 음탕했다. 이에 어느 정승 하나가 술에 취하여 희롱하기를,

"들으니 너는 아침에는 동쪽 집에서 먹고 저녁에는 서쪽 집에서 잔다고 하니, 오늘 밤에는 이 노부(老夫)를 위하여 천침(薦枕) 하겠느냐?"

하자, 기생은 말하기를,

"동쪽 집에서 먹고 서쪽 집에서 자는 천한 기생이 왕씨(王氏)도 섬기고 이씨(李氏)도 섬기는 정승을 모시는 것이 어찌 마땅치 않겠습니까?"

하니, 듣는 자들이 슬픈 얼굴을 했다. 〈공사만록(公私謾錄)〉

무학(無學)의 해몽(解夢)

중 무학(無學)은 안변(安邊) 설봉산(雪峰山) 밑 토굴 속에서
살면서 그대로 호(號)를 설봉(雪峰)이라고 했다.

태조(太祖)가 왕위에 오르기 전에 그를 찾아가 보고 묻기를,
"꿈에 무너진 집에 들어가서 서까래 세 개를 지고 나왔으니
무슨 조짐인가?"

하자, 무학은 하례하기를,
"서까래 세 개를 진 것은 바로 왕(王)자입니다."
했다.

태조는 또 묻기를,
"꿈에 꽃이 떨어지고 거울이 깨졌으니 이것은 무슨 조짐인
가?"

하자, 무학은 즉시 말하기를,
"꽃이 떨어져 날으면 끝내는 열매가 있는 것이요, 거울이 깨
졌으니 어찌 소리가 없겠습니까?"

하니, 태조는 크게 기뻐하여 곧 그곳에 절을 세우고 그 절 이
름을 석왕(釋王)이라고 지었다. 이 절에 옛날에는 태조의 친필
(親筆)이 있었으나 병화(兵火)에 없어지고, 다만 각판(刻板)만
이 남아 있는데, 중 휴정(休靜)이 산수기(山水記)를 지어서 그
일을 갖추어 실었다.

이 절에서는 좋은 배가 나서 해마다 나라에 진상(進上)했고,
이화당(梨花堂)이 있어 경치가 뛰어났으며, 폭포가 30여 개나 있
다.

내가 여기에 시(詩)를 지어 말하기를,
"샘물이 물 웅덩이를 방아 찧으니 천둥이 천 공이요, 달이 배
꽃에 비치니 눈이 한 마당이네. 〔泉春水碓雷千杵 月照梨花雪一

庭]"
했다. 〈지봉유설(芝峰類說)〉

왕씨(王氏)들이 물에 빠지는데 중이 부르다

왕씨(王氏)는 고려 태조(太祖)의 자손이다. 우리 태조(太祖)가
즉위한 뒤에 왕씨(王氏)들이 난을 일으킬까 걱정해서 그들을 모
두 한 섬 속에 가서 살도록 유인하자, 여러 왕씨들은 다투어 배
에 먼저 올랐다. 배가 중류(中流)에 이르자, 헤엄 잘치는 자를 시
켜서 물 속에 숨어들게 하여 그 배 밑바닥을 뚫어 물이 새어서
모두 빠져죽게 했다.
　이때 중 하나가 이 사실을 알고 언덕 위에서 소리쳐서 알렸
으나 왕씨는 시(詩)를 지어 답하기를,
　"한 소리 부드러운 노(櫓) 푸른 물결 밖에, 비록 산의 중이 있
　　으나 어찌 할 수 있으랴. 〔一聲柔櫓滄浪外 縱有山僧奈爾何〕"
하니, 그 중은 통곡하고 돌아갔다. 〈화양문견록(華陽聞見錄)〉
　이때의 왕씨(王氏)는 곧 왕강(王康)·왕승보(王承寶)·왕승귀
(王承貴)·왕격(王鬲)이었다고 한다.

《定宗朝》

박신(朴信)은 홍장(紅粧)을 생각하며
눈물이 눈 언저리에 가득 차다

박신(朴信)은 운봉(雲峰) 사람인데 젊어서 명예가 있어 우왕
조(禑王朝)에 문과(文科)에 급제했다.
　일찍이 관동 안렴사(關東按廉使)로 나갔을 때 강릉(江陵) 기생

홍장(紅粧)을 사랑했는데, 어느 날 여러 고을을 두루 돌다가 돌아오자 부윤(府尹) 조석간 운흘(趙石澗云仡)이 거짓말 하기를,

"홍장(紅粧)이 이미 죽었다."

고 하니, 신(信)은 슬퍼하기를 마지않는다.

운흘(云仡)은 어느 날 신(信)을 청해다가 경포대(鏡浦臺)에서 노는데, 비밀히 홍장(紅粧)으로 하여금 따로이 화선(畵船) 하나를 마련하게 하고, 관인(官人) 한 사람 중에 모습이 처용(處容)과 비슷한 자를 뽑아서 홍장(紅粧)과 같이 타게 하고, 또 채색 액자(額子) 하나를 세우고 거기에 시(詩)를 쓰기를,

"신라(新羅)의 성대(聖代)에 늙은 안상(安詳)이, 천 년 풍류(風流)를 아직 잊지 못했네. 사또가 경포대에 노신단 말을 듣고, 난초 배에 차마 홍장을 태울 수 없었네. 〔新羅聖代老安詳 千載風流尙未忘 聞說使華遊鏡浦 蘭舟不忍載紅粧〕"

하고, 배가 서서히 포구로 들어가서 물 가 사이에서 배회한다.

이때 운흘(云仡)이 신(信)에게 이르기를,

"이 땅에는 옛날 신선의 발자취가 있어서 지금까지도 신선들이 그 사이에 왕래하여, 꽃피는 아침이나 달 밝은 저녁이면 사람들이 혹 이것을 보기는 해도, 다만 바라보기는 해도 가까이 하지는 못하오."

하니, 신(信)은 말하기를,

"산천이 이와 같고 풍경이 아름다우니 어찌 신선이 없겠는가."

하고 눈물이 눈언저리에 가득한데, 자세히 보니 곧 홍장(紅粧)이다. 일좌(一座)가 크게 웃고 마음껏 즐기다가 헤어졌다. 〈대동운옥(大東韻玉)〉 입조하여 벼슬이 찬성사(贊成事)에 이르렀다.

정이오(鄭以吾)가 꿈으로
문무 장원(文武壯元)을 점치다

정이오(鄭以吾)는 진주(晋州) 사람이니, 자는 수가(粹可)요, 호

는 교은(郊隱)이다.

공민왕조(恭愍王朝)에 문과(文科)에 급제하고 본조(本朝)에 들어와서 태종(太宗) 무자(戊子)에 대제학(大提學)으로서 지공거(知貢擧)가 되어 시원(試院)에 들어가서 꿈에 시(詩) 한 수를 지었는데,

"삼급(三級)의 바람과 천둥에 물고기가 갑옷으로 변했고(魚變甲), 한 봄의 연기 경치는 말과 소리로 드나네(馬希聲). 비록 대(對)를 맞추는 것이 원래 서로 적수라고 하지만, 어찌 용문(龍門)의 상객(上客)의 이름에 미치랴. 〔三級風雷魚變甲 一春烟景馬希聲 雖云對偶元相敵 那及龍門上客名〕"

했는데, 방(榜)이 나오자 곧 어변갑(魚變甲)은 문과(文科)의 장원(壯元)이 되고, 마희성(馬希聲)은 무과(武科)의 장원이 되었다. 〈국조방목(國朝榜目)〉

안원(安瑗)은 매사냥의 벽(癖)이 있었다

안원(安瑗)은 순흥(順興) 사람이니, 문성공(文成公) 유(裕)의 현손(玄孫)이다. 고려 말년에 문과(文科)에 오르고, 아조(我朝)에 들어와서는 형조전서(刑曹典書)를 제수받았으며 시호는 질경(質景)이다.

원(瑗)은 매사냥의 벽(癖)이 있어서 집에 있을 때면 왼손에는 매를 놓고 오른손으로는 책을 쥐고 읽었다. 어느 날 이첨(李詹)이 그곳을 지나다가 산골짜기 사이에서 글 읽는 소리가 나는 것을 듣고 가보았더니 원(瑗)이 왼손에는 매를 올려놓고 오른손으로는 강목(綱目)을 펴들고 나무에 의지해서 읽고 있으므로, 서로 쳐다보고 크게 웃고 지나갔다. 〈대동운옥(大東韵玉)〉

박석명(朴錫命)이 꿈에 황룡(黃龍)이 곁에 있는 것을 보다

박석명(朴錫命)은 순천(順天) 사람이다. 젊었을 때 정종(定宗)과 한 이불을 덮고 자다가 공(公)의 꿈에 황룡(黃龍)이 옆에 있는 것을 보고 돌아다보니 바로 정종(定宗)이었다.

이로 인해서 우의(友誼)가 더욱 독실했는데 정종이 즉위하자 사랑과 대우가 극도에 달해서 태종조(太宗朝) 때 익대삼등공신(翊戴三等功臣)으로서 평양군(平陽君)에 봉해지고, 벼슬이 판서(判書)에 이르렀으며, 시호는 문숙(文肅)이다. 〈가장(家狀)〉

윤회(尹淮)가 구슬을 찾고 오리를 살리다

윤회(尹淮)는 무송(茂松) 사람이니, 자는 청경(淸卿)이요, 호는 청향당(淸香堂)이다.

젊었을 때 시골을 가다가 날이 저물어서 여관(旅舘)에서 자게 되었는데 주인이 자는 것을 허락지 않았다. 하는 수 없이 뜰 가에 앉아 있는데, 주인집 어린애가 커다란 진주(眞珠) 하나를 가지고 나오다가 뜰 가운데 떨어뜨렸다. 그런데 이를 옆에 있던 큰 오리가 삼켜버렸다. 이윽고 주인이 나와서 진주를 찾다가 윤회(尹淮)가 훔친 것이라고 의심하여 결박해 놓고 이튿날 아침에 장차 관청에 고발하겠다고 윽박질렀다. 윤회(尹淮)는 하나도 변명하지 않고, 다만 이 오리도 내 곁에 매어 곁에 잡아두라고만 했다.

이튿날 아침이 되어 진주가 그 오리의 뒤에서 나오자 주인은 부끄러워하면서 사례하기를,

"어제 왜 말하지 않았는가?"

하자, 윤회는 말하기를,

"어제 만일 그 말을 했으면 주인은 필경 오리의 배를 갈라 진
주를 찾았을 것이오. 그래서 욕을 참고 기다렸던 것이오."

했다.

그는 벼슬이 병조판서(兵曹判書)에 이르고 문형(文衡)을 맡았
으며, 시호는 문도(文度)이다. 〈국조명신록(國朝名臣錄)〉

김덕생(金德生)이 현몽(現夢)해서
유골(遺骨)이 고토(故土)로 돌아왔다

김덕생(金德生)은 상산(商山) 사람이다. 상(上)께서 후원(後
苑)에 거둥했을 때 맹호(猛虎)가 뛰어나오자, 덕생(德生)이 화살
한 대로 쏘아 쓰러뜨리니 보는 자마다 그 용맹을 장하게 여기
지 않는 자가 없었다.

그러나 그를 시기하고 미워하는 자가 조정에 참소하여 중한 법
으로 얽어서 죽이게 했다. 이에 덕생은 범을 그림으로 그리게 하
여 범이 있던 곳에 세워 놓고 멀리서 쏘니, 백 번 쏘면 백 번 다
맞아서 만에 하나라도 실수가 없었다. 그리고 서 있는 채로 참형
(斬刑)을 당했는데도 오래도록 쓰러지지 않으니 사람들은 모두
이상히 여겼다.

세종(世宗)이 즉위한 뒤 어느 날 밤에 대궐 뜰에서 신 끄는 소
리가 들리므로 세종이 괴히 여겨 묻자, 그 사람이 대답하기를,

"소신(小臣)은 김덕생(金德生)이온데 원한을 품고 구천(九泉)
에 있은 지가 이미 여러 해가 되었사오니 원컨대 고향으로
유골(遺骨)을 돌아가게 해주시고 자손들을 올려 쓰시와 저승
에서의 답답한 한을 풀게 해주시옵소서."

했다.

이에 임금이 깊이 불쌍히 여겨 명하여 동지중추부사(同知中樞
府事)의 증직(贈職)을 내리고 그 고향으로 유골을 돌려보내 장

사지내게 했다. 그러나 널을 운반하여 영광(靈光) 낭월산(朗月山) 밑에 이르렀을 때 상여의 상목이 저절로 부러져서 갈 수가 없게 되었다. 그날 밤 그가 또 현몽(現夢)하여,

"원컨대 나를 여기에 장사지내 주시옵소서."

해서 드디어 그 자리에 묻어주었다. 〈송휘은찬행장(宋徽殷撰行狀)〉

《太宗朝》

양녕대군(讓寧大君)은 태백(泰伯)의
지극한 덕이 있었다

양녕대군(讓寧大君) 제(禔)는 태종(太宗)의 첫째 아들로서, 처음에 세자(世子)로 봉했는데 타고난 바탕이 뜻이 크고 기개가 있어서 젊어서부터 문장에 능했다.

그러나 세종(世宗)이 성인(聖人)의 덕이 있는 것을 보고 드디어 거짓 미친 체하고 스스로 맘대로 행동하더니 18년 무술(戊戌)에 영상(領相) 유정현(柳廷顯) 등이 문무백관(文武百官)을 거느리고 제(禔)가 덕을 잃었다 하여 합사(合辭)하여 세자를 폐하기를 청했다.

이에 태종은 제(禔)의 큰 아들로 세자를 삼으려 하니, 여러 신하들이 모두 말하기를,

"전하께서 세자를 가르치시기를 이르지 않은 바가 없이 하셨는데도 오히려 이와 같사온데, 이제 어린 손자를 세우시면 어찌 능히 다음 날을 보존하오리까? 하물며 아버지를 폐하고 아들을 세우는 것이 의리에 어떠하오리까? 청컨대 어진 분을 골라서 세우시옵소서."

했다.

임금이 말하기를,

"경(卿) 등이 마땅히 어진 자를 골라서 알리라."

하니, 이조판서(吏曹判書) 황희(黃喜)가 간하기를,

"나라의 세자(世子)는 경솔히 움직일 수 없는 것입니다."

하고, 이직(李稷)도 역시 굳게 옳지 못하다고 고집했다.

임금은 노해서 황희(黃喜) 등을 문 밖으로 내쫓고 여러 신하에게 이르기를,

"충녕대군(忠寧大君 : 世宗)은 천성이 총명 민첩하고, 학문을 좋아하여 게을리하지 않아 비록 모진 추위나 심한 더위에도 밤새도록 글을 읽으며 손에서 책을 놓지 않고 나라 다스리는 체통을 통달했기로, 나는 충녕(忠寧)으로 세자를 삼으려 하노라."

했다.

이에 여러 신하들이 하례하기를,

"신(臣) 등이 이른바 어진 이를 고른다는 것도 바로 이 분입니다."

하니, 임금은 충녕(忠寧)으로 세자를 삼고 드디어 제(禔)를 폐하여 광주(廣州)로 내보냈다.

이로부터 제(禔)는 그 행적을 숨기고 떨어진 옷을 걸친 채 발을 저는 나귀를 타고 산수(山水) 사이를 방랑(放浪)하여 오랑캐 땅으로 가서 문신(文身)한 것과 같았으니 세상에서 일컫기를 태백(泰伯)의 지극한 덕이 있다고 한 것이 이것이다 [1] 〈소대기년(昭代紀年)〉

세종(世宗)은 양녕(讓寧)과 함께 우애(友愛)가 지극히 독실하여, 양녕(讓寧)이 일찍이 관서(關西)에 놀 때 작별에 임하여 세종(世宗)이 여색(女色)을 삼가라고 부탁하자 양녕은 다만 사례만 하고 떠났다. 이에 임금은 관서(關西)의 도신(道臣)에게 명하여, 만일 대군(大君)께서 친히 가까이 하는 기생이 있거든 즉시 사람을 달려보내서 보고하라고 했다. 이에 방백(方伯)과 수

---

1) 泰伯至德 : 주(周)나라 태왕(太王)의 큰 아들 태일(泰一)에게 아우 중옹(仲雍)·계력(季歷)이 있었는데, 태왕(太王)이 계력에게 왕위를 전하려는 것을 알고 중옹(仲雍)과 함께 거짓 미친 체했다는 고사(故事).

령(守令)은 이미 임금의 명령을 받았기 때문에 아름다운 기생을 뽑아 놓고 기다렸다.

대군(大君)이 정주(定州)에 이르자 한 기생이 소복(素服)에 열은 화장으로 울기를 노래 부르듯 했다. 대군(大君)은 이것을 보고 기뻐하여 사람을 시켜 불러다가 밤에 가까이 하고 한 수의 시(詩)를 지어주기를,

"밝은 달은 모름지기 수놓은 베개를 엿보지 않는데, 맑은 바람은 무슨 일로 비단 장막을 걷어 올리는가. 〔明月不湏窺繡枕 淸風何事捲羅帷〕"

했으니, 이는 대개 그 은밀하고 깊은 뜻을 말한 것이다.

이튿날 도백(道伯)은 드디어 역마(驛馬)로 그 기생을 올려보내고 아울러 대군(大君)의 시도 보냈더니, 임금은 그 기생에게 명하여 노래로 불러 익히게 했다.

대군이 돌아와서 임금을 뵙자 임금은 말하기를,

"떠나실 때의 말을 과연 능히 기억하셨습니까?"

하자 대군은 말하기를,

"신(臣)이 삼가 성교(聖敎)를 받자왔사온데 어찌 감히 그 말씀을 잊겠습니까?"

했다.

그러나 임금은 말하기를,

"우리 형님께서 수놓은 장막 그 떨기 속에서도 능히 먼저 말을 기억하셨으니 일이 몹시 기쁘고 다행스럽습니다. 한 아름다운 여인을 얻어서 기다리게 했습니다."

하고, 궁중에 잔치를 베풀고 그 기생으로 하여금 그 시를 노래하게 했다.

대군은 밤에 그 기생을 가까이 한 터여서 그 낯은 알 수가 없었으나 그 시를 듣자 뜰에 내려가서 죄를 청하니 임금도 역시 뜰에 내려와 손을 잡으며 웃고, 드디어 그 기생을 대군에게 돌려보냈다. 〈청구야담(靑邱野談)〉

효령대군(孝寧大君)이 여래(如來)의 꿈을 꾸다

효령대군(孝寧大君) 보(補)의 처음 이름은 우(祐)요, 자는 선숙(善叔)이니 태종(太宗)의 둘째 아들이다.

세종(世宗)이 성인(聖人)의 덕이 있는 것을 양녕대군(讓寧大君) 제(禔)가 마음 속으로 알고 장차 세자(世子)의 자리를 사양하려고 병을 핑계하고 거짓 미친 체했으며, 보(補)는 대궐 안에 있었다.

어느 날 제(禔)가 어둠을 타고 보(補)가 있는 곳으로 가보았더니 촛불을 밝히고 책을 읽고 있었다. 이에 제(禔)는 조용히 말하기를,

"그대는 나의 병의 빌미를 알며, 세종 충녕(忠寧 : 世宗)이 성인(聖人)의 덕이 있는 것을 아는가?"

하니, 보(補)는 말하기를,

"이미 알고 있습니다."

한다.

이에 제(禔)가 말하기를,

"그대는 장차 어찌하려는가?"

하자, 보(補)는 합장(合掌)하고 말하기를,

"이밖에 달리 방법이 없습니다."

하자, 제(禔)는 고개를 끄덕이고 돌아갔다.

이튿날 새벽에 보(補)는 합장(合掌)하고 벽을 향해서 앉아 있으므로 궁인(宮人)이 이 사실을 임금께 고하자 임금은 몹시 놀라서 몸소 가보았더니, 대군(大君)은 말하기를,

"어젯밤 꿈에 여래불(如來佛)이 와서 신(臣)에게 말하기를, '너는 곧 내 제자다'라고 해서 이 때문에 마음을 바로잡은 것입니다."

하니, 임금은 탄식하고 놀라서 돌아갔다.

이로부터 보(補)는 무턱대고 부처에게 절을 하고 머리를 조아

리면서 바야흐로 부처를 숭배하고, 제(禔)는 술을 마시고 고기를
먹어 맘대로 하니, 보(補)는 정색(正色)하고 청하기를,
　"형님께서는 진실로 술과 고기를 그만 드시옵소서."
하니, 제(禔)는 웃으면서 말하기를,
　"살아서는 임금의 형님이 되고, 죽어서는 부처님의 형님이 될
　터인데 또한 즐겁지 않은가?"
했다. 〈소대기년(昭代紀年)〉

하경복(河敬復)이 용맹으로
화를 면하기를 세 번 하다

　하경복(河敬復)은 진주(晋州) 사람이다. 어머니가 자다가 품
속으로 들어온 꿈을 꾸고 태기가 있어서 경복(敬復)을 낳으니
소자(小字)가 왕팔(王八)이다.
　그는 힘이 사람들 중에 뛰어나서 젊었을 때 용맹으로 화를 면
한 일이 세 번 있었다. 한 번은 우연히 깊은 산에서 사냥을 하다
가 졸지에 날랜 범을 만났는데 범의 턱을 잡아 땅에 던지고 언
덕 아래 물웅덩이가 있는 것을 내려다보고 그 물에 범을 밀어
던지니 범이 물을 많이 마시고 배가 부른 것을 보고 묶어서 죽
였으니 이것이 그 하나요, 태종(太宗)이 내란(內亂)을 평정할 때
문졸(門卒)이 달려가서 장차 베려 하자 경복(敬復)은 팔뚝을 걷
어 올리고 달아나 임금의 앞에 이르러 소리치기를,
　"이 같은 장사(壯士)를 죽여서 무슨 유익함이 있겠습니까?"
하니, 이 말을 임금이 듣고 즉시 용서했으니 이것이 그 둘이요,
일찍이 변방에서 적을 막다가 오랑캐의 기병이 구름처럼 모여
들고 앞에는 큰 나무가 있었다. 이에 몸을 빼어 달아나서 그 나
무를 먼저 점령하니 오랑캐가 미처 따라오지 못했으니 이것이
그 셋이었다. 그는 벼슬이 지중추부사(知中樞府事)에 이르고 시
호는 양정(襄靖)이었다. 〈용재총화(慵齋叢話)〉

박안신(朴安臣)이 장차 죽음을 당하는 데도 두려운 빛이 없다

박안신(朴安臣)은 상주(尙州) 사람이다. 태조(太祖) 계유(癸酉)에 생원(生員) 진사(進士)가 되고, 정종(定宗) 기묘(己卯)에 문과(文科)에 급제했다.

일찍이 지평(持平)이 되어 대사헌(大司憲) 맹사성(孟思誠)과 함께 평양군(平壤君) 조대림(趙大臨)을 국문하는데 임금께 아뢰지 않고 국문했다고 하여, 태종(太宗)이 크게 노해서 두 사람을 수레에 실어 저자에 내다가 장차 베려 했다. 이에 사성(思誠)은 얼굴에 겁은 빛이 있어 어찌할 바를 몰랐으나 안신(安臣)은 조금도 두려운 빛이 없이 사성(思誠)을 부르기를,

"너는 상관(上官)이요 나는 하관(下官)이지만, 이제 죽으러 가는 죄수가 된 터에 무슨 존비(尊卑)가 있단 말인가! 일찍이 생각하기에 그대는 지조가 있다고 했는데 어찌 이처럼 겁을 내는가. 그대는 저 수레바퀴 소리가 덜렁이는 것을 듣지 못하는가?"

하고, 나졸(邏卒)을 시켜 기왓장을 주워오라 해서 송곳 끝으로 그려서 쓰기를,

"내 직책이 달갑게 죽음을 받는 것은 어렵지 않으나, 임금이 간신(諫臣)을 죽였다는 이름 남길까 두렵네. 〔爾職不供甘受死 恐君留殺諫臣名〕"

하고, 눈을 부릅뜨고 옥리(獄吏)에게 말하기를,

"이것을 전하께 갖다 드리라. 그렇지 않으면 나는 악귀(惡鬼)가 되어 너에게 붙어서 씨를 남기지 않으리라."

했다.

태종이 이 말을 듣고 크게 노했으나 하륜(河崙)·성석린(成石璘)·권근(權近) 등이 힘껏 구원해서 죽음을 면하고 매를 때려 먼 곳으로 귀양보냈다.

그 후, 일본에 사신으로 갔다가 해적(海賊)을 만났는데 안신(安臣)이 호상(胡床)에 걸터앉아서 조용히 지휘하니 해적들이 두려워서 감히 가까이 오지 못하므로 일행이 안전할 수가 있었다. 벼슬이 대제학(大提學)에 이르고, 시호는 정숙(貞肅)이다. 〈국조명신록(國朝名臣錄)〉

안몽득(安夢得)이 만수정가(萬壽亭歌)를 짓다

안몽득(安夢得)은 광주(廣州) 사람이니, 사간공(思簡公) 성(省)의 아우이다. 어려서부터 총명하고 지혜로웠으며 모양이 옥과 같았다. 나이 13세에 아버지 전농시사(典農寺事) 기(器)의 생일에 만수정가(萬壽亭歌)를 지어 헌수(獻壽)했는데,

"삼층 대 위의 세 줄의 버드나무요, 만수정자 가의 만수의 술잔일세. 오늘에 오늘이 저물었다고 말하지 마라, 해마다 오늘은 이자리를 열리. 〔三層臺上三行柳 萬壽亭邊萬壽盃 今日莫言今日暮 年年今日此筵開〕"

라고 하자, 좌중(座中)이 크게 기뻐해서 말하기를,

"천하의 기이한 재주로다."

했다.

벼슬이 전농판사(典農判事)에 이르렀다. 〈국조방목(國朝榜目)〉

권홍(權弘)의 꿈에 늙은 자라가 구원을 청하다

권홍(權弘)은 안동(安東) 사람이니, 호는 설헌(雪軒)이다. 고려 말년에 문과(文科)에 뽑혀 간관(諫官)이 되었으나 정몽주(鄭夢周)의 당(黨)이라 하여 먼 곳으로 귀양갔었다.

뒤에 홍(弘)은 지위가 극도에 달하고 나이가 많아서 산수(山水)

사이에 노는 것으로 일을 삼더니, 어느 날 밤에 한 늙은이가 울면서 호소하기를,

"홍상(洪相)이 오늘 장차 우리 일족(一族)을 없애려 하니, 구원해 주기를 원합니다."

한다.

홍(弘)은 말하기를,

"내가 어떻게 구원할 수 있습니까?"

하자, 늙은이는 말하기를,

"공(公)이 가지 않으면 홍(洪)도 역시 가지 않을 것이오."

했다. 이윽고 문 두드리는 소리가 들리므로 놀라서 묻자, 어린 종이 말하기를,

"홍공(洪公)이 오늘 장차 냇가에서 자라를 구워 술자리를 마련하는데 공(公)을 청하여 모이자고 합니다."

했다.

이 말을 듣고 마음 속으로 생각하기를 꿈 속에 나타난 늙은이가 곧 자라라 여기고 가지 않았더니 홍(洪)도 역시 이 일을 중지했다. 〈대동운옥(大東韻玉)〉

《世宗朝》

최치운(崔致雲)이 술을 경계한 임금의 글을 벽에 붙여 놓고 반성하다

최치운(崔致雲)은 강릉(江陵) 사람이니 자는 백경(伯卿)이요, 호는 조은(釣隱)이다. 태종(太宗) 정유(丁酉)에 생원(生員)이 되고 문과(文科)에 급제하여 벼슬이 이조참판(吏曹參判)에 이르렀다.

일찍이 일이 있어 중국에 들어가서 일을 이루고 돌아와서 그 공으로 전답과 노비를 하사받았으나 치운(致雲)은 이를 굳이 사양하고 받지 않고 기꺼이 집에 돌아가서 그 아내에게 말하기를,

"오늘 내가 청한 것이 이루어졌으니 내 마음이 매우 좋도다."

하자 아내는 말하기를,

"임금이 하사하는 것을 사양했으니 복도 없도다."

했다.

성품이 술을 좋아하여 세종(世宗)이 어찰(御札)을 내려 경계하니, 치운(致雲)은 이것을 벽 좌우에 붙여 놓고 출입할 때 쳐다보고 스스로 반성했다. 그러나 밖에 나가면 크게 취해서 집에 돌아오면 땅에 자빠졌다. 그러면 그 아내는 그 머리를 반듯이 들어 벽을 가리켜 보이면 치운(致雲)은 아무리 몹시 취한 중이라도 머리를 책상에 부딪치고 조아려 사죄하는 모양을 하다가 술이 깨면 말하기를,

"내가 전하의 은혜에 감동하여 경계하는 것이 항상 술에 있으나, 다만 술자리에 가기만 하면 이제까지 경계하던 일은 금시에 잊고 그대로 취하게 된다."

했다.

그는 나이 겨우 51세에 졸(卒)했다.

일찍이 최상(崔相) 윤덕(潤德)의 종사관(從事官)이 되었을 때 임금이 명해서 무원록(無冤錄)에 주(註)를 달게 했다.

아들 응현(應賢)의 호는 수재(睡齋)이니, 단종(端宗) 갑술(甲戌)에 생원(生員)이 되고 문과(文科)에 올라 벼슬이 대사헌(大司憲)에 이르렀다. 계림부윤(鷄林府尹)이 되었을 때 시를 짓기를,

"티끌 사이 영욕이 몇 번이나 봄을 지났던가, 책상의 책 무너진 가에 흰 머리털이 새로워라.

　밤 중에 습관처럼 고향으로 갈 계획 세우지만, 이튿날 아침이면 또 돌아가지 못하는 사람 되네. 〔塵間榮辱幾番春　案牘堆邊白髮新　半夜慣成林下計　明朝又作未歸人〕"

했다.

응현(應賢)의 아들 수성(壽峸)은　기묘(己卯)의 명현(名賢)이다. 〈국조명신록(國朝名臣錄)〉

황희(黃喜)가 말하기를 네 말이 옳다

황희(黃喜)는 장수(長水) 사람이니, 자는 구부(懼夫), 초명(初名)은 수로(壽老)요, 호는 방촌(厖村)이다. 우왕조(禑王朝) 기사(己巳)에 문과(文科)에 오르고 아조(我朝)의 명상(名相)이니 시호는 익성(翼成)이요, 세종(世宗)의 사당에 배행되었다.

국가의 일에 마음을 두고 집 일에는 통 관계하지 않았다. 그러던 어느 날 집안의 계집종들 사이에 싸움이 벌어졌다. 이윽고 한 계집종이 공(公)에게 와서 호소하기를,

"어떤 종이 저와 함께 이러이러한 일로 서로 다투었사온데 몹시 간사하고 악합니다."

하자, 공(公)은 말하기를,

"네 말이 옳다."

고 해서 돌려보냈다.

조금 있다가 딴 계집종이 와서 고하기를 먼저 종과 같이 하니 공은 또 말하기를,

"네 말이 옳다."

고 해서 돌려보냈다.

이것을 보고 있던 조카가 불쾌한 표정으로 앞으로 나와 말하기를,

"아저씨께서는 애매하기도 너무 심하십니다. 그들의 말을 들어보니 저 계집종은 저러하고 이 계집종은 이러하오니 저 계집종이 잘못입니다."

하자, 공은 말하기를,

"네 말도 옳다."

했다.

공(公)은 글 읽는 것을 그치지 않았지만 끝내 분변하는 것이 없었다. 〈송와잡기(松窩雜記)〉

공(公)이 임금의 부름을 받고 촌에서 들어오는데 이마가 높은

삿갓에 거친 무명으로 만든 단령(團領)을 입고 들어오는데 모양이 초라하니 아무도 기이하게 여기는 자가 없었다. 그러나 태종(太宗)은 세종(世宗)에게 부탁하기를,

"나라를 다스리는 데 이 사람이 없어서는 안 된다."

하고 즉시 예조판서(禮曹判書)에 임명했다.

공(公)은 상부(相府)에 있은 지 30년에 이에 이루어진 법을 지키기에 힘써서 고치기를 좋아하지 않고, 일 처리하는 것이 이치를 좇아 규모(規模)가 크고 원대하여 사물(事物)의 진정시키는 아량(雅量)이 대신(大臣)의 체통을 얻으니, 세종(世宗)이 매양 공(公)의 생각이 크고 깊은 것과 큰 일을 잘 판단하는 것을 칭찬하여 시귀(蓍龜)[1]의 균형(均衡)이라 했다. 때로 혹시 옛 제도를 변경할 것이 있으면 반드시 말하기를,

"신(臣)이 통변(通變)의 재주가 없사와 모든 제도를 고치는 일에는 감히 다시 의논하지 못하겠습니다."

했다.

공(公)은 의논하는 것이 평서(平恕)를 지론으로 했고 큰 일을 판단하고 시비를 배척하는 데는 의연(毅然)히 꺾을 수 없는 기운이 있었다.

벼슬을 내놓은 뒤에도 조정에 일이 있으면 반드시 근시(近侍)로 하여금 가서 물어오게 하여 결정했다.

나이 90인데도 총명이 조금도 감하지 않아서 전장(典章)과 문헌(文獻)이 마치 촛불을 비치고 산가지로 센 것과 같았다. 도량이 너그럽고 커서 기쁜 일과 노여운 일을 일찍이 얼굴에 나타내지 않았고, 평상시에는 담담(淡淡)해서 아이들과 어린 종들이 앞에 와서 울고 떠들어도 조금도 꾸짖는 일이 없었으며, 혹은 수염을 내두르고 뺨을 때리는 자가 있어도 또한 그 하는 대로 내버려 두었다.

일찍이 동료들을 데려다 일을 의논하다가 바야흐로 종이에 먹을 묻히는데 한 어린 종이 그 위에 오줌을 누었으나 공은 노여

---

1) 蓍龜 : 시초와 거북은 점치는 물건으로 모두 신물(神物)이다. 이것으로 천하의 길흉을 정한다.

위하는 빛이 없이 다만 손으로 씻을 뿐이었다. 또 한 어린 계집
종이 조그만 반찬 그릇을 가지고 공(公)에게 의지해 서서 막좌
(幕佐)들을 내려다보면서 공에게 이르기를,

"장차 술안주를 올리려 합니다."

하자, 공은 천천히 하라 했다.

계집종은 또 의지해 서있기를 한동안 하다가 소리를 높여 말
하기를,

"왜 이렇게 더딥니까?"

하자, 공은 웃으면서 말하기를,

"가져 오도록 하라."

했다.

술안주를 차려 내오자 남루한 옷을 입은 어린이 몇 명이 발을
벗고 공의 옷을 밟고 앉아서 술안주를 모두 주워다가 먹고 또
공을 때리기까지 하면 공은 말하기를,

"아프다, 아프다."

했다. 이 아이들은 모두 종의 자식들이다.

매양 식사를 대하여 여러 아이들이 모여들면 공이 밥을 덜어
서 주어 다투면서 떠들고 먹어도 공은 다만 웃을 뿐이었다. 종
들이 허물이 있으면 일찍이 매를 때리지 않고 항상 말하기를,

"노비(奴婢)도 역시 천민(天民)인데 어찌 사납게 부린단 말
  이냐."

했다.

뜰 밖에 복숭아가 익어서 이웃 아이들이 다 따먹거늘, 공은
소리를 천천히 해서 말하기를,

"다 따먹지 마라. 나도 또한 맛좀 봐야겠다."

하고 조금 있다가 나가보니 한 나무의 복숭아가 이미 다 없어
졌다.

일찍이 동산 속을 거닐 때 이웃에 미친 아이가 있어 돌을 던
지는데 바야흐로 배가 익어서 떨어져 땅에 가득했다. 공이 목소
리를 낮추어 종을 부르자 미친 아이는 담 밖으로 도망하여 숨어
서 엿듣고 있었다. 그러나 종이 오자 버들 그릇을 가져오게 하

여 배를 주워 담아 이웃 아이에게 주게 하고 다시 아무 말도 없
었다.

공이 마침 일로 인해서 상부(相府)에서 경재(卿宰)들과 모이는
데, 공조판서(工曹判書) 김종서(金宗瑞)가 공조(工曹)로 하여금
간략히 주찬(酒饌)을 준비해 내오자 공은 노해서 말하기를,

"국가에서 예빈시(禮賓寺)를 정부 곁에 설치한 것은 삼공(三
公)을 위한 것이오. 만일 창자가 비었으면 예빈시(禮賓寺)로
하여금 갖추어 오게 할 일이지, 어찌 사사로이 공(公)에서 마
련하게 한단 말인가."

하고 종서(宗瑞)를 앞으로 불러 준절히 책망했다.

김상(金相) 극성(克成)이 일찍이 이 일을 경연(經筵)에 아뢰
기를,

"대신(大臣)이 마땅히 이와 같아야만 가히 조정을 진압할 수가
있다."

했다. 〈행장(行狀)〉

맹사성(孟思誠)의 공당문답(公堂問答)

맹사성(孟思誠)은 신창(新昌) 사람이니, 자는 성지(誠之)고, 호
는 동포(東浦)이다. 정성스러운 효성이 천성(天性)에서 나와서
10세에 능히 자식으로서의 직책을 다했고, 어머니 상사에 물과
간장을 7일 동안 입에 넣지 않았으며 장사지낸 뒤에는 여묘(廬
墓)하면서 죽만 먹기를 3년 동안 했다. 묘(墓) 앞에 잣나무를 심
었더니 돼지가 등으로 비벼서 말라죽거늘 사성(思誠)이 통곡하
더니 이튿날 그 돼지가 범에게 물려가자 사람들은 효성에 감동
되어 그렇게 되었다 하였고, 이 일이 조정에 알려지자 정려(旌閭)
를 내렸다.

사성(思誠)의 집은 몹시 비좁았는데 병조판서(兵曹判書)가 일을
품(禀)하려고 갔다가 마침 소나기를 만나서 곳곳에 비가 새어

42

의관이 모두 젖었다. 병조판서가 집에 돌아와서 탄식하기를,
　"공(公)의 집이 이와 같은데 내가 어찌 바깥 행랑을 만든단
　말인가？"
하고 드디어 이를 헐고 새로 만들었다. 〈인물고(人物考)〉
　온양(溫陽)에 근친갈 때는 내왕에 관아(官衙)에 들어가지 않고
항상 간략히 종만 데리고 가든지, 때로는 혹 소를 타고 가기도
했다. 양성(陽城)·진위(振威) 두 고을 태수(太守)가 공이 내려
온다는 말을 듣고 장호원(長湖院)에서 기다리다가 소를 타고 지
나가는 사람을 보고 사람을 시켜 꾸짖어 못가게 하자, 사성(思
誠)은 말하기를,
　"너는 가서 내가 온양(溫陽) 맹고불(孟古佛)이라 하라."
하자, 그 사람이 가서 그대로 고하니, 두 태수(太守)는 놀라고
황망하여 달려 나오다가 언덕 아래 깊은 못에 인(印)을 떨어뜨
리는 것을 깨닫지 못하니 뒷 사람들이 이 못을 이름하여 인침연
(印沈淵)이라 했다. 〈국조명신록(國朝名臣錄)〉
　온양으로부터 돌아오는 길에 비를 만나서 용인(龍仁)의 어떤
여관(旅舘)에 들어갔더니 어떤 사람을 따르는 사람이 몹시 많은
데 먼저 여관의 다락 위를 점령하고 있었다.
　공이 들어가서 한 귀퉁이에 있는데 먼저 다락에 오른 자는 곧
영남(嶺南)의 부호(富豪)로서 녹사(錄事) 벼슬을 얻기 위하여 올
라가는 길이었다.
　그는 공을 보자 불러서 함께 다락에 올라 이야기 하고 장기를
두다가 '공(公)'자 '당(堂)'자로 운(韻)을 달아 문답하자고 약
속했다.
　이에 공이 먼저,
　"무엇 하러 서울에 가는 공."
하니, 그 사람은,
　"녹사(錄事)하려 올라간 당."
했다. 공은 웃으면서,
　"내가 그대를 위하여 얻어줄 공."
하니, 그 사람은,

"우습다. 당치도 않 당."
했다.
후일에 정부에 앉았노라니 그 사람이 녹사 시험을 보러 들어
와 뵈므로 공이 말하기를,
"어떠한 공?"
하자, 그 사람은 물러가 엎드려서 대답하기를,
"죽어지이 당."
하니 일좌가 놀라고 괴이히 여기자 공은 그 사실을 말하니 여러
재상들은 듣고 크게 웃었다.
이리하여 그 사람은 공의 추천으로 녹사가 되고 여러 번 주군
《州郡》을 거쳐 능한 관리로 일컬어졌다. 후세에 이것을 공당문답
《公堂問答》이라고 한다. 〈용재총화(慵齋叢話)〉

최윤덕(崔潤德)이 범을 쏘아
사람을 위하여 원수를 갚다

최윤덕(崔潤德)은 통천(通川) 사람이고, 자는 여화(汝和)이다.
나면서 어머니가 죽고 아버지 운해(雲海)는 변방에 나가 지키느
라고 돌아오지 못하자 이웃에 사는 양수척(楊水尺)의 집에 부탁
해서 기르게 하였다.
그는 차츰 자라자 힘이 남보다 뛰어나 강한 활을 당겨 굳은 물
건을 쏘았다. 어느 날 산 속에서 소에게 풀을 뜯기고 있는데 범
이 갑자기 나타나 이것을 활 하나로 쏘아 쓰러뜨렸다. 이것을
보고 수척(水尺)은 윤덕(潤德)을 데리고 합포진(合浦鎭)으로 가
서 그 아버지를 뵙고 그 재주를 몹시 칭찬하자, 그 아버지는 말
하기를,
"내 마땅히 시험해 보리라."
하고 함께 사냥을 나가더니 좌우로 달리면서 활을 쏘는데, 쏘기
만 하면 맞히지 못하는 것이 없었다.

이에 그 아버지는 웃으면서 말하기를,

"네 솜씨가 비록 민첩하기는 해도 아직 궤범(軌範)을 모르는 구나. 네가 지금 하는 것은 겨우 조그만 재주에 지나지 않느니라."

하고 곧 그에게 병법(兵法)을 가르쳐서 드디어 명장(名將)이 되었다.

세종(世宗) 기해(己亥)에 최윤덕(崔潤德)은 이종무(李從茂)와 함께 수군(水軍)을 거느리고 대마도(對馬島)에서 왜(倭)를 쳐서 베고 사로잡은 것이 몹시 많았다. 첩서(捷書)가 조정에 이르자, 임금은 편지를 내려 위로하고 그에게 우찬성(右贊成) 겸 평안도 절제사(平安都節制使) 및 안주목사(安州牧使)를 시켰다.

그는 공무(公務)의 여가에도 관청 뒤에 있는 빈 땅을 일구어 외를 심고 손수 김을 매주니, 송사하러 온 자는 그가 윤덕인 줄을 알지 못하고 그에게 묻기를,

"상공(相公)은 지금 어디에 계신가?"

한다.

이 때 공(公)은 거짓말하기를,

"지금 아무 데에 계시다."

하고 즉시 청(廳)에 들어가 옷을 갈아 입은 후에 송사를 판결했다.

어느 날 한 촌부(村婦)가 울면서 고하기를,

"어젯밤에 범이 와서 저의 남편을 죽였습니다."

했다.

이에 공은 말하기를,

"내 너를 위하여 원수를 갚아 주리라."

하고 범을 쫓아가서 손수 쏘아 잡고 그 배를 갈라 그 뼈와 살과 수족을 꺼내서 옷에 싸가지고 관(棺)을 준비하여 묻어주니 그 촌부(村婦)가 감격하여 울기를 마지않았다.

야인(野人) 이만주(李滿住)가 변경을 침범하거늘 임금이 그를 보내어 이를 치게 했더니 크게 이기고 돌아왔다. 이때 임금이 근정전(勤政殿)에 거둥하여 잔치를 베풀어 위로하는데 친히 잔

을 잡아 윤덕 등에게 하사하고, 또 세자(世子)에게 명하여 술을
따르게 하면서 윤덕에게 명하여 일어나지 말고 술을 받으라 하
고, 또 군관(軍官)에게 명하여 서로 마주 보고 일어나서 춤을 추
라 하니 윤덕이 술이 얼근하여 역시 일어나 춤을 추었다.

경원부사(慶源府使) 송희미(宋希美)가 군법(軍法)에 저촉되어
죽게 되었는데 윤덕은 희미(希美)와 옛 친구 사이여서 주과(酒
果)를 준비해 가지고 가서 영결(永訣)하기를,

"상심(傷心)하지 마라. 법은 마땅히 죽는 것이요, 하물며 인
생이란 필경 한 번 죽음이 있는 것이니 나도 또한 아침 저녁에
마땅히 그대를 따를 것이다."

했다.

벼슬이 영중추부사(領中樞府事)에 이르고 시호는 정렬(貞烈)
이며 세종(世宗)의 사당에 배향되었다.

이순몽(李順蒙)이 호미로 천화(天火)[1]를 끄다

이순몽(李順蒙)은 무예(武藝)로 이름이 났는데 일찍이 여주(驪
州) 이천(利川) 사이에서 힘써 농사를 지어 업(業)을 이루고 있
었다. 어느 날 들에 나가 밭을 매고 있노라니 갑자기 하늘이 어
두워지면서 바람과 비가 크게 일더니 항아리만한 불덩어리가 멀
리에서 가까이 오는데 그 소리가 어찌나 큰지 소와 말이 모두 피
해 달아나고 있었다.

이에 순몽이 그 불을 치자 어린 아이 황발(黃髮)[2]의 이마가 벗
겨지고 푸른 눈이 빛나는데 손에 쥐고 있던 칼의 가운데가 꺾어
져서 마치 짧은 낫과 같이 되었는데 이것을 쥐고 땅 위에 거꾸
로 자빠져서 오래도록 움직이지 않았다. 순몽이 호미로 이것을
쳐서 일으키자 하늘이 또 어두워지고 바람과 비가 또 일더니 드

---

1) 天火 : 사람이 놓지 않은 천작(天作)의 불. 번개로 패서 일어나는 불.
2) 黃髮 : 머리가 누래진 늙은이를 말함.

디어 어디로 갔는지 알 수가 없었다.

이에 세상에서는 그 말을 전하기를, 필부(匹夫)로 몸을 일으켜서 하루아침에 나라의 명장(名將)이 되었으니 어찌 기절(奇絶)하고 탁이(卓異)한 징험이 없겠느냐고 했다.

세종(世宗) 기축(己丑)에 중군(中軍)으로서 군사 2천 명을 거느리고 원수(元帥) 최윤덕(崔潤德)을 좇아 야인(野人)을 쳐서 깨치고 개선(凱旋)했는데, 그 공으로 중추원사(中樞院事)에 배해졌다.

유관(柳寬)이 집이 새어 우산으로 비를 가리다

유관(柳寬)은 문화(文化) 사람이니, 자는 경부(敬夫)요, 호는 하정(夏亭)이다. 공민조(恭愍朝) 신해(辛亥)에 문과(文科)에 뽑혔다.

그는 기도(器度)가 넓고 굳세며 염공 청백(廉公淸白)하며 매우 총명해 남 가르치기를 게을리하지 않았다.

본조(本朝)에 들어와서 흥인문(興仁門) 밖에 집을 세웠는데 두어 칸에 지나지 않았고 밖에 담도 없었다. 이에 태종(太宗)은 그를 선공감(繕工監)에 명하고 밤중에 관(寬)의 집에 대나무 울타리를 쳐주되 그가 알지 못하게 하라 했다.

관(寬)은 청빈(淸貧)한 것을 스스로 지켜 일찍이 한 달이 지나도록 장마비가 내려 집이 삼대처럼 새거늘 관(寬)은 우산으로 비를 가리면서 부인을 돌아다보고 말하기를,

"우산이 없는 집은 어떻게 견딜까?"

하자, 부인은 말하기를,

"우산이 없는 집은 반드시 갖춤이 있을 것입니다."

하니 관(寬)은 웃었다.

혹 찾아오는 자가 있으면 겨울에도 맨발에 짚신을 신고 나가 보고, 때로 호미를 가지고 채마밭에 나가지만 수고로워하지 않

았다. 〈용재총화(慵齋叢話)〉

세종(世宗) 갑진(甲辰)에 우상(右相)에 배했다가 나이가 들자 치사(致仕)했다. 손님을 대하여 술을 대접할 때는 반드시 탁주 한 동이를 뜰 위에 놓고 늙은 계집종 하나를 시켜서 사기 대접 하나로 떠서 돌리는데 각각 두어 대접으로 파했다. 〈청파극담 (靑坡劇談)〉

유효통(兪孝通)의 삼중(三中)이
삼상(三上)보다 뛰어나다

유효통(兪孝通)은 기계(杞溪) 사람이니, 자는 행원(行源)이다. 문장에 능하고 우스갯소리를 잘했다. 태종(太宗) 무자(戊子)에 문과(文科)에 올라 집현전 직제학(集賢殿直提學)이 되었다.

일찍이 집현전의 여러 벗들과 시(詩) 짓는 공부에 대하여 의 논하다가 말하기를,

"옛 사람들은 삼상(三上)에 대하여 더욱 많은 생각을 두지만 나는 그렇지 않아서 삼중(三中)에 마음이 있으니, 그것은 한 중(閒中), 취중(醉中), 월중(月中)이다."

했다.

이에 여러 벗들은 말하기를,

"그대의 삼중(三中)이 과연 삼상(三上)보다 뛰어나다."

고 했다. 〈필원잡기(筆苑雜記)〉

김요(金銚)가 흠경각(欽敬閣)을 창설(創設)하다

김요(金銚)는 김해(金海) 사람이니, 초명(初名)은 빈(鑌)이요, 호는 졸재(拙齋)이다. 태종(太宗) 신묘(辛卯)에 문과(文科)에 뽑

혀 벼슬이 예조판서(禮曹判書)에 이르렀다.

세종(世宗) 무오(戊午)에 요(銚) 등에게 명하여 천추전(千秋
殿) 서쪽 뜰에 간의대(簡儀臺)를 세우는데, 한 칸 짜리 조그만
집을 세우고 종이를 발라 산을 만드니 높이가 7척이나 되는데 그
가운데에 두어 두고 그 안에 옥루기륜(玉漏機輪)을 설치하여 물
로 이것을 치게 하고, 금으로 해를 만드니 크기가 탄환과 같은
데 오색 구름이 둘러서 산허리 위로 다녀서 하루에 한 바퀴를
도는데 낮에는 산 밖이 보이고 밤에는 산 속으로 빠져서 비낀 형
세가 천행(天行)이 끝을 가는 것을 표준삼았다.

또 원근의 출입하는 분별은 각각 절기(節氣)를 따라서 하늘의
해와 합하고, 해 밑에는 옥녀(玉女) 4인이 있어서 손에 금목탁
을 가지고 구름을 타고 사방에 서 있어서 인묘진(寅卯辰)의 초정
(初正)에는 동쪽에 있는 자가 매양 이것을 흔들며 사오(巳午)의
초정(初正)에는 남쪽에 있는 자가 이것을 흔들고 서쪽과 북쪽도
모두 그렇게 한다. 아래에는 네 신(神)이 각각 그 방위에 서서
모두 산을 바라보고 있다가 인시(寅時)가 되면 청룡(靑龍)이 북
쪽을 향하고 묘시(卯時)에는 동쪽을 향하고 진시(辰時)에는 남
쪽을 향하고 사시(巳時)에는 도로 서쪽으로 돌아와서 주작(朱
雀)이 다시 동쪽을 향하는데 이로써 행하는 방위를 전과 같이
하여 딴 것도 모두 이를 본떠서 한다.

산의 남쪽 기슭에는 높은 대(臺)가 있어서 시간을 맡은 한 사
람이 붉은 비단으로 공복(公服)을 입고 산을 등지고 서고, 무사
(武士) 3인이 모두 갑주(甲胄)를 갖추고 한 사람은 종추(鍾槌)를
가지고 서쪽을 향하여 동쪽에 서 있고, 한 사람은 고부(鼓桴)를
가지고 동쪽을 향하여 서쪽의 북에 가깝게 서 있고, 한 사람은 정
편(鉦鞭)을 가지고 역시 동쪽을 향하여 서쪽의 남쪽에 가깝게 서
있다.

매양 때가 되어 사신(司晨)이 종인(鍾人)을 돌아다보면 종인
(鍾人)도 역시 사신(司晨)을 돌아다보고서 종을 치고, 매양 경
(更)이 되면 고인(鼓人)은 북을 치고 매양 점(點)이 되면 정인
(鉦人)이 징을 치는데 그 서로 돌아보는 것이 또한 이와 같아서

경(更) 점(點)에 징과 북을 치는 수를 모두 상법(常法)과 같이 한다.

또 그 밑의 평지에는 12신(神)이 각각 그 자리에 엎드려 있고, 이 12신(神)의 뒤에 각각 구멍이 있는데 항상 닫혀 있다가 자시(子時)가 되면 쥐의 뒤의 구멍이 저절로 열려서 옥녀(玉女)가 시패(時牌)를 가지고 나가면 쥐가 앞에서 일어나고 자시(子時)가 나하면 옥녀(玉女)는 도로 들어가고 그 구멍은 도로 저절로 열티면서 쥐가 도로 엎드린다.

축시(丑時)가 되면 소 뒤의 구멍이 저절로 열리고 옥녀(玉女)도 역시 나오며 소도 또한 일어나는데, 12시가 모두 그러하다. 또 대(臺)가 있는데 대(臺) 위에는 의기(欹器)를 놓아 두고 그릇 북쪽에 궁인(宮人)이 있어 병을 가지고 따르는데 새어 나오는 물을 가지고 계속 끊어지지 않다가 그릇이 비면 뉘고 가운데에 물이 있으면 반듯하게 하며, 가득 차면 엎어진다.

또 산 동쪽은 봄 3월의 경치를 하고, 남쪽에는 여름 석 달의 경치를 하며 가을과 겨울도 또한 그렇게 하는데 빈풍(豳風)의 그림에 의해서 나무를 새겨 인물(人物)과 금수(禽獸)와 초목(草木)의 형상을 만들어 가지고 그 절후(節候)에 의해서 벌여 놓았는데 그 각(閣)을 이름하여 흠경(欽敬)이라고 했다. 〈소대기년(昭代紀年)〉

노한(盧閈)이 역졸(役卒)의
피로하고 괴로운 모습을 극진히 말하다

노한(盧閈)은 교하(交河) 사람이니, 자는 유린(有隣)이다. 어려서부터 행동이 조용하고 말이 없어서 이미 성인(成人)된 사람과 같았다. 여흥부원군(驪興府院君) 민제(閔霽)가 그 딸을 아내로 주었다.

나이 16세에 서승(署丞)이 되고 본조(本朝)에 들어와서는 3

도의 안찰사가 되었는데, 이때 해주(海州) 바닷가에서 전함을 만
드는 일이 오래도록 역사(役事)가 끝나지 않았다.

복명(復命)을 하게 되자 그는 역졸(役卒)들이 몸에서 구더기
가 날 정도로 피로하고 괴로워한다고 그 모습을 극진히 아뢰니,
임금의 얼굴빛이 변하며 말하기를,

"누가 진시황(秦始皇)이나 수양제(隋煬帝) 같은 짓을 한단 말
이냐?"

하니, 한(閈)은 관(冠)을 벗고 머리를 조아리면서 말하기를,

"신(臣)이 명령을 받고 간 것은 오로지 백성들의 괴로워하는
것이 위에 가려져 있기 때문이온데 삼도(三道) 연변(沿邊)의 곤
궁함이 이보다 더 큰 것이 없사옵기로 죽음을 무릅쓰고 아뢴
것이오며, 또 진(秦)나라와 수(隋)나라에서 배를 만들 때에
피로움을 끼칠 걱정이 있어서 사신을 보내서 백성들에게 묻
게 한 일이 있었습니까?"

하니, 조금 있다가 임금은 웃으면서 말하기를,

"경(卿)은 관을 벗지 마라."

하고 이조판서(吏曹判書)에 승진시켰다.

기축(己丑)에 처제(妻弟) 민무구(閔無咎)의 옥사(獄死)가 일어
나자, 한(閈)은 벼슬이 떨어져 양주(楊州) 별서(別墅)에 있다가
14년이 지나 임인(壬寅)에 이르러 소환(召還)되고, 세종(世宗)
을묘(乙卯)에 우상(右相)에 배해지자, 한(閈)의 부인 민씨(閔氏)
가 들어가 사례하니 임금이 말하기를,

"나의 사사로운 은혜가 아니라 이는 곧 태종(太宗)의 유교(遺
敎)이니라."

했다. 시호는 공숙(恭肅)이다. 〈인물고(人物考)〉

신개(申槩)가 자기의 신장(身長)으로
벽에 그린 그림을 분별하다

신개(申槩)는 평산(平山) 사람이니, 자는 자격(子格)이요, 호는

인재(寅齋)이다. 어려서 외가(外家)인 원씨(元氏)의 집에서 자랐는데, 겨우 3세 때에 창 벽에 그린 그림이 있는 것을 보고 원씨(元氏)가 여러 아이들을 모아 놓고 물었더니 아이들이 사방에서 일어나 다퉜다. 이때 개(槩)는 홀로 말을 하지 않고 자기의 신장(身長)을 가리키니 신장이 벽의 그림보다 한 자가 넘게 모자랐다.

이에 원씨(元氏)는 이를 이상히 여겨 말하기를,

"신문(申門)을 일으킬 자는 반드시 이 아이일 것이다."

했다. 〈인물고(人物考)〉

벼슬이 좌상(左相)에 이르고, 시호는 문희(文僖)요, 세종(世宗)의 사당에 배향(配享)했다.

남지(南智)가 손톱으로
표를 하여 그 잘못을 가리다

남지(南智)는 의령(宜寧) 사람이니, 자는 지숙(智叔)이다. 세종조(世宗朝)에 영남 경력(嶺南經歷)이 되니, 하연(河演)이 이때 관찰사(觀察使)가 되었는데, 그가 왔다는 말을 듣고 근심하기를,

"이 나이 젊은 공적이 있는 자가 반드시 할 일을 할 것이니 내가 어렵게 되었구나."

했다.

남지(南智)가 들어가 뵙자 하연(河演)은 분별하기 어려운 공사(公事)의 문서를 추려서 그에게 주면서,

"이것을 판별(判別)해 가지고 오라."

했다.

남지는 그 자리에서 물러나오자 손톱으로 표를 해가지고 나와서 말하기를,

"이 글자는 잘못되었으니 마땅히 고쳐야 할 것이요, 이 일은 잘못되었으니 마땅히 바로잡아야 하겠습니다."

했다.

이 말을 듣고 연(演)은 그 그릇이 큰 것에 크게 놀래어 이로부터는 묻고 의논하여 몹시 친밀하여 마치 옛날부터 사귀던 친구와 같이 하고 나이나 지위로써 높은 체하지 않았다.

세종(世宗) 을사(乙巳)에 우상(右相)에 배하니 이때 하연(河演)은 좌상(左相)이 되었다. 이에 남지는 나가서 부임하는 날에 그 집을 찾았더니 연(演)은 말하기를,

"먼저 벼슬길에 오른 늙은 감사(監司)는 한 발이 늦었으니 말할 수가 없소이다."

했으니, 이는 대개 예전에 같은 벼슬길에 있다가 같이 승진이 되어 자리가 비슷하다는 것을 기뻐한 말이었다. 〈인물고(人物考)〉

민대생(閔大生)이 백 년수(百年壽)에 또 백 년이라 하다

민대생(閔大生)은 여흥(驪興) 사람이다. 나이 90여 세에 정월 초하루를 당하여 여러 조카들이 와서 뵙는데, 한 사람이 나와서 말하기를,

"원컨대 숙주(叔主)께서는 수(壽) 백 년을 누리시옵소서."

하자, 공(公)은 노하여 말하기를,

"내 나이 90여 세인데 만일 백 년을 누린다면 겨우 수 년이 남았을 뿐인데 어찌 이같이 복이 없는 소리를 하느냐?"

하고 드디어 내쫓았다.

또 한 사람이 와서 나가서 말하기를,

"원컨대 숙주(叔主)께서는 수(壽) 백 년을 누리시고 또 백 년을 더 누리십시오."

하자, 공은 기뻐하면서 말하기를,

"이는 참으로 수를 비는 체통이다."

하고 비로소 후하게 음식을 대접해 보냈다.

벼슬이 숭정(崇政) 판중추(判中樞)에 이르렀다. 〈태평한화(太平閑話)〉

강희(姜曦)의 시권(試券)이
회오리바람에 날아가다

강희(姜曦)는 금천(衿川) 사람이니, 태사(太師) 감찬(邯贊)의 자손이다. 일찍 생원(生員)에 합격하고 세종(世宗) 병진(丙辰) 친시(親試)에 바야흐로 시권(試券)을 써서 끝냈는데 회오리바람이 불어와서 날아가 이것을 윤사균(尹士昀)이 얻어서 장원(壯元)으로 급제했고, 그 후 4년 기미(己未)에 문과(文科) 2명(名)에 뽑혀서 벼슬이 이조정랑(吏曹正郎)에 이르렀다. 〈국조방목(國朝榜目)〉

광평대군(廣平大君)은 생선가시가
목에 걸려 졸(卒)하다

광평대군(廣平大君) 여(璵)가 젊었을 때 상(相)을 보는 자가 말하기를,
"굶어서 으리라."
고 했다. 이 말을 듣고 세종(世宗)이 말하기를,
"내 자식이 어찌 굶어죽을 이치가 있단 말이냐?"
하고 동적전(東籍田)을 다 주고 드디어 적전(籍田)을 별서(別墅)로 옮겨 주었더니, 그 뒤에 생선을 먹다가 생선가시가 목에 걸려서 먹지 못하고 굶어서 죽었다. 〈지봉유설(芝峰類說)〉

《文宗朝》

최덕지(崔德之)는 육신(六臣)에 비하여
오히려 높았다

최덕지(崔德之)는 전주(全州) 사람이니, 그 조상이 당(唐)나라 청하(淸河)로부터 바다를 건너와서 완산(完山)에 살았으니, 지금 속호(俗號)에 객산(客山)이라고 하는 것이 이런 까닭이다.

아버지 담(霮)이 문과(文科)에 올라 벼슬이 참의(叅議)에 이르렀고, 네 아들을 낳았으니 광지(匡之)·직지(直之)·득지(得之)·덕지(德之)인데, 덕지(德之)의 호는 연촌우수(烟村迂叟)이니, 일찍이 권양촌(權陽村)을 따라 배웠고, 태종(太宗) 을유(乙酉)에 생원(生員)으로 문과(文科)에 올라 직제학(直提學)에 이르렀으며, 남원부사(南原府使)로서 영암(靈岩) 영보촌(永保村)에 물러가 살면서 그 누(樓)의 편액(扁額)을 존양(存養)이라고 했다.

문종(文宗) 원년에 불러서 집현전 학사(集賢殿學士)에 배했고, 이듬해 겨울에 치사(致仕)할 것을 고하고 돌아가니 여러 명경(名卿) 현대부(賢大夫)들이 술을 가지고 강 가에까지 나가 전송하면서 흠모하고 시를 지어 노래한 것이 40여 편이었다. 향년(享年) 72세요, 시호는 문숙(文肅)이다.

이때 국가에 어려운 일이 많아서 청류(淸流)가 화를 입는 것이 몹시 참혹했는데 의논하는 자들이 말하기를,

"열경(悅卿:金時習)은 지금의 백이(伯夷)요, 육신(六臣)은 지금의 방련(方鍊)이요, 연촌(烟村)은 육신(六臣)에 비해서 더 높다."

했다.

성삼문(成三問)이 전송시(餞送詩)를 지어 말하기를,

"끝내 능히 의리를 온전히 했으니, 공(公)과 같은 이는 나의 스승일세.〔終始能全義 如公我所師〕"

했다. 〈전우찬신도비몀(田愚撰神道碑銘)〉

정분(鄭苯)이 죽을 때 백홍(白虹)이 가로뻗치다

정분(鄭苯)은 진주(晋州) 사람이니 자는 자외(子峛)요, 호는 애일당(愛日堂)이다.

태종(太宗) 병신(丙申)에 문과(文科)에 급제했는데 기국(器局)이 있었다. 임신(壬申)에 좌찬성(左贊成)이 되고 이윽고 우상(右相)에 배했다.

계유(癸酉)에 황보인(皇甫仁) 등이 베임을 당하고 분(苯)을 낙안(樂安)으로 귀양보냈다가 이윽고 변방 고을에 안치(安置)했는데, 이때 분(苯)이 전라 경상도 체찰사(體察使)로서 영남(嶺南)에서 돌아오다가 용안역(用安驛)에 이르러 경관(京官)을 만나자 분(苯)은 즉시 말에서 내려 말하기를,

"노중(路中)에 형벌을 받는 것은 상서롭지 못하니 역관(驛舘)에 가서 형벌을 베푸시오."

하자, 경관(京官)은 말하기를,

"장차 귀양을 가느니라."

하니, 분(苯)은 또 두 번 절하고 말하기를,

"그러면 나를 살리는가?"

했으니, 이 경관(京官)은 곧 옛날의 낭리(郎吏)인데, 그와 10여일 동안을 같이 가면서도 시사(時事)를 묻지 않았다. 〈명신록(名臣錄)〉

헌납(獻納) 김계우(金季友)가 말하기를, 정분(鄭苯)·허눌(許訥)이 용(瑢:安平大君)의 무리 조극관(趙克寬)으로 하여금 병권(兵權)을 잡으려고 계획했으니 죄가 황보인(皇甫仁)보다 못하지 않다 하여 법대로 처리하기를 청했으나 좇지 않고, 갑술(甲戌)에 사사(賜死)했다.

분(苯)이 적소(謫所)에 있을 때 그 선세(先世)의 위패(位牌)를

모시고 있더니 어느 날 일어나자 따라가 있는 중으로 하여금 정하게 밥을 짓게 하여 제사를 끝내자 위패(位牌)를 불태우더니 이윽고 사자(使者)가 와서 사사(賜死)했다. 이때 부인이 옷을 잡고 울거늘 분(苯)은 웃으면서,

"조정 명령이니 거역할 수가 없고, 나 죽은 후의 일은 그대가 알아서 처리하라."

하고, 형벌에 임하자 하늘을 우러러 탄식하기를,

"나는 두 마음이 없으니 죽으면 반드시 이상한 일이 있을 것이다."

했는데, 그가 죽자마자 갑자기 소나기가 내리고 흰 무지개가 가로뻗쳤다. 〈정충장빈기(鄭忠莊賓記)〉

《端宗朝》

박팽년(朴彭年)은 장독(狀牘)에 모두 큰 거자(巨字)로 쓰다——이하 단종사육신

박팽년(朴彭年)은 순천(順天) 사람이니, 자는 인수(仁叟)요, 호는 취금헌(醉琴軒)이다. 세종(世宗) 갑인(甲寅)에 문과(文科)에 급제하고 정묘(丁卯)에 중시(重試)에 급제했다.

을해(乙亥)에 임금이 선위(禪位)하자 팽년(彭年)이 경회루(慶會樓) 못에 가서 자결(自決)하려 하나 성삼문(成三問)이 말하기를,

"임금이 상왕(上王)이 되셨으니 우리는 또 뒤에 다시 도모하다가 이루지 못했을 때 죽어도 또한 늦지 않으리라."

하자, 팽년도 그 말에 따랐다.

이에 그는 드디어 성삼문(成三問)·하위지(河緯地)·유성원(柳誠源)·이개(李塏)·유응부(兪應孚) 등 수십 인과 함께 비밀히 복위(復位)할 것을 계획했는데, 이윽고 충청감사(忠淸監司)로 나갔

다가 병자(丙子)에 형조참판(刑曹参判)이 되었다.

일이 발각되어 국문을 받게 되자 말하기를,

"성승(成勝)·유응부(兪應孚)·박쟁(朴崝)이 운검(雲劒)[1]이 되었으면 무엇이 어려웠으랴. 어제는 장소가 좁아서 운검을 없게 했기 때문에 일을 이루지 못했지만, 후일 관가(觀稼)[2]하는 길 위에서 도모하려 한다."

했다.

임금이 그 재주를 사랑하여 비밀히 타이르기를,

"네가 능히 나에게로 돌아오면 살려주리라."

했으나 팽년(彭年)은 대답지 않고, 또 자신을 신(臣)이라고 하지 않자, 임금은 말하기를,

"네가 이미 나에게 신(臣)이라 일컫고서 이제 와서 일컫지 않는 것은 무슨 까닭이냐?"

하자, 팽년은 말하기를,

"나는 상왕(上王)의 신하라, 일찍이 관찰사(觀察使)가 되었을 때의 장독(狀牘)에도 역시 신(臣)이라 일컫지 않았습니다."

했다.

이에 장독(狀牘)들을 보니 모두 '신(臣)'자가 '거(巨)'자로 써 있었다.

이때 김명중(金命重)이 금부도사(禁府都事)[3]가 되었는데 사사로이 팽년에게 이르기를,

"어떻게 해서 이러한 화를 가져왔는가?"

하자 팽년은 탄식하기를,

"중심(中心)이 평탄치 못하니 하지 않을 수가 없었노라."

했다.

그 아버지 중림(仲林)과 형벌을 받는데, 울면서 아버지에게 말하기를,

"임금에게 충성하려 하다가 효도에 어긋났습니다."

---

1) 雲劒 : 임금을 호위할 때 별운검(別雲劒)이 차는 칼.
2) 觀稼 : 임금이 농사된 것을 구경하는 일.
3) 禁府都事 : 의금부(義禁府)의 한 벼슬. 죄인의 추국(推鞫)을 담당함.

하자, 중림(仲林)은 웃으면서 말하기를,

"임금 섬기기를 충성으로 하지 못하면 효도가 아니니라."

했다. 〈추강집(秋江集)〉

옥중에서 죽자, 그 시체를 찢었다.

선조(宣祖) 계미(癸未)에 임금이 좌우에게 이르기를,

"옛날에 박팽년(朴彭年)이 일찍이 친구를 천거했는데 그 친구가 물건을 주려고 하자 팽년이 이를 거절했으니 가히 청렴하다 하겠다."

하고 그 후손을 기록하도록 명했다.

영조(英祖) 무인(戊寅)에 이조판서(吏曹判書)로 증직(贈職)하고 시호는 충정(忠正)이라 했다. 을미(乙未)에는 정려(旌閭)를 내렸다.

아들 헌(憲)·순(珣)은 모두 생원(生員)을 했으나 그 아우 분(奮) 등과 함께 공(公)의 부자(父子) 8인이 모두 죽었으며, 순(珣)의 아내 이씨(李氏)는 대구 관비(大邱官婢)를 삼았다. 그 여인이 바야흐로 태기가 있었는데 아들을 낳자 죄에 연좌(連坐)시키려 했다. 이때 계집종이 마침 딸을 낳아서 바꿔 기르고 이름을 박비(朴婢)라 했다.

성종(成宗) 임진(壬辰)에 순(珣)의 친구의 사위 이극균(李克均)이 영남관찰사(嶺南觀察使)가 되어 그에게 권해서 자수(自首)하게 했더니 임금이 특별히 용서하고 이름을 고쳐 일산(壹珊)이라 했다. 〈장릉지(莊陵誌)〉

이개(李塏)는 나의 친구이다

이개(李塏)는 한산(韓山) 사람이니, 자는 청보(淸甫)요, 호는 백옥(白玉)이다. 세종(世宗) 병진(丙辰)에 문과(文科)에 오르고 정묘(丁卯)에 중시(重試)에 급제하여 직제학(直提學)에 이르렀을 때 병자(丙子)의 일이 발각되자 임금이 개(塏)에게 이르기를,

"너는 나의 친구이니 진실로 이와 같은 자가 있거든 마땅히 다 말하라."

했으나 개(塏)는 대답하지 않았다.

개(塏)는 사람됨이 파리하고 약해서 몸이 옷을 이기지 못할 정도였으나 국문을 당하는 데는 얼굴빛을 변치 않았다.

임금이 잠저(潛邸)에 있을 때 그의 숙부(叔父) 계전(季甸)이 출입하기를 몹시 친밀히 하므로 개(塏)는 이것을 항상 경계해 왔었는데, 이때에 이르러 임금이 말하기를,

"일찍이 개(塏)에게 이러한 말이 있다고 들었더니 과연 이심(異心)이 있었도다."

했다.

형벌에 나가면서 시(詩)를 지었으니, 시에 말하기를,

"우정(禹鼎)[1]이 무거울 때는 사는 것도 또한 크지만, 홍모(鴻毛)[2]가 가벼울 때는 죽는 것도 오히려 영광스러우네.〔禹鼎重時生亦大 鴻毛輕處死猶榮〕"

했다. 〈추강집(秋江集)〉

영조(英祖) 무신(戊申)에 이조판서(吏曹判書)의 증직을 내리고, 충간(忠簡)의 시호를 내렸다.

하위지(河緯地)는 받은 녹(祿)을
따로 한 방에 저장해 두다

하위지(河緯地)는 진주(晉州) 사람이니, 자는 중장(仲章)이요, 또 한 자는 대장(大章)이요, 호는 단계(丹溪)요, 또 하나의 호는 적촌(赤村)이다.

세종(世宗) 무오(戊午)에 문과(文科)에 장원으로 급제하여 집

1) 禹鼎 : 우(禹)임금의 구정(九鼎). 하·은·주(夏殷周) 3대를 내려가면서 보물로 전하던 큰 솥.
2) 鴻毛 : 기러기의 털은 딴 새의 털보다도 가볍기 때문에 가장 가벼운 것의 비유로 쓰임.

현전(集賢殿)에 뽑혀 들어갔다. 그는 사람됨이 침정 과묵(沈靜 寡默)하고 공손하고 예의가 있어서 대궐 앞을 지날 때에는 반드시 말에서 내려 비록 비가 내려도 일찍이 길을 피하지 않았으며, 경연(經筵)에서 시강(侍講)하는 데도 도와서 바르게 한 것이 많았으니, 당시에 인재(人材)를 의논하는 데는 위지(緯地)를 우두 머리로 추대했다.

김종서(金宗瑞)가 베임을 당하자 좌사간(左司諫)으로 불렀으나 사양하여 나가지 않고 소(疏)를 올려 공실(公室)을 강하게 하고 내치(內治)를 엄하게 할 것과 권문(權門)을 막을 것을 청했다.

세조(世祖)가 수선(受禪)하자 불러서 예조참판(禮曹叅判)을 배 했는데, 받은 녹(祿)을 한 방에 저장해 두고 먹지 않았다. 병자 (丙子)에 일이 발각되자, 임금이 그 재주를 사랑하여 가만히 타 이르기를,

"일을 숨기면 죽음을 면할 것이다."

했으나 위지(緯地)는 대답하지 않았다.

이에 임금이 친히 국문하여 먼저 삼문(三問) 등에게 작형(灼 刑)을 베풀고 다음으로 위지에게 미쳤는데 위지는 말하기를,

"이미 나에게 반역(叛逆)이라는 이름을 씌웠으면 그 죄가 마땅히 베어야 할 것인데 다시 무엇을 묻는가?"

하니, 임금은 노해서 작형(灼刑)을 늦추고 베풀지 않다가, 삼문 등과 함께 같은 날 죽었다. 영조(英祖) 무인(戊寅)에 이조판서(吏 曹判書)를 증직했고 시호는 충렬(忠烈)이다. 〈장능지(莊陵誌)〉

두 아들이 있는데 호(琥)와 박(珀)이다. 박(珀)이 잡혀왔을 때 는 나이가 약관(弱冠)도 되지 않았으나 조금도 두려워하는 빛이 없이 금도(禁都)를 돌아다보고 청컨대 어머님께 결별(訣別)하겠 노라 하고 무릎을 꿇고 어머니께 고하기를,

"죽는 것은 어려울 것이 없습니다. 아버님께서 이미 죽음을 당했으니 자식이 홀로 살 수 없는 것입니다. 다만 누이가 있어 장차 시집가게 되었사오니, 비록 천예(賤隷)가 되더라도 부인으로서 의리는 마땅히 하나만을 지키다가 마쳐야 할 것이요, 개나 돼지의 행동은 하지 않게 하시옵소서."

하고 드디어 두 번 절하고 죽음에 나가니 사람들이 이르기를, 하문(河門)에 자식이 있다고 했다. 〈송와잡기(松窩雜記)〉

단종(端宗)은 어리고 여러 공자(公子)들은 강해서 위태롭게 여기고 의심하거늘 박팽년(朴彭年)이 위지(緯地)에게 도롱이를 빌려주자, 위지는 시를 지어 답하기를,

"남아의 득실(得失)은 예나 이제나 같은 것이니, 머리 위에 분명히 흰 해가 내려다보네. 도롱이 가져다 주는 것은 응당 뜻이 있는 것이니, 오호(五湖)의 연기와 달이 서로 좋게 찾으리.
〔男兒得失古猶今 頭上分明白日臨 持贈簑衣應有意 五湖烟月好相尋〕"

했다. 시의 뜻이 이와 같으니 능히 결단하고 물러나지 못한 이들은 다만 그럴 만한 의리가 없었던 것이 아니겠는가. 〈지봉유설(芝峰類說)〉

신해(辛亥)에 박(珀)에게 지평(持平)의 증직을 내렸다. 위지의 아우 강지(綱地)와 기지(紀地)는 모두 생원(生員)인데 그 형 위지와 함께 과거에 급제했고, 소지(紹地)는 생원인데 모두 연좌되어 화를 입었다. 〈국조방목(國朝榜目)〉

유성원(柳誠源)은 버드나무가 마르자 화가 시작되다

유성원(柳誠源)은 문화(文化) 사람이니, 자는 태초(太初)이다. 세종(世宗)이 문치(文治)에 힘을 써서 경자(庚子)에 집현전(集賢殿)에 문사(文士)를 두어 두고 고문(顧問)에 대비하고 있었다. 대궐 남쪽에 큰 버드나무가 있었는데 경오년간(庚午年間)에 흰 까치가 와서 집을 짓고 새끼를 낳은 것이 모두 흰 빛이었다.

이때 박중림(朴仲林), 박팽년(朴彭年), 하위지(河緯地), 유성원(柳誠源), 성삼문(成三問), 이개(李塏)가 한 때에 높이 나타나더니 계유년(癸酉年)에 버드나무가 모두 마르니, 혹 희롱삼아 성

원(誠源)에게 이르기를,

"화(禍)가 유(柳)에서 시작되리라."

했는데 그 뒤에 성원(誠源)이 과연 패하고 집현전(集賢殿)도 폐해졌다.

문종(文宗)이 왕위에 있은 지 2년 만에 승하(昇遐)하고 단종(端宗)은 어려서, 계유(癸酉)에 김종서(金宗瑞)를 베이고 백관(百官)이 세조(世祖)의 공을 내세우기를 청하여 주공(周公)에 비하고, 집현전(集賢殿) 학사(學士)들로 하여금 조서(詔書)의 초(草)를 쓰라고 하자, 여러 학사(學士)들은 모두 도망가고 홀로 성원(誠源)만이 남아 있다가 협박에 못이겨 기초(起草)하고 집에 돌아와 통곡하니 집사람은 그 까닭을 알지 못했다.

단종(端宗)이 상왕(上王)이 되자 성원(誠源)이 사예(司藝)가 되었는데 병자(丙子)에 일이 발각되자, 성원은 성균관(成均舘)에 있다가 즉시 수레를 재촉하여 집으로 돌아가서 아내와 함께 술을 따라 마시고 가묘(家廟)에 들어갔는데 오래도록 나오지 않으므로 가보니 칼을 가지고 자결(自決)해 있었다. 이윽고 아전이 와서 시체를 갖다가 찢었다. 〈장릉지(莊陵誌)〉

유응부(兪應孚)가 말하기를
서생(書生)과는 일을 계획할 수가 없다고 하다

유응부(兪應孚)는 기계(杞溪) 사람이니, 자는 신지(信之)이다. 신장(身長)이 남들보다 크고 용모가 썩썩하며, 활을 잘 쏘고 용맹을 좋아했다. 성질이 지극히 효성스러워서 대체로 가히 어머니의 마음을 위로시킬 수 있는 일이면 하지 않는 일이 없었다. 무과(武科)에 올라 벼슬이 이품 재상(二品宰相)에 올랐으나 자리로 문을 가리고 식사에 고기 한 점도 없으면서도 어머니를 봉양하는 일에 있어서는 무엇 하나 넉넉하지 않은 것이 없었다.

어머니가 일찍이 포천(抱川)에 가는데 그 아우 응신(應信)과

함께 따라 가다가 말 위에서 몸을 번득여 기러기를 쏘아서 시윗
소리에 응하여 떨어지니 어머니가 크게 기뻐했다.

일찍이 함길도 절도사(咸吉道節度使)가 되었을 때 시(詩)를 짓
기를,

"장군이 절월(節鉞)을 가지고 오랑캐의 변방을 지키니, 자새
(紫塞)에 티끌이 없고 사졸(士卒)은 조네. 준마(駿馬) 5천 필은
버드나무 밑에서 울부짖고, 좋은 매 3백 마리는 다락 앞에 앉
아있네. 〔將軍持節鎭夷邊 紫塞無塵士卒眠 駿馬五千嘶柳下 良鷹
三百坐樓前〕"

했다.

여기에서 그 기상(氣象)을 엿볼 수가 있다.

병자(丙子)에 박팽년(朴彭年) 등이 상왕(上王 : 端宗)을 회복할
것을 기도할 제 응부(應孚)가 운검(雲劍)[1]이 되었다가 마침 파면
되었다. 그러나 응부(應孚)는 오히려 거사(擧事)하고자 하여 여
러 사람들이 모인 속에서 주먹을 뽐내면서 말하기를,

"권람(權擥)과 한명회(韓明澮)만 벤다면 이 주먹으로 족하지,
어찌 큰 칼을 쓸 필요가 있겠는가?"

하니, 팽년(彭年)과 삼문(三問)이 이를 중지시키면서 말하기를,

"그대의 운검(雲劍)을 쓰지 않은 것은 하늘이니, 후일을 기다
리는 것만 같지 못하다."

했다.

그러나 응부(應孚)는 말하기를,

"일이란 신속(神速)한 것을 귀하게 여기는 것이니, 오늘 상왕
(上王)의 명령을 받들어서 할 것이요, 때를 잃어서는 안 된
다."

고 했다.

그러나 팽년(彭年) 등이 옳지 않다고 고집하는 터에 결국은
중지되었다.

---

1) 雲劍 : 이 칼을 차고 임금의 좌우에 서서 호위하는 임시 벼슬. 큰 잔
치나 회합이 있어 임금이 임어할 때 유능한 무장(武將)이나 믿는 사람
을 골라서 임명함.

일이 발각되자 임금이 묻기를,

"네가 무엇을 하려고 했느냐?"

하자 응부는 말하기를,

"옛 임금을 회복시키려고 하다가 불행히 간사한 사람의 고발
을 받았으니 다시 무엇을 하겠는가."

하고 삼문(三問) 등을 돌아다보면서 말하기를,

"사람들이 말하기를 서생(書生)과는 함께 일을 의논할 수 없
다고 하더니 과연 그러하도다. 저번에 내가 칼을 쓰려고 할
때 너희들이 굳이 말려서 결국 오늘의 화를 불러오게 되었도
다. 사람으로서 꾀가 없으면 짐승과 다를 것이 없는 것이다."

하고 즉시 입을 다물고 말하지 않았다.

작형(灼刑)을 베풀었으나 얼굴빛이 변하지 않았고 쇠를 가져
다가 땅에 던지면서 말하기를,

"쇠가 식었으니 다시 구워 오라."

하고, 항복하지 않고 죽었다. 무인(戊寅)에 병조판서(兵曹判書)
를 증직했고 시호는 충목(忠穆)이다. 〈장릉지(莊陵誌)〉

성삼문(成三問)이 자는 방에는
오직 거적자리가 있을 뿐이었다

성삼문(成三問)은 창녕(昌寧) 사람이니, 자는 근보(謹甫)요,
호는 매죽헌(梅竹軒)이다. 처음 날 때 공중으로부터 아기를 낳
았느냐고 세 번 물었기 때문에 삼문(三問)이라고 이름 지은 것
이다.

세종(世宗) 무오(戊午)에 문과(文科)에 급제하고, 정묘(丁卯)
중시(重試)에 장원으로 급제했다. 문종(文宗)이 동궁(東宮)에 있
을 때 학문에 침잠(沈潛)하여 매양 달이 밝고 인적이 고요한 때
면 손에 한 권 책을 가지고 걸어서 집현전(集賢殿) 숙직하는 방
에 이르러 어려운 곳을 물으시니, 삼문은 밤에도 감히 관과 띠

를 풀지 못했다.

어느 날 밤중에 장차 의관을 벗고 누우려 하는데, 갑자기 문 밖에 신 끄는 소리가 나면서 근보(謹甫)를 부르고 오시니, 삼문은 자빠지면서 절하고 맞았다.

을해(乙亥)에 단종(端宗)이 선위(禪位)하자 삼문은 예방승지(禮房承旨)로서 국새(國璽)를 안고 통곡했고, 병자(丙子)에 상왕(上王)을 회복시킬 계획을 세워 명(明)나라 사신이 잔치를 청하는 날에 거사(擧事)하기로 기약했었는데, 운검(雲劒)을 폐지한다고 하자 그 옳지 않은 것을 아뢰었으나, 김질(金礩)이 상변(上變)했다.

이에 임금이 삼문(三問)을 불러 이를 힐문하자, 삼문은 웃으면서 말하기를,

"모두 그렇습니다."

했다.

임금이 말하기를,

"너희들이 어찌해서 나에게 반(叛)하느냐?"

하자, 삼문은 소리를 높여,

"옛 임금을 회복하려는 것인데 어찌 반(叛)한다고 하시오. 천하에 누가 그 임금을 사랑하지 않는 자가 있겠습니까? 나는 진실로 한 번 죽을 것을 알았으나 한갓 죽기만 하는 것이 유익할 것이 없어서 참고 이에 이른 것입니다."

했다.

임금이 다시 말하기를,

"네가 내 녹(祿)을 먹고 배반했으니 반복(反覆)[1]하는 사람이로다."

하자, 삼문은 말하기를,

"상왕(上王)께서 계신데 어떻게 나를 신하로 할 수 있으며, 나는 녹(祿)을 먹지 않았으니 내 집을 몰수해서 계산해 보십시오."

했다.

---

1) 反覆 : 이랬다 저랬다 주관(主觀)이 없는 것.

작형(灼刑)을 베푸는데도 얼굴빛을 변치 않고, 신숙주(申叔舟)를 돌아보면서 꾸짖기를,

"처음에 너와 함께 집현전(集賢殿)에 있을 때, 세종(世宗)께서 원손(元孫 : 端宗)을 안고 뜰 안을 산보(散步)하시다가 여러 유신(儒臣)들을 돌아다보면서 말하기를, '과인(寡人)이 죽은 후에 경(卿) 등은 모름지기 이 아이를 보호해 달라.' 하시어 그 말소리가 아직도 귀에 남아 있는데, 너는 홀로 잊었느냐?"

하니 숙주(叔舟)는 대답할 말이 없었다.

제학(提學) 강희안(姜希顔)이 불복(不服)하자, 임금이 삼문에게 묻기를,

"회안(希顔)도 함께 계획했느냐?"

하자, 삼문은 말하기를,

"그는 실로 함께 계획하지 않았으니 명사(名士)를 다 죽이지 말고 남겨 두었다가 쓰시옵소서."

하니, 희안은 이 까닭에 죽음을 면했던 것이다.

삼문이 형(刑)에 임했으나 얼굴빛이 태연했으며 사람들을 돌아다 보면서 말하기를,

"너희들은 어진 임금을 도와서 태평을 이룩하라. 나는 돌아가서 지하(地下)에서 옛 임금을 뵈오리라."

했다.

그가 이미 죽자 그 집을 몰수하니, 을해(乙亥) 이후에 받은 녹봉(祿俸)은 따로 한 방에 두어 두고 하나하나 쓰기를 '어느 달의 녹(祿)'이라 하고, 집에는 남은 물건 없이 오직 잠자는 방에 거적자리가 있을 뿐이었다. 절명사(絶命詞)를 지었는데 그 글에 말하기를,

"북을 쳐서 사람의 목숨 재촉하니, 서녘 바람에 해가 비끼고자 하네. 황천에는 객점(客店)이 없으리니, 오늘밤엔 뉘집에서 잘 것인가. 〔擊鼓催人命 西風日欲斜 黃泉無客店 今夜宿誰家〕"

했다. 〈장릉지(莊陵誌)〉

공이 일찍이 연(燕)나라에 갔을 때 어떤 사람이 백로(白鷺)를 그린 병풍에 시(詩)를 지어달라고 하면서 그 그림은 보여주지 않았다. 이에 공이 붓을 날려 글 두 귀를 이룬 후에 그림을 내보이는데 이는 곧 수묵도(水墨圖)였다. 그 시에 이르기를,

'눈(雪)으로 옷을 만들고 옥으로 발꿈치를 만들었는데, 갈대 물가에서 물고기 엿본 지 얼마였던가. 우연히 산음(山陰) 고을을 날아서 지나가다가, 잘못하여 왕희지(王羲之)의 세연지(洗硯池)에 떨어졌네. 〔雪作衣裳玉作趾 窺魚蘆渚幾多時 偶然飛過山陰縣 誤落羲之洗硯池〕'

하니 그 사람이 크게 놀랐다. 〈지봉유설(芝峰類說)〉

삼문(三問)이 젊었을 때 일찍이 태백산(太白山) 속에서 이인(異人)을 만나 항상 그를 믿고 심복(心服)하더니, 단종(端宗)이 손위(遜位)하고 영월(寧越)로 나가 있자, 박팽년(朴彭年) 등 여러 공들과 함께 복위(復位)시킬 것을 계획하는데, 그 아버지 승(勝)이 사람을 태백산 속에 보내서 그 성패(成敗)를 물었더니, 그 사람은 이미 옮겨갔고 벽 위에 다만 두어 구절의 글을 써두었는데,

'피는 천추(千秋)에 전하고, 이름은 만고(萬古)에 전할 것이니, 어찌 나에게 묻는가?'

했다. 갔던 사람이 이 글을 베껴다가 바치자, 승(勝)은 말하기를,

"운명이로다."

하고 드디어 거사(擧事)했다가 같이 죽었다.

매월당 김시습(梅月堂金時習), 추강 남효온(秋江南孝溫)이 밤을 타서 제공(諸公)의 시체를 업어다가 노량(鷺梁) 밑 아차현(峨嵯峴) 남쪽 기슭에 비밀히 묻었다.

삼문이 일찍이 중원(中原)에 들어가서 이제묘(夷齊廟)[1]를 지나다가 시를 쓰기를,

"당년에 말을 잡고 감히 그르다고 말했으니, 충의(忠義)가 당

---

1) 夷齊廟 : 백이(伯夷)·숙제(叔齊)의 사당.

당하여 흰 해에 빛나네. 초목들도 역시 주(周)나라의 우로(雨
露)에 젖었는데, 그대는 오히려 수양산(首陽山) 고사리 먹은
것이 부끄럽네.〔當年叩馬敢言非 忠義堂堂白日輝 草木亦霑周雨
露 愧君猶食首陽薇〕"
하니, 그 비석에서 땀이 났다고 한다.

김시습(金時習)이 불교(佛敎)에 숨다

김시습(金時習)은 강릉(江陵) 사람이니, 자는 열경(悅卿)이요,
호는 매월당(梅月堂)이다. 난 지 8개월에 글을 알고, 3세에 능
히 글을 지었으며, 5세에 중용(中庸)·대학(大學)에 능통하니 신
동(神童)이라 불렸다.

집현전 학사(集賢殿學士) 최치운(崔致雲)이 그를 보고 기이한
재주라 하고 이에 시습(時習)이라고 명명(命名)했더니, 세종(世
宗)이 이 말을 듣고 승정원(承政院)으로 불러서 지신사(知申事)
박이창(朴以昌)에게 명하여 재주를 시험해보라고 했다. 이에 이
창(以昌)이

"동자(童子)의 학문은 백학(白鶴)이 청공(靑空) 끝에 춤추는
것과 같다."
고 하자, 시습(時習)은 대답하기를,

"성주(聖主)의 덕은 황룡(黃龍)이 푸른 하늘 속에 번득이는 것
과 같다."
고 했다. 이에 이창은 안아서 무릎 위에 앉히고 여러 번 시
(詩)로써 시험했으나 과연 빠르면서도 아름다웠다.

임금이 이에 하교하기를,

"내가 친히 보고자 하나 세상에서 듣는 사람들이 해괴히 여길
까 두려우니, 마땅히 그 집에 신칙하여 재주를 숨기고 교양
(敎養)하게 하여 나이가 자라고 학업이 성취하기를 기다려서
장차 크게 쓰리라."

하고, 즉시 비단 50필을 주면서 스스로 운반해 가져가게 했더
니, 시습은 드디어 비단의 끝을 이어가지고 그 끝을 끌고 나가
니 이로 인해서 이름이 천하에 떨쳐져 오세신동(五歲神童)이라
일컫고 그 이름을 부르지 않았다.

13세에 논어(論語)·맹자(孟子)·시경(詩經)·서경(書經)을 김
반(金泮)에게 배우고, 주역(周易)·예기(禮記)·여러 역사를 윤
상(尹祥)에게 배웠다. 세종(世宗)과 문종(文宗)이 계속해 승하
(昇遐)하고 단종(端宗)은 어려서 손위(遜位)하니, 이때 시습의
나이는 21세였다. 바야흐로 삼각산(三角山) 속에서 글을 읽다가
이 소식을 듣고 크게 울면서 그 책을 다 불태우고 그대로 도망
하여 절에 숨으니 승호(僧號)는 설잠(雪岑)·청한자(淸寒子)·벽
산청은(碧山淸隱)·동봉(東峰)·췌세옹(贅世翁)이라 했다.

사람됨이 얼굴이 적고 몸은 짧으나 호매(豪邁)하고 영발(英發)
하며, 간솔(簡率)하여 위의(威儀)가 없고, 경직(勁直)하여 남의
과오를 용납하지 않았으며, 당시의 세상에 상심(傷心)하고 풍속
을 분하게 여겨, 드디어 몸을 내놓아 나라 안 산천에 그의 발자취
가 닿지 않은 곳이 없다. 문장은 몹시 생각하지 않았으며, 그를
좇아 배우기를 원하는 자가 있으면 문득 나무나 돌로 거꾸로 치
거나 혹 활을 당겨 장차 쏠 것처럼 했다. 산길을 가다가는 혹 나
무에 시를 쓰고서 한참 동안 읊다가 문득 울면서 이를 깎아 없
앴는데, 그 시에는 미(薇)·궐(蕨)이란 글자를 즐겨 썼다.

일찍이 중흥사(中興寺)에 있을 때 매양 비가 온 뒤에 문득 종
이 백여 장을 오려서 붓과 벼루를 가지고 물 흐르는 곳에 가 앉
아서 속으로 나지막이 읊으면서 시(詩)를 지어 한편 쓰고 한편
던져서 종이가 다하면 비로소 돌아갔다. 〈사재척언(思齋摭言)〉

혹 나무를 새겨 농부(農夫)의 모양을 만들어 책상 위에 벌여
놓고 종일 익히 보다가 또한 울다가 불태워버리고, 곡식을 심어
몹시 무성하면 술에 취해가지고 낫을 휘둘러서 어지러이 땅에 쓰
러지면 이내 소리를 놓아 울고, 높은 관원을 만났을 때 인망(人
望)이 아니면 반드시 울면서 말하기를,

"이 백성들이 무슨 죄냐?"

했다. 〈율곡집(栗谷集)〉

목소리가 청초(淸楚)해서 매양 달밤이면 홀로 앉아서 이소경 (離騷經)[1]을 큰 소리로 외우다가 문득 울어서 눈물이 옷깃을 적셨다. 성질이 술을 좋아하여 취하면 말하기를,

"나의 영릉(英陵)을 보지 못했다."

하고 눈물을 흘리면서 몹시 슬피 울었다. 〈용천담적기(龍泉談寂記)〉

김수온(金守溫)·서거정(徐居正)이 일찍이 국사(國士)라고 일컬어지더니 거정(居正)이 바야흐로 조정에 나가는데 남루한 옷에 흰 띠를 띤 차림의 시습(時習)과 저자에서 만나자, 머리를 쳐들고 부르기를,

"강중(剛中)은 편안한가?"

하면 거정(居正)은 웃으면서 대답했다. 거정이 일찍이 여상(呂尙)의 조어도(釣魚圖)로써 시(詩)를 요구하자 즉시 쓰기를,

"바람과 비 쓸쓸하여 낚시터 돌에 부는데, 위천(渭川)의 물고기와 새가 기틀을 잊었네. 어찌해서 늘그막에 이름을 드날리는 장수가 되어 부질없이 백이 숙제로 하여금 굶어서 고사리를 캐먹게 했는가. 〔風雨蕭蕭拂釣磯 渭川魚鳥識忘機 如何老作鷹揚將 空使夷齊餓採薇〕"

하니, 거정(居正)이 아무 말도 하지 못했다.

세조(世祖)가 일찍이 내전(內殿)에서 법회(法會)를 열어 불려 왔는데, 갑자기 이른 새벽에 도망해 나가거늘 사람이 뒤쫓아 가서 보니 진흙 속에 빠져서 얼굴 반만 드러내고 앉아 있었다. 〈용천담적기(龍泉談寂記)〉

나이 47세에 갑자기 머리를 기르고 아내를 얻자 사람들이 모두 벼슬하기를 권했으나 끝내 뜻을 굽히지 않고 옛날과 같이 남의 구속을 받지 않았다. 혹 송사하는 장소에 들어가면 굽은 것을 가지고 곧게 만들어 궤변(詭辯)으로 반드시 이기게 하고, 송사에 이긴 문서가 이루어지면 크게 웃고 그것을 찢어버렸다.

혹 저자의 어린이들과 같이 노는데, 어느 날 영상(領相) 정창

----

1) 離騷經 : 초(楚)나라 굴원(屈原)이 지은 초사(楚辭).

손(鄭昌孫)이 저자[市]로 지나가는 것을 보고 큰 소리로 부르기를,

"저 놈이 의휴(宜休)로구나."

하니, 사람들이 많은 위태로움을 느끼고 그와 절교(絶交)했다. 그러나 종실(宗室) 수천부정(秀川副正) 정은(貞恩)과 남효온(南孝溫)·안응세(安應世)·홍유손(洪裕孫) 등은 끝내 변하지 않았다.

얼마 안 되어 아내가 죽자 다시 산으로 돌아가 두타(頭陀)[1]의 모습을 하고 강릉(江陵)·양양(襄陽) 사이에서 놀았는데, 이때 유자한(柳自漢)이 양양부사(襄陽府使)로 있으면서 예(禮)로 대접하고, 가업(家業)을 회복하기를 권했으나 시습(時習)은 글로 써서 사양하기를,

"낙백(落魄)하고 세상에 사는 것보다는 소요(逍遙)하면서 삶을 보내는 것이 좋지 않겠는가?"

했다.

59세에 졸(卒)했는데 유언(遺言)으로 화장(火葬)하지 말라고 했다. 살았을 때, 늙었을 때와 젊었을 때의 두 화상을 손수 그리고 스스로 찬(贊)을 쓰기를,

"네 형상이 지극히 적고, 네 말이 크게 어리석으니 구렁 속에 두어 두는 것이 마땅하도다."

했다.

숙종조(肅宗朝) 때 집의(執義)를 증직했고, 정조(正祖) 갑진(甲辰)에 이조판서(吏曹判書)를 증직했으며, 시호는 청간(淸簡)이라 내렸다. 〈장릉저(莊陵誌)〉

홍산(鴻山) 무량사(無量寺)에서 죽어 절 옆에 초빈(草殯)했다가 장차 장사지내려 하여 그 초빈을 파고 보니 얼굴이 살아있을 때와 같으므로 그 절의 중들이 부처라고 하여 이미 장사지낸 뒤에 그를 위하여 부도(浮屠)[2]를 세웠다.

---

1) 頭陀 : 중.
2) 浮屠 : 여기에서는 불탑(佛塔).

남효온(南孝溫)은 육신전(六臣傳)을 지으면서 화(禍)를 두려워하지 않다

남효온(南孝溫)은 의령(宜寧) 사람이니, 자는 백공(伯恭)이요, 호는 추강(秋江)·행우(杏雨)이다. 독실히 배우고 옛 것을 좋아하여 김종직(金宗直)에게 배우는데, 종직(宗直)이 감히 이름을 부르지 않고, 반드시 말하기를 '우리 추강(秋江)'이라고 했다. 김굉필(金宏弼)·정여창(鄭汝昌)·김시습(金時習)·안응세(安應世) 등 여러 어진 이가 추앙(推仰)하여 소중히 여기기를 형제와 같이 했다.

성종조(成宗朝) 때 나이 18세에 소(疏)를 올려 소릉(昭陵)[1]을 회복시키기를 청했으나 소(疏)가 들어가도 듣지 않거늘 드디어 이 세상에 뜻을 끊고 산만(散漫)한 것으로 일을 삼아 명승(名勝)치고 가보지 않은 곳이 없었다. 또 매양 시사(時事)를 분하게 여겨 혹 모악(母岳)에 올라 통곡하다가 돌아오기도 하고, 위태로운 말과 과격한 의논을 거리낌없이 하는데, 굉필(宏弼)·여창(汝昌)이 이를 경계했으나 듣지 않았다.

시습(時習)이 항상 효온(孝溫)에게 이르기를,

"나는 세종(世宗)의 두터운 신임을 받았으므로 이러한 신고(辛苦)한 생활을 하는 것이 마땅하지만 그대는 나와 다르니 어찌 세도(世道)를 위하여 계획하지 않는가?"

하니, 효온은 말하기를,

"소릉(昭陵)의 일은 천지의 큰 변고이니, 소릉을 회복시킨 뒤에 과거에 나가도 늦지 않다."

---

1) 昭陵: 단종(端宗)의 생모(生母)인 현덕왕후(顯德王后)의 능(陵). 원래 안산(安山)에 있었으나 단종이 죽은 후 세조(世祖)의 꿈에 현덕왕후가 나타나 단종을 죽인 일을 책하는 것을 보았다고 하여 그 능(陵)을 파헤쳐 물가로 이장(移葬)했고, 1513년 중종(中宗) 8년에 문종(文宗)의 묘인 현릉(顯陵)으로 이장됨으로써 복릉(復陵)되었다.

고 하니, 시습이 그를 다시 억지로 하지 못했다.

육신전(六臣傳)을 짓자 문인(門人)들이 화를 두려워하여 중지시켰으나 효온은 말하기를,

"내 어찌 죽음을 아까워하여 대현(大賢)들의 충의(忠義)의 이름을 끝내 묻어버린단 말이냐?"

하고 드디어 야사(野史)를 이루어 세상에 돌게 했다.

뒤에 어머니의 명령으로 힘써 과거에 응하여 경자(庚子)에 진사(進士)에 합격했다. 성질이 술을 좋아하므로 어머니가 책망하자 지주부(止酒賦)를 지어 놓고 10년 동안 술을 끊었다. 〈동유사우언행록(東儒師友言行錄)〉

임자(壬子)에 졸(卒)하니 나이 39세이다. 연산(燕山) 갑자(甲子)에 소릉(昭陵)을 위한 소(疏)로 해서 추죄(追罪)하여 화가 천하(泉下)에까지 미쳤다. 정조(正祖) 갑진(甲辰)에 이조판서(吏曹判書)를 증직했고 시호는 문정(文貞)이다.

이맹전(李孟專)은 일찍이 대궐을 향해 앉지 않다

이맹전(李孟專)은 벽진(碧珍) 사람이니, 자는 백순(伯純)이요, 호는 경은(耕隱)이다. 세종(世宗) 정미(丁未)에 문과(文科)에 오르고, 상왕(上王 : 文宗) 초년에 외직(外職)을 빌어서 거창현감(居昌縣監)으로 나갔는데 청백(淸白)하기로 소문이 났다.

갑술(甲戌)에 시사(時事)가 어려운 것을 보고 선산(善山)으로 물러가 살면서 눈이 어둡다는 핑계로 발을 문 밖에 내놓지 않으며, 집에 있은 지 30년에 일찍이 대궐쪽을 바라보고 앉지 않았다. 여러 번 불렀으나 나가지 않았고, 가난해서 깔 자리가 없고 식사를 하는 데 수저가 없어도 태연히 아무런 생각도 하지 않았다. 〈해동명신록(海東名臣錄)〉

친한 벗들을 끊고 만나지 않자, 자제(子弟)들이 그 까닭을 물으니 말하기를,

74

"수양(修養)하느라 꺼리는 바가 되어 그런다."
고 했다. 매달 초하루면 동쪽 해를 향해서 절하므로 또 그 까닭을 묻자,
"내 몸의 병을 위해서 기도하는 것이라."
고 하니, 비록 집 사람이라도 능히 그 까닭을 헤아리지 못했다.
어느 날 김종직(金宗直)과 함께 이야기하는데 심간(心肝)을 드러내서 응답(應答)하는 것이 끝이 없자, 종직(宗直)이 말하기를,
"선생의 병이 이제 거의 나았나봅니다."
하니, 대답하기를,
"병이 나은 것이 아니라, 이미 군자(君子)를 보니 스스로 가슴이 시원해지는 것을 깨닫지 못해서 그러하오."
하니 종직도 그의 뜻을 알고 얼굴을 고치고 공경하는 마음을 더했다. 이것을 보고 그 아내 김씨(金氏)는 비로소 참병이 아닌 것을 알았다.
나이 90세에 졸(卒)하니 정조(正祖) 신축(辛丑)에 이조판서를 증직했고, 시호는 정간(靖簡)이다. 〈장릉지(莊陵誌)〉

조여(趙旅)는 이따금 채미(採薇)의
유시(遺旨)[1]로 시(詩)를 지었다

조여(趙旅)는 함안(咸安) 사람이니, 자는 주옹(主翁)이요, 호는 어계(漁溪)이다.
단종(端宗) 계유(癸酉)에 진사(進士)가 되어 선비들의 인망(人望)이 몹시 중하더니, 어느 날 제생(諸生)들에게 읍(揖)하고 돌아

---

1) 採薇遺旨: 은(殷)나라 고죽군(孤竹君)의 두 아들인 백이(伯夷)와 숙제(叔齊)가, 무왕(武王)이 은(殷)나라를 치자 이를 간했으며, 무왕이 천하를 평정하자 주나라 곡식을 먹기가 부끄럽다 하여 수양산(首陽山)에 숨어 고사리를 캐먹다가 굶어죽은 고사(故事)에서, 당시 백이 숙제가 남긴 뜻을 말함.

가서 을해(乙亥)로부터 드디어 과거를 폐하고 문을 닫고 나가지 않으니 그 시(詩)에 나타난 것이 이따금 채미(採薇)의 유지(遺旨)와 세상을 피하고 걱정하지 않는 뜻이어서, 김시습(金時習)과 같은 격조였다. 스스로 자리를 잡아 정암(鼎岩)의 강 위에 숨어 있으니 백이산(伯夷山)과의 거리가 얼마 되지 않았다. 정조(正祖) 신축(辛丑)에 이조판서를 증직했고 시호는 정절(靖節)이다.
〈장릉지(莊陵誌)〉

노산군(魯山君)이 영월(寧越)에 안치(安置)되고 청랭포(淸泠浦)에 나룻배를 금하여 사람이 통하지 못하게 했는데, 공은 함안(咸安)에 있어서 영월(寧越)과의 거리가 5백여 리인데, 한 달에 세 번은 가서 옥후(玉候)를 살핀 다음에 원관란(元觀瀾: 昊)의 집에서 매일 밤 성수(聖壽) 만세(萬歲)를 하늘에 빌었다.

정축(丁丑) 정월 10일에 단종(端宗)이 승하(昇遐)했다는 말을 듣고 낮과 밤으로 길을 달려 밤에 청랭포(淸泠浦)에 도착하니 역시 배가 없었다. 동서로 방황해도 나루를 건널 수 없고 날은 장차 밝으려 하므로 하늘을 우러러 통곡하니 강물도 목매어 울었다. 이에 의관을 싸서 지고 물에 뛰어들려 하는데 갑자기 지고 있는 물건을 잡아다니므로 뒤를 돌아보니 곧 한 마리의 큰 범이었다.

이때 공이 말하기를,

"천리에 분상(奔喪)해 와서 한 강을 건너지 못하고 있으니 이 강을 건너게 해주어 임금의 시체를 거두게 해주면 다행이지만 그렇지 못하면 이 바다의 귀신이 되려 하는데 너는 어찌해서 나를 잡아다니느냐?"

하니 범이 머리를 숙이고 포복(蒲伏)한다.

공이 그 뜻을 알고 그 등에 업히자 범은 과연 나루를 건네주었다. 공은 즉시 시체가 있는 방으로 들어가보니 다만 수직(守直)하는 사람 둘이 있을 뿐이다. 통곡하며 네 번 절하고 나서 옥체(玉體)를 거두어 가지고 문을 나서니 그 범이 또 강을 건네주었다. 〈영월읍지(寧越邑誌)〉

남추강(南秋江)의 시에 말하기를,

"범이 청랭포를 건너서, 조옹(趙翁)이 노산(魯山)의 시체 거두었네. 〔虎渡淸冷浦 趙翁歡魯山〕"
라고 했다.

성담수(成聃壽)가 마침내 충분(忠憤)으로 죽다

성담수(成聃壽)는 창녕(昌寧) 사람이니, 자는 이수(耳壽)요,
호는 문두(文斗)이다. 세종(世宗) 경오(庚午)에 문과(文科)에 올
라 교리(校理)가 되었다.

단종조(端宗朝)에 나라의 형세가 위태롭자 재종(再從) 삼문(三
問)과 함께 왕실(王室)을 도와서 사생(死生)으로서 그 마음을 바
꾸지 않기로 서로 권면(勸勉)하더니 삼문(三問)이 죽자, 그도 역
시 엄한 국문을 받았으나 입을 다물고 말하지 않자, 김해(金海)
에 안치(安置)됐다가 3년 만에 용서를 받아 공주(公州)로 돌아왔
으나 마침내 충분(忠憤)으로 몰(歿)했다. 〈한수재집(寒水齋集)〉

담수(聃壽)는 지극한 성품과 높은 식견(識見)이 있어 아버지
묘하(墓下)에 물러가 살면서 무명옷과 거친 밥으로 편안히 거
처해서 일찍이 한 번도 서울에 가지 않고, 세족(世族)이라고 스
스로 자기를 나타내지 않기 때문에 사람들이 농사꾼으로 여겼다.

종질(從姪) 몽정(夢井)이 경기도 도백(道伯)이 되어 본주(本州)
를 순찰하다가 그가 있는 곳을 알지 못하여 여러 곳으로 알아본
뒤에 찾아서 그 집에 이르러 보니 초옥(草屋)이 쓸쓸하여 바람
과 비를 가리지 못하고 흙바닥에 용슬(容膝)하여 앉을 짚자리가
없으니, 몽정(夢井)은 탄식하고 집에 돌아와서 깔자리를 보냈으
나 담수는 돌려보내면서 말하기를,

"이 물건은 빈천(貧賤)한 집에는 합당치 않다."
했다.

이때 죄인의 자제(子弟)들에게는 참봉(叅奉)을 제수하여 그
거취(去就)를 보면 모두 머리를 굽히고 벼슬에 나가지 않는 자
가 없었으나, 담수는 끝내 나가지 않고 시를 읊고 고기를 낚으

면서 유연(悠然)히 스스로 즐기니 사람들이 그 마음을 알 수가
없었다. 파주(坡州) 남곡(南谷)에 살다가 늙기도 전에 졸(卒)했
다. 〈우계집(牛溪集)〉

정조(正祖) 신축(辛丑)에 이조판서를 증직하고 시호는 정숙(靖
肅)이다. 일찍이 시를 지어,

"낚싯대 메고 온 종일 강변으로 가서, 푸른 물결에 발을 담그
고 곤하게 한잠 조네. 꿈에 백구와 함께 만 리를 날아갔다가,
깨어서 보니 몸이 석양에 있네. 〔把竿終日趁江邊 垂足滄浪困一
眠 夢與白鷗飛萬里 覺來身在夕陽天〕"

했다. 〈인물고(人物考)〉

원호(元昊)는 3년의 복상(服喪)을 입다

원호(元昊)는 원주(原州) 사람이니, 자는 자허(子虛)요, 호는
관란재(觀瀾齋)이다. 세종(世宗) 계묘(癸卯)에 문과(文科)에 뽑혀
집현전 직제학(集賢殿直提學)이 되었다.

단종(端宗)이 손위(遜位)하자 새벽과 저녁으로 눈물을 흘리면
서 울더니 승하(昇遐)하기에 이르러서는 즉시 영월(寧越)로 들어
가 3년 동안 복상(服喪)을 입고, 흙집에서 자고 거처했는데 사
람들이 그 괴로운 것을 견디지 못하거늘 복제(服制)를 마친 후에
원주(原州) 옛 집으로 돌아와서 앉고 눕는 것을 반드시 동쪽으
로 하고, 호정(戶庭)에 나가지 않으니 사람들이 볼 수가 없었다.

정조(正朝) 신축(辛丑)에 이조판서를 증직했고, 시호는 정간
(貞簡)이다. 〈장릉지(莊陵誌)〉

금성대군(錦城大君)에 연좌(緣坐)되어
죽계(竹溪)의 물이 다 붉어지다

금성대군(錦城大君) 유(瑜)는 세종(世宗)의 여섯째 아들이다.

덕스러운 그릇이 맑게 빛나고 아량(雅量)이 높아서 말을 하면 한
점의 티끌도 없었다. 세조(世祖)에게 주역(周易)을 배워 가장 사
랑을 받더니, 을해(乙亥)에 우상(右相) 한확(韓確) 등이 말하기
를,

"유(瑜)가 어지러운 일을 꾀하여 한남군(漢南君) 어(㻒), 영
풍군(永豊君) 천(瑔), 영양위(寧陽尉) 정종(鄭悰)과 함께 서로
교결(交結)하고 있으니 급히 그 죄를 바로 잡으십시오."

하여 드디어 유(瑜)를 삭녕(朔寧)으로 귀양보냈다.

병자(丙子)에 성삼문(成三問) 등이 죽자 유(瑜)를 순흥(順興)에
안치(安置)하고 그 집을 몰수했다. 정축(丁丑)에 유(瑜)가 순흥
부사(順興府使) 이보흠(李甫欽)과 함께 상왕(上王)을 회복할 것
을 꾀하다가 일이 발각되어 유(瑜)를 안동옥(安東獄)에 가두었
더니, 어느 날 발가벗고 도망해서 부중(府中)이 크게 찾았으나 찾
지 못하더니 조금 있다가 밖에서 돌아와 웃으면서 말하기를,

"너희들이 비록 여럿이나 능히 하는 일이 없도다. 내가 어찌
참으로 도망했겠느냐? 우리 임금이 영월(寧越)에 계시다."

하고, 의관을 정제하고 북쪽을 향하여 통곡하면서 네 번 절하
고 형(刑)을 받으니 여러 사람들이 불쌍히 여기지 않는 자가 없
었다. 명이 끊어지자 유(瑜)의 집을 몰수하고 순흥부(順興府)
를 개혁하니 부중(府中) 사람이 연좌되어 죽은 자가 많아서 죽
계(竹溪)의 물이 모두 붉어졌다.

영조(英祖) 무오(戊午)에 자손 진수(震秀)의 원한을 호소함으
로 인해서 복관(復官)하고 시호를 정민(貞愍)이라고 내렸다. 〈장
릉지(莊陵誌)〉

순흥(順興)에 귀양가 있을 때 살고 있는 빈관(賓館) 앞에 있던
은행나무가 말라죽자 금성(錦城)이 화를 입어서 혁읍(革邑)하기
에 이르고, 수백 년 뒤에 마른 뿌리가 다시 싹이 나와서 점점 그
늘을 이루자 금성(錦城)이 신원(伸寃)되어 여기에 충축단(忠築壇)
을 쌓았고, 또 권죽림(權竹林) 산해(山海)가 단종(端宗)의 연척
(聯戚)으로서 순흥(順興)에서 순절(殉節)하여 운곡(雲谷)에 사당
을 세웠고, 죽림(竹林)의 후손(後孫) 종락(宗洛)이 그 조부가 신

원(伸寃)되어 사당을 세우는 해에 순흥에 이르러 금성단(錦城壇: 忠築壇)을 살펴보다가 다시 살아난 은행나무를 만져보고 그 가지 하나를 베어가지고 와서 운곡사(雲谷祠) 앞에 꽂았더니 지금은 한 아람의 재목이 되었다. 〈매산집(梅山集)〉

민정빈(愍貞嬪) 양씨(楊氏)는 비록 죽어도 옥새(玉璽)는 내놓지 못한다고 하다

양씨(楊氏)는 청주(淸州) 사람이니, 현감(縣監) 경(景)의 따님이요, 찬성사(贊成事) 지수(之壽)는 그 증조이다. 세종조(世宗朝)에 후궁(後宮)으로 뽑혀 들어와 혜원(惠媛)에 봉해져서 세 아들을 낳았으니, 한남군(漢南君) 어(玒)와 수춘군(壽春君) 현(玹)과 영풍군(永豊君) 천(瑔)이다.

신유(辛酉)에 현덕왕후(顯德王后)가 단종(端宗)을 동궁(東宮)에서 탄생하시고 9일 만에 붕(崩)하시니 세종(世宗)이 빈(嬪)을 어진 사람을 골라서 그 중에 양씨(楊氏)에게 명하여 원손(元孫)을 보양(保養)하게 하자, 양씨는 힘을 다하여 보호하여 그 음식과 기거(起居)를 삼가하니, 원손(元孫)을 낳은 것은 현덕(顯德)이지만 양씨의 길러준 공이 많았다.

이때 세종(世宗)과 문종(文宗)이 서로 잇따라 승하(昇遐)하시고, 종실(宗室) 중에 간특한 이들이 몇몇 있어서 나라의 형세가 위태로우나 혜빈(惠嬪)이 시기를 따라서 응변(應變)하여 임금의 몸을 편안하게 보호한 것이 이르지 못한 바가 없었다.

그러나 을해(乙亥)에 세조(世祖)가 수선(受禪)함에 이르러 국새(國璽)를 바치라 하자, 혜빈(惠嬪)은 이치로 따져서 타이르기를,

"옥새(玉璽)는 나라의 소중한 보배라, 선왕(先王)께서 훈계가 있으시기를, 세자(世子)나 세손(世孫)이 아니면 전하지 못한다 하셨으니 내 비록 죽으나 옥새는 내놓지 못한다."

했다.

이리하여 즉일로 죽음을 당하고 영풍군(永豊君)이 운검(雲劍)으로 입시(入侍)하고 있다가 동시에 죽음을 당했으며, 한남군(漢南君)은 함양(咸陽)으로 귀양가서 정축(丁丑)에 금성대군(錦城大君)과 함께 상왕(上王)을 회복할 계획을 하다가 일이 누설되어 화를 입었다.

숙종(肅宗) 계사(癸巳)에 명하여 혜빈(惠嬪)의 묘를 봉하게 했으나 그 묘를 찾지 못했고, 정종(正宗) 신해(辛亥)에 민정(愍貞)이란 시호를 내렸다. 〈매산집(梅山集)〉

권절(權節)이 거짓 귀먹은 체하다

권절(權節)은 안동(安東) 사람이니, 자는 단조(端操)요, 호는 율정(栗亭)이다. 어려서부터 기이한 상(相)이 있고 힘이 남보다 뛰어나서 남이(南怡)와 함께 이름이 같이 났고 널리 여러 서적에 능통했다.

세종(世宗) 정묘(丁卯)에 문과(文科)에 뽑히자, 임금은 그가 문무(文武)의 온전한 재주가 있다는 것을 알아 그로 하여금 궁마(弓馬)를 익히게 하고, 특별히 사복사 직장(司僕寺直長)을 제수하고, 집현전 교리(集賢殿校理)에 뽑으셨다.

세조(世祖)가 아직 왕위에 오르기 전에 여러 번 그 집을 찾아서 비밀히 큰 일을 이야기했으나 절(節)은 거짓 귀먹은 체하여 대답하지 않고 드디어 종자(從子) 안(晏)에게 갈 것을 계획하니, 이는 곧 몸을 숨기려는 계획이었다. 몸을 갖고 일에 응하는 것에 남의 검속(檢束)을 받지 않았다.

임금이 즉위하자, 그 재기(才器)를 아깝게 여겨 첨지중추부사(僉知中樞府事)에 발탁하고 금병(禁兵)을 맡아 다스리게 했으나 그는 거짓 미친 체하여 명령을 듣지 않고, 사람을 보면 문득 머리를 조아리면서 말하기를,

"국가가 태평하고 성주(聖主) 만년하소서."

하니 이로 인해서 일없이 그 몸을 마칠 수 있었다.

　숙종(肅宗) 갑신(甲申)에 이조판서를 증직했고, 시호는 충숙(忠肅)이라 내렸다. 〈장릉지(莊陵誌)·지봉유설합록(芝峰類說合錄)〉

조상치(曺尙治)는 집사람도
그 얼굴을 드물게 보다

　조상치(曺尙治)는 창녕(昌寧) 사람이니, 자는 자경(子景)이요, 호는 정재(靜齋), 또는 단고(丹皋)이다.

　세종(世宗) 기해(己亥)에 생원시(生員試)와 문과(文科)에 장원으로 급제하여 벼슬이 부제학(副提學)에 이르렀다. 세조(世祖)가 수선(受禪)하자 병을 핑계삼아 들어가 하례하지 않았으며, 소(疏)를 올려 치사(致仕)할 것을 빌어 말하기를,

　"나가는 것만 알고 물러나는 것을 알지 못하는 것은 군자(君子)가 경계하는 바입니다."

하니, 임금이 그 뜻을 돌리지 못할 것을 알아 허락하고, 예조참판(禮曹叅判)에 올려 임명했으나 다리의 병을 구실삼아 들어가 사례하지 않고 바로 동문(東門)에 이르자 박팽년(朴彭年)이 글을 보내기를,

　"그대의 행동을 바라다보니 너무 높아 미칠 수가 없다."

했고, 성삼문(成三問)은 어떤 사람에게 준 글에 말하기를,

　"영주(永州)의 맑은 바람이 문득 동방(東方)의 기산(箕山) 영수(潁水)[1]가 되었으니 우리들은 곧 조장(曺丈)의 죄인이로다."

했다.

―――――――――――――

1) 箕山·潁水 : 요(堯)임금 때 소부(巢父)와 허유(許由)가 이 산과 이 물에서 은거(隱居)했다는 고사(故事)에서 명리(名利)를 버리고 숨어 사는 은사(隱士)가 있는 곳을 말한 것.

한때 영천(永川)에 살면서, 한 번도 서쪽을 향해서 앉지 않았고,
단종(端宗)의 자규사(子規詞)[1]를 보고 동쪽을 바라보고 네 번 절
하고 나서 화답하기를,

"자규(子規)가 울고 자규가 우니, 밤 달 빈 산에 무엇을 호소
하는가. 돌아가는 것만 같지 못하니 돌아가는 것만 같지 못하
니, 바라보이는 파잠(巴岑)[2]을 날아서 넘고 싶네. 저 많은 새
들을 보면 모두 다 제 집에 편안한데, 홀로 꽃가지를 향해 부
질없이 피를 토하네. 모양은 한 짝, 그림자는 외롭고 모양은
야위었으니, 즐겨 높여주지 않는데 그 누가 돌아다보리. 아
아! 인간의 원한이 어찌 홀로 너뿐이리오. 의사(義士)와 충
신(忠臣)의 몹시 불평스러운 것을 손가락으로 꼽아도 다 세기
어려우네. 〔子規啼子規啼 夜月空山何所訴 不如歸不如歸 望裏巴
岑飛欲度 看他衆鳥摠安巢 獨向花枝血謾吐 形單影孤貌憔悴 不肯尊
崇誰爾顧 嗚呼人間寃恨豈獨爾 義士忠臣激不平 屈指難盡數〕"
했다.

단종(端宗)이 승하(昇遐)하시자, 손님을 사절(謝絕)하여 비록
집사람이라도 그 얼굴을 보기가 드물었고, 밤마다 자지 않고 홀
로 앉아서 슬피 울었다. 또 미련하게 생긴 돌을 얻어다가 갈지
도 않고 다듬지도 않고서 거기에 새기기를,

'魯山朝副提學逋人曺尙治之墓'

라 하고, 이어서 소서(小序)도 써서 새겼다. 〈장릉지(莊陵誌)〉

상동민(上東民)이 항상 안주와
채소와 과일을 바치다

상동민(上東民)은 어떤 사람인지 알 수 없고 또한 그 성씨(姓
氏)도 자세치 않다. 다만 그가 영월군(寧越郡) 상동면(上東面)에

---

1) 子規詞 : 단종(端宗)이 영월(寧越)에 있을 때 지은 시. 자규(子規)는
두견(杜鵑)의 딴 이름으로 곧 소쩍새를 이름. 촉(蜀)나라 망제(望帝)의
죽은 넋이 화하여 되었다고 함.
2) 巴岑 : 촉(蜀)나라의 산.

살기 때문에 상동민(上東民)이라고 불렀다.

단종(端宗)이 영월(寧越)에서 손위(遜位)했을 때, 드센 불길이 하늘에 치솟아 사람들이 모두 화가 몸에 미치는 것을 두려워하여 혹은 상왕(上王)을 위하여 마음으로 슬피 여겨 감히 가까이 가지 못하는데, 유독 상동민(上東民) 한 사람이 청랭포(淸冷浦)에 나가서 맞아 항상 술안주와 채소와 제철의 과일을 갖추어 갖다 바치고, 또 청랭포로부터 빈관(賓舘)으로 옮겼을 때에는 그 사람이 문득 달려가서 매죽루(梅竹樓) 밑에 가 뵈었으니 곧 지금의 자규루(子規樓)이다.

매양 장날이면 한 번도 빠지지 않았는데, 어느 날 또 읍(邑)으로 가기 위해서 탄부곡(炭釜谷)에 이르렀을 때, 단종(端宗)이 백마를 타고 오시니 그 사람은 놀라고 괴이히 여겨 길 가에 엎드려 묻기를,

"장차 어느 곳으로 가시려고 이 길로 오시나이까?"

하자, 단종은 그를 돌아다보면서 이르기를,

"장차 태백산(太白山)을 향해서 가련다."

했다.

그 사람이 보자기를 끄르고 산과(山果)를 꺼내서 올리자, 단종은 말하기를,

"지금은 먹을 수가 없다."

했다. 이에 그 사람은 배사(拜謝)하고 덕포(德浦)에 이르러 비로소 단종이 승하(昇遐)하셨다는 말을 듣고 목을 놓아 울면서 살려고 하지 않는 것같이 수십 리를 가도록 입에서 우는 소리가 그치지 않다가 기운이 다해서 죽으니 곧 정축(丁丑) 10월 24일이었다. 〈매산집(梅山集)〉

엄흥도(嚴興道)는 단종(端宗)이 승하(昇遐)하자 관(棺)을 갖추어 습렴(襲殮)하다

엄흥도(嚴興道)는 영월(寧越) 사람이니, 군(郡)의 호장(戶長)

이 되었는데 정축(丁丑) 10월에 상왕(上王)이 승하(昇遐)하자 즉시 가서 곡하고 관(棺)을 갖추어 염습하고 이론(異論)이 있을까 두려워하여 즉시 장사를 지냈다.

이때 흥도(興道)의 친족(親族)들이 화를 두려워하여 중지시키거늘 흥도가 말하기를,

"착한 일을 하고 화를 입는 것은 내가 달갑게 여기는 바이다."
했다.

이미 장사를 지내자 그 아들 호현(好賢)과 함께 도망갔다가 흥도가 죽자 그 아들은 비밀히 고산(故山)으로 돌아왔다.

현종(顯宗) 기유(己酉)에 송시열(宋時烈)이 그 자손을 등용(登用)하기를 청하자 임금이 옳다고 하여 영조조(英祖朝) 때 정려(旌閭)를 내리고, 공조참의(工曹叅議)를 증직하고, 사제(賜第)하기를,

"세상에 어찌 충신(忠臣) 열사(烈士)가 없으리오마는, 어찌 정축(丁丑)의 충렬(忠烈) 같은 이가 있겠는가. 아아! 그때에 어찌 도신(道臣)이 없으며, 또한 어찌 수령(守令)이 없으리오마는 한 호장(戶長)으로 능히 큰 절개를 세웠도다. 아아! 육신(六臣)은 비록 하는 바 일에 마음을 다해서 그러했거니와 영월호장(寧越戶長)에 있어서는 무슨 구하는 바가 있으며 무슨 바라는 것이 있어서 여러 종족(宗族)이 말리는 것도 돌아다보지 않고 능히 이런 일을 했는가. 이는 진실로 일단(一段)의 적심(赤心)일 뿐이니, 지나간 역사를 찾아보아도 진실로 드물게 보는 바로다. 백세(百世)에 유전(流傳)되니 가히 의열(義烈)이 되는도다."
했다. 〈장릉지(莊陵誌)〉

《世祖朝》

기건(奇虔)이 제주(濟州) 백성에게
그 어버이를 장사지내도록 가르치다

기건(奇虔)은 행주(幸州) 사람이니, 호는 청파(靑坡)이다. 집이 청파(靑坡) 만리현(萬里峴)에 있었기 때문에 그렇게 호를 지은 것이다. 제주목사(濟州牧使)로 나가서 백성들이 전복 따기에 몹시 괴로워하는 것을 보고 평생 동안 다시 먹지 않았다.

제주(濟州) 옛 풍속이 그 어버이를 장사지내지 않고, 부모가 죽으면 부근 언덕이나 구렁에 내버렸다. 이에 고을 사람에게 신칙하여 관곽(棺槨)을 갖추어 염습하여 장사지내도록 가르치니 제주 사람이 그 부모를 장사지낸 것은 기건(奇虔)으로부터 비롯한 것이다.

어느 날 기건이 꿈에 보니 3백여 사람이 뜰 아래에서 절하고 사례하기를,

"공(公)의 은혜에 힘입어서 해골이 버려지는 것을 면했으니 그 은혜를 갚을 길이 없습니다. 그러나 공은 반드시 올해 어진 손자를 낳아 기를 것입니다."

하더니, 과연 이 해에 손자 자(磁)를 낳았는데, 문과(文科)에 급제하여 벼슬이 응교(應敎)에 올랐고 자손이 크게 창성하여 과

연 그 꿈과 같았다.

그는 벼슬이 판중추부사(判中樞府事)에 이르렀는데 단종조(端宗朝)에 와서는 벼슬을 그만두고 문을 닫고서 인사(人事)를 사절(謝絶)했다. 세조(世祖)가 잠저(潛邸)에 있을 때 세 번이나 사제(私第)로 건(虔)을 찾아갔으나 건(虔)은 청맹(青盲)[1]이라고 평계하거늘 세조가 침으로 찌르는 시늉을 하여 시험했으나 건은 눈만 뜨고 피하지 않아서 끝내 나오지 않았다.

우리 나라 풍속에 부녀(婦女)들이 출입하는 데 머리에 쓰는 것이 없었는데, 건이 이것을 비로소 만들어 올려서 지금까지 쓰고 있다. 머리에 쓰는 것의 이름은 곧 너울〔羅兀〕이다. 〈월사집비명(月沙集碑銘)〉

신숙주(申叔舟)의 옷소매를
청의동자(青衣童子)가 잡아다니다

신숙주(申叔舟)는 고령(高靈) 사람이니, 자는 범옹(泛翁)이요, 호는 보한재(保閒齋)이다.

세종(世宗) 무오(戊午)에 장원으로 급제하여 진사(進士)가 되고, 기미(己未)에 문과(文科)에 급제했으며, 정묘(丁卯)에 중시(重試)에 합격하여 서장관(書狀官)으로 일본(日本)에 들어가자 그의 재명(才名)을 듣고 시(詩)를 구하는 자가 많이 모였고 받은 시가 모두 사람을 놀라게 하니, 그 후에 사신이 가면 반드시 신숙주(申叔舟)의 안부를 물었다. 〈문헌비고(文獻備考)〉

경진(庚辰) 가을에 강원도·함길도(咸吉道)의 절도사(節度使)가 되어 깊이 오랑캐의 지경에 들어갔더니 오랑캐가 밤을 타서 공격해와서 영(營) 안이 시끄러웠으나 숙주(叔舟)는 그대로 누워 움직이지 않고 막료(幕僚)를 불러 입으로 부르기를,

"오랑캐 땅에 서리가 내려 변방의 담이 찬데, 철기(鐵騎)가 백

---

1) 青盲 : 청맹과니. 겉으로는 성한 것 같으나 실상은 보지 못하는 눈.

티 사이에 가로세로 달리네. 밤 싸움은 쉬지 않고 날은 밝으려하는데, 누워서 별들을 보니 난간에 걸려 있네. 〔虜中霜落塞垣寒鐵騎縱橫百里間 夜戰未休天欲曉 臥看星斗正闌干〕"

하자, 장사(將士)들은 그의 편안한 태도에 힘입어 사기(士氣)가 꺾이지 않았다. 〈지봉유설(芝峰類說)〉

젊었을 때 경복궁(景福宮) 정시(庭試)에 나갔을 때 아직 새벽빛이 희미한데 어떤 거물(巨物) 하나가 입을 벌리고 대궐문에 가로 있으니, 모든 과거 보는 사람들은 모두 그 입으로 들어가고 있었다.

이에 숙주(叔舟)가 눈을 부릅뜨고 서서 쳐다보니 한 청의동자(靑衣童子)가 소매를 잡고 묻기를,

"공(公)은 능히 입벌린 거물(巨物)을 보았는가. 이는 나의 조화(造化)로 짐짓 괴이하게 만들어 공으로 하여금 머물러 서있게 한 것이오."

했다. 숙주는 말하기를,

"너는 무슨 물건이냐?"

하자 그는 대답하기를,

"나도 또한 사람인데, 공이 크게 귀하게 될 상(相)임을 알았기 때문에 평생을 함께 있으면서 따라다니고자 하노라."

한다.

이리하여 집에 돌아온 뒤로 남의 눈에는 띄지 않아도, 앉고 눕고 기거(起居)하는데 그 곁을 떠나지 않고, 남은 밥을 나누어 주면 먹는 소리는 나는데 그릇은 비지 않았다. 집일의 좋고 나쁜 것과 과장(科場)의 득실(得失)을 미리 알려주었으며, 숙주(叔舟)가 사신이 되어 일본에 갈 때는 청의동자(靑衣童子)로 하여금 먼저 바다와 육·지의 노정(路程)을 탐지하게 하여 무사히 갔다 돌아오니, 이런 까닭에 모든 사신 길에는 반드시 따라가더니 숙주(叔舟)가 죽자 청의(靑衣)도 따라서 끝을 마쳤다.

이에 숙주는 자손들에게 유명(遺命)을 내려 따로 청의의 제사를 차리게 했더니, 그 자손들이 매양 숙주의 기일(忌日)을 당하면 따로 한 상을 차려 청의에게 제사지냈다. 〈조야첨재(朝野僉

載)〉

세조(世祖)가 일찍이 말하기를,

"환공(桓公)의 관중(管仲)과 한고조(漢高祖)의 장량(張良)과 당 태종(唐太宗)의 위징(魏徵)과 나의 숙주(叔舟)는 한 가지이다." 했다. 세조 정축(丁丑)에 대배(大拜)하여 영상(領相)에 이르고 시호는 문충(文忠)이요, 성종(成宗)의 사당에 배향(配享)했다. 〈인물고(人物考)〉

권람(權擥)은 한갱랑(寒羹郞)

권람(權擥)은 안동(安東) 사람이니, 자는 정경(正卿)이요, 호 는 소한당(所閑堂)이다. 어려서부터 글읽기를 좋아하고, 큰 뜻 이 있고 기이한 꾀가 많았다. 책을 지고 명산(名山)에 들어가서 한명회(韓明澮)와 같이 있었는데 가는 곳마다 저술한 문장을 남 겼다. 이것으로 회포를 풀고 벼슬하지 않아서 나이 35세에도 오 히려 낙백(落魄)하여 기이한 놀이를 일삼았다.

그러나 세종(世宗) 말년에 한 번 나가서 계속해서 세 번이나 장 원으로 급제했고, 세조(世祖)가 잠저(潛邸)에 있을 때는 명령을 받고 총재(總裁)가 되어 무경(武經)에 주(註)를 달았다.

남(擥)이 시종(侍從)이 되자, 임금이 그에게 큰 재주가 있는 것 을 알고 대접하기를 몹시 극진히 하니, 남(擥)은 상(上)이 정난 (靖難)의 뜻이 있는 것을 알고 매양 저하(邸下)를 출입하기를 몹 시 친밀히 하여 나가 뵙고 일을 의논하는데 해가 늦어도 물러가 지 않아서 식사하는 때를 잃으니 궁인(宮人)들이 그를 지목하여, '한갱랑(寒羹郞)이 또 왔다'고 했다.

세조(世祖)가 즉위하자 내전(內殿)으로 불러들여 잔치를 베풀 어 공(公)을 위로할 때, 정희왕후(貞熹王后)를 돌아보고 이르기 를,

"이 사람이 곧 옛날의 한갱랑(寒羹郞)이오."

했다. 〈상신록(相臣錄)〉

영상(領相)으로 길창부원군(吉昌府院君)에 봉해졌고, 시호는 익평(翼平)이며, 세조(世祖)의 사당에 배향(配享)되었다.

강맹경(姜孟卿)이 말소리에 응해서 말하기를 우리집에도 역시 통정집(通亭集)이 있다

강맹경(姜孟卿)은 진주(晋州) 사람이니, 자는 자장(子章)이다. 벼슬이 영상(領相)으로 진산부원군(晋山府院君)에 이르렀다.

임금이 맹경(孟卿)의 집에 거둥했을 때 집을 올려다보고 말하기를,

"급히 좀먹은 대들보를 헐어내라. 사람이 상할까 두렵도다. 수상(首相)의 집이 이와 같으니 어찌 아름답지 않으랴."

했다.

이계전(李季甸)이 중국에 갔을 때 주객(主客) 낭중(郎中)이 조조시(早朝詩)를 짓기를 청하자, 계전(季甸)은 군색하여 목은집(牧隱集) 속에 있는 조조대명궁시(早朝大明宮詩)에서,

"크게 명당(明堂)을 여니 새벽빛이 찬데, 깃발이 옥 난간에 높이 나부끼네. 〔大闢明堂曉色寒 旌旗高拂玉闌干〕"

라는 한 귀를 써보이자 주객(主客)은 크게 칭찬했다.

그 뒤에 맹경(孟卿)이 장차 중국에 들어가게 되자 계전(季甸)이 희롱하여 말하기를,

"중국 사신이 글을 시험하면 어찌하겠는가?"

하니, 맹경은 즉시 여기에 응해 대답하기를,

"우리 집에도 역시 통정집(通亭集)이 있지 않은가?"

하니 자리에 가득히 있던 사람들이 크게 웃었다.

계전(季甸)은 목은(牧隱)의 손자요, 맹경은 통정(通亭)의 손자이기 때문에 말한 것이다. 시호는 문경(文景)이다. 〈국조방목(國朝榜目)〉

구치관(具致寬)이 종일 벌주(罰酒)를 마시다

구치관(具致寬)은 능성(綾城) 사람이니, 자는 이율(而栗)이다. 세조(世祖) 정해(丁亥)에 영상(領相)이 되었다.

이때 야인(野人)들의 남은 무리가 변방을 엿보므로 치관(致寬) 에게 명하여 진서대장군(鎭西大將軍)을 삼아 방비하게 하고, 좌 우에게 말하기를,

"능성(綾城)은 나의 만리장성(萬里長城)이다."

라고 했다.

신숙주(申叔舟)와 치관(致寬)은 모두 임금이 총애하는 자들이 었는데, 벼슬이 올라 신(申)은 영상(領相)이 되었고, 구(具)는 새로 우상(右相)이 되었다.

그러던 어느 날 임금이 이들 두 정승을 내전(內殿)으로 불러서 말하기를,

"오늘 물어볼 것이 있는데 경(卿)들이 능히 대답하면 좋지만 능히 대답하지 못하면 벌을 사양할 수 없을 것이니라."

하고, 이윽고 임금이 신정승을 부르자 신(申)이 대답하니 임금이 말하기를,

"나는 새〔新〕정승을 불렀는데 경(卿)이 잘못 대답했도다."

하고 큰 잔으로 벌주(罰酒)를 한 잔 주었다.

또 임금이 구정승을 부르자 구(具)가 즉시 대답하니, 임금이 말하기를,

"나는 옛〔舊〕정승을 불렀는데 경(卿)이 잘못 대답했도다."

하고, 또 큰 잔으로 한 잔을 벌주로 주었다. 이와 같이 하여 종 일 벌주를 마시다가 모두가 몹시 취해서 파했다. 〈청파극담(靑坡 劇談)〉

강순(康純)은 고문에 견디지 못하여 자복하다

강순(康純)은 신천(信川) 사람이니, 자는 태초(太初)요, 상산 부원군(象山府院君) 윤성(允成)의 증손이니, 음직(蔭職)으로 벼슬에 나갔다.

세조(世祖) 13년 정해(丁亥)에 길주(吉州) 사람 이시애(李施愛)가 군사를 일으켜 반(叛)하자, 임금이 귀성군(龜城君) 준(浚)으로 도총사(都摠使)를 삼고, 호조판서(戶曹判書) 조석문(曺錫文)으로 부총사(副摠使)를 삼고, 허종(許琮)을 일으켜 함길도 절도사(咸吉道節度使)를 삼고, 순(純) 및 어유소(魚有沼)로 대장(大將)을 삼아 이를 토벌해서 홍원(洪原)에서 싸우고 또 만령(蔓嶺)에서 싸워서 크게 깨쳐 시애(施愛)를 사로잡아서 베었다.

또 건주위(建州衛) 이만주(李滿住)가 반(叛)하자, 명(明)나라에서 구원병을 보내서 협공(夾攻)하자고 청하므로 임금은 어유소(魚有沼)로 좌장군(左將軍)을 삼고, 남이(南怡)로 우장군(右將軍)을 삼고, 강순(康純)으로 정서주장(征西主將)을 삼아서 정병(精兵) 1만을 거느리고 압록강을 건너서 길을 나누어 바로 건주(建州) 동북쪽을 쳐서 저강(豬江) 올미부(兀彌府) 등 여러 요새(要塞)를 함락한 후, 부락을 소탕시키고 돌아왔다.

이때 큰 나무를 베어 가죽을 벗기고 쓰기를, '모년(某年) 월일에 조선 정서주장(征西主將) 강순(康純)과 좌대장(左大將) 어유소(魚有沼) 등이 건주위(建州衛) 올미부(兀彌府)를 멸했다.' 하고, 드디어 반사(班師)하여 첩서(捷書)를 바치고, 일등훈(一等勳)에 기록되고 신천부원군(信川府院君)에 봉해졌으며, 무자(戊子)에 우상(右相)이 되었다가 영상(領相)에 승진되었다.

세조(世祖)가 승하(昇遐)하고 예종(睿宗)이 즉위하자, 유자광(柳子光)이 남이(南怡)가 모반(謀叛)한다고 고하여 잡아서 베게하였다. 남이가 국문을 받는데, 순(純)이 영상(領相)으로서 국청(鞫廳)에 들어가 참여해서 보니 이(怡)는 형벌을 받다가 정강

이 뼈 가운데가 부러지자 드디어 항복하기를,

"강순(康純)이 내게 시켰습니다."

했다. 그러나 강순은 말하기를,

"신(臣)은 본래 서민(庶民)으로서 다행히 성명(聖明)을 만나 지위가 인신(人臣)의 지극한 데에 올랐고, 나이 70이 지났사온데 또 무엇을 구하여 이(怡)를 시켜 도모했겠습니까?"

하자 임금도 그렇게 여겼다.

그러나 이(怡)는 다시 말하기를,

"상(上)께서 거짓말을 믿고 죄를 면해 주시니 어떻게 죄인을 잡겠는가?"

하여 임금이 명하여 국문하게 하자, 순(純)은 늙은 몸이어서 고문을 견디지 못하고 자복(自服)했다. 이에 이가 웃으면서 순에게 이르기를,

"내가 승복(承服)하지 않은 것은 그래도 후일을 위해서였는데 이제 정강이뼈가 이미 부러져서 드디어 쓸데없는 사람이 되었으니 살면 또한 무엇을 하겠느냐. 나같이 나이 젊은 자도 오히려 죽음을 아까워하지 않거늘 흰머리의 늙은 무리는 죽는 것이 또한 마땅하다. 그래서 내가 일부러 너를 말한 것이다."

했다. 순이 이와 함께 베임을 당하면서 부르기를,

"남이(南怡)야! 너는 나에게 무슨 원한이 있어서 나를 끌어 넣었느냐?"

하자, 남이는 말하기를,

"원한으로 말하면 내나 너나 마찬가지이다. 네가 수상(首相)이 되어 가지고 나의 원통한 것을 알면서 말 한 마디라도 나를 구원하지 않았으니 너도 또한 원통하게 죽는 것이 옳으니라."

하자, 순은 돌아다보면서 이르기를,

"애들과 서로 좋아하면 마땅히 이런 화가 있게 마련이다. 대체로 반역이 얼마나 큰 죄악이기에 서로 희롱을 한단 말이냐."

했다. 처자가 모두 죽고 가산(家産)은 모두 관청에 몰수되었다. 〈소대기년(昭代紀年)〉

남이(南怡)가 재상의 딸을 살리다

남이(南怡)는 의령(宜寧) 사람이니, 의산군(宜山君) 휘(暉)의 아들이요, 태종(太宗)의 외손(外孫)으로서, 잘 생기고 남의 구속을 받지 않았다.

어렸을 때 거리에서 노는데, 한 사내가 조그만 종이 상자 하나를 보에 싸서 지고 가는데 그 위에 얼굴에 분칠한 계집 귀신이 앉아 있는데도 남들은 그것을 보지 못하고 있다.

이(怡)는 마음 속으로 괴이히 여겨 그가 가는 곳을 따라가 보았더니 한 재상의 집으로 들어갔는데 이윽고 그 집에서 곡성(哭聲)이 나는 것이었다. 이가 까닭을 묻자 말하기를,

"주인 집 어린 낭자(娘子)가 갑자기 죽었다."

고 했다. 이에 이가 말하기를,

"내가 들어가 보면 살릴 수가 있다."

고 했더니 그 집에서는 처음에는 허락지 않다가 얼마 뒤에 비로소 허락했다.

이에 이가 그 집 문안에 들어가 보니 얼굴에 분칠한 귀신이 낭자의 가슴을 누르고 있다가 이를 보자 즉시 달아나니 낭자가 깨어났다. 그러나 이가 나오면 낭자가 다시 죽고, 이가 다시 들어가면 도로 살아났다. 이에 이가 묻기를,

"종이 지고온 상자 속에 무슨 물건이 들었던가?"

하니,

"홍시(紅柿)가 들었는데 낭자가 이것을 먼저 먹고 숨이 막혀서 자빠진 것이다."

고 했다. 이는 자기가 본대로 말해주고 치사약(治邪藥)을 써서 구원하여 살려냈다. 이는 곧 좌상(左相) 권람(權擥)의 넷째 딸이다.

남(寧)이 그 일을 기이하게 여겨 그와 정혼(定婚)하려고 점장

이를 시켜 점을 쳐보게 했더니 말하기를,

"이 사람은 반드시 죄를 지어 죽을 것이다."

했다. 다시 그 딸의 운명을 점쳐 보라고 했더니 점장이가 말하기를,

"이 명(命)은 몹시 짧고 또 아들이 없는데, 마땅히 그 복을 누릴 것이니, 그 화는 볼 것이 없이 혼인하는 것이 옳다."

고 하니, 남(擘)은 그 말을 좇았다.

이(怡)는 나이 17세에 무과(武科)에 장원으로 급제하여, 몹시 세조(世祖)의 사랑을 받았다.

이(怡)는 날래고 용맹이 남보다 뛰어나서 북쪽으로 이시애(李施愛)를 치고 서쪽으로 건주위(建州衛)를 정벌하는 등 다른 사람들보다 그 공(功)이 월등히 뛰어나 등급을 정함에 있어 1등에 책훈(策勳)됐다.

그가 회군(回軍)할 때 시를 지어 말하기를,

"백두산 돌은 칼을 갈아 다하고, 두만강 물은 말에게 먹여 없어졌네. 남아가 20세에 나라를 평정하지 못하면, 후세에 그 누가 대장부라 일컬으랴. 〔白頭山石磨刀盡 豆滿江水飮馬無 男兒二十未平國 後世誰稱大丈夫〕"

했으니 그 우쭐함이 이와 같았다. 이내 병조판서가 됐으니 이때 나이 26세였다.

세조(世祖)가 승하(昇遐)하고 예종(睿宗)이 즉위했는데 이때 혜성(慧星)이 나타났다. 이 때 이(怡)가 대궐 안에서 숙직(宿直)하다가 어떤 사람에게 말하기를,

"혜성(慧星)은 곧 옛 것을 없애고 새 것을 펴는 징조이다."

했는데, 유자광(柳子光)이 이를 엿듣고 그 말에 부연하여 날조(捏造)해서 이(怡)가 모반(謀反)한다고 고하고, 또 공주(公主)와 간통했다고 하여 옥사(獄事)를 이루어 베임을 당하게 했으니 이때 나이 28세였다. 권람(權擘)의 딸은 이보다 수년 전에 죽으니 점장이의 말이 과연 맞았다. 〈소대기년(昭代紀年)〉

서거정(徐居正)이 달의 괴이한 것을 꿈꾸고
어머니의 죽음을 알다

서거정(徐居正)은 달성(達城) 사람이니, 자는 강중(剛中)이요, 호는 사가정(四佳亭)이다. 아버지 미성(彌性)이 권근(權近)의 딸에게 장가들어 거정(居正)을 낳았다. 나이 6세에 글을 읽고 글을 지을 줄 아니, 당시에 신동(神童)이라 일컫고 양촌(陽村 : 權近)의 글을 외손(外孫)에게 전했다고 한다.

세조(世祖)가 수양대군(首陽大君)으로서 중국에 갈 때 거정(居正)으로 종사(從事)를 삼아 압록강(鴨綠江)을 건너 파사보(婆娑堡)에서 자는데, 저녁에 본국에서 유서(諭書)가 왔으니 세조는 이를 숨기고 거정에게 알리지 않고 있었다.

그러나 거정은 괴상한 꿈을 꾸고 놀라 일어나서 눈물을 흘리고 울므로 사람들이 그 까닭을 묻자 거정은 말하기를,

"내가 달의 괴이한 꿈을 꾸었는데 달은 어머니의 상(象)이라 나에게 늙은 어머니가 있고, 꿈의 징조가 상서롭지 못해서 이 때문에 우는 것이다."

했다.

세조가 이 말을 듣고 탄식하기를,

"정성이 족히 하늘을 움직였도다."

하고, 이내 그를 불러 말하기를,

"이제 임금의 유지(諭旨)가 있어 그대 어머니의 병이 급하다고 했으니 그대는 돌아가도록 하라."

했다. 이리하여 거정은 도로 강을 건너와서 비로소 부음(訃音)을 알게 되었다.

세조가 즉위하자, 매양 압록강의 꿈이야기를 하면서,

"내가 그대를 취한 것은 비단 재주만이 아니었다."

라고 했다. 문형(文衡)에 뽑혔고 시호는 문충(文忠)이다. 〈지봉유설(芝峰類說)〉

최지(崔池)는 후원(後苑)에 이르러서
마침 미행(微行)하는 사람을 만나다

최지(崔池)는 전주(全州) 사람이다. 세종(世宗) 무오(戊午)에 문과(文科)에 급제했다.

어느 봄날 시를 읊으면서 천천히 걸어가다가 대궐 안 후원(後苑)에 이르러 마침 동산에서 나오는 세조(世祖)를 만났는데 그가 마침 미복(微服)차림이라 지(池)는 길게 읍(揖)만 하고 절은 하지 않았다.

이에 임금이 말하기를,

"너는 어떤 사람이기에 함부로 대궐 안에 들어와서 이같이 무례한가?"

하자 대답하기를,

"나는 문사(文士)이며 궁중에는 다만 전하가 계신 것을 알 뿐인데 어찌 감히 그대에게 따로 예를 하겠는가?"

했다. 이때 지(池)는 그가 다만 왕자(王子)의 한 사람이려니 하고 무심코 길 가에 쭈그리고 앉아 있었다.

그러나 임금이 말하기를,

"너는 원양(原壤)[1]이 아니냐? 어찌 쭈그리고 앉아서 기다리느냐?"

하는데 이윽고 시녀(侍女)와 내시(內侍)들이 계속해서 오는 것이었다. 이에 지(池)는 놀라고 두려워서 사죄하니, 임금은 즉시 편전(便殿)에 거둥하여 지(池)를 불러 경사(經史)를 강론하게 했는데, 묻는 데 따라 즉시 대답하며 은미한 말과 깊은 뜻을 일일이 정밀하게 해석했다.

임금이 크게 기뻐하여 손수 술잔을 주자 지(池)는 쾌히 두어 잔을 비우고서도 얼굴빛이 태연했다. 이에 임금이 말하기를,

"이 선비가 이학(理學)에 정밀하니 늦게 얻은 것이 한스럽도

---

1) 原壤 : 춘추 때 노(魯)나라 사람. 공자(孔子)의 친구로서 예법을 무시하고 버릇이 없었다.

다."

하고는 즉시 지(池)를 사성(司成)에 배했다.〈소대기년(昭代紀年)〉

어효첨(魚孝瞻)이 부군신(府君神)을 불태우고 헐어 없애다

어효첨(魚孝瞻)은 함종(咸從) 사람이니, 자는 만종(萬從)이다. 세종(世宗) 기유(己酉)에 집현전(集賢殿) 교리(校理)가 되었다.

갑자(甲子)에 풍수(風水)[1] 한 사람이 궁성 북쪽 길을 막고 성안에 가산(假山)을 만들어 지맥(地脈)을 돕자고 청하자, 효첨(孝瞻)이 몹시 간하니 소(疏)가 들어가자 임금은 근시(近侍)들에게 이르기를,

"효첨(孝瞻)의 의논이 정직해서 내가 그 소(疏)를 보고 마음에 감동했다."

하고, 마침내 술자(術者)의 말을 쓰지 않았다.

임금이 정인지(鄭麟趾)에게 묻기를,

"효첨(孝瞻)의 말이 그렇기는 하나 그 부모를 장사지내는데는 능히 이 법을 쓰지 않았는가?"

하자 인지(麟趾)가 말하기를,

"신(臣)이 일찍이 사신이 되어 함안(咸安)에 갔을 때 효첨이 그 아비를 후원에 장사지낸 것을 보았사온데 술자(術者)에게 혹한 자가 아니라는 것을 알았습니다."

했다.

효첨이 집의(執義)가 되었을 때 아랫 사람들이 부군신(府君神)의 고사(古事)를 고하니, 이것은 속담에 본사(本司)를 주장하는 신(神)이다. 그러나 효첨은 말하기를,

1) 風水 : 지술(地術). 땅의 모양을 가지고 길흉화복을 예언하는 사람.

"부군(府君)이 무엇하는 물건이냐?"

하고, 지전(紙錢)을 모아오게 하여 불태워버리고, 몸 담는 관청마다 모두 불태우고 헐어버리면서 말하기를,

"어찌 법부(法府)에 이름 없는 귀신을 더럽게 제사지낸단 말이냐?"

했다.

응교(應敎)가 되었을 때 조정에서 두 아내를 둔 자의 상복(喪服)에 대해서 의심하자 효첨이 이를 논박해 말하기를,

"예(禮)에 두 적(嫡)이 없고 상사에는 정당한 복이 있는 법이다."

하자, 의논이 드디어 정해졌다. 벼슬이 숭록대부(崇祿大夫) 판중추(判中樞)에 이르고 시호는 문효(文孝)이다.〈인물고(人物考)〉

한계희(韓繼禧)가 빙벽(氷蘗)[1]으로 스스로 처신(處身)하다

한계희(韓繼禧)는 청주(淸州) 사람이니, 자는 자순(子順)이다. 세종(世宗) 신유(辛酉)에 진사(進士)가 되고 정묘(丁卯)에 문과(文科)에 급제하여 벼슬이 좌찬성(左贊成)에 이르고 서평군(西平君)에 훈봉(勳封)되었다.

집에 있어서는 검약(儉約)하여 자봉(自奉)하는 것이 몹시 박했으며, 귀로 음악 소리를 듣지 않고 눈으로 분칠한 얼굴을 보지 않고, 도서(圖書)만이 한 방에 가득하여 담담(淡淡)했다.

형 서원군(西原君) 계미(繼美), 재종제(再從弟) 상당부원군(上黨府院君) 명회(明澮)는 부귀가 혁혁한데, 그는 홀로 얼음을 마시고 황벽나무를 먹듯이 가난하게 처신하여 가도(家道)가 쓸쓸하

---

1) 氷蘗 : 얼음을 마시고 황벽나무를 먹는다는 뜻으로서 대단히 가난하고 검소한 것을 말함.

고 박해서, 아침 저녁으로 나물밥 먹는 것을 늙어도 더욱 힘썼다. 서원(西原)이 이를 민망히 여겨 때때로 급한 것을 도와 주려 했으나 모두 사양하고 받지 않았다.

어느 날 상당(上黨)의 집에 문회(門會)를 열었는데, 온 좌중이 모두 말하기를,

"서평(西平)이 연기가 이미 높은데도 자봉(自奉)이 더욱 검소하여 의복과 음식의 소홀함을 보기가 몹시 민망하니 어찌 처리할 것을 생각지 않는가?"

하자, 상당(上黨)이 말하기를,

"이는 나의 책임이다."

하고, 아이를 불러 종이와 붓을 가져오게 하여 방 안에 있는 여러 친척들의 이름을 차례로 쓰고, 맨 위에 서평(西平)의 청간(淸簡)의 덕을 말하고, 다음으로 일문(一門)이 봉승(奉承)하지 못한 잘못을 쓰고, 끝으로 작은 물건이 정의(情誼)에 만족치 못하다는 뜻을 쓰고서 드디어 흥인문(興仁門 : 東大門) 밖 북바위 밑에 있는, 열 섬의 씨를 심을 논을 바쳤다.

그러나 서평(西平)은 굳이 사양하고 받지 않으므로 상당(上黨)은 추수한 벼를 해마다 보내니, 형세가 이것마저 중지시킬 수가 없어서 받았다. 그러나 그 불안해하는 빛은 끝내 가시지 않았다. 〈기재잡기(寄齋雜記)〉

김수온(金守溫)은 책을 빌려다가
벽에 바르고 누워서 외다

김수온(金守溫)은 영동(永同) 사람이니, 호는 괴애(乖崖)이다.

문과(文科)에 급제하여 병조정랑(兵曹正郎)이 되었는데, 좌랑(佐郎) 중에 김씨(金氏) 성을 가진 자가 있었다. 괴애(乖崖)가 일찍이 그 김(金)에게 말하기를,

"내가 사람의 상(相)을 잘 보는데, 그대의 상(相)은 법을 써

서 장수(長壽)할 수 있다."

하자, 그 사람은 기뻐하면서 말하기를,

"그 법을 가르쳐 주시오."

했다.

이에 괴애(乖崖)는 말하기를,

"비밀의 법을 어찌 함부로 전하겠는가? 만일 큰 잔치를 벌이
면 조금 말해 주리라."

하자, 그는 과연 큰 잔치를 벌이고 동료들을 모이게 한 다음 괴
애에게 말하기를,

"선생께서 나의 수상(壽相)을 허여(許與)하셨으니 어찌 한 말
씀을 아끼십니까?"

했다. 그러자 괴애가 말하기를,

"그대가 이미 누린 수가 오십이 지났기에 내가 수상(壽相)이
라 한 것이지, 그대의 아직 누리지 않은 수를 내가 어떻게 알
수 있단 말이오?"

하니, 좌중에 있던 사람들이 모두 웃었다. 〈태평한화(太平閒
話)〉

매양 남에게 책을 빌리면 한 장을 뜯어내서 소매 속에 넣고 다
니면서 외다가 만일 잊은 데가 있으면 꺼내보고, 외는 것이 익
숙해지면 즉시 버리기 때문에 책 한 질을 외면 한 질이 다 흩어
져 없어지곤 했다.

신숙주(申叔舟)가 하사받은 고문(古文)이 있어 새로 장정해 잘
간수했는데 공이 가서 빌려달라고 하므로 부득이 빌려 주었다
가 아무 연락이 없어 한 달이 지난 후 그 집에 가서 보니 조각
조각 오려 벽을 발라서 연기에 그을려 알아볼 수가 없게 됐다.
그 까닭을 묻자 대답하기를,

"내가 항상 누워서 외느라고 그랬다."

고 했다.

벼슬이 영중추(領中樞)에 이르렀다.

임원준(任元濬)이 7보(步)에 시를 짓다

임원준(任元濬)은 풍천(豊川) 사람이니, 자는 자심(子深)이요, 호는 사우당(四友堂)이다. 총명이 세상에 뛰어났다.

세종(世宗)이 쉬는 대궐에서 창을 격하여 동궁(東宮)에게 이르기를,

"옛 사람은 사발을 때려 시를 재촉하기도 했고, 7보(步)에 시를 이룬 자가 있었으니, 마땅히 운(雲)으로 제목을 하고 운(韻)을 하여 이 서생(書生)의 시 짓는 것을 시험해 보리다."

하자 원준(元濬)은 즉시 부르기를,

"화창한 삼춘(三春)이 지난 후에, 만 리 구름이 멀리 드날렸네. 바람을 업신여겨 천 길이 곧고, 해에 비치면 다섯 가지 꽃무늬일세. 상서로운 빛은 옥전(玉殿)에 어리고, 서기로운 기운은 금문(金門)을 둘렀네. 용을 따르는 날을 기다려서, 장마비가 되어 성군(聖君)을 도우리. 〔駘蕩三春後 悠揚萬里雲 凌風千丈直 暎日五花文 祥光凝玉殿 瑞氣擁金門 待得從龍日 爲霖佐聖君〕"

하니, 임금이 명하여 즉시 백의(白衣)로 집현전(集賢殿)에 참여하여 책을 저술하게 했다.

세조(世祖) 병자(丙子)에 문과(文科)에 급제하고, 정축(丁丑)에 중시(重試)에 합격했으며, 영시 등준과(英試登俊科)에 뽑혀 벼슬이 찬성(贊成)에 이르렀고, 성종(成宗) 때에 좌리공신(佐理功臣)에 기록되었으며, 서하군(西河君)에 봉해졌다. 〈가장(家狀)〉

이석형(李石亨)의 두련(頭聯)을 성삼문(成三問)에게 빼앗기다

이석형(李石亨)은 연안(延安) 사람이니, 자는 백옥(伯玉)이요,

호는 저헌(樗軒)이다. 아버지 회림(懷林)이 늦도록 아들이 없어서 그 부인과 함께 삼각산(三角山)에 기도했더니 태기가 있었는데, 그 아버지 꿈에 큰 돌에 앉았노라니 흰 용이 돌을 깨치고 나왔다. 꿈에서 깨자 집사람이 생남(生男)했다고 알리므로 그대로 이름을 지었다.

공이 처음 태어났을 때 푸른 태(胎)에 싸여 있었는데 이것을 벗겼더니 살빛이 몹시 검고 뼈마디가 추하고 거칠고 온몸에 털이 있었다. 부인이 이를 상서롭지 못하다고 하여 장차 버리려 했더니 그 아버지가 보고 크게 기뻐하여 말하기를,

"이는 참으로 기남자(奇男子)이다."

하고 버리지 않았다.

볼기 위에 크기가 손만한 검은 무늬가 있어 은은한 거북의 모양과 같은데, 장차 기쁜 일이 있으려면 꿈에 볼기의 거북이 반드시 몸을 두르고 행동했다. 자라면서 모습이 기이하고 훤칠하고 기도(氣度)가 너그럽고 컸으며 학문을 좋아하여 게으르지 않았다. 〈저헌집(樗軒集)〉

생원(生員)·진사(進士)를 거쳐, 세종(世宗) 신유(辛酉)에 문과(文科) 삼장(三場)에 장원으로 급제하고, 정묘(丁卯)에 중시(重試)에 합격했다. 임금이 친히 어제팔준도(御製八駿圖)를 가지고 시험하여 각체(各體)를 맘대로 지어 올리라 했더니, 석형(石亨)은 전(箋)을 지어, '하늘이 도와서 임금을 내니, 성인(聖人)이 천 년의 운수에 응하고, 땅의 쓰임이 말만한 것이 없으니 신물(神物)이 한 때의 능함을 본받았도다.' 하여 이것을 두련(頭聯)으로 삼았다.

이때 성삼문(成三問)이 말하기를,

"이번 과장(科場)에서는 이석형(李石亨)이 두렵다."

하고, 그의 글을 보고 나서 짐짓 말하기를,

"그대는 촌 학구(學究)의 대려(對儷)를 가지고 행세하려 하는가? 또 말로 임금과 대(對)를 한다는 것이 옳지 못하지 않은가?"

하자, 본래 석형(石亨)은 장자(長者)이므로 그 말을 믿고 그

글을 버리고 새로 지었다.

이에 삼문(三問)이 이것을 알고 그 두련(頭聯)을 갖다가 전문
(箋文)을 지어 마침내 일두(一頭)를 차지했다. 이것을 보고 석
형이 말하기를,

"이 무릎은 남에게 굽히지 않은 지 오래이다."

하자, 삼문은 말하기를,

"내가 능히 굽히지 않는 무릎을 굽히리라."

하니, 한 때에 이 일을 전하여 잘한 말이라 했다.

육신(六臣)의 죽음을 듣고, 익산(益山) 동헌(東軒)에 시를 쓰
기를,

"우(虞)나라 때의 이녀죽(二女竹)이요, 진(秦)나라 날의 대부
송(大夫松)이네. 비록 이것이 슬프고 영화로운 것은 다르나, 어
찌 차고 더운 얼굴을 할 수 있으랴. 〔虞時二女竹 秦日大夫松
縱是哀榮異 寧爲冷熱容〕"

하니, 임금이 듣고도 죄주지 않았다.

벼슬이 판중추(判中樞)에 이르고 시호는 문강(文康)이다. 〈월
사집(月沙集)〉

홍윤성(洪允成)이 깨닫고
홍계관(洪繼寬)의 아들을 석방하다

홍윤성(洪允成)은 회인(懷仁) 사람이니, 자는 수옹(守翁)이다,
성질이 사나와서 사람 죽이기를 좋아했다. 문종(文宗) 경오(庚
午)에 문과(文科)에 뽑혔다.

어느 날 걸어서 서쪽으로 가다가 한강(漢江)을 건너게 되었는
데 세조(世祖)가 잠저(潛邸) 때에 제천정(濟川亭)에 나가서 노는
것을 보게 되었다. 그런데 창두(蒼頭) 수십 명이 배 안에 있다가
배를 당기고 앞으로 나아가지 못하게 했다.

이때 윤성(允成)이 배 안으로 뛰어들어가 손으로 조그만 노를

꺾고 그 종을 잡아서 모두 물에 집어넣고서 혼자 몸으로 배를
몰고 건너가니 몹시 이상히 여겨 그를 불러 앞으로 오게 했다.

윤성은 들어가 보고 길게 읍(揖)만 하고 절하지 않고서 말하
기를,

"이제 임금이 어려서 나라 사람들이 의심하여 대신(大臣)이 따
르지 않고 백성이 의지하지 않는데 대군(大君)께서는 놀기만
하여 돌아가는 것을 잊고, 창두(蒼頭)를 시켜 나그네를 욕보
이니 몹시 보잘 것 없는 일인데 어찌해서 나를 불렀습니까?"

하니, 대군(大君)이 그 말을 기이하게 여겨 후하게 대우하고 은
혜를 주어 비밀히 맺었다. 그후에 수선(受禪)[1]하게 되자 정난
공신(靖難功臣)에 기록하고 인산부원군(仁山府院君)에 봉하고 형
조판서(刑曹判書)를 제수했다.

이보다 먼저 윤성(允成)은 점장이 홍계관(洪繼寬)의 이름을 듣
고 가서 운명을 점쳐주기를 청하자, 계관은 한참 있다가 다시
무릎을 꿇고 공손함을 나타내면서 말하기를,

"반드시 몹시 귀하게 되어 어느 해 어느 달 어느 날에 형조판
서(刑曹判書)가 될 것입니다. 그때 내 자식이 죄를 지어 옥에
갇혀 죽게 될 것이오니 공(公)께서는 나를 생각하여 살려 주
시옵소서."

하고, 그 아들을 불러 이르기를,

"네가 아무 때 옥에 갇혀 신문을 받게 될 것이니, 다만 아무의
아들이라고만 해라."

했다. 그러나 윤성은 몹시 놀라기만 하고 그 말을 곧이듣지 않
았는데, 이에 이르러 죄수를 국문하자 그 죄수는 스스로 이르기
를,

"소경 점장이 홍계관(洪繼寬)의 아들입니다."

하므로 윤성은 깨닫고 석방해 주었다. 〈소대기년(昭代紀年)〉

세조(世祖) 무자(戊子)에 우상(右相)이 되고 다시 영상(領相)에
이르렀다가 홍산(鴻山)으로 물러가서 사는데 평민(平民)들에게

---

1) 受禪 : 임금의 자리를 물려 받음.

사납게 구니, 수령(守令)이 그 피로움을 견디지 못했다.

어느 날 세조가 온천(溫泉)에 거둥하는데 홍산의 사인(士人) 나계문(羅季文)의 아내 윤씨(尹氏)가 궁 밖에서 울고 있었다. 세조가 이 소리를 듣고 사람을 시켜 그 원통한 사정을 물으니 대답하기를,

"홍윤성의 집 종이 윤성의 세력을 빙자하여, 저의 남편을 길에서 만나자 무례하다고 역리(驛吏)로 하여금 때려 죽였으나 현감(縣監) 최륜(崔倫)은 그 권세에 겁을 내어 다만 역리만을 가두고 나머지는 모두 불문(不問)에 부쳤습니다. 그후에 윤성의 집 종이 또 역리(驛吏)를 빼앗아갔는데, 감사(監司) 김지경(金之慶)은 사령(赦令)이라 칭탁하여 모두 방환(放還)하고 도리어 제 아비 윤기(尹耆)가 윤성을 모해(謀害)했다고 해서 잡아다가 공주옥(公州獄)에 가두었사오니 저는 원통함을 이길 수 없나이다."

라고 했다.

이에 세조는 윤씨(尹氏)를 불러 친히 묻고나서 불쌍히 여겨 즉시 김지경(金之慶)·최륜(崔倫) 등과 홍윤성을 잡아다가 국문한 다음, 윤성의 집 종은 모두 극형에 처하고, 윤성은 공이 크다고 하여 특별히 용서해주고 이에 하교하기를,

"윤씨(尹氏)가 권세를 두려워하지 않고 그 남편의 원수를 갚았으니 절의(節義)가 가상하다. 쌀 열 섬을 주도록 하라."

했다. 〈동국문헌록(東國文獻錄)〉

한명회(韓明澮)가 송도계원(松都契員)에 참여하지 못하다

한명회(韓明澮)는 청주(淸州) 사람이니, 젊었을 때에 불우(不遇)하고 영락(零落)해서 나이 40세에 비로소 경복궁직(景福宮直)이 되었는데, 마침 명절을 당해서 부료(府僚)들이 만월대(滿月

臺)에 모여 잔치를 벌이다가 술이 얼근하자 약속하기를,

"우리들이 모두 서울 친구들로서 여기에 와서 벼슬하고 있으니 마땅히 계(契)를 만들어 길이 좋게 지내자."

했다.

이때 명회(明澮)도 역시 그 계에 참여하고자 했으나 여러 사람들은 눈을 흘기고 허락하지 않았다. 그러나 그 이듬해에 명회는 세조(世祖)를 도와서 일등훈(一等勳)이 되고 또 두 번이나 국구(國舅)가 되자, 당시에 계(契)를 만들던 사람은 모두 영락해서 뉘우치고 있었다.

이리하여 조그만 세력을 끼고 남에게 거만히 구는 자를 송도계원(松都契員)이라고 한다. (당시에는 경복궁(景福宮)이 송도(松都)에 있었다.)

이징옥(李澄玉)은 무용(武勇)이 남보다 뛰어나다

이징옥(李澄玉)은 양산(梁山) 사람이니, 형 징석(澄石)은 나이 18세요, 징옥은 나이 14세였다. 그 어머니가 두 아들에게 이르기를,

"내가 살아있는 들돼지를 보고 싶다."

하자, 두 아들은 즉시 자리에서 일어나 갔는데, 징석은 돼지 한 마리를 쏘아 잡아가지고 돌아왔고, 징옥은 이틀이 지난 후에 비로소 빈 손으로 돌아왔다.

그 어머니가 의아하게 여겨서 말하기를,

"사람들이 항상 말하기를, 네 형의 용맹이 너보다 훨씬 못하다고 했는데, 네 형은 산돼지를 잡아다가 보였고, 너는 이틀만에 빈 손으로 돌아왔으니 무슨 까닭이냐?"

하자, 징옥은 무릎을 꿇고 말하기를,

"어머님께서는 문 밖에 나가서 보십시오."

했다.

　그 어머니가 그 말을 좇아서 나가 보니, 큰 돼지 한 마리가 문 밖 마당에 누워서 눈을 부릅뜨고 숨을 크게 쉬고 있었다. 이는 징옥이 그 어머니로 하여금 살아 있는 돼지를 보게 하기 위하여 밤낮으로 돼지 떼를 좇아다니다 돼지가 기운이 다하여 쓰러진 후에 잡아온 것이다.

　징옥이 일찍이 길에서 보니 한 젊은 부인이 몹시 슬피 울고 있기에 그 까닭을 물으니 그 부인이 말하기를,

　"내 남편이 범에게 물려가서 지금 저 대나무 숲속에 있다." 고 했다.

　이에 징옥은 팔뚝을 걸어붙이고 대나무 숲속으로 들어가 손으로 범을 움켜쥐고 나와서 칼로 그 배를 가르고 그 사람의 고기를 꺼내 보니 고기가 아직 다 없어지지 않았다. 그 고기를 부인으로 하여금 싸가지고 가게 하고 범의 가죽을 벗겨서 그 부인에게 주니 부인은 진심으로 사례하건만 징옥은 돌아다보지도 않고 가 버렸다.

　징옥의 아내가 있는데 교만하여 가기를 청하자 징옥은 억지로 만류하지 않았다. 그 뒤에 영남절도사(嶺南節度使)가 되었는데, 이때는 그 아내가 이미 딴 사람에게 간 지가 오래였다. 이때 징옥이 여러 고을 사람을 합쳐서 사냥을 하는데 그 후부(後夫)의 집 앞에 모이게 해가지고, 그 남편을 불러서 사냥해서 얻은 짐승 수백 마리를 다 주었다.

　징옥은 무용(武勇)이 남보다 뛰어나서 여러 번 전공(戰功)을 세우니 화이(華夷)가 그를 두려워했고, 육진(六鎭)을 설치하는 데에 더욱 공을 세워서 김종서(金宗瑞)가 몹시 사랑하더니, 계유(癸酉)에 종서(宗瑞) 등이 죽고, 세조(世祖)가 수선(受禪)하자, 징옥이 함길도 절도사(咸吉道節度使)가 되었다.

　이때 세조가 비밀히 박호문(朴好問)을 보내서 경기(輕騎)로 빨리 대신하게 하고 징옥을 불러 조정으로 돌아오게 했다. 그러나 징옥은 빠른 말을 타고 하루를 가다가 갑자기 생각하기를,

　'절도사(節度使)는 중한 책임인데, 호문(好問)이 아무 소리도 없이 와서 대신하는 것은 무슨 까닭인가?'

하고 도로 달려 경성(鏡城)에 이르러 호문(好問)을 보고 큰소리
로 외치기를,

"의논할 일이 있다."

고 하자, 호문은 영문도 모르고 밖으로 나왔다.

이때 징옥은 호문을 쳐죽이고 군마(軍馬)를 거느리고 남쪽으
로 서울을 향해 가려 하며 말하기를,

"나의 위엄이 일찍이 오랑캐들에게까지 드러났으니, 이제 마
땅히 강을 건너 대금황제(大金皇帝)가 되리라."

하고 내일 군사를 거느리고 가리라 했다. 이때 판관(判官) 정
종(鄭鍾)이 밤에 도모하고자 하여 사람을 판자 위에 매복시켜 두
었는데, 이날 밤에 징옥이 의자에 의지하여 잠시 자는 체하고
있는데, 그 아들이 의자 밑에 엎드려 있다가 갑자기 징옥에게
고하기를,

"꿈에 아버님께서 머리에서 피가 흘러 다리에까지 내려왔습니
다."

하자, 징옥은

"이는 길한 징조이다."

했다.

말을 마치기도 전에 종(鍾)이 군사를 거느리고 몰려들어 오거
늘 징옥이 손을 뽑내어 이를 쳐서 수백 명을 죽이고 드디어 어지
러운 화살에 죽으니, 이때 나이 24세였다. 〈유편서정록(類編西
征錄)〉

이시애(李施愛)가 기생과 돈을 싣고
오랑캐 땅으로 들어가려 하다

이시애(李施愛)는 길주(吉州) 사람이다. 벼슬이 회령부사(會寧
府使)에 이르러 그 아우 시합(施合)과 모반(謀反)하는데, 이때
절도사(節度使) 강효문(康孝文)이 길주(吉州)에 이르자, 시합(施
合)의 첩의 딸이 그 고을 기생으로 있어 효문(孝文)의 방에서 자

다가 문을 열고 군사를 맞아들여 효문을 죽이고 드디어 그 고을
을 점령해 가지고 반(叛)했다.

이에 세조(世祖)는 귀성군(龜城君) 준(浚)이 당시 나이 18세인
데도 무략(武略)이 있다 하여 도총사(都摠使)를 삼고 조석문(曺
錫文)으로 부총사(副摠使)를 삼고, 허종(許悰)으로 다시 본도 절
도사(本道節度使)를 삼고, 강순(康純)・어유소(魚有沼)로 대장(大
將)을 삼아 이를 치게 했다.

시애(施愛)가 이미 군사를 일으키자 여러 고을에서 다투어 수
령(守令)을 죽이고 여기에 응했고, 함흥(咸興) 사람들도 역시 관
찰사(觀察使) 신면(申㴐)을 포위하니 면(㴐)이 누(樓)에 올라 막
다가 힘이 다하여 크게 꾸짖다가 죽음을 당했다.

또 단천(端川) 사람 최윤손(崔潤孫)은 조정에 벼슬하여 이품
(二品)에 올랐는데, 임금이 사신을 보내어 본도(本道) 사람을 달
래게 했으나 윤손(潤孫)은 시애에게 붙어 반(反)하여 도리어 조
정의 비밀을 시애에게 고했다. 강순(康純)・허종(許悰) 등은 홍
원(洪原)에서 크게 싸웠고, 또 북청(北靑)에서 싸우고, 만령(蔓
嶺)에서 싸우니, 높은 곳에 올라간 적이 험한 곳에 의지하여 비
오듯 활을 쏘니 우리 군사가 올라가지 못했다.

한편 이때 어유소(魚有沼)가 작은 배에 몰래 정병(精兵)을 싣
고, 풀이나 나무빛과 같은 옷을 입혀 바닷가로 해서 나무를 휘어
잡고 언덕을 기어올라서 상봉(上峰)으로 돌아 적의 등 뒤에서
굽어 보며 북을 치고 함성을 지르자 적은 크게 놀랐다. 이때 산
밑에 있던 군사가 또한 승세(乘勢)하여 방패로 가리고 개미처럼
기어오르자 적은 능히 지탱하지 못하고 드디어 무너졌다.

이에 시애는 도로 길주(吉州)로 달아나서 기녀(妓女)와 재화
(財貨)를 다 싣고 오랑캐 땅으로 들어가려 했다. 이때 본주(本
州) 사람 허유례(許由禮)가 적의 무리 이주(李珠) 등을 달래어 시
애・시합을 사로잡아 진(陣) 앞에서 베어 머리만 서울로 보냈다.
〈동각잡기(東閣雜記)〉

《睿宗朝》

윤자운(尹子雲)의 대시(對詩)에
신숙주(申叔舟)가 무릎을 굽히다

윤자운(尹子雲)은 무송(茂松) 사람이니, 자는 망지(望之)요, 호는 낙한재(樂閒齋)이다. 세종(世宗) 무오(戊午)에 진사(進士)가 되고 갑자(甲子)에 문과(文科)에 뽑혔다.

세조(世祖)가 즉위했을 때 수상(首相)이 되고 성종조(成宗朝)에 좌리공신(佐理功臣)에 기록되어 신숙주(申叔舟)와 함께 한 때에 소중히 쓰여졌다.

일찍이 동갑 모임에 숙주(叔舟)가 한 연구(聯句)를 지었으니,

"청안(靑眼)의 옛 친구가 모두 백발(白髮)이네."

하자, 자운(子雲)이 금시에 대(對)를 채우기를,

"흑두(黑頭)의 재상이 다만 단심(丹心)일세."

하니, 숙주(叔舟)가 탄복하고 무릎을 굽혀 말하기를,

"내가 공(公)의 정밀하고 민첩한 것만 같지 못하다."

했다. 이는 당시 숙주가 고부(古阜) 기생 단심(丹心)을 사랑하고 있었기 때문에 한 말이다. 〈인물고(人物考)〉

《成宗朝》

윤필상(尹弼商)이 삼림(三林)에서 죽다

윤필상(尹弼商)은 파평(坡平) 사람이니, 자는 양경(陽卿)이다. 문종(文宗) 경오(庚午)에 생원(生員)을 거쳐 문과(文科)에 뽑히고 정축(丁丑)에 중시(重試)에 합격했다.

세조(世祖) 9년 11월에 형방승지(刑房承旨)로서 입직(入直)했

는데, 마침 밤 기운이 몹시 차므로 임금의 뜻이 마땅히 옥에 갇
힌 죄수들을 걱정할 것을 생각하고, 두루 서울 옥에 갇힌 죄수
의 경중을 조사하여 조그만 책에 기록하고 있는데, 밤 오고(五
鼓)가 되자 전교를 내려 형방승지(刑房承旨)를 불러 오라고 했다.

이때 필상(弼商)이 소매 속에 조그만 책을 넣고 침전(寢殿)으
로 드니 임금이 창문에 나와 하교하기를,

"오늘 밤 일기가 몹시 차서 따뜻한 방과 두꺼운 옷으로도 또한
견디기 어려운데 하물며 옥에 갇힌 죄수야 어떻겠는가? 이
러한 모진 추위에 응당 얼어 죽을 걱정이 있을 것이니, 먼 외
방은 할 수 없지만 서울 안의 옥에 갇힌 죄수를 속히 모두
기록해서 아뢰도록 하라."
했다.

이에 필상이 대답하기를,

"신(臣)이 현재 형방(刑房)의 직책을 맡고 있사오니 형옥(刑獄)
의 일은 곧 신의 직책입니다."
하고, 곧 죄수를 적은 책을 가지고 자세히 아뢰기를,

"무슨 죄로 갇힌 자가 몇 명이옵니다."
했다. 말을 다 마치기도 전에 임금이 크게 놀라고 이상히 여겨
창문을 열고 침전(寢殿)으로 들라 하니, 필상은 땀이 흘러 등
을 적셨다.

임금은 명하여 술을 내리게 하고, 내전(內殿)을 향하여 말하
기를,

"이는 곧 보배스러운 신하요."
하니, 필상은 비로소 내전(內殿)이 어좌(御座)와 아주 가까운
것을 알고 황공하여 어찌할 줄을 모르고 물러나왔다.

이로부터 차서없이 승진되어 얼마 안 있어 숭품(崇品)에 뛰어
오르고, 성종(成宗) 무술(戊戌)에 대배(大拜)로 영상(領相)에 이
르렀으나 연산(燕山) 갑자(甲子)에 진도(珍島)로 귀양갔다가,
결국 폐비(廢妃) 윤씨(尹氏)의 의논에 가담했다고 하여 사사(賜
死)되었다가 뒤에 신원(伸寃)되었다.

필상이 젊었을 때 중국에 갔다가 이름난 점장이에게 운명을 물

었더니, 그는 말하기를,

"수(壽)와 지위가 모두 높으나 다만 삼림(三林) 밑에서 죽으리라."

했는데, 필상이 장수와 정승 사이를 출입하다가 폐비(廢妃) 윤씨(尹氏) 일로 진도(珍島)로 귀양갔을 때 어느 날 저녁에 이웃 사람이 밭 맬 사람을 구하면서 말하기를,

"내일 일찍이 상림(上林) 밭에 모이게 하라."

했다.

필상이 이 말을 듣고 괴이히 여겨 묻기를,

"무엇을 상림(上林)이라 하는가?"

하니, 밭 주인은 말하기를,

"여기에서 5 리쯤 가면 지명(地名)이 상림(上林)·중림(中林)·하림(下林)이라는 곳이 있습니다."

했다. 필상이 비로소 삼림(三林)이라는 점쟁이의 말을 깨닫고 집을 우러러 무연(憮然)히 있노라니, 얼마 안 되어 연산(燕山)이 사람을 보내서 죽였다. 〈소대기년(昭代紀年)〉

손순효(孫舜孝)가 말하기를
이 자리가 아깝다고 했다

손순효(孫舜孝)는 평해(平海) 사람이니, 자는 경보(敬甫)요, 호는 물재(勿齋)요, 또 호는 칠휴거사(七休居士)이다.

문종(文宗) 신미(辛未)에 나서 단종(端宗) 계유(癸酉)에 문과(文科)에 뽑혔고, 세조(世祖) 정축(丁丑)에 중시(重試)에 합격하여 성종조(成宗朝) 때 벼슬이 좌찬성(左贊成)에 이르렀다.

어느 날 임금이 함께 술을 마시다가 술이 얼근했는데 순효가 고하기를,

"친히 아뢸 말씀이 있습니다."

하자 임금은 명하여 탑(榻)에 오르라 했다. 순효는 연산군(燕

山君)이 큰 짐을 질 수 없다는 것을 알고 상(床)을 어루만지면
서 말하기를,
　"이 자리가 아깝습니다."
하자, 임금은 말하기를,
　"나도 또한 아노라."
했다.
　순효가 다시 말하기를,
　"후궁(後宮)에 아첨하는 것이 너무 성하고 언로(言路)가 넓지
못합니다."
하자, 임금은 몸을 구부리고 말하기를,
　"어떻게 하면 이것을 구제하겠는가?"
했다. 순효는,
　"상(上)께서 만일 아신다면 스스로 그러한 실수(失手)가 없을 것입
니다."
했다. 이때 잔치에 모시고 있던 재상들이 모두 놀래어 아뢴 말
의 내용을 듣고자 하니, 임금은 말하기를,
　"내가 간하는 말을 듣지 않았다고 한 말이다."
했다.
　순효가 술을 지나치게 좋아하므로 임금은 매양 경계하기를,
　"이 뒤로는 석 잔을 넘기지 말라."
했다. 어느 날 승문원(承文院)에서 외교(外交)에 대한 글을 지
어 올렸는데 글이 잘 되지 않았다. 이에 임금이 편전(便殿)에
거둥하여 손순효를 불렀더니, 순효는 해가 질 무렵에 왔는데 머
리털을 드러내어 감추지 않았고 술기운이 얼굴에 가득했다.
　이에 임금이 노하여 말하기를,
　"표문(表文)이 정밀하지 못해서 경(卿)으로 하여금 고쳐 지으
라 불렀더니 경이 이처럼 취했고, 또 내 일찍이 면대(面對)해
서 경의 술마시는 것을 경계했는데 어찌해서 그 말을 실천하지
않는가?"
하자, 순효는 말하기를,
　"신(臣)이 출가한 딸이 있어 못본 지가 오래였는데, 오늘 찾

아 가자 술을 주므로 거절하지 못하고 겨우 세 그릇을 마셨을
뿐입니다. "
했다. 이에 임금이,
"경(卿)은 무슨 그릇으로 마셨는가 ? "
하니, 순효는 대답하기를,
"대접으로 셋을 마셨습니다. "
했다.
임금이 말하기를,
"경이 이미 취했으니 능히 글을 지을 수 없을 터인즉 마땅히
글하는 신하를 불러서 고쳐 지어야 하겠다. "
하자, 대답하기를,
"번거롭게 들어오라고 할 것 없습니다. 청컨대 신(臣)이 고쳐
짓겠습니다. "
했다.
임금이 명하여 벼루를 갖다주게 하자 순효가 다시 써서 올리
니 임금은 크게 기뻐하여 사옹원(司饔院)에 명하여 음식을 차려
오게 하여 드디어 많이 마시다가 크게 취하여 파했다. 〈인물고
(人物考)〉

현석규(玄錫圭)는 효령대군(孝寧大君)이 그 손녀(孫女)를 아내로 주다

현석규(玄錫圭)는 창원(昌原) 사람이니, 자는 덕장(德璋)이다.
세종(世宗)이 그를 길에서 보시고 그 모습을 기이하게 여겨 효
령대군(孝寧大君) 보(補)의 집에서 불러보고 그 나이를 묻자, 그
는 17세라고 했다. 장가들었느냐고 물으니 아직 들지 않았다고
대답했다.
경사자집(經史子集)에 대해서 묻자 응대(應對)하는 것이 물 흐
르는 것과 같았다. 이에 세종은 대군(大君)에게 이르기를,

"이 아이가 반드시 그 문호(門戶)를 크게 일으킬 것이니, 비록 한미한 데에서 나왔지만 장상(將相)이 어찌 씨가 있겠습니까? 바라건대 형님은 사위로 삼으십시오."
했다.

이에 대군(大君)이 아들 서원군(瑞原君)의 딸로 아내를 삼게 했더니, 세조(世祖) 경진(庚辰)에 문과(文科)에 급제하여 벼슬이 우참찬(右叅贊)에 이르렀다. 〈소대기년(昭代紀年)〉

양성지(梁誠之)는 외손(外孫)의 각신(閣臣)이 30여 인이었다

양성지(梁誠之)는 남원(南原) 사람이니, 자는 순부(純夫)요, 호는 눌재(訥齋)이다.

6세에 비로소 글을 읽고, 9세에 글을 지을 줄 알았다. 세종(世宗) 신유(辛酉)에 생원·진사를 거쳐 문과(文科) 제3명(名)에 급제했다.

세조(世祖)가 일찍이 여러 신하들을 불러 술을 마시면서 조용히 이야기하다가 각각 그 생각하는 바를 말하게 했더니 성지(誠之)가 아뢰기를,

"상(上)께서 대신(大臣)을 예로 대접하여 술잔마다 이야기를 시키니 참으로 성(盛)한 일이오나 다만 바라옵건대 절도있게 드시고 조섭(調攝)하시옵소서."
하니, 임금은 크게 칭찬하여 말하기를,

"오직 너만이 나를 사랑하는구나."
하고 홍문관 제학(弘文舘提學)에 임명하고, 또 좌우에게 이르기를,

"양성지(梁誠之)는 나의 제갈량(諸葛亮)이다."
하고 이조판서(吏曺判書)에 올려 썼다.

성종(成宗)이 즉위하자 좌리공신(佐理功臣)에 기록하고 남원군

〈南原君〉에 봉하고 대제학(大提學)을 겸하게 했다.

성지(誠之)는 글 읽기를 좋아하여 널리 보고 많이 기억하고 손에서 책을 놓지 않으니, 상하 천 년 동안의 치란(治亂) 흥망(興亡)과 인물의 고하(高下)나 현부(賢否)를 뚜렷이 어제 일처럼 알았다.

장년(壯年)이 되어서는 논병소(論兵疏)에 대하여 좋아하여 모두 십여 번 올렸는데, 한 사람도 국민으로서 적(籍)에서 빠지는 자가 없고, 한 군사라도 단정(單丁)으로서 입역(立役)하지 않고, 한 병정이라도 재주를 시험한다 해서 군사라 일컫지 않는 것이니, 이것이 그의 평생 뜻이었다.

벼슬에 나가면서 집현전(集賢殿)에 들어간 것이 16년이요, 전교(典校)를 맡은 것이 20년이요, 사관(史館)을 겸한 것이 34년이요, 홍문관(弘文館)에 벼슬한 것이 26년이요, 과거에서 전후의 문과(文科)에 뽑힌 것이 16방(榜)이다.

느지막에 일을 사양하고 한가히 놀면서 날마다 빈붕(賓朋)이나 유로(儒老)와 함께 시사(詩史)를 의논했으며, 혹은 동자와 말 한 필만으로 통진(通津)의 별장에서 노는 것이 마치 쓸쓸한 야로(野老)와 같았다. 저술한 것은 주의(奏議)가 10권이요, 가집(家集)이 6권이다. 나이 68세에 졸(卒)하니 시호는 문양(文襄)이다. 〈인물고(人物考)〉

일찍이 내각(內閣)의 관제(官制) 및 조례(條例)를 편집했는데, 몹시 분명하고 조리가 있으니, 성종(成宗)이 매우 아름답게 여기고 좋아하시더니 얼마 되지 않아 승하(昇遐)하시어 일이 드디어 중지되었다.

정조조(正祖朝)에 이르러 내각(內閣)을 설치하고 문신(文臣)을 뽑아 쓸 때 이때의 예(例)를 쓰고, 내각에 명하여 문집(文集) 3권을 간행하게 하니, 그때 각신(閣臣) 30인이 모두 그 외손(外孫)이었다.

김계행(金係行)이 등명선사(燈明禪師)를 매때리다

김계행(金係行)은 안동(安東) 사람이니, 자는 취사(取斯)요, 호는 보백당(寶白堂)이다.

정묘(丁卯)에 사마(司馬)가 되고 성종(成宗) 경자(庚子)에 문과(文科)에 급제했다. 점필재 김종직(佔畢齋金宗直)을 좇아 몹시 가깝게 지내더니, 무오(戊午)의 옥사(獄事)가 일어나자 국옥(鞫獄)에 체포되어 몹시 신문을 받다가 마침 힘써 구하는 자가 있어서 석방되었다.

형의 아들 학조(學祖)가 출가(出家)하여 불교를 배우니 호는 등명선사(燈明禪師)인데, 임금에게 사랑을 받았으나 계행(係行)은 대수롭지 않게 여겼다. 성주(星州)에서 교수(敎授) 노릇을 할 때 학조(學祖)도 와서 배웠는데, 계행(係行)이 피가 나도록 매를 때리자 학조는 말하기를,

"숙부(叔父)께서 오래 곤궁하시니, 혹 세상에 뜻이 있으면 내가 숙부를 위하여 임금께 아뢰겠습니다."

했다.

이에 계행은 더욱 노하여 말하기를,

"너로 인해서 벼슬을 얻는다면 어떻게 사람을 볼 수 있겠는가?"

했다. 부제학(副提學)이 되었으나 맑고 검소하기가 본래와 같았고, 벼슬이 대사헌(大司憲)에 이르렀다. 〈이광정찬묘비명(李光庭撰墓碑銘)〉

조동호(趙銅虎)는 젖이 살찌고 배가 커지다

조동호(趙銅虎)는 함안(咸安) 사람이니, 자는 정부(貞符)이다.

아버지 어계공(漁溪公)이 일찍이 꿈에 세 범이 북 하나를 집어 던져 집 뒷 산으로부터 굴러 내려와서는 드디어 세 아들을 낳자 모두 호(虎)로 이름을 짓고 종제(從弟) 욱(昱)으로 하여금 이 말을 저술하게 했으니, 맏이 곧 공(公)이다.

예종(睿宗) 기축(己丑)에 진사(進士)가 되어 벼슬이 군수(郡守)에 이르렀고 나이를 먹어서는 벼슬을 사양하고 함안(咸安)으로 물러가 살았다.

아들 일곱이 있는데, 순(舜)·참(參)·적(績)이 모두 문과(文科)에 올라 조정에 이름이 있었다. 어버이가 늙어서 모두 외직(外職)으로 나갔는데, 순(舜)은 김해(金海)요, 참(參)은 함양(咸陽)이요, 적(績)은 단성(丹城)으로, 서로서로 계속하여 근친왔었다.

공이 일찍이 더운 때에 홑적삼에 대지팡이를 짚고 들 가운데를 가다가 숲 정자에서 쉬노라니 땀이 온몸에 두루 흐르므로 가슴과 배를 내놓고 있었는데, 어느 행인(行人) 하나가 지나다가 이윽히 보며 말하기를,

"복이 있도다. 노인의 모양이여! 젖은 살찌고 크며 배가 넓고 밑으로 처졌으니, 능히 문무(文武)의 공부를 하면 반드시 귀인(貴人)이 될 것이오."

했으나 공은 빙그레 웃을 뿐 대답하지 않았다.

그런데, 이윽고 맏아들 참판공(參判公)이 사신으로 오는데 따르는 자가 길을 메웠다. 이것을 본 그 사람은 보따리를 지고 달아나면서 말하기를,

"내가 수상하다고 생각했더니 과연 그렇구나!"

했다. 〈함주지(咸州誌)〉

신항(申沆)은 반드시 대가(大家)가 되리라

신항(申沆)은 고령(高靈) 사람이니, 자는 용이(容耳)이다. 나

기 14세에 성종(成宗)의 따님 혜숙옹주(惠淑翁主)에게 장가들어 고원위(高原尉)에 봉해졌다.

나이 7, 8세에 이미 시서(詩書)를 익히고 겸해서 황산곡(黃山谷)의 시를 외우자, 그 아버지 확(濩)이 다른 글을 내놓고 시험삼아 외워보라 하니 한 글자도 틀리지 않았다.

이에 산수도(山水圖)를 꺼내놓고 이것으로 절구(絕句)를 지으라 했더니, 즉시 부르기를,

"물은 푸르고 모래는 깨끗해 가을 기운 높은데, 볕 따라가는 기러기 갈대숲에 내리네. 다시 보니 연기와 비 아득한 저 밖에, 한 터럭의 푸른산이 바로 내 집일세.〔水碧沙明秋氣高 隨陽征鴈下叢蘆 更看烟雨蒼茫外 一髮靑山是我廬〕"

하니 그 아버지가 말하기를,

"이 아이가 다음 날에 반드시 대가(大家)가 되리라."

했다.

숙혜옹주(淑惠翁主)를 장차 시집보내려 하는데, 성종(成宗)이 한 번 항(沆)을 보자 좋다고 했는데, 이때 한 점장이가 말하기를,

"수(壽)가 많지 못합니다."

했으나 성종(成宗)은 말하기를,

"사람을 취하는데 있어서는 마땅히 그 어질고 어질지 못한 것을 가릴 뿐이지 어찌 오래 살고 못 사는 것을 의논한단 말이냐? 이 사람의 기우(氣宇)가 범상치 않으니 그 중에 반드시 남과 다른 것이 있으리라."

하고 그대로 결정했다.

어느 날 성종이 묻기를,

"들으니 네가 제술(製述)을 배웠다고 하는데 지은 것이 몇 수(首)나 되느냐?"

하자 항(沆)은 몇 수(首)를 써서 올렸다. 이로부터, 은혜롭게 사랑하는 것이 더욱 깊어졌다.

나이 31세에 졸(卒)했는데, 졸할 때 아우 잠(潛)을 불러 말하기를,

"사람이 그 한 몸에 대하여 근신(謹愼)이 첫째요, 재예(才藝)가 그 다음이니, 이 두 가지를 만일 겸할 수 없다면 차라리 재예를 버리고 근신을 지킬 것이니라."

하고 계속하여,

"화려한 집에 살다가, 영락(零落)하여 산 언덕을 쓰네.〔生存華屋處 零落掃山阿〕"

라는 구절을 읊고, 드디어 손을 높이 들어 병풍을 치고 돌아누워서 유연(悠然)히 가니 시호는 문효(文孝)이다. 〈신용개찬비(申用漑撰碑)〉

박삼길(朴三吉)이 홀로 연산(燕山)의 화를 면하다

박삼길(朴三吉)은 면천(沔川) 사람이니, 자는 동리(東利)이다. 갑신(甲申)에 진사(進士)가 되고, 성종(成宗) 갑오(甲午)에 문과(文科)에 급제했다.

젊었을 때 용맹과 힘이 남보다 뛰어나서 조그만 소를 옆에 끼고 두어 길 되는 담을 뛰어넘었고, 새끼줄을 높이 걸어 놓고는 그 위로 걸어다녔으며, 달리는 말을 쫓으면 그 빠르기가 마치 날아가는 송골매와 같았고, 하루종일 활쏘기를 익혀도 화살이 땅에 떨어지지 않았다.

이에 그 아버지가 말하기를,

"너는 장수의 씨이다. 그러나 글을 배우지 않으면 장수가 될 수 없고, 또 실행(實行)하는 것도 닦지 않을 수 없는 것이다."

했다. 삼길(三吉)은 그 가르침에 복종하여 낮이면 화살을 메고 산에 올라가서 새나 짐승을 잡아 부모를 봉양하고, 밤이면 관솔을 태우면서 책에 몰두해서 글을 읽으면 새벽에까지 이르러, 무슨 책이고 반드시 천 번을 읽으니, 얼마 되지 않아서 문

리(文理)가 크게 진보되어 첫번 과거에 진사(進士)가 되고, 두
번 과거에 크게 드날려서 정언(正言)이 되었다.

이때 윤비(尹妃)를 폐하여 서인(庶人)을 삼고 장차 사사(賜
死)하게 되는데, 삼길(三吉)은 상소를 올리고 나가지 않으면서
홀로 앉아서 탄식하므로 그 부인이 그 까닭을 묻자, 대답하기를,
  "우리들이 몸소 모후(母后)를 섬긴 지가 오래인데, 이제 폐출
  (廢黜)을 당하니 내 마음이 슬퍼서 그러는 것이오."
했다.

그 후에 연산(燕山)이 그 모후(母后)의 까닭으로 해서 심지어
뼈를 부셔 바람에 날렸으나 삼길(三吉)은 홀로 면하고 벼슬이
이조참판(吏曹參判)에 이르렀다. 〈우암집(尤庵集)〉

신승선(愼承善)의 딸이 빈(嬪)이 되는 날
바람과 비가 크게 일다

신승선(愼承善)은 거창(居昌) 사람이니, 자는 계지(繼之)·원
지(元之)요, 호는 사지당(仕止堂)이다.

세조(世祖) 병술(丙戌)에 문과(文科)에 장원으로 급제하여 익
대(翊戴)·좌리(佐理) 두 훈공(勳功)에 기록되어 거창부원군(居
昌府院君)에 봉해졌으며, 병술(丙戌)에 영과(英科)에 뽑혀 좌찬
성(左贊成)이 되었다.

성종(成宗) 19년 무신(戊申) 2월에 승선(承善)의 딸을 맞아 세
자(世子)의 빈(嬪:燕山의 夫人)으로 삼으려는데, 이날 바람과
비가 크게 일자 임금이 친히 편지를 승선(承善)에게 보내어 말
하기를,
  "세속(世俗)에 혼인 날에는 바람과 비를 꺼린다고 하지만, 대
  체로 바람으로써 움직이고 비로써 윤택하게 하는 것이니, 만
  물의 나는 것이 모두 바람과 비의 공이 아닌 것이 없다."
고 했다.

갑인(甲寅)에 예배(大拜)로 영상(領相)에 이르렀고, 시호는 장성(章成)이다.

권경희(權景禧)가 현관(顯官)에 통하지 않아도 아내를 버리지 않다

권경희(權景禧)는 안동(安東) 사람이니, 자는 자번(子繁)이다. 세조(世祖) 무자(戊子)에 진사(進士)가 되고, 성종(成宗) 무술(戊戌)에 문과(文科)에 장원으로 급제하여 처음에 수찬(修撰)에 임명되었는데, 대간(臺諫)이 그 아내 김씨(金氏)가 한미(寒微)하다고 하여 배격하자, 경희(景禧)의 아버지가 이 말을 듣고 버리라고 했으나 경희는 말하기를,

"어찌 차마 그런 일을 하겠습니까? 함께 쌀겨와 술 지게미로 10여 년을 지내면서 밤낮으로 오늘이 있기를 바랐는데 오늘에 와서 버리는 것은 정히 차마 하지 못하는 것이오니 비록 지위가 높아진다 해도 어찌 포의(布衣)로 있을 때보다 낫겠습니까?"

하니 그 아버지가 의롭게 여겨, 더 강요(强要)하지 않았다.

그 뒤에 대간(臺諫)이 또 논박하자, 임금이 말하기를,

"경희(景禧)가 공명(功名)하지 못한다 해서 그 아내를 버리지 않았으니 이는 착한 선비이다."

하고 윤허하지 않았다.

이에 김씨(金氏)의 집에서 조정에 아뢰어 그 비천(卑賤)하지 않음을 밝히자 경희는 드디어 높은 벼슬에 올랐다. 그 장인은 김치운(金致運)이니 문과에 올라 벼슬이 정(正)에 이르렀다.

경희가 하정사(賀正使)로 명(明)나라에 가서 중국 조정의 예악(禮樂)을 얻은 바가 많았는데, 그가 돌아오자 모두가 눈을 부비고 보았다. 벼슬은 대사헌(大司憲)에 그쳤다.〈홍귀달찬비(洪貴達撰碑)〉

안팽명(安彭命)이 성균관(成均舘)에서
빌고 제사지내는 무녀(巫女)를 쫓아버리다

안팽명(安彭命)은 광주(廣州) 사람이니, 자는 덕보(德甫)이다. 무자(戊子)에 진사(進士)가 되어 성균관(成均舘)에 있는데, 무녀(巫女)가 임금의 명령이라 일컫고 성균관 안에서 기도하고 제사를 지내자 제생(諸生)들은 모두 분해하고 미워했으나 꾸지람이 두려워 감히 말하는 자가 없었는데, 팽명(彭命)이 홀로 분연(奮然)히 이를 내쫓았다.

경인(庚寅)에 문과(文科)에 급제하여 간관(諫官)이 되었더니, 어느 날 윤호(尹壕)와 함께 경연(經筵)에 들어갔다 나와서 밥을 먹는데, 호(壕)가 그의 이름을 불렀다.

이에 팽명은 대답지 않고 대궐에 나가서 아뢰기를,

"신(臣)이 윤호(尹壕)와 함께 과거에 급제하여 본래부터 친하게 지냈사오나 신(臣)은 대간(臺諫)이온데 공좌(公座) 속에서 이름을 부르오니, 이는 신의 명망(名望)이 본래 가벼워서 남에게 만홀(慢忽)히 여겨지오니 청컨대 피혐(避嫌)하겠나이다."

했으니, 그 권세를 피하지 않는 것이 모두 이와 같았다.

벼슬이 대사간(大司諫)에 이르고 청백리(淸白吏)에 뽑혔다.
〈홍귀달찬묘지(洪貴達撰墓誌)〉

김종직(金宗直)의 백룡부(白龍賦)가
다음날에 문형(文衡)을 맡다

김종직(金宗直)은 선산(善山) 사람이니, 자는 계온(季溫)이요, 호는 점필재(佔畢齋)이다.

124

나이 16세에 서울에 가서 과거를 보는데 백룡부(白龍賦)를 지었다가 낙방(落榜)했다. 이때 괴애 김수온(乖厓金守溫)이 문형(文衡)이 되어 낙방된 시권(試券)을 보다가 그 속에 점필재(佔畢齋)의 시권(試券)이 있는 것을 보았다. 그는 이것을 읽어 보고 기이하게 여겨 말하기를,

"이는 참으로 다음 날 문형(文衡)을 맡을 솜씨이다."

하고 그 높은 재주로 낙방한 것을 애석히 여겨 그 시권을 가지고 들어가 임금께 아뢰자 임금은 기이히 여겨 명하여 영산훈도(靈山訓導)를 제수했다.

이때 한강(漢江) 제천정(濟川亭) 기둥 위에 시를 쓰기를,

"눈속의 찬 매화요 비 뒤의 산인데, 볼 때는 용이하지만 그릴 때는 어려우네. 일찍이 시인(詩人)의 눈에 들어가지 않을 줄 알았으면, 차라리 연지를 가져다가 모란꽃이나 그릴 것을.
〔雪裡寒梅雨後山 看時容易畵時難 早知不入詩人眼 寧把臙脂寫牧丹〕"

라고 했는데, 뒤에 괴애(乖厓)가 제천정(濟川亭)에서 놀다가 이 시를 보고 탄식하기를,

"이 시는 참으로 전일 백룡부(白龍賦)를 지은 사람의 솜씨이다."

하고 그 종적을 찾아보니 과연 점필재였으니, 시감(詩鑑)이 이와 같이 신(神)과 같았다.

단종(端宗) 계유(癸酉)에 진사(進士)가 되고 세조(世祖) 기묘(己卯)에 문과(文科)에 급제했다. 어세겸(魚世謙)이 그의 시를 보고 탄식하기를,

"나로 하여금 채찍을 들고 그의 종이 되라고 해도 마땅히 달게 받겠다."

했다.

성종(成宗)이 그를 소중히 여겨 여러 벼슬을 거쳐 형조판서(刑曹判書)에 이르렀고 시호는 문간(文簡)이다.

연산(燕山) 무오(戊午)의 사화(士禍)에 화가 저승에까지 미치고 문집(文集)도 태워 없어졌다가, 중종(中宗)이 개옥(改玉)하자

신원(伸寃)되었다. 〈홍귀달찬비제사합록(洪貴達撰碑諸史合錄)〉

김홍도(金弘度)가 과연 귀갑(歸甲)이 맞다

김홍도(金弘度)는 안동(安東) 사람이니, 자는 중원(重遠)이요, 호는 남봉(南峰)이다. 재주와 학문으로 일찍 이름을 얻었고, 병오(丙午)에 진사(進士) 생원(生員) 제 5명에 급제하니 당시 나이 23세였다. 무신(戊申)에 문과(文科)에 장원했다.

그 아버지 직제학(直提學) 노(魯)가 주역점을 잘 쳤는데, 홍도(弘度)가 처음 났을 때 점을 쳐서 괘(卦)를 이루니 소자(少字)를 귀갑(歸甲)이라 했다. 그가 괴과(魁科)에 오르자 노(魯)가 바야흐로 병을 앓다가 이 소식을 듣고 즐거워하지 않으면서 말하기를,

"내가 죽겠구나."

하더니 이윽고 과연 죽었다.

그후에 홍도가 윤원형(尹元衡)과 틈이 있어서, 전한(典翰)으로서 갑산(甲山)에 귀양가서 졸(卒)하니, 과연 그 점에 귀갑(歸甲)이라는 것이 맞았다. 뒤에 복관(復官)되고, 아들 수(睟)가 귀하게 되어 영상(領相)에 증직되었다.

공은 기운이 호탕하고 물건을 업신여겨서 일찍이 말하기를,

"집의(執義)가 불의(不義)를 잡고, 지평(持平)은 불평을 가졌다."

하니, 대관(臺官)들이 이 말을 듣고 기뻐하지 않아서 마침내 화를 입었다 한다. 〈지봉유설(芝峰類說)〉

김규(金虬)가 소(疏)를 올려 아비를 구하다

김규(金虬)는 광주(光州) 사람이니, 자는 몽서(夢瑞)이다. 계

묘(癸卯)에 생원(生員)이 되고, 명종(明宗) 병오(丙午)에 문과(文科)에 급제하여 벼슬이 전한(典翰)에 이르렀다.

성종(成宗)이 친히 경회루(慶會樓)에 거둥하여 비를 비는데, 갑자기 풍류소리가 나는 것을 듣고 좌우에게 묻자, 대답하기를,

"방주(房主) 감찰(監察)의 집이 이웃에 있어서 오늘 바야흐로 잔치하는 날입니다."

했다.

이에 임금이 말하기를,

"황천(皇天)이 비를 내리지 않아서 민생(民生)이 도탄(塗炭)에 빠졌으므로 내가 이제 찬[膳]을 줄이고 음악을 폐지하고서 이와 같이 기도를 드리는데, 나라의 녹을 먹는 자가 어찌 감히 풍류를 벌이고 즐겁게 논단 말이냐?"

하고 명하여 일제히 잡아오라 하자, 그 자리에 있던 자 13인이 일시에 잡혀갔다.

이들은 그 자제(子弟)로 하여금 소(疏)를 올려 애걸하게 하자 임금은 크게 노해서 말하기를,

"저희들이 잘못하여 죄에 빠지고서 그 어린 자제들로 하여금 소를 올려 애걸하여 면하게 하다니 더욱 밉살스럽다."

하고 명하여 모두 잡아들이게 했다.

이때 소를 올린 아동들이 모두 두려워서 도망해 흩어졌으나 규(虬)는 홀로 가지 않고 잡혀 있었다. 이것을 보고 임금이 묻기를,

"너는 어린 몸으로 어찌해서 홀로 가지 않았느냐?"

하니 대답하기를,

"신(臣)은 아비를 구하고자 하옵는데 차라리 죄를 받을지언정 어찌 감히 도망가오리까."

했다.

임금이 다시 말하기를,

"이 소는 누가 지었느냐."

하니, 대답하기를,

"신이 지었습니다."

하고, 또

"누가 썼느냐."

하자,

"신이 썼습니다."

하고 대답했다. 임금이,

"네 나이 몇이냐?"

하니,

"13세입니다."

했다.

이때 임금이,

"네가 어찌해서·이렇게 능히 글을 짓고 쓰고 했느냐? 만일 속임이 있으면 마땅히 베임을 당하리라."

하자, 그는 말하기를,

"모두 신의 손으로 한 것이오니 원컨대 이 자리에서 한번 시험해 보시옵소서."

하니, 임금이 명하여 '민한(憫旱)'이라는 글제로 글을 짓게 했더니 그 자리에 서서 글을 지어 쓰고 그 끝에 쓰기를,

'동해(東海)의 과부가 오히려 3년의 가뭄을 불러오고, 은왕(殷王) 성탕(成湯)이 능히 천 리의 비를 불러오는 것이오니, 원컨대 성상(聖上)께서는 생각하시옵소서.'

했다.

이에 임금이 크게 기이히 여겨 묻기를,

"네 아비가 누구냐."

하니 대답하기를,

"방주(房主) 감찰(監察) 김세우(金世愚)입니다."

했다. 또 묻기를,

"네 이름은 무엇이냐?"

하니, 대답하기를,

"규(虬)입니다."

했다.

이에 임금이 어필(御筆)로 쓰기를,

"네 글을 보고 네 아비를 석방하는 것이며 네 글씨를 보고 네
아비의 동료를 석방하는 것이니 네 효성을 충성으로 옮길 것
이니라."

하고, 중관(中官)에게 명하여 옥에 갇힌 자들을 모두 석방하게
했다. 〈청구야담(靑邱野談)〉

구종직(丘從直)이 춘추(春秋)를 외고
대사간(大司諫)이 되다

구종직(丘從直)은 평해(平海) 사람이니, 자는 정보(正甫)이다.
세종(世宗) 갑자(甲子)에 문과(文科)에 급제했다.

어느 날 성종(成宗)이 경회루(慶會樓)에 거둥했는데, 어떤 사
람 하나가 누(樓) 밑에 부복하고 있으므로 임금이 묻기를,

"너는 누구냐?"

하니 대답하기를,

"교리(校理) 구종직(丘從直)입니다."

했다. 또 묻기를,

"어찌해서 여기에 와 있느냐?"

하자 대답하기를,

"초야(草野)에 묻혀 있는 신하로서, 일찍이 경회루(慶會樓)의
요지(瑤池)가 곧 천상(天上)의 선계(仙界)란 말을 들었사온데
마침 금직(禁直)으로 인하여 구경하러 왔습니다."

했다.

이에 임금이 명하여 앞으로 나오라 하고 말하기를,

"네 능히 가곡(歌曲)을 할 줄 아느냐?"

하니 대답하기를,

"향요(鄕謠)와 춤, 노래가 어찌 성률(聲律)에 맞겠습니까"

했다. 임금이 명하여 노래를 부르게 하자 종직(從直)이 목소리
를 가다듬어 노래를 부르니 소리가 누(樓) 안에 진동했다.

임금이 또 묻기를,

"능히 경전(經傳)을 외우겠느냐."

하자,

"춘추(春秋)를 조금 기억합니다."

했다. 임금이 명하여 외우라 하자, 종직은 물 흐르듯이 외우므
로 명하여 술을 주고 파했다.

이튿날 특별히 종직에게 대사간(大司諫)을 제수하자, 삼사(三
司)에서 번갈아 그를 옳지 않다고 말했으나 임금은 이를 듣지 않
고 수일이 지난 뒤에 삼사(三司)의 관원을 불러 입시(入侍)하게
한 다음, 또 구종직에게 명하여 오게 한 다음 대사헌(大司憲)이
하로 춘추(春秋)를 외워 보라고 했으나 한 사람도 외우는 자가
없었다.

이에 임금이 종직에게 명하여 외우게 하니 한 권을 다 외웠고,
또 다른 책을 꺼내서 외우게 하니 한 입으로 외우지 못하는 것
이 없었다. 임금이 삼사(三司)에게 말하기를,

"경(卿)들이 능히 한 구절도 외우지 못하면서도 오히려 청환
(淸宦)을 밟고 있는데, 구종직 같은 사람이 어찌 이 책임에 마
땅치 않으냐?"

하니, 삼사(三司)가 황공하고 부끄러이 여겨 물러갔다.

종직은 벼슬이 찬성(贊成)에 이르렀고 시호는 안장(安長)이다.

〈이원명저 동야휘집(李源命著東野彙輯)〉

윤효손(尹孝孫)이 시(詩)를 지어
투자(投刺)하자 상국(相國)이 사위로 삼다

윤효손(尹孝孫)은 남원(南原) 사람이니, 자는 유경(有慶)이다.

그 아버지 처관(處寬)이 의정부 녹사(議政府錄事)가 되었을 때
새벽에 박상 원형(朴相元亨)에게 문안을 갔으나 문지기가 병이라
고 칭탁하고 통해주지 않아서 해가 늦은 뒤에 배가 고프고 곤해

서 집에 돌아와 아들에게 이르기를,

"나는 재주가 없어서 이와 같이 욕을 보았으니 너는 모름지 기 부지런히 공부하여 네 아비와 같이 되지 않도록 하라."

했다.

이에 효손(孝孫)은 그 아비의 이름을 쓰고 명함 끝에 쓰기를,

'상국(相國)이 달게 잠들어 해가 정히 높은데, 문 앞의 명함 이 이미 털이 되었네. 꿈 속에 만일 주공(周公) 성인(聖人)을 만나거든, 모름지기 당년의 토악(吐握)의 수고로움을 물어보 라.'

했다.

이튿날 아침에 그 아비는 그런 일을 모른 채 또 가서 명함을 내자, 원형(元亨)이 그 시를 보고 즉시 불러 묻기를,

"이것이 네가 쓴 것이냐?"

하니 그 아비는 놀라고 두려워 어찌할 바를 몰라서 그 명함의 글을 보니 바로 효손의 글씨였다. 이에 바른대로 고하자 원형 은 효손을 불러와 보고는 몹시 칭찬하면서 자기 딸을 아내로 주 었다.

효손은 문종(文宗) 경오(庚午)에 생원(生員)이 되고, 단종(端 宗) 계유(癸酉)에 문과(文科)에 급제했으며, 세조(世祖) 정축(丁 丑)에 중시(重試)에 합격하여 벼슬이 좌참찬(左叅贊)에 이르고 기사(耆社)에 들어갔다. 〈인물고(人物考)〉

《燕山君》

한치형(韓致亨)의 집사람 꿈에 수레를 타고 하늘로 올라가다

한치형(韓致亨)은 청주(淸州) 사람이니, 자는 통지(通之)이다. 연산주(燕山主) 병진(丙辰)에 대배(大拜)하여 영상(領相)에 이르

렀다.

정승이 되자 모든 국가의 일을 써서 벽에 붙여놓고 낮으로 생각하고 밤으로 헤아려서 마음에 얻는 것이 있으면 임금께 아뢰고 시행해서 폐해진 것을 거행(擧行)하지 않음이 없고 백성들에게 이로운 일을 하지 않은 것이 없으니 백성들이 편하게 여겼다.

어느 날 집사람이 꿈에 보니 검은 옷 입은 사람 수십 명이 어깨에 채색 수레를 메고 하늘에서 내려오는데, 그 위엄이 몹시 장했다. 이에 공이 갑자기 그 수레를 타고 하늘로 올라가니 이윽고 공이 졸(卒)했다. 〈소대기년(昭代紀年)〉

연산(燕山) 갑자(甲子)에 화를 입었다.

이세좌(李世佐)의 부인은
선견지명(先見之明)이 있었다

이세좌(李世佐)는 광주(廣州) 사람이니, 자는 맹언(孟彦)이다. 문과(文科)에 급제하여 벼슬이 판서(判書)에 이르렀다. 성종(成宗)이 윤비(尹妃)를 죄주어 폐할 때 세좌(世佐)가 사약을 가져가 행했는데 그날 저녁에 집에 돌아가자 그 부인이 묻기를,

"조정에서 폐비(廢妃)에 대한 의논을 그치지 않는데 필경 어찌 되었습니까?"

하자 세좌(世佐)는 말하기를,

"오늘 이미 사사(賜死)해서 내가 약관(藥官)이 되어 갔다오는 길이오."

했다.

이에 부인이 깜짝 놀라 일어나 앉아서 말하기를,

"큰일났습니다. 이제 우리 자손은 씨도 남지 않겠구려. 어머니가 이미 죄없이 죽음을 당하니 아들이 다음 날에 어찌 원수를 갚지 않으리까?"

했다.

연산(燕山) 갑자(甲子)에 이르러 공은 동시(東市)에서 베임을
당하고, 공의 아들 수정(守貞)도 또한 죽음을 당하니, 부인의 선
견지명(先見之明)을 따를 사람이 없었다.

허종(許琮)이 낙마(落馬)한 다리를
사람들이 종침(琮沈)이라고 하다

허종(許琮)은 양천(陽川) 사람이니, 자는 종경(宗卿)이요, 호
는 상우당(尙友堂)이다. 세조(世祖) 정축(丁丑)에 문과(文科)에
급제하고, 정해(丁亥)에 북병사(北兵使)로 이시애(李施愛)를 토벌
해서 적개공(敵愾功) 1등에 기록되었으니, 이때 나이 34세였다.

젊었을 때 벗들과 함께 있으면서 글을 읽는데 밤에 도둑이 그
방에 들어가서 옷과 신을 훔쳐가지고 갔다. 이 일을 알게 되자
여러 사람들은 모두 분해하고 한탄하는데 종(琮)은 태연히 붓을
쥐고 벽에 쓰기를,

"이미 내 옷을 훔쳤으면, 마땅히 내 신은 훔치지 말았어야 하
네. 옷도 빼앗고 또 신도 훔쳤으니, 이는 도선생(盜先生)으로
서 취할 일이 아니네."

하니, 식자(識者)들이 비로소 그 도량에 탄복했다.

23세에 생원(生員)이 되고, 24세에 문과(文科)에 급제했는데,
이때 가뭄이 심하여 조야(朝野)가 모두 비를 바라는데, 이때
방(榜)을 붙이고 일갑(一甲)을 발표하고 나자 비가 내리니, 당시
에 상림(商霖)[1]의 조짐이라고 했다.

어느 날 임금이 그 마음의 지킴을 시험하고자 하여 갑자기 크
게 노하여 명하여 잡아내리게 하고 칼집에 들은 칼을 빼어 무
릎 위에 놓고서 역사(力士) 최적(崔適)에게 명하기를,

"내가 칼을 빼어 칼집에서 다 나오거던 곧 베라."

하니 칼빛이 번쩍쩍하면서 끝이 다 드러났다. 이때 모시고 있

---

1) 商霖 : 가뭄 뒤에 많이 내리는 비.

던 자들이 모두 얼굴 빛을 잃었으나 종(琮)은 두려워하지 않고
묻는 말에 명랑한 음성으로 대답했다. 이에 임금은 말하기를
    "참으로 장사(壯士)이다."
하고 크게 칭찬하여 그를 얻은 것이 늦었다고 한탄하고, 술을
주도록 하니, 서서히 술잔 앞으로 가서 술을 잔질하고, 나가고
물러서는 것이 조용하여 볼 만했다. 〈인물고(人物考)〉
    성종(成宗)이 즉위한 5년에 공혜왕후(恭惠王后) 한씨(韓氏)가
승하(昇遐)하고 후궁(後宮) 윤씨(尹氏)가 원자(元子:燕山主)를
탄생하여 왕비(王妃)에 책봉되었는데, 윤씨(尹氏)는 여러 궁녀
(宮女)들을 시기하여 심지어 임금에게까지 공손치 못하자, 임금
은 크게 노하여 폐해서 내쫓고 장차 사사(賜死)하여 여러 신하
를 불러 대궐 뜰에서 회의하는데, 임금의 위엄이 너무 놀라워 감
히 다른 말을 하는 자가 없었다.
    이때 종(琮)이 영상(領相)으로서 이른 아침에 회의에 나가는
길에 그 누님의 집을 지나게 되었다. 이에 누님께 가뵙자 누님
은 말하기를,
    "비유컨대 남의 집 늙은 종이 집 주인의 명령을 어기기 어려
    워서 함께 주인의 어머니를 죽인다면 다음 날에 그 어머니의
    아들이 가통(家統)을 계승해 섰을 때 어찌 화가 미치지 않겠
    는가?"
하자, 종(琮)은 크게 깨닫고 석교(石橋)를 지나다가 일부러 말
에서 떨어져 발을 다쳤다고 칭탁하고 회의에 참석하지 않았다.
    성종(成宗)이 승하(昇遐)하고 연산(燕山)이 즉위하여 어머니를
위하여 원수를 갚겠다고 당시 회의에 참석한 사람을 한꺼번에
다 때려죽였으나 공이 홀로 화를 면했는데, 뒷사람들이 그 다리
를 종침교(琮沈橋)라 하고 지금 사직동(社稷洞)에 있다. 〈청구야
담(青邱野談)〉
    공은 나가서는 장수가 되고 들어와서는 정승이 되었는데, 풍
도와 모양이 늠름하고 훤칠하며 기우(氣宇)가 남보다 뛰어나서
키가 12척 5촌이나 되고, 글 잘한다는 명성이 높으며 활을 잘
쏘니 조정에서 몹시 의지하고 소중히 여겼다.

일찍이 이부(吏部)가 되었을 때 중국 사신 동월(董越)과 왕창
(王敞)이 큰 키에 옥같이 서 있는 공의 의관(衣冠)이 남다르게
뛰어난 것을 보고 무릎을 굽혀 절했고 미처 깨닫지 못하는 경사
(經史)를 토론했으며, 두 사신이 도로 강에 이르렀을 때는 아쉬
워 차마 떠나지 못했다.

폐비(廢妃) 윤씨(尹氏)가 친히 길쌈을 하여 붉은 옷칠을 한 베
틀에 올라 비단을 짜는데, 임금이 가보자, 비(妃)가 베틀에서
내려와 말하기를,

"상감(上監)은 어찌 그리 키가 크십니까?"

하자, 임금은 말하기를,

"나보다 더 큰 자가 있사온데 마땅히 불러드릴 것이니 보시옵
소서."

하고, 드디어 명하여 종(琮)을 불렀다. 〈오산설림(五山說林)〉

계축(癸丑)에 졸(卒)하니 나이 61세였다. 훈공(勳功)으로 양천
부원군(陽川府院君)에 봉하고 시호는 충정(忠貞)이다.

유순(柳洵)의 부인이 범에게 물려가서
갑자화(甲子禍)를 면하다

유순(柳洵)은 문화(文化) 사람이니, 자는 희명(希明)이요, 호
는 노포(老圃)이다. 젊어서 글 잘한다는 이름이 있어서 세조(世
祖) 기묘(己卯)에 생원시(生員試) 장원으로 급제하고 임오(壬
午)에 문과(文科)에 뽑혔으며, 병술(丙戌)에 중시(重試)에 급제
하고 또 영시(英試)에 뽑혀서, 연산(燕山) 무오(戊午)에 대배(大
拜)로 영상(領相)에 이르렀다.

연산(燕山)의 모비(母妃) 윤씨(尹氏)에게 사약(賜藥)할 때 순
(洵)이 입직승지(入直承旨)로서 약기(藥器)를 가지고 가게 되었
는데, 이날 새벽에 포천(抱川) 시골집으로부터 급히 사람이 와
서 알리기를, 부인 장씨(張氏)가 범에게 물려갔다고 했다.

이에 순(洵)은 탑전(榻前)에 나가서 사실을 아뢰고 급히 포천으로 가니 그 동료 이세좌(李世佐)가 대신 약을 가지고 갔다.

순이 포천에 이르러 보니 부인이 과연 법에게 물려가다가 중도에서 나무에 기어올라 돌아와 있으므로 순은 크게 기뻐했다. 뒤에 연산(燕山) 갑자(甲子)에 세좌(世佐)의 부자는 모두 베임을 당했으나 순은 화를 면했다. 중종(中宗)이 개옥(改玉)하자 정국훈(靖國勳) 2등에 기록되고 원성 부원군(元城府院君)에 봉해졌다.

임금이 일찍이 절의(節義)로써 책망을 내려 장차 반정(反正)할 때의 세 승지(承旨)의 녹훈(錄勳)을 삭제하려고 정부에 명하여 의논을 모으게 했다. 그러나 순(洵)은 말하기를,

"신(臣)이 수상(首相)으로서 변을 듣고 창황한 속에 어찌할 바를 모르다가 염치없이 역시 훈적(勳籍)에 참여했사오니 신(臣)은 이들 세 사람과 죄가 같사온즉 감히 의논을 올릴 수가 없사옵니다."

하니, 듣는 자들이 옳게 여겼다. 궤장(几杖)[1]을 내리고, 기사(耆社)에 들어갔으며, 시호는 문희(文僖)이다. 〈인물고(人物考)〉

정성근(鄭誠謹)은 사세에 정문(旌門)이 여섯이었다

정성근(鄭誠謹)은 진주(晋州) 사람이니, 자는 근부(謹夫)이다. 성종(成宗) 갑오(甲午)에 문과(文科)에 급제했다.

천성이 지극히 효성스러워서 부모가 몰(歿)하자 여묘(廬墓)하고 3년상을 마쳤는데 슬퍼하는 것이 그 예를 다했다. 또 성종(成宗)을 위하여 3년 동안 심상(心喪)하니 사람들이 말하기를,

"충효(忠孝)가 양전(兩全)하다."

고 했다.

---

1) 几杖 : 나라에서 국가에 공이 있는 늙은 대신에게 내려 주는, 몸을 의지하는 궤와 짚는 지팡이.

승지(承旨)가 되있을 때 몹시 곧아서 뜻이 흔들리거나 남에게 굽히지 않았고, 사신으로 대마도(對馬島)에 갔을 때, 도주(島主)가 선물로 바치는 것이 그림 그린 부채와 후추, 향뿐이었는데, 이것을 일행(一行)에게서 다 거두어 합쳐서 한 그릇에 담아 두었다가 배가 떠날 때 왜(倭)의 사자(使者)에게 주어 도주(島主)에게 돌려보냈다. 그러나 도주는 이것을 그대로 보내어 공에게 주라고 청하므로, 임금이 그 청에 따르려 하자 성근(誠謹)이 아뢰기를,

"신(臣)이 저쪽에 있어서는 받지 않다가 여기 이르러서 받으면, 이는 전후에 마음이 다른 것이오니 진실로 원치 않나이다."

하므로 임금도 억지로 할 수가 없어서 도로 주어 보냈으니, 그 청백(淸白)함이 이와 같았다. 〈인물고(人物考)〉

성종(成宗)이 승하(昇遐)하자 홀로 3년상을 행했는데 연산(燕山) 갑자(甲子)에 괴이한 행동이 있었다 하여 죽음을 당했다. 아들 주신(舟臣)·매신(梅臣) 및 매신의 아들 원린(元麟)·원기(元麒)와 원기의 아들 효성(孝成)이 모두 효행(孝行)으로 정문을 내리니 모두 4세(世)에 정문이 여섯으로서 옛날에도 일찍이 없던 일이다. 세상에서 이르기를 정가(鄭家)는 효문(孝門)이라고 했다.

이안눌(李安訥)의 시에 말하기를, '일문(一門)의 충효(忠孝) 육정려(六旌閭)'라고 한 것이 이것이다. 〈지봉유설(芝峰類說)〉

벼슬이 직제학(直提學)에 이르고, 중종(中宗)이 반정(反正)하자 이조참판(吏曹參判)이 되었다.

홍귀달(洪貴達)이 책을 받아 열어보고 조용히 죽음에 나가다

홍귀달(洪貴達)은 부계(缶溪) 사람이니, 자는 겸선(兼善)이요, 호는 허백당(虛白堂)으로서 대대로 함창(咸昌)에 살았다. 세조

《世祖》무오(戊午)에 진사(進士)가 되고 문과(文科)에 급제하여 한림(翰林)·호당(湖堂)·이조판서(吏曹判書)·대제학(大提學)을 거쳤다.

연산(燕山) 무오(戊午)에 소(疏)를 올려 10여 조목을 말하니, 이는 모두 궁금(宮禁)의 비밀스런 일로서 거듭 풍유(諷諭)해서 말하니 그 뜻이 몹시 간절하고 곧으나 임금이 이를 괘씸히 여겨 그 벼슬을 뺏고 경원(慶源)으로 귀양보냈다.

이에 귀달이 집사람과 결별(訣別)해 말하기를,

"나는 함양(咸陽)의 한 밭 가는 사람으로서 지위가 재상에 이르렀으나, 이는 본래 나의 것이 아니다. 이룬 것도 나 때문이요, 패한 것도 역시 나 때문이니 이제는 다만 나의 옛날로 돌아갈 뿐이오. 이제와 다시 무엇을 한하리오."

하고 기꺼이 길에 올랐다.

얼마 안 되어 명령을 내려 체포하여 서울 옥(獄)으로 보내는데, 단천(端川)에 이르자, 승명관(承命官)이 달려와서 책 한 권을 주므로 귀달은 그 책을 펴보고 두 번 절하고 말하기를,

"상(上)께서 신(臣)에게 명하여 죽으라 하셨다."

하고 신색(神色)의 변함이 없이 조용히 죽음을 맞이했다.

중종(中宗)이 반정(反正)하자 시호를 문광(文匡)이라 내렸다. 다섯 아들이 있었으니 언필(彦弼)·언승(彦昇)은 현감(縣監)이요 언방(彦邦)은 문과(文科)에 뽑혀 박사(博士)요, 언충(彦忠) 역시 문과에 뽑혀 교리(校理)가 되었으니 호는 우암(寓庵)이요, 언국(彦國)은 참봉(糸奉)이다.

언방(彦邦)에게 딸이 있어 얼굴이 아름다우니 연산(燕山)이 왕자빈(王子嬪)으로 지목하여 협박하며 빈(嬪)으로 맞으려 하자, 귀달(貴達)이 듣지 않다가 드디어 귀양가서 사사(賜死)되었고, 언방(彦邦)도 역시 귀양가서 죽었으며, 언충(彦忠)은 갑자(甲子)의 옥(獄)이 일어나자 잡혀서 몹시 참혹하게 매를 맞고 담 안으로 내려와 잠시 쉬는데, 한 친구가 옷에 묻은 피를 가리키면서 말하기를,

"참혹하도다."

했으나 언충(彦忠)은 말하기를,

"이것은 홍문관(弘文館)의 물이 묻은 것일세."

했다. 홍(弘)은 홍(紅)과 음(音)이 같고, 피빛이 붉기 때문에 말한 것이다. 〈행장급대동운옥합록(行狀及大東韻玉合錄)〉

이약동(李約東)이 바닷 속에 갑옷을 던져 그 못이름을 그렇게 지었다

이약동(李約東)은 벽진(碧珍) 사람이니, 자는 춘보(春甫)요, 호는 지촌(志村)이다. 문종(文宗) 신미(辛未)에 문과에 급제했다.

일찍이 제주목사(濟州牧使)로 나갔을 때 사냥할 때마다 항상 채찍 하나를 가지고 있더니 만기가 되어 돌아올 때에 그대로 벽 위에 걸어 놓았는데, 섬 사람들이 이를 보배롭게 간직하여 새 목사가 부임해 올 때마다 이것을 볕에 쪼이니 세월이 오래 되어 좀이 먹어 헐어지자, 화공(畫工)으로 하여금 그 채찍 모양을 그리게 하여 걸어두어, 뒷사람으로 하여금 그 높은 덕을 본받게 했다.

약동(約東)이 제주로부터 돌아올 때 배가 바다 가운데에 이르자, 갑자기 돌면서 앞으로 나가지 않았다. 사공들이 모두 두려워 얼굴빛을 잃었으나 그는 홀로 단정히 앉아 있는데, 한 편비(編裨)가 앞으로 나와 고하기를,

"섬 백성들이 공의 높은 덕에 감동하여 금으로 만든 투구를 만들어서 저에게 주면서, 공께서 투구를 쓰실 날을 기다려 드리라고 해서 가지고 왔습니다."

했다. 이에 약동은 즉시 명하여 바다 가운데에 던지고 일없이 바다를 건너니 뒷사람들이 그곳을 이름하여 투갑연(投甲淵)이라 했다.

그는 김종직(金宗直)과 같은 고향에 살면서 친하게 지냈으며 나이 들어서는 하로촌(賀老村)에 물러가서 살았다. 벼슬이 지중

추부사(知中樞府事)에 이르고 시호는 평정(平靖)이다. 〈소대기년
(昭代紀年)〉

유호인(兪好仁)은 통인(通引)이
빨리 대답하는 것을 좋아하다

유호인(兪好仁)은 고령(高靈) 사람이니, 자는 극기(克己)요,
호는 뇌계(㵢溪)이다. 임오(壬午)에 진사(進士)가 되고 성종(成
宗) 갑오(甲午)에 문과에 급제했다.

교리(校理)가 되어 홍문관(弘文館)에서 숙직(宿直)하는데, 임
금이 환시(宦侍) 한 사람만을 데리고 밤에 거동하시자, 호인이
놀라 일어나니, 임금은 명하여 다만 사모만 쓰고 앉아있게 하
고 조용히 이야기하는데, 임금이 그 비단 이불이 낡아 해어지
고 또 누렇게 바랜 것을 보고 말하기를,

"네가 청요(淸要)의 벼슬을 거치면서 맑고 검소한 것이 가상
하다."

하고 내시(內侍)에게 명하여 이불을 가져오게 하여 손수 덮어
주었다. 벼슬이 합천부사(陜川府使)에 이르렀다. 〈소대기년(昭
代紀年)〉

일찍이 영남(嶺南)으로 근친하는데 임금이 중사(中使)에게 명
하여 중로(中路)에 따라가서 그의 시(詩) 주머니를 찾아오게 했
다. 그 속의 등조령시(登鳥嶺詩)에 말하기를,

'북쪽을 바라보니 군신(君臣)이 격해 있고, 남쪽으로 오니 모
자(母子)가 같이 있네.〔北望君臣隔 南來母子同〕'

했다. 이에 임금이 칭찬하고 탄식하기를,

"충효(忠孝)가 모두 갖추어졌도다."

했다.

일찍이 공이 부모의 봉양을 위하여 산음현감(山陰縣監)이 되었
을 때 아전 다스리는 일에 서툴러서 심상한 문부(文簿)도 능히

처리하지 못하고 있더니 어떤 백성 하나가 소장(訴狀)을 올렸는
데 오래 되었는데도 판결이 없었다. 그 사람은 호소하기를,

"판결해 주실 것은 감히 바라지 못하오나 오직 제가 올린 소
장(訴狀)이나 도로 찾아가지고 가겠습니다."

했으나 뇌계(㵢溪)는 아무런 대답도 하지 못했다.

이때 통인(通引)이 곁에 있다가 이르기를,

"도임하시던 날 올린 소장도 아직 판결을 못했는데, 너의 소
장은 올린 지 겨우 닷새인 것을 어찌 그다지 급하게 구느냐.
가히 너무 지나치구나."

하자, 뇌계(㵢溪)는 통인이 재빨리 대답한 것이 기뻐서 말하기
를,

"이 통인(通引)이 참으로 영특하도다."

했다.

영남(嶺南) 방백(方伯)이 조정에 들어갔는데 성종(成宗)이 불
러 보시고 말하기를,

"내 친구 유호인(俞好仁)이 지금 산음현감(山陰縣監)으로 가
있으니 경(卿)은 잘 보살펴주라."

했다. 그러나 방백(方伯)은 그 부탁을 듣지 않고 마침내 백성
을 구제하지 않고 시만 읊고 있다 해서 파면시켰다 하니 조종조
(祖宗朝)의 좋은 기상(氣像)을 여기에서 볼 수가 있다. 〈지봉유
설(芝峰類說)〉

정석견(鄭碩堅)은 산자관원(山字官員)

정석견(鄭碩堅)은 해주(海州) 사람이니, 자는 자건(子健)으로
서 성종(成宗) 갑오(甲午)에 생원(生員)이 되고 문과에 급제했
다.

성품이 꼿꼿하고 조그만 절차에 구애받지 않았다. 홍문관(弘
文舘)에는 관청의 노비가 없고 다만 종 한 사람만이 있기 때문

에 관원들은 으레 다른 관청에서 데려다 썼다.

석견(碩堅)이 응교(應敎)가 되었을 때 사람을 따로 빌리지 않고 다만 한 종으로 하여금 앞에서 인도하게 하고 자신은 말을 타고 그 뒤에 가고 또 한 종은 자신의 뒤를 따르게 하니 길에서 가리키고 웃으면서 말하기를, '산자관원(山字官員)'이라고 했다.

이에 동료들이 희롱해서 말하기를,

"사람 하나 빌리는 것이 무엇이 의리에 해로워서 이처럼 의용(儀容)을 잃는가?"

하자, 석견은 웃으면서 말하기를,

"사람을 남에게 빌리는 것은 눈앞의 일이요, 호위하는 사람이 많은 것은 등 뒤의 일이다. 보이지 않는 것을 위해서 앞에 가서 사람을 빌리는 일은 내가 할 일이 아니니, 차라리 산자관(山字官)이 될지언정 사람에게 종을 빌리기를 원치 않노라."

하니, 듣는 자가 크게 웃었다. 〈사재척언(思齋撫言)〉

벼슬이 이조참판에 이르렀다.

정수곤(丁壽崑)은 임종(臨終) 때 이상한 향기가 방에 가득하다

정수곤(丁壽崑)은 나주(羅州) 사람이니, 자는 불건(不騫)이다. 성종(成宗) 임진(壬辰)에 문과에 급제하여 교리(校理)가 되었다.

말년(末年)의 꿈에 천묘의(天妙衣)를 입고 하늘에 올라가 시를 짓기를,

'다섯 채색 구름 속에서 허황(虛皇)을 뵈었네.〔五雲叢裡觀虛皇〕'

했는데, 병이 위중하자 스스로 묘지(墓誌)를 지어 말하기를,

'동방(東方)에 선비가 있으니 이름은 정수곤(丁壽崑)이다. 하늘이 나이를 주지 않으니 수명을 어찌 족히 말하랴.'

하더니 잠시 의식을 잃었다가 깨어나 그 글을 고쳐 쓰기를,

'동방에 한 선비가 있으니 이름이 정수곤이다.'
하고는 글을 마치지 못하고 죽었는데, 임종(臨終)기 이상한 향
기가 방안에 가득했다. 〈인물고(人物考)〉

김굉필(金宏弼)이 연밥 갓끈으로 책상을 치니 가볍게 소리가 나다

　김굉필(金宏弼)은 서흥(瑞興) 사람이니, 자는 대유(大猷)요,
호는 한훤당(寒暄堂)이다. 일찍이 김종직(金宗直)을 좇아 배워서
평생에 소학(小學)으로 몸을 다스리니, 당시에 소학동자(小學童
子)라고 일컬었다.
　일두 정여창(一蠹鄭汝昌)과 뜻을 같이 하고 도(道)가 같아서 일
찍이 초립(草笠)을 쓰고 연밥 갓끈을 드리워서 만년(晩年)에 이
르기까지 그대로 했고, 고요히 한 방에 거처하면서 책상을 대하
여 글을 보면 깊은 밤이 되어도 자지 않으니 비록 집사람이나
자제(子弟)들이라도 그가 하는 일을 엿볼 수 없었다. 다만 이따
금 연방 갓끈이 책상에 닿아 가볍게 소리가 나는 것을 듣고 그
가 아직도 글을 읽는 것을 알 수 있었다.
　성종(成宗) 경자(庚子)에 생원(生員)이 되고 계축(癸丑)에 유
일(遺逸)로 추천되어 남부참봉(南部參奉)에 제수되고 형조좌랑
(刑曹佐郎)에 옮겨졌다.
　무오(戊午)에 사옥(史獄)이 일어나자, 김종직(金宗直)의 제자
라 하여 매를 맞고 희천(熙川)으로 귀양갔다. 갑자(甲子)에 죄가
더하여 목욕하고 관대(冠帶)를 갖추고 나갔는데 신색(神色)이 변
하지 않고, 다만 수염을 서서히 입에 물면서 말하기를,
　"몸의 터럭과 살은 부모에게서 받았으니 이를 모두 상함은 받
　을 수 없다."
하고 죽음에 나가니 나이 51세였다.
　중종조(中宗朝)에 특별히 우상(右相)을 증직하고, 시호는 문경

(文敬)이며, 문묘(文廟)에 배향(配享)되었다. 〈소대기년(昭代紀年)〉

정여창(鄭汝昌)의 이름을 지어준 것은 능히 그 집을 창성한다는 뜻이었다

정여창(鄭汝昌)은 하동(河東) 사람이니, 자는 백욱(伯勗)이요, 호는 일두(一蠹)이다. 그 아버지 육을(六乙)이 무과(武科)에 올라 함길도 우후(咸吉道虞候)가 되었다가 이시애(李施愛)의 난(亂)에 죽었다.

여창(汝昌)이 8세 때에 명(明)나라 사신 장녕(張寧)이 그를 보고 총명히 여겨 설(說)을 짓고 이름을 지어주었으니, 이는 대개 능히 그 집을 창성한다는 뜻이다. 그는 가르침이나 경계를 기다리지 않고, 의리를 행하는 데에 용감하고, 글 읽기를 좋아했으며 실지로 행하기에 힘써서 치우치거나 남과 다른 행동을 하지 않았고, 김종직(金宗直)의 문하(門下)에서 공부하면서 단중(端重)하고 침정(沈靜)하여 남들과 사귀어 노는 것을 좋아하지 않았으나 유독 김굉필(金宏弼)에게 허여(許與)하여 지기(知己)로 삼았다.

성종(成宗) 경술(庚戌)에 효행(孝行)으로 참봉(參奉)에 임명되었고, 겨울에 문과(文科)에 급제하여 안음현감(安陰縣監)이 되었으며, 무오사화(戊午士禍)에 종성(鍾城)으로 귀양갔다가 갑자(甲子)에 사사(賜死)되니 나이 55세였다.

중종조(中宗朝)에 우상(右相)에 증직되고 시호는 문헌(文獻)이요, 문묘(文廟)에 배향(配享)되었다.

그는 악양시(岳陽詩)에서 말하기를,

"바람에 부들이 물에 떠서 가볍고 부드러운 것 희롱하니, 4월 화개(花開)에 보리가 이미 가을이네. 두류산(頭流山) 천만 겹을 다 보고나니, 외로운 배는 또 내려오고 큰 강은 흐르네.

〔風蒲泛泛弄輕柔 四月花開麥已秋 看盡頭流千萬疊 孤舟又下大江流〕"
했다. 〈악양·회개(岳陽·花開)는 모두 지명(地名)임〉

정희량(鄭希良)이 스스로
이천년(李千年)이라 일컫다

정희량(鄭希良)은 해주(海州) 사람이니, 자는 순부(淳夫)요,
호는 허암(虛庵)이다. 글을 공부하고 시에 능하며 음양학(陰陽
學)을 잘하여 스스로 그 목숨을 헤아리고 일찍이 세상을 등질 뜻
이 있었다.
임자(壬子)에 생원시(生員試)에 장원으로 급제하고, 연산(燕
山) 을묘(乙卯)에 문과에 급제하여 한림(翰林)·호당(湖堂)을 겸
었으며, 무오사화(戊午士禍)에 의주(義州)로 귀양갔다가 김해(金
海)로 옮겨져 신유(辛酉)에 석방되었는데 부모상을 당하여 수묘
(守墓)했다.
그는 매양 말하기를,
"갑자(甲子)의 화는 무오(戊午)보다 심해서 우리들도 또한 면
하지 못하리라."
하고 세상에서 도망할 것을 생각하여, 중이 왕래하면 서로 계획
을 세우고 때때로 홀로 산 언덕에 올라가 거닐면서 눈물을 흘리
니, 집사람은 부모를 생각해서 그러는 것이라 했다.
5월 5일에 집에서 나가 오래도록 돌아오지 않자, 집사람이 괴
이히 여겨 종적을 찾아 물 가에 이르니 짚신 두 짝과 상복과 관
을 물 가에 벗어 놓았으므로 강에 빠졌는가 의심했으나 마침내
시체를 찾지 못했다. 이때 족인(族人) 해평군(海平君) 정미수
(鄭眉壽)가 위에 아뢰어 찾게 했으나 임금은 말하기를,
"미친놈이 도망해 죽었는데 어찌 찾을 필요가 있으랴."
했다. 그러다가 갑자(甲子)에 화가 일어나니 그 말이 과연 맞았
다.

퇴계 이황(退溪李滉)이 산 속에서 주역(周易)을 읽는데, 한 늙은 중이 곁에서 이따금 잘못 읽는 구절을 바로잡아 주었다. 이에 그가 허암(虛庵)이 아닌가 속으로 의심하여 묻기를,

"지금 세상엔 아무 근심이 없는데 정(鄭)은 어찌해서 다시 나가지 않는가?"

하자 대답하기를,

"정희량(鄭希良)이 수묘(守墓)하는 예(禮)를 마치지 못했으니 불효(不孝)요, 임금을 버렸으니 불충(不忠)이오. 불효하고 불충하여 죄가 이보다 더 큰 것이 없는데 무슨 면목으로 다시 세상에 나가겠는가?"

하더니, 이윽고 작별하고 나갔는데 간 곳을 알 수 없었다.

희량(希良)이 아내를 얻었으나 소홀하게 버려두고 얼굴을 보지 않았더니 그 아내가 늙도록 살면서 단오(端午) 제사를 지내어 그날로 기일(忌日)을 삼고, 입던 옷을 묻어서 무덤을 만들었다.

용재 이행(容齋李荇)이 시를 지어 조상하기를,

"칭찬과 헐뜯는 말들이 시끄러워 만고(萬古)에 떠들썩하니, 이것은 공의 심지(心志)가 모나지 않은 것이네. 초강(楚江) 어느 곳에 남긴 자취 찾으리, 원컨대 분홍빛 붓통과 오채색 노끈을 보내고 싶네.〔毁譽紛紛萬古騰 此公心志不模稜 楚江何處尋 遺佩 願寄縹筒五綵繩〕"

했다.〈소대기년(昭代紀年)〉

화를 피하여 중이 되어, 자칭 이천년(李千年)이라 하고 산수(山水)에 놀기를 좋아했는데, 어느 벽에 쓰기를,

"바람과 비가 전날을 놀래주더니, 문명(文明)이 이때를 하례하네. 외로운 절개로 우주에 놀아, 시끄러운 것 싫어서 시마저 짓지 않네.〔風雨驚前日 文明賀此時 孤節遊宇宙 嫌鬧幷休詩〕"

했다.〈지봉유설(芝峰類說)〉

일찍이 수화기제(水火旣濟)의 이치로 화로를 만들어 채소를 거기에 넣어서 익혀 먹으니, 조석 식사 때에는 오직 이 화로 하나 뿐이었다. 그가 신선이 되어 가자 세상 사람들은 신선로(神仙爐)라고 했다.〈이회당집성(二晦堂輯成)〉

김일손(金馹孫)이 이극돈(李克墩)의
죄를 바로 쓰다

김일손(金馹孫)은 김해(金海) 사람이고, 자는 계운(季雲)이요, 호는 탁영(濯纓)이니, 그 형 준손(駿孫)·기손(驥孫)과 함께 점필재(佔畢齋) 김종직(金宗直)의 문하(門下)에서 수학(受學)했다.

성종(成宗) 무오(戊午)에 생원시(生員試)에서 장원하고, 문과에 제2인으로 급제하여 검열(檢閱)이 되어 이극돈(李克墩)의 죄를 바로 썼다.

연산(燕山) 무오(戊午) 7월 17일에 전지(傳旨)를 내려 말하기를,

"김종직(金宗直)은 시골에 묻혀 있던 천한 선비로서 세조조(世祖朝)에 과거에 급제하고, 성종조(成宗朝)에 발탁되어 경연(經筵)에 두어 시종(侍從)의 자리에 오래 있어서 벼슬이 형조판서(刑曹判書)에 이르렀으니 사람과 은혜가 조정을 기울였었다. 또 병으로 물러가는데도 오히려 가있는 곳의 관청으로 하여금 특별히 곡식을 주어 그 나이를 마치게 했거늘, 이제 그 제자 김일손(金馹孫)이 지은 사초(史草) 안에 도덕에 어긋나는 말로 선왕조(先王朝)의 일을 거짓 꾸몄고, 그 스승 종직(宗直)의 조의제문(吊義帝文)을 실었는데 거기에 말하기를, '정축(丁丑) 10월에 내가 밀양(密陽)으로부터 서울로 가다가 답계역(踏溪驛)에서 자는데, 꿈에 귀신이 몸에 일곱 무늬의 옷을 입고 품위있게 오더니 스스로 말하기를, 자기는 초회왕(楚懷王) 손심(孫心)으로 서초패왕(西楚覇王)의 시해(弑害)를 입어 빈강(彬江)에 빠뜨려졌다 하더니 갑자기 보이지 않으므로 내가 꿈에서 깨어 놀라서 말하기를, 회왕(懷王)은 남초(南楚) 사람이요, 나는 동이(東夷) 사람이니, 땅의 거리가 만 리가 넘을 뿐아니라, 시대의 차이도 또한 천여 년이 지났는데 꿈에 나타나서 감동되니 이것이 무슨 증거인가. 또 역사를 상고하건대 강

에 던졌다는 말은 없으니, 어찌 사람을 시켜 비밀히 쳐서 그 시체를 물에 던졌단 말인가. 이는 알 수 없는 일이다'하고, 드디어 글을 지어 조상했는데 그 글은 점필재집(佔畢齋集)과 탁영집(濯纓集)에 있다. 세조사초(世祖史草)에 김일손이 그 글을 찬(贊)하여 충분(忠憤)이라 했으니 내 지금 생각하면 슬프고 두려움을 깨닫지 못한다. 그 형벌의 이름을 의논하여 아뢰라."

했다.

이에 7월 17일에 난역(亂逆)으로 베임을 당하고 위로 종묘(宗廟)에 고하니 벼슬이 이조정랑(吏曹正郞)에 그쳤다. 〈출이세영자기(出李世英自記)〉

중종(中宗)이 반정(反正)한 후, 도승지(都承旨)의 증직을 내렸다.

박한주(朴漢柱)가 말하기를 용봉(龍鳳)의 장막이 모두 민력(民力)에서 나왔다 하다

박한주(朴漢柱)는 밀양(密陽) 사람이니, 자는 천지(天支)요, 호는 우졸자(迂拙子)이다.

6·7세에 능히 글을 짓고 시도 지어서, '대인(大人)이 우뚝 서니 천지에 높다.'는 글귀가 남아 있다.

성종(成宗) 을사(乙巳)에 생원(生員)이 되고 문과에 뽑혀서 정언(正言)·헌납(獻納)을 거쳐 예천군수(醴泉郡守)로 나갔는데 정치를 잘하고 다스리는 것이 평탄하여, 아전들이 두려워하고 백성들은 복종했다.

연산주(燕山主)가 불러서 간관(諫官)에 임명하자 그는 나가서 말하기를,

"종묘 사직과 능침(陵寢)에 가서 한 번도 친히 제사지내지 않고, 놀고 잔치하기를 정당하지 못하게 하여 심지어 밤낮으로

계속하니 그 효사(孝思)에 어떠하오리까."

하니 임금은 말하기를,

"안질(眼疾)이 있어 행하지 못했노라."

했다.

한주(漢柱)가 말하기를,

"후원에서 말을 달리고 공을 치시며, 용봉(龍鳳)의 장막을 치고 잔치하고 노는 일이 허다한데, 상(上)께서는 어찌 안질(眼疾) 때문이라고 하교하시나이까?"

하니, 임금이 발끈하고 얼굴빛이 변하여,

"용봉의 장막이 네 물건이냐?"

하고 말했다.

이에 한주가 대꾸하기를,

"이것은 모든 백성들의 힘을 거쳐서 나온 것이오니 신민(臣民)의 장막이라고 하는 게 옳을 것이온데, 어찌 상(上)께서 스스로의 사물(私物)로 삼으십니까?"

하고, 계속하여 노사신(盧思愼) · 임사홍(任士洪)의 간사함을 의논하다가 마침내 그들의 모함을 받아 점필재(佔畢齋)의 문도(門徒)라는 이유로 벽동(碧潼)으로 귀양갔다가 갑자(甲子)에 베임을 당했고, 중종(中宗)이 개옥(改玉)하자 도승지(都承旨)에 증직되었다. 〈우졸재집(迂拙齋集)〉

이목(李穆)이 벽송정(碧松亭)에서 기도하는 무당을 매때려 쫓다

이목(李穆)은 전주(全州) 사람이니, 자는 중옹(仲雍)이요, 호는 한재(寒齋)이다.

일찍이 태학(太學)에서 공부할 때 성종(成宗)이 병환이 있어서 대비(大妃)가 무당으로 하여금 성균관(成均舘) 벽송정(碧松亭)에서 기도드리게 했는데, 목(穆)이 제생(諸生)들을 데리고 가 매를 때려 쫓아버렸다.

　이에 무당이 궁중에 호소하자, 대비(大妃)가 노하여 상(上)께서 병환이 낫기를 기다렸다가 고했다. 이때 상(上)께서는 거짓 노한 체하고, 제생(諸生)들의 성명을 적어서 올리라 했다. 이 말을 듣고 제생(諸生)들은 모두 도망해 숨었으나 목(穆)이 홀로 글을 올리니, 상(上)께서 가상히 여겨 특별히 술을 하사했다.

　무오(戊午)에 점필재의 문도(門徒)라 하여 화를 입었는데, 중종(中宗)이 개옥(改玉)하자 이조판서(吏曹判書)를 증직했고 시호를 정간(貞簡)이라 내렸다.

이자건(李自健)이 환거(鰥居)하자
기생이 따르는 것을 허락지 않다

　이자건(李自健)은 성주(星州) 사람이니, 자는 건지(健之)이다.

　성종(成宗) 경자(庚子)에 생원이 되고 계묘(癸卯)에 문과에 급제했다. 옛날부터 그를 모시던 기생이 있었는데 공이 홀아비로 살게 되자, 그 기생이 공을 따라서 살고자 했다. 이에 공이 말하기를,

　"집에 두 딸이 있으니 기생과 같이 거처할 수가 없다."

하고 즉시 재물을 후하게 주어 돌려보냈다.

　연산(燕山) 때 바른 말을 했다고 해서 선산(善山)으로 귀양갔는데 그 고을 수령(守令)이 대우하기를 몹시 박하게 했다. 어느 날 금오랑(金吾郞)이 온다는 말을 듣자 수령은 즉시 군사를 데리고 공이 있는 곳을 포위하고서 공을 불러 뜰 아래에 꿇리고 여러 가지로 욕을 보였으나 금오랑은 다른 일로 이곳을 지나는 길이라고 했다. 이윽고 금오랑이 지나가자 수령은 겸연쩍게 돌아갔는데, 공이 황해감사(黃海監司)가 되었을 때 그 수령은 마침 안악군수(安岳郡守)로 있었다.

　이에 그가 장차 벼슬을 내놓고 돌아가려 하자, 공이 그 고을에

가서 따뜻한 말로 위로하니 군수는 감동해서 울었다. 공은 벼슬이 공조판서(工曹判書)에 이르고 시호는 공간(恭簡)이다. 〈소세양찬비(蘇世讓撰碑)〉

임희재(任熙載)가 병풍에 글을 쓰고 죽음을 당하다

임희재(任熙載)는 풍천(豊川) 사람이니, 자는 경여(敬輿)요, 호는 물암(勿庵)이며, 간신(奸臣) 사홍(士洪)의 아들이다. 병자(丙子)에 진사시(進士試)에 장원하고 무오(戊午)에 문과에 급제하여 정자(正字)가 되었는데, 이 해에 김종직(金宗直)의 문도(門徒)라 하여 매를 맞고 먼 곳으로 귀양갔다.

희재(熙載)는 글씨를 잘 써서 일찍이 한 절구(絶句)를 병풍에 썼는데,

"요순(堯舜)을 조종(祖宗)으로 삼아 스스로 태평한데, 진황(秦皇)은 무슨 일로 창생(蒼生)을 괴롭히는가? 화가 집안에서 생기는 것을 알지 못하고, 헛되이 오랑캐 막는다고 만리장성을 쌓았네. 〔祖舜宗堯自太平 秦皇何事苦蒼生 不知禍起蕭墻內 虛築防胡萬里城〕"

라고 했다.

어느 날 연산주(燕山主)가 사홍(士洪)의 집에 거동했다가 병풍에 쓴 글을 보고 묻기를,

"누가 쓴 것인가?"

하자 사홍이 사실대로 고하니, 연산주가 노하기를,

"경(卿)의 아들이 불초(不肖)하여 죽이고자 하노니 경의 뜻은 어떠한가?"

하자, 사홍은 무릎을 꿇고 아뢰기를,

"이 아이의 성행(性行)이 순하지 못하여 과연 상(上)께서 하교하시는 것과 같사옵기로 신(臣)이 아뢰고자 했사오나 아직

아뢰지 못했나이다.”
했다.

　이리하여 회재가 드디어 베임을 당하는데, 사홍은 그날 잔치를 베풀고 고기를 먹고 음악을 움직이기를 평일과 다를 것이 없이 했으니, 연산주는 이 일을 알고 더욱 사랑했다.

　사홍의 큰 아들 광재(光載)는 예종(睿宗)의 딸 현숙공주(顯淑公主)에게 장가들었고, 넷째 아들 숭재(崇載)는 성종(成宗)의 딸 휘숙옹주(徽淑翁主)에게 장가들었다. 숭재(崇載)가 남의 첩을 빼앗아다가 연산주에게 바치고 사랑을 받았는데, 연산주가 자주 그집에 거둥하자 사홍(士洪)이 이여 울면서, 폐비(廢妃) 윤씨(尹氏)가 엄(嚴)·정(鄭) 두 숙의(淑儀)의 참소에 의하여 사사(賜死)에까지 이르렀다고 하자, 연산주는 크게 노하여 두 숙의(淑儀)를 때려 죽이고 조정 선비 백여 명을 크게 죽이니, 시인(詩人)이 시를 지어 조소하기를,

　“소임(小任) 숭재(崇載)·대임(大任) 사홍(士洪)은 천고의 간웅(奸雄) 중에 가장 으뜸일세. 천도(天道)는 돌아오기를 좋아해 응당 갚음이 있을 것이니, 이로써 네 뼈가 역시 바람에 날릴 것을 아네.〔小任崇載大任洪 千古奸雄最是雄 天道好還應有報 從知汝骨亦飄風〕”
라고 했다.

　처사(處士) 조광보(趙廣輔)가, 연산(燕山) 때 사랑받은 사홍(士洪)이 용사(用事)하여 조정이 혼란(昏亂)한 것을 보고 분노하여 송당 박영(松堂朴英)에게 이르기를,

　“너는 무부(武夫)인데 어찌해서 이 놈을 죽이지 않느냐? 만일 능히 죽이지 못한다면 내 마땅히 너를 죽이리라.”
하자, 송당(松堂)은 말하기를,

　“한 역적을 죽여 나라의 근심을 던다면 진실로 이는 하고 싶은 일이나, 후사(後史)에 쓰기를, 도둑을 죽였다고 하면 어쩌겠는가?”
하니, 광보(廣輔)도 웃고 일어났다.〈하곡수어(荷谷粹語)〉

최부(崔溥)가 한산사(寒山寺)의 종소리를 듣고 점장이의 말을 징험하다

최부(崔溥)는 탐진(耽津) 사람이니, 자는 연연(淵淵)이요, 호는 금남(錦南)이다. 성종(成宗) 임인(壬寅)에 진사(進士)가 되고 문과에 뽑히고 호당(湖堂)에 들어갔으며, 병오(丙午)에 중시(重試)에 장원으로 급제했다.

부(溥)가 일찍이 당(唐)나라 사람을 만나서 수명(壽命)을 물었더니, 다만 고시(古詩) 한 구를 써주는데,

"고소성 밖 한산사에, 밤중의 종소리가 나그네의 배에 이르네.
〔姑蘇城外寒山寺 夜半鍾聲到客船〕"

라 했다.

부(溥)가 그 뜻을 풀지 못하더니, 무신(戊申)에 제주(濟州)의 추쇄경차관(推刷敬差官)이 되었다가 아버지 상사를 듣고 돌아오다가 배가 표류(漂流)하여 절강(浙江)의 태주(台州)에 이르러서 밤에 종소리를 듣고 물으니 곧 절이라. 비로소 점장이의 말이 맞은 것을 깨달았다.

갑자(甲子)의 화에 베임을 당하고 중종(中宗)이 반정하자, 도승지(都承旨)에 증직되었다. 〈일기(日記)〉

조지서(趙之瑞)가 화(禍)를 당하여 시체를 강에 던지다

조지서(趙之瑞)는 임천(林川) 사람이니, 자는 백부(伯符)요, 호는 지족정(知足亭)이다. 성종(成宗) 갑오(甲午)에 생원시(生員試)에 장원하고, 진사시(進士試)에서 제2인에 합격했으며, 같은 해에 문과에 급제하고 계해(癸亥)에 중시(重試)에 장원했다. 대

대로 진주(晉州)에서 살았는데, 그 고을에 세 장원봉(壯元峰)이
있어 사람들이 말하기를 맞았다고 했다.

연산주(燕山主)가 세자(世子)가 되었을 때 허침(許琛)은 필선
(弼善)이 되고 지서(之瑞)는 보덕(輔德)이 되어 함께 강관(講
官)으로 있었는데 연산주는 날마다 노는 것만 일삼고 학문에 전
심(專心)하지 않았다. 이에 지서(之瑞)는 타이르기를 간절히 하
여 몹시 미움을 받았고, 매양 진강(進講)할 때면 혹 책을 앞에
던지면서 말하기를,

"저하(邸下)께서 힘써 공부하지 않으시면 신(臣)이 마땅히 전
하께 아뢰겠습니다."

하니 연산주는 몹시 피로워하여 원수같이 보았다. 어느 날 강
(講)으로 인해서 입시(入侍)했다가 벽을 쳐다보니 쓰기를,

'조지서는 큰 소인(小人)이요, 허침은 큰 성인(聖人)이다.'

했으므로 듣는 자들이 조(趙)를 대하며 몹시 두려워했다.

연산주가 죽위하자 지서는 외직(外職)을 얻어 창원태수(昌原太
守)로 나갔다가 오래지 않아 버리고 돌아와서, 지리산(智異山) 밑
에 집을 짓고 살면서 그 정자를 이름하여 지족(知足)이라 했다.

그 만흥시(漫興詩)에 말하기를,

"맑은 가을 밤에 앉아서 두어 시간 지났는데, 아침이 되어
발을 걷으니 산 뾰족한 것을 대하네. 꾀꼬리는 늦은 빛 머금고
깊은 나무에 울고, 제비는 가벼운 그늘 차고 짧은 처마로 들
어오네. 누운 자리 편안하니 스스로 몸이 게으름에 익숙한 것
알겠고, 집이 가난하나 이는 내가 청렴해서가 아닐세. 평생의
장한 뜻은 다 갈아 없어지고, 부끄러이 마름꽃 안고 늙은 수염
을 비추네. 〔秋坐淸宵數漏籤 朝來簾捲對山尖 鶯含晚色啼深樹 燕
掠輕陰入短簷 臥穩自知身慣懶 家貧非是我爲廉 平生壯志消磨盡 羞
抱菱花照老髥〕"

라 했다. 〈잠곡록(潛谷錄)〉

갑자(甲子)의 화에 정성근(鄭誠謹)과 함께 참혹한 화를 입어
시체가 강에 던져지고, 가산(家產)을 몰수당했다. 〈척언(摭言)〉

아내 정씨(鄭氏)는 포은(圃隱)의 큰손녀인데, 지서(之瑞)가 스

스로 면치 못할 것을 알고 술을 들고 결별(訣別)해 말하기를,
"이번 길에 반드시 돌아오지 못할 것이니 조상의 신주(神主)
를 어찌하면 좋겠소 ?"
하니, 부인은 울면서 말하기를,
"마땅히 스스로 보존하리다."
했다.
　지서가 죽고 가산어 몰수되자 장인 윤관(允寬)이 말하기를,
"집이 이미 망했거늘 어찌해서 본가로 돌아가지 않느냐."
하니, 정씨(鄭氏)는 말하기를,
"망인(亡人)이 저에게 조상의 신주를 부탁했고, 저도 죽기로
허락했는데, 어찌 중간에 저버리겠습니까 ?"
하고, 초야(草野)에 묻혀 손수 나무 열매를 주워 조석으로 울면
서 제사를 지내어 3년을 마쳤다.
　중종(中宗)이 반정(反正)하자 도승지(都承旨)에 증직되고, 그
아들에게 벼슬을 주었으며, 정씨(鄭氏)에게 정문(旌門)을 내렸
다. 〈음애잡기(陰崖雜記)〉

표연말(表沿沫)이 굴원(屈原)을 보았다고 하여 바르게 간하다

　표연말(表沿沫)은 신창(新昌) 사람이니, 자는 소유(少游)요,
호는 남계(藍溪)이다. 성종(成宗) 임진(壬辰)에 생원(生員)이 되
고 문과에 급제했으며, 병오(丙午)에 중시(重試)에 급제하고, 호
당(湖堂)·검열(檢閱)을 거쳐 벼슬이 양관 제학(兩舘提學)에 이
르렀다.
　연산주(燕山主)가 일찍이 강 위에 나가 놀다가 배로써 용산(龍
山)으로 내려가고자 하거늘 공이 돛대를 껴안고 간하기를,
"육지로 가면 편안하고 배를 타면 위태로운 것이니, 편안한 것
을 버리고 위태로운 것을 취할 것이 아닙니다."

했다. 연산주는 노하여 수사(水師)로 하여금 돛대를 뺏게 하니 연말(沿沫)은 물 속으로 거꾸러졌다.

이에 연산주는 사람을 시켜 그를 건져주고 묻기를,

"너는 어찌해서 강에 빠졌느냐?"

하니, 공은 말하기를,

"신(臣)은 물 속에 들어가 회왕(懷王)의 신하 굴원(屈原)을 좇고자 했습니다."

했다. 연산주가 노해서,

"네가 과연 굴원(屈原)을 보았느냐?"

하니, 연말은 말하기를,

"과연 만나보았는데 굴원이 시를 지어 주었습니다."

했다.

임금이 무슨 시냐고 묻자 대답하기를,

"나는 어두운 임금을 만나서 강에 빠져 죽었거니와, 너는 밝은 임금을 만났는데 무슨 일로 왔느냐?〔我逢暗主投江死 爾遇明君底事來〕했습니다."

했으니, 그의 회해(詼諧)로 바로 간한 것이 이와 같은 것이 많았다.

함양(咸陽) 시골집으로 물러가 있는데, 연산주가 말을 보내 부르자 공은 시를 읊기를,

"새로 서당(書堂)을 지어 벽이 마르지 않았는데, 말발굽이 나를 재촉하여 서울로 오라 하네. 어릴 때에는 다만 관리 되는 것이 좋다고 했더니, 늙어가면서 비로소 가는 길 어려운 것 알겠네. 천리 관산(關山)은 천리의 꿈이요, 한 번의 바람과 비에 한 번 춥네. 어느 때나 고요히 운림(雲林) 밑에 앉아서, 푸른 대나무 푸른 오동을 자세히 볼 수 있으랴.〔新築書堂壁未乾 馬蹄催我上長安 兒時但道爲官好 老去方知行路難 千里關山千里夢 一番風雨一番寒 何時靜坐雲林下 翠竹蒼梧仔細看〕"

했다.

김종직(金宗直)의 문도(門徒)라 하여 매 맞고 경원(慶源)으로 귀양갔다가 졸(卒)했다. 〈남계집(藍溪集)〉

박은(朴誾)은 시격(詩格)이 몹시 높았다

박은(朴誾)은 고령(高靈) 사람이니, 자는 중열(仲說)이요, 호는 읍취헌(挹翠軒)이다.

성종(成宗) 을묘(乙卯)에 진사(進士)가 되고, 병진(丙辰)에 문과에 급제하여 연산(燕山) 갑오(甲午)에 지제교(知製敎)가 되었고, 4월에 동래(東萊)로 귀양갔다가 이윽고 서울 옥에 갇히어 고문을 몹시 심하게 받다가 형을 당했는데, 죽음에 임하여 신색을 변치 않고 하늘을 우러러 크게 두 번 웃었으니 이때 나이 27세였다.

시격(詩格)이 매우 높았으니,

"봄 그늘에 비가 오고자 하니 새가 서로 말하고, 늙은 나무 정이 없어 바람이 스스로 슬프네. 바다 기운이 안개를 이루다가 그대로 비를 이루고, 물결 형세가 하늘을 흔들어 스스로 바람을 일으키네. 〔春陰欲雨鳥相語 老樹無情風自哀 海氣作霧仍成雨 浪勢飜天自起風〕"

라는 구절 같은 것이 사람들의 입에 오르내렸다. 〈묘갈명(墓碣銘)〉

용재 이행(容齋李荇)이 그를 슬퍼하기를,

"이 사람은 백운향(白雲鄕)[1]에 있는 것이 합당하거늘, 한 번 티끌 모퉁이로 귀양가서 바다가 상전(桑田)[2]으로 변했네. 광릉(廣陵)에 통곡하는 일이 이제 이미 끊어졌으니, 이 인생 다시 아양(峨洋)을 들을 길 없네. 〔斯人合在白雲鄕 一謫塵區海變桑 痛哭廣陵今已絕 此生無復聽峨洋〕"

했다.

중종(中宗)이 개옥(改玉)하자 도승지(都承旨)의 증직을 받았다.

---

1) 白雲鄕 : 천제(天帝)가 있는 곳.
2) 桑田 : 상전벽해(桑田碧海). 시세(時勢)의 심한 변천을 말함.

윤석보(尹碩輔)가 갈겨 써서 그 밭을 돌려주다

윤석보(尹碩輔)는 칠원(漆原) 사람이니, 자는 자임(子任)이다.
풍기군수(豊基郡守)가 되어 처자를 풍덕(豊德) 시골집에 머물게 두었는데 기한(飢寒)에 시달려 스스로 살아갈 수가 없었다. 이에 아내 박씨(朴氏)는 그 집에 전해 내려오던 비단 옷을 팔아서 한 뙈기 밭을 샀다.
그러나 석보(碩輔)는 이 소식을 듣자 이내 편지를 갈겨 써서 아내로 하여금 그 밭을 돌려주라고 하여 말하기를,
"옛 사람은 조그만 땅도 넓히지 않아서 그 임금을 저버리지 않은 자가 있는데, 이제 내가 대부(大夫)의 뒤를 따라서 사람의 녹(祿)을 먹으면서 전택(田宅)을 마련하는 것이 옳겠는가?"
하니, 그 아내는 부득이 그 밭을 돌려주었다. 〈목민심서(牧民心書)〉
벼슬이 직제학(直提學)에 이르렀다.

이원(李黿)의 아버지는 자라를 놓아주고
여덟 아들을 낳다

이원(李黿)은 경주(慶州) 사람이니, 자는 낭옹(浪翁)이요, 호는 재사당(再思堂)이다. 성종(成宗) 기유(己酉)에 진사가 되고 문과에 급제하여 호조좌랑(戶曹佐郎)이 되었다. 사람 됨이 당당(堂堂)하고 절개가 있어 나이 어린 후사(後嗣)를 부탁할 만했다. 무오(戊午)에 점필재(佔畢齋)의 일로 매맞고 먼 곳으로 귀양갔다가 갑자(甲子)에 베임을 당했다.
남추강(南秋江:孝溫)이 일찍이 말하기를,
"익재(益齋:齊賢)의 자손이요, 취금헌(醉琴軒)의 외손(外孫)으

로 두 집의 어린 것이 한 집에 노였다."

했다. 중종(中宗)이 개옥(改玉)하자 도승지(都承旨)에 증직되었다.

아버지 현감(縣監) 공린(公麟)이 박팽년(朴彭年)의 딸에게 장가들어 첫날 밤 꿈에 늙은 노인이 와서 보고 말하기를,

"내 자식 여덟 명이 바야흐로 죽게 되었으니 원컨대 목숨을 살려 주기를 비노라."

했다.

공린(公麟)이 꿈에서 깨어 이상히 여기며 그 아내에게 물으니 대답하기를,

"어떤 사람이 자라 여덟 마리를 가져온 게 있어 내일 아침에 장차 국을 끓일 것입니다."

했다.

이에 공린이 드디어 그 아내와 함께 비밀히 자라를 풀어서 강에 방생(放生)했더니, 과연 여덟 아들을 낳아, 별(鼈)·구(龜)·오(鰲)·타(鼉)·원(黿)·경(鯨)·곤(鯤)·용(龍)이 모두 재명(才名)이 있어서, 오(鰲)는 진사가 되고, 구(龜)·원(黿)과 함께 모두 문과에 뽑혔다.

조위(曺偉)는 추죄(追罪)하여
3일 동안 폭시(暴尸)[1]하다

조위(曺偉)는 창녕(昌寧) 사람이니, 자는 태허(太虛)요, 호는 매계(梅溪)이다. 성종(成宗) 임진(壬辰)에 생원(生員)·진사(進士)가 되고, 갑자(甲子)에 문과에 급제하여 사국(史局)으로 천거되어 들어가서 벼슬이 이조참판(吏曹參判)에 이르렀다.

연산(燕山) 무오(戊午)에 사신이 되어 명(明)나라에 갔다가 미처 돌아오기 전에 사화(史禍)가 일어났다. 그는 일찍이 조의제

1) 暴尸 : 시체를 밖에 내버려 둠.

문(吊義帝文)을 초해서 점필재집(佔畢齋集)에 기록했으므로 연산(燕山)이 명하기를 강을 건너가거든 곧 베라 했다.

이때 위(偉)가 요동(遼東)에 이르러 이 말을 듣고 일행이 창황하여 어찌할 줄을 모르는데, 그 아우 신(伸)이 요동 땅에 이름있는 점장이가 있다는 말을 듣고 길흉(吉凶)을 묻자, 점장이는 다만 한 구의 시를 지어 주는데,

"천충 물결 속에서 몸을 번득여 나와서, 바위 밑에서 사흘 밤을 잤네. 〔千層浪裏飜身出 也頂岩下宿三宵〕"

했다.

신(伸)이 그대로 보고하자 위(偉)는 말하기를,

"첫 구는 화를 면할 것 같으나 둘째 구는 알 수가 없다."

하더니, 강에 이르자 이상 극균(李相克均)이 구원해서 다만 잡아만 오게 하여 마침내 죽지 않고 매만 맞고 의주(義州)로 귀양 갔다가 순천(順天)으로 옮겨졌는데 계해(癸亥)에 병으로 적소(謫所)에서 죽어 금산(金山)의 고향으로 반장(返葬)했다.

그러나 갑자(甲子)에 예전 죄를 추록(追錄)하여 관(棺)을 부수고 시체를 베어서 끌어다가 바위 밑에 두어 3일 동안 폭시(暴尸)하니 신(伸)이 비로소 점장이의 말이 맞은 것을 깨닫고 괴이히 여기며 탄식하기를 마지않았다. 〈사재척언(思齋摭言)〉

정붕(鄭鵬)이 꿀과 잣을 보내지 않다

정붕(鄭鵬)은 해주(海州) 사람이니, 자는 운정(雲程)이요, 호는 신당(新堂)이다. 성종(成宗) 병오(丙午)에 진사(進士)가 되고, 임자(壬子)에 문과에 급제하여 사인(舍人)·사간(司諫)을 지냈다.

유자광(柳子光)이 무령군(武靈君)으로, 간사하며 재물을 탐하고 스스로 방자하니, 붕(鵬)은 외척(外戚)인 관계로 비록 문안의 예(禮)는 폐할 수 없었으나 계집종이 그 집에 갈 때에는 반드시 새끼로 그 어깨를 묶어 보냈다가 돌아오면 풀어주었으니, 이는 그

가 아픔을 깨달아 빨리 갔다가 빨리 오게 하여 그 집에서 오래
머물지 못하게 하기 위해서였다.

연산주(燕山主) 갑자(甲子)에 매를 맞고 영덕(盈德)으로 귀양
갔다가, 중종(中宗)이 개옥(改玉)하자 풀려나 교리(校理)가 되어
조정으로 나가다가 중도에 병이라 핑계하고 고향으로 돌아가서
여러 번 불러도 나가지 않았다.

사람이 그 까닭을 묻자 대답하기를,

"자못 마음에 놀라는 일이 있으니 우리 고향으로 물러가서 내
마음을 안정시키는 것만 같지 못하기 때문이다. 내 전에 교리
(校理)로 대궐에 들어가는데, 서대(犀帶)를 띤 재상이 앞에 있
으니, 그는 곧 홍경주(洪景舟)였다. 그때 나는 갑자기 마음에
놀라서 돌아왔노라."

했다.

영상(領相) 성희안(成希顔)이 위에 아뢰어 공을 불러서 청송 부
사(靑松府使)를 제수했는데, 희안과는 젊어서부터 좋게 지내는 터
여서 편지를 보내서 안부를 묻고 그 편에 잣과 꿀을 보내라고 청
하자 붕은 회답하기를,

"잣은 높은 봉우리 마루턱에 있고, 꿀은 민간의 벌통에 있으
니 태수(太守)가 무슨 수로 얻으리오."

했다.

이에 희안이 부끄러워하며 사례했다.   임제광찬묘비(林霽光
撰墓碑)〉

연산(燕山) 초년에 붕이 사람에게 이르기를,

"내 꿈에 문묘(文廟)의 위판(位版)을 절로 옮겼더라."

하더니, 연산(燕山)이 황난(荒亂)하여 성균관(成均館)을 놀고 잔
치하는 장소로 삼아, 위판(位版)을 절로 옮겨가니 향화(香火)가
오래 끊어졌다.

강혼(姜渾)·심순문(沈順門)이 모두 좋아하는 기생이 있었는
데, 붕이 두 사람에게 경계하기를,

"급히 기생을 멀리하여 뒷뉘우침을 남기지 마라."

했는데, 혼(渾)은 버리고, 순문(順門)은 좇지 않더니, 뒤에 두

기생이 도로 궁중으로 들어가서 순문은 마침내 비명(非命)에 죽었다. 이에 사람들이 모두 그의 선견지명(先見之明)에 탄복했다.
〈삼인록(三仁錄)〉

유자광(柳子光)이 현판 불태운 것을 절치(切齒)[1]하다

유자광(柳子光)은 영광(靈光) 사람이니, 자는 우복(宇復)이요, 부윤(府尹) 유규(柳規)의 서자(庶子)이다.

날래고 민첩하고 힘이 많았으나 어려서 무뢰자(無賴子)가 되거늘 규(規)가 자식으로 여기지 않았으니, 이는 대개 난 곳이 한미(寒微)해서 제 맘대로 하고 어긋난 것이 많았기 때문이다.

처음에 갑사(甲士)에 소속되었는데 소(疏)를 올려 스스로 천거하자, 세조(世祖)가 그 사람됨을 장하게 여겨 발탁해 써서 병조정랑(兵曹正郎)이 되었고, 무자(戊子)에 문과에 장원으로 급제하고 또 남이(南怡)를 고발한 공으로 훈공(勳功)을 받고 무령군(武靈君)에 봉해져서 일품(一品) 지위에 올랐다.

성품이 음흉해서 한명회(韓明澮)가 귀하게 되는 것을 질투하고, 또 성종(成宗)이 그의 말을 갸륵히 여겨 받아들이는 것을 보고 소를 올려 한명회(韓明澮)의 발호(跋扈)하는 모습을 말했으나, 상(上)께서는 죄주지 않았다. 뒤에 임사홍(任士洪)·박효원(朴孝元)과 함께 현석규(玄錫圭)를 내쫓으려 하다가 계획이 실패하여 동래(東萊)로 귀양갔다.

일찍이 함양(咸陽)에서 놀다가 시를 지어 현판에 새겨 걸었더니, 김종직(金宗直)이 이 고을 수령(守令)으로 가서 말하기를,
"무엇하는 놈의 자광(子光)이 감히 현판에 새긴단 말이냐?"
하고 떼어서 불태우니 자광(子光)이 한스럽게 여기고 절치(切齒)했다.

---
1) 切齒 : 분해서 이를 가는 것

그러나 종직(宗直)이 임금의 사랑을 몹시 크게 받으므로 도리어 그를 사귀고, 졸(卒)했을 때도 울면서 만장(挽章)에 한유(韓愈)·왕통(王通)과 비했다. 한편 김일손(金馹孫)은 종직(宗直)에게 공부하다가 소를 올려 이극돈(李克墩)을 의논했는데, 사국(史局)을 열자 극돈이 당상관(堂上官)이 되어 일손(馹孫)의 사초(史草)를 보고 자광(子光)과 함께 노사신(盧思愼)·윤필상(尹弼商) 등과 손잡아 함께 밀고하고, 밤낮으로 일을 꾸며 드디어 일망타진(一網打盡)할 계획을 세웠다. 이에 간직된 종직(宗直)의 모든 문자(文字)를 모두 자수(自首)하게 하여 빈청(賓廳) 앞에서 불태우고, 여러 도(道)의 관사(官司)에 있는 현판도 모두 떼게 하여 함양(咸陽)에서의 원수를 갚았다.

중종(中宗)이 반정(反正)하자 자광은 녹훈(錄勳)되었으나 얼마 안 되어 대간(臺諫)이 번갈아 글을 올려 탄핵하여 귀양갔는데, 두 눈이 다 멀어 두어 해 뒤에 죽었다. 〈소대기년(昭代紀年)〉

최유회(崔有淮)가 딸로 해서 목매어 죽다

최유회(崔有淮)에게 딸이 있었는데 가야금을 잘 뜯자, 영상(領相) 한치형(韓致亨)이 그를 사랑하여 데려다가 첩을 삼았다.

그 뒤에 연산주(燕山主)가 후궁을 물색할 때 풍원위(豊原尉) 임숭재(任崇載)가 그녀를 천하고, 지사(知事) 구수영(具壽永)이 그녀를 궁중에 맞아들이게 하니, 연산주가 사랑하여 숙의(淑儀)에 봉했다.

그러나 어느 날 내연(內宴)에서 최녀(崔女)가 갑자기 통곡하자 연산주가 놀라서 물으니 대답하기를,

"듣자오니 아비가 병으로 돌아가시려 한다 하옵니다."

했다. 이에 연산주가 노해서,

"그 말이 과연 진실이냐?"

하고, 중사(中使)를 보내서 가보게 했더니, 유회(有淮)는 바야

흐로 병이 있기는 해도 죽을 지경은 아니었다. 그러나 그는 연산
주가 노했단 말을 듣고 두려워서 목을 매어 죽었다.
　중사(中使)가 사실대로 보고하자, 연산주는 말하기를,
　"만일 죽지 않았으면 형벌을 내리리라."
하고 형관(刑官)에게 명하여 시체를 실어오게 했다. 이튿날 이
사실을 아뢰자, 연산주는 술이 깨어서 비로소 후회하고 명하여
후히 장사지내게 하고, 참의(參議)의 증직을 내렸다. 〈청야만집
(靑野謾輯)〉

영산군(寧山君)은 마부(馬夫)의 옷으로 바꿔 입고　　말고삐를 잡아 임금의 수레를 모시다

　영산군(寧山君) 전(悛)은 성종(成宗)의 열세째 아들이다. 중
종(中宗)이 진성대군(晉城大君)으로 있을 때 임금을 모시고 곰사
냥을 하는데, 폐주(廢主)가 이르기를,
　"나는 흥인문(興仁門)으로 들어가고 너는 숭례문(崇禮門)으로
　들어가서 만일 뒤지는 자는 마땅히 군법(軍法)을 좇으리라."
했다.
　이에 중종(中宗)이 크게 두려워하자 영산군(寧山君)이 비밀히
고하기를,
　"걱정하지 마시옵소서. 내 말이 몹시 날랜데 내가 아니면 제
　어할 수 없습니다."
했다.
　드디어 마부의 옷으로 바꿔 입은 후 말고삐를 잡고 수레를 따
르니 그 빠르기가 나는 듯하여, 대궐에 이르러 조금 있으니 연
산주가 도착했으므로 중종이 드디어 화를 면할 수 있었다.
　이에 사람들이 말하기를,
　"영산(寧山)과 말은 모두 중종(中宗)을 위해서 때에 응하여 난
　것이다."

했다. 〈배계기문(涪溪記聞)〉

주계군(朱溪君)은 조종(祖宗)의 영혼을
저버리지 않다

　주계군(朱溪君) 심원(深源)은 효령대군(孝寧大君) 보(補)의 증
손이니, 자는 백연(伯淵)이요, 호는 성광(醒狂), 또는 묵재(默
齋)·태평진일(太平眞逸)이다. 한훤당(寒暄堂) 김굉필(金宏弼)의
문하(門下)에서 공부했는데, 자성(資性)이 엄명(嚴明)하고 학문
이 정밀하고 깊으며, 식감(識鑑)이 있었다.
　성종조(成宗朝) 때 대간(臺諫)이 임원준(任元濬) 및 그 아들 사
홍(士洪)의 간사한 것을 탄핵하다가 도리어 파면되었는데, 사홍
(士洪)의 아내는 곧 심원(深遠)의 고모(姑母)이므로 그 부자(父
子)의 정상(情狀)을 낱낱이 알기 때문에 대궐에 나아가 그 음흉
하고 간사한 것을 몹시 간해 말하기를,
　"상(上)께서 만일 듣지 않으시면 마침내 나라를 그르칠 것이
　오니, 신(臣)이 먼저 형벌을 받아 조종(祖宗)의 하늘에 계신
　영혼을 저버리지 않겠습니다."
하고 통곡하다가 나오니 상(上)께서 깨닫고 사홍(士洪)을 먼곳
으로 귀양보냈다.
　그러나 연산(燕山)의 정난(政亂)에 사홍이 나라의 권세를 쥐
자, 심원(深遠)과 그 두 아들을 죄로 얽어서 죽였다.
　사홍이 용사(用事)한 지 10년 동안에 사류(士類)들을 어육(魚
肉)으로 만들어 조정이 거의 기울어지자 사람들이 그 선견(先見)
에 복종했다. 중종조(中宗朝)에 증직을 내리고 정문(旌門)을 내
렸다. 〈동유사우록(東儒師友錄)〉

김처선(金處善)은 죽어서 시체를 범에게 먹히다

김처선(金處善)은 환관(宦官)으로서 매양 바른 말로 간하므로 연산주(燕山主)는 묵은 노여움을 발표하지 못하고 있었다.

일찍이 궁중에서 스스로 처용희(處容戲)를 하여 주색(酒色)에 빠져 인도(人道)를 차리지 않자, 처선(處善)은 집사람에게 이르기를,

"오늘 내가 죽으리라."

하고 들어가서 간곡히 말하기를,

"늙은 놈이 네 조정을 계속해서 섬겼사오나 고금에 군왕(君王)같이 하는 일은 없었습니다."

하자 연산주는 크게 노하여 활을 당겨 어깨에 맞히니, 처선은 말하기를,

"늙은 환자(宦者)가 어찌 감히 죽음을 아끼겠습니까? 다만 한스러운 것은 군왕께서 오래 국왕(國王)이 되지 못하는 것입니다."

하니, 또 한 화살을 쏘아 맞히고, 그 다리를 자르고 일어나서 걸으라 하니, 처선이 올려다보고 말하기를,

"그대는 이렇게 다리를 끊고도 걸을 수 있겠소?"

했다.

이에 연산주는 혀를 끊고 친히 배를 가르고 창자를 꺼내서 그것을 굶주린 범에게 주고, 조야(朝野)로 하여금 처선(處善)이란 글자는 쓰지 말라고 했다.

갑자(甲子) 정시(庭試)에 충정공(忠定公) 권발(權撥)이 책문(策文)으로 합격했는데, 고관(考官)이 되어서야 비로소 그 글 중에 처(處)자가 있는 것을 깨닫고 아뢰어 없애게 했다. 〈조야회통(朝野會通)〉

중종(中宗)이 반정(反正)한 뒤에 한 환관(宦官)이 일찍이 금강

산(金剛山)에서 놀다가 절에서 자는데, 밤중에 문 두드리는 소리
가 나더니 한 늙은 환관(宦官)이 거침없이 들어서므로 익히 보니
곧 처선(處善)이었다. 놀라고 두려워 어데서 오느냐고 묻자, 처
선은 말하기를,

"내가 원통하게 죽은 후로 혼백이 없어지지 않고 떠돌다가 이
산에서 놀고 있소. 갑자(甲子)와 무오(戊午)의 여러 어진 이들
이 모두 신설(伸雪)되었으나 홀로 이 몸만이 붉은 정성을 밝
히지 못하여 아직도 신설(伸雪)의 혜택을 입지 못했으니 바라
건대 그대는 불쌍히 여기라."

했다.

이에 그 환관(宦官)이 조정에 돌아와 위에 아뢰어 병인(丙寅)
에 정문(旌門)을 내렸다.

《中宗朝》

박원종(朴元宗)은 분연(奮然)히 이곽(伊霍)[1]의 뜻을 품다

박원종(朴元宗)은 순천(順天) 사람이니, 자는 백윤(伯胤)이다. 성종조(成宗朝)에 무과(武科)에 급제하고 연산조(燕山朝)에 도총관(都摠管)이 되어 평양군(平陽君)에 봉해졌다.

그 누이가 월산대군(月山大君)의 부인이 되었는데 연산(燕山)의 더럽힘이 된 것을 부끄러워하여 죽으니, 원종(元宗)은 마음 속으로 항상 분하게 여기고, 나라 일을 구원할 방법이 없는 것을 가슴 아파하며, 종묘와 사직과 생령(生靈)의 소중함을 생각하여 분연(奮然)히 이윤(伊尹)·곽광(霍光)의 뜻을 품고, 이에 성희안(成希顔)·유순정(柳順汀)과 함께 의논하여, 병인(丙寅) 9월 2일에 거의(擧義)하여 주(主)를 폐하여 군(君)으로 삼고, 중종(中宗)을 받들어 입승대통(入承大統)하게 했다.

나이 44세에 졸(卒)하니 벼슬이 영상(領相)에 이르고 시호는 무열(武烈)이며, 중종(中宗)의 사당에 배향(配享)했다. 〈인물고(人物考)〉

─────────────
1) 伊霍 : 이곽지사(伊霍之事)의 뜻으로, 폐립(廢立)하는 일을 일컬음.

송질(宋軼)이 밤에 홍귀달(洪貴達)의
원혼(寃魂)을 만나다

송질(宋軼)은 여산(礪山) 사람이니, 자는 가중(可中)이다. 성종(成宗) 정유(丁酉)에 문과에 급제하여 벼슬이 영상(領相)에 이르렀다.

연산(燕山) 갑자(甲子)에 문광공(文匡公) 홍귀달(洪貴達)이 사사(賜死)의 명령을 받았을 당시 송질(宋軼)은 용천역(龍川驛)에서 자고 있었는데 밤에 갑자기 찬 기운이 멀리서 오더니 소리가 있기를,

"가중(可中)은 자는가?"

했다. 송(宋)은 그 소리를 듣자 그가 홍(洪)이라는 것을 알고

"겸선(兼善)인가?"

하니 그렇다고 했다.

이내 홍(洪)은 창문을 열고 들어와 말하기를,

"나는 이미 죽었는데, 일기가 차서 시체가 얼었으니 원컨대 더운 술을 청하노라."

했다. 이에 술을 따뜻이 하여 앞에 놓았더니 술 마시는 소리만 나고, 술이 줄지는 않는다. 한참 후에 그는 말하기를,

"찬기운이 조금 풀렸으니 고맙네."

하고 드디어 작별하고 갔다. 〈조야회통(朝野會通)〉

정광필(鄭光弼)은 사형(死刑)의 도구가 머리에
당했는데도 신색(神色)이 변치 않다

정광필(鄭光弼)은 동래(東萊) 사람이니, 자는 사훈(士勛)이요, 호는 수천(守天)이다. 성종(成宗) 임자(壬子)에 진사(進士)가 되

고 문과에 급제하여 처음에 학유(學諭)·녹사(錄事)·직장(直長)
등의 관원에 임명되었는데 사소한 벼슬을 낮게 여기지 않고 직책
에 나가기를 더욱 부지런히 했다.

좌상(左相) 이극균(李克均)이 한 번 보고 기이히 여겨 공보(公
輔)의 인재로 기약하더니, 극균(克均)이 성종실록(成宗實錄)의
총재(摠裁)가 되자 공을 도청(都廳)에 발탁하여 편찬(編纂)을 온
전히 맡기니 이로부터 나갈 길이 크게 열렸다.

공이 김탁영 일손(金濯纓馹孫)과 함께 모두 양남(兩南) 어사
(御史)의 명을 받고 용인(龍仁)을 지나다 같이 여점(旅店)에서
자는데, 탁영(濯纓)이 강개(慷慨)하여 세상 일을 이야기함에 과
격한 말이 많자 공은 여러 번 이를 중지시켜 말하기를,

"말을 그렇게 하는 것이 아니다."

고 했으나 탁영(濯纓)은 문득 분연(奮然)히 말하기를,

"사훈(士勛)은 어찌 그렇게 비루한 말을 해서 어찌 갑자기 기
절(氣節)도 없는 부유(腐儒)가 되는가?"

했다.

공이 암행어사(暗行御史)가 되어 진도(珍島)에 갔을 때, 벽파
정(碧波亭)에 이르러 머뭇머뭇하다가 해가 저물었다 핑계하고 나
룻가 여점(旅店)에서 자니 나룻가 백성들이 그가 보통 사람이 아닌
것을 알고 달려가서 관청에 보고하자, 수령은 아전들을 시켜 밤
새워 문부(文簿)를 정리해 놓고 기다렸다.

이튿날 느지막에 비로소 천천히 군(郡)에 들어가, 다만 구리
로 만든 수저 몇 개를 가지고 돌아왔는데 그것만으로도 수령은
파면되었다. 어떤 사람이 그 까닭을 묻자 공은 말하기를,

"군(郡)이 먼 섬에 있고, 수령이 또한 무부(武夫)이니 반드시
법을 벗어나 함부로 한 것이 많을 것인데 만일 바로 관청에 가
서 문부(文簿)를 압수한다면 저 사람은 반드시 죽음을 당할 것
이니, 나는 차마 그렇게 할 수 없었노라."

하니 사람들이 그 아량에 탄복했다.

연산조(燕山朝) 때 소(疏)를 올려, 여색(女色)을 좋아하고 함
부로 노는 것을 간하며 말을 곧게 하는 것이 많자 연산주(燕山

主)는 크게 노해 명하여 가까이 듣게 하여 말하기를,

"네 어찌 나를 망국(亡國)의 임금에 비했는가?"

하고 역사(力士)에게 명하여 잡아내려 묶어 놓은 다음, 연산주는 칼을 가져다가 무릎 위에 가로놓고서 말하기를,

"내가 이 칼을 칼집에서 다 빼는 것을 보거든 즉시 베라."

하고, 서서히 칼을 빼니 서리 같은 칼빛이 사람을 비추어 옆에 모시고 있던 사람들이 부들부들 떨었다. 이때 역사(力士)는 도끼를 들고 그 칼이 다 빠지기를 기다리고 있는데 공의 얼굴빛은 오히려 변치 않고 응대(應對)하는 것에 착오가 없었다. 이에 연산주는 칼을 도로 꽂고 탄식하기를,

"참으로 열사(烈士)로다."

했다.

이때 공은 드디어 아산(牙山)으로 귀양갔는데, 당시 법령이 몹시 엄해서 귀양간 사람은 자유를 얻지 못했다. 이에 공은 비를 들고 관문(官門)을 지키는 데 조금도 싫어하고 괴로워하는 빛이 없었다. 중종(中宗)이 반정(反正)하자 찬성(贊成)이 되었다가 오래지 않아 입상(入相)했다.

기묘(己卯) 겨울에 공이 홀로 북문(北門)의 변을 당하여 임금의 위엄을 범했으나 형벌을 늦추었으니 어육(魚肉)을 당하는 화를 공의 힘으로 면하게 되었다. 이보다 하루 먼저 새벽에 남곤(南袞)이 찢어진 갓에 추레한 무명옷을 입고 짚신을 신고서 공의 집에 이르러 문지기를 불러 말하기를,

"급히 들어가서 손님이 왔다고 고하라."

했다.

문지기는 그가 남곤(南袞)임을 알고 들어가 고하기를,

"손님이 오셨는데 그 모습을 보니 남판서(南判書)이온데, 다만 의관이 초라하여 천인(賤人)의 모습입니다."

했다. 이에 공이 나가보니 과연 남곤이라, 괴이히 여겨 묻기를,

"공은 어찌해서 이런 짓을 하시오?"

하자, 곤은 그 까닭을 모두 이야기하고 나서 말하기를,

"만일 한 사람이라도 이 무리들을 남겨두면 그 해가 무궁할
것이오. 오늘 상(上)께서 반드시 공을 불러 의논하실 것이니,
공이 힘써 상의 뜻을 좇아서 다 죽여 없애고 하나도 남기지
않은 뒤에라야 나라의 형세가 편안할 것이오. 만일 그렇지 않
으면 반드시 후회함이 있을 것이오."

하여, 혹은 위태로운 말로 겁을 주어 놀라게도 하고, 혹은 달콤
한 말로 달래기도 했다.

그러나 공은 정색(正色)하고 말하기를,

"그대가 재상의 몸으로 천인의 복색을 하고 온 도읍 안을 거
쳐서 왔으니 이는 곧 크게 놀랄 일이고, 사림(士林)을 모해
(謀害)하는 일은 나의 뜻이 아닌데 어찌 갑자기 이런 짓을 하
겠는가?"

하니, 곤은 크게 노하여 소매를 뿌리치고 일어나서 갔다.

그날 밤 이경(二更)에 신무문(神武門)을 열고 여러 재상을 들
이는데, 공은 수상(首相)으로서 임금의 부름을 받고 들어가 울
면서 몹시 간하기를,

"나이 젊은 유사(儒士)들이 시의(時宜)를 알지 못하고 망녕
되이 옛 일을 이끌어다가 지금 시행하려고 한 것뿐이오니 어
찌 딴 뜻이 있었겠습니까? 조금만 너그러이 용서하시옵소
서."

하는데 말을 하면서 눈물이 흘러 옷깃이 다 젖으니, 임금은 급
히 일어나서 내전(內殿)으로 들어가 버렸다.

이에 공은 뒤쫓아가면서 옷깃을 잡고 머리를 조아리니 눈물
이 흘러 목이 모두 젖었다. 이때 공은 또 남곤(南袞) 등을 돌아
다보고 이르기를,

"그대들이 성주(聖主)를 보필하면서 어찌 유자광(柳子光)의 일
을 행하려고 하는가?"

했다.

공은 원래 신상 용개(申相用漑)와 극진히 친하게 사귀더니 임
금이 묻기를,

"경(卿)은 친구가 있는가?"

하자, 대답하기를,

"신(臣)은 친구가 없사옵고 다만 신용개(申用漑) 한 사람뿐입니다."

했는데 그 뒷날 신공(申公)이 입대(入對)했을 때, 벗이 있느냐고 묻자 그는 대답하기를,

"정광필(鄭光弼)이 신(臣)의 벗입니다."

하자, 임금은 말하기를,

"경(卿)들 두 사람은 가히 지기(知己)의 벗이로다."

했었다. 그 후 기묘(己卯)의 화가 있었을 때 신공(申公)은 이미 몰(歿)했었는데, 공이 탄식하기를

"신공(申公)이 만일 있었으면 반드시 능히 이 화를 진정시켰을 것인데 일찍 가서 나로 하여금 혼자 당하게 한 것이 한스럽도다."

했다.

처음에 장차 현량과(賢良科)를 설치하려 하자, 공이 홀로 옳지 않다고 주장하여 말하기를,

"현량(賢良)이란 이름이 비록 좋기는 하오나 삼대(三代) 이후에 있어서는 진실로 할 것이 못 됩니다."

했는데, 중종(中宗)이 듣지 않더니 이때에 이르러 온 조정이 폐지하기를 청하는데도 공이 홀로 폐지해서는 안 된다고 하자 임금이 말하기를,

"경의 소견이 매양 당시 의논과 반대되는 것은 무슨 까닭인가?"

하니, 대답하기를,

"신이 당초에는 옳지 못하다고 주장했사오나, 이제 이미 과(科)를 설치하여 사령을 주고 벼슬을 제수했사온데 어떻게 폐지하겠습니까? 한 번 설치하고 한 번 폐지하는 것은 국가의 정령(政令)을 이같이 뒤바꾸는 것이니 결코 마땅치 않습니다."

했으나 임금은 듣지 않고, 공은 이내 곧 정승에서 파면되었다.

정해(丁亥)에 남곤이 죽자 다시 정승으로 들어갔는데, 이때

김안로(金安老)가 정권을 잡아 공을 배척하여 죽이려고, 공이
일찍이 희릉총호사(禧陵摠護使)가 되어 선후(先後)를 불길(不吉)
한 곳에 봉안(奉安)했다 하는 죄를 얽어 만들어 중한 법을 쓰기
를 청하니 임금이 명하여 김해(金海)로 귀양보냈다.

　공은 이보다 먼저 책망을 받고 파면되어 회덕(懷德)에서 생활
했는데 뜻밖에 형리(刑吏)가 달려오므로 집사람이 모두 놀라서
울었으나, 공은 바야흐로 손님과 쌍륙(雙六)놀이하는 소리를 그
치지 않다가 판이 끝난 후에 귀양의 명령을 전하자, 머리를 조아
리면서 말하기를,

　"상은(上恩)이 지극하십니다."

하고, 밤이 되어 자리에 들었는데 코고는 소리가 천둥과 같았으
며, 이튿날 아침에 행장을 갖추어 길을 떠나는데 조금도 다른
기색이 없었다.

　공이 젊었을 때 꿈에 시를 지어,

　"쌓인 비방이 산과 같으나 마침내 용서를 받았으니, 이 삶이
천은(天恩)에 보답할 길 없네. 열 번 높은 재에 올라 두 줄기
눈물이 나고, 세 번 긴 강을 건너니 홀로 넋이 끊어지네. 아득
한 높은 산에 구름이 먹처럼 피어 오르고, 끝없는 큰 들에 비
가 항아리로 쏟아지네. 늦게 바다로 임한 동쪽 성 밖에 이르
니, 떠집 쓸쓸히 대나무로 문을 만들었네.〔積謗如山竟見原 此
生無路答天恩 十登峻嶺雙垂淚 三渡長江獨斷魂 漠漠高山雲潑墨
茫茫大野雨飜盆 暮投臨海東城外 茅屋蕭蕭竹作門〕"

라 했는데, 이때에 빗 속에 배소(配所)에 도착하니 그 보는 바가
한결같이 꿈 속에 지은 시와 같았다.

　이미 적소(謫所)에 있어 화가 조석(朝夕)으로 있으니, 자제들은
모두 공이 있는 곳으로 가고 부인만이 홀로 집에 있어 울면서
계집종으로 하여금 원계채(元繼蔡)에게 가서 소식을 탐지해 오게
했다. 원(元)은 곧 공의 연인(連姻)이었다.

　계채(繼蔡)는 아무런 방법이 없어서 점장이 김효명(金孝命)을
불러 점을 치게 했더니, 그는 대답하기를,

　"아직 십여 년의 복록(福祿)이 있으니 조정 의논이 비록 드높

174

아도 끝내는 반드시 무사할 것입니다. "
했다. 그러나 말을 마치기도 전에 사람이 와서 고하기를,
  "대론(臺論)이 일어난 지 오래다. "
하자 그 계집종은 점장이를 껴안고 가슴을 치면서 말하기를,
  "일이 이미 이와 같거늘 네 말은 무엇이냐? "
하니, 효명(孝命)은 말하기를,
  "내가 점쳐본 것으로 보건대, 만에 하나도 그럴 이치가 없는데
  도 일이 이미 이렇게 되었으니 낸들 또한 어찌하겠는가? "
하고 드디어 달아나버렸다. 그런데 조금 있다가 사람이 와서 고
하기를,
  "대계(臺啓)가 윤허를 얻어 이미 흩어진 뒤에 감사(減死)의
  명령이 내려졌다. "
고 했다.
  정유(丁酉)에 안로(安老)가 패하자 영중추(領中樞)로 공을 부
르니, 종이 저보(邸報)를 가지고 밤새도록 달려 밤중에 적소(謫
所)로 가서 발이 부르트고 입이 말라 말을 못하고 쓰러지자 자
제들이 놀라서 주머니를 뒤져 글을 보니 곧 희보(喜報)였다. 이
것을 공에게 알렸으나 공은 다만 말하기를,
  "그러냐? "
하고 그대로 코를 골고 달게 자다가 이튿날 아침에 그 글을 보
고 서울로 돌아오니, 서울 사람들이 손을 이마에 얹었다.
  공은 지감(知鑑)이 있어 매양 먹고 남은 밥을 다만 손자 유길
(惟吉)과 증손 지연(芝衍)에게만 주어 먹게 해 다른 자제들은 얻
어 먹지 못했다. 이상 헌국(李相憲國)이 자기 척질(戚姪)을 가뵙
게 했더니, 공이 마침 식사를 하다가 익히 보더니 밥을 남겨 주
었다. 이에 계집종이 눈웃음을 치면서 말하기를,
  "이 아이도 역시 정치에 참여하려는가? "
했더니 그 아이는 과연 뒤에 정승의 지위에 올랐다. 〈인물고
(人物考)·이원명찬 동야휘집(李源命撰東野彙輯)〉

안당(安瑭)은 화(禍)가 일어날 때
자라의 요괴(妖怪)가 있었다

안당(安瑭)은 순흥(順興) 사람이니, 자는 언보(彦寶)요, 호는 영모재(永慕齋)이다. 성종(成宗) 신축(辛丑)에 문과에 급제하고 중종(中宗) 무인(戊寅)에 대배(大拜)하여 좌상(左相)에 이르렀다.

평생에 자라를 먹기 좋아하여 때로 여러 강에 가서 구하니 어부(漁夫) 중에도 공이 좋아한다는 말을 듣고 갖다 바치는 자도 있었다.

신사(辛巳)에 화가 생기기 전에 동전만한 조그만 자라가 마루 밑이나 안팎 뜰 가운데 무수히 흩어져 다녀, 다 잡아 없앨 수가 없어서 항아리를 마당 가운데에 놓아 두고, 잡아 넣어 항아리가 차면 그것을 강에 갖다 버렸는데, 이러한 일이 1년 동안 계속되자 아들 처겸(處謙)이 모함을 받아 죽고, 공도 역시 연좌되어 죽으니, 화가 생긴 것이 자라로 인한 것은 아니지만 또한 자라의 요괴(妖怪)가 아니겠는가. 〈송와잡기(松窩雜記)〉

송사련(宋祀連)의 어머니는 곧 안당(安瑭)의 아버지 사예(司藝) 돈후(敦厚)의 비첩(婢妾) 소생이다. 교활하고 부도덕한 말을 하여 사예(司藝)가 매를 때려 외가(外家)로 내쫓았더니 송린(宋璘)에게 시집가서 사련(祀連)을 낳자, 당(瑭)은 자기의 아들처럼 여겨 그의 집에 출입시켜 믿고 사랑했다.

그러나 이때에 이르러 당(瑭)의 아들 처겸(處謙)이 시산정(詩山正) 정숙(正叔) 등과 함께 수작하는 말을 듣고, 스스로 계교가 생긴 것을 다행히 여겨 당의 부인의 초상 때 조객록(吊客錄) 및 발인(發靷)할 때의 역군(役軍)의 명부를 가져다가 상변(上變)해서 드디어 옥사(獄事)를 이루었다. 〈기년통고(紀年通考)〉

심정(沈貞)이 현판에 썼던 것을 급히 고치다

심정(沈貞)은 풍산(豊山) 사람이니, 자는 정지(貞之)요, 호는 소요당(逍遙堂)이다. 진사(進士)로서 연산(燕山) 임술(壬戌)에 문과에 급제했으며, 중종(中宗) 병인(丙寅)에 정국공(靖國功) 3등에 기록되고 화산부원군(花山府院君)에 봉해지고, 정해(丁亥)에 대배(大拜)하여 좌상(左相)에 이르렀다.

기묘사화(己卯士禍) 후에 소요정(逍遙亭)에서 쉬고 있을 때 시를 지어 현판에 써서 정자에 걸었는데, 그 첫 구에

'청춘에는 사직을 붙들었고, 백수(白首)는 강호(江湖)에 누웠네. 〔靑春扶社稷 白首臥江湖〕'

라고 했다.

어느 날 밤 꿈에 어떤 젊은 사람이 문을 열고 들어오더니 정(貞)의 머리털을 잡고 수죄(數罪)하기를,

"네가 사화(士禍)를 만들어서 착한 사람들을 거의 다 죽여서 종묘 사직이 엎어지게 되었는데, 네 어찌 감히 부사직(扶社稷)와 강호(臥江湖)란 말을 써서 시를 지어 현판을 만드느냐? 네가 만일 급히 부(扶)자와 와(臥)자를 고치지 않으면 내 마땅히 네 머리를 베리라."

했다.

이에 정(貞)이 떨면서 엎드려 사과하기를,

"부(扶)자는 위(危)자로, 와(臥)자는 칩(蟄)자로 고치면 어떻겠습니까?"

하자, 그 사람은 말하기를,

"아니다."

했다.

정(貞)이 다시

"그러면 마땅히 무슨 글자로 고치면 되겠습니까? 원컨대 가르쳐 주시옵소서."

하니, 그 사람은 말하기를,

"부(扶)자는 경(傾)자로 고치고, 와(臥)자는 오(汚)자로 고치
도록 하라."

했다. 정은 말하기를,

"명령대로 하겠습니다."

했다.

정의 오세손(五世孫) 노(魯)의 소요정 감고시(逍遙亭感古詩) 첫
째 구에 말하기를,

"옛 한스러운 것은 물결로도 씻을 수 없으니, 새로운 근심은
술로 달래려 하네. 〔舊恨波難洗 新愁酒欲春〕"

했으니, 이는 대개 선조의 허물을 미루어서 한탄하는 뜻이 있었
던 것이다. 〈청구야담(青邱野談)〉

심의(沈義)가 형을 속여 밭을 빼앗다

심의(沈義)는 좌상(左相) 정(貞)의 아우이니, 자는 의지(義之)
요, 호는 대관재(大觀齋)로서 문장에 능했다. 중종(中宗) 정묘
(丁卯)에 진사가 되고 문과에 급제하여 벼슬이 이조좌랑(吏曹佐
郞)에 이르렀다.

성질이 일을 알지 못하고 바보로 자처(自處)하고 숨어 있어
화를 면했다. 일찍이 형의 집에 가서 쥐구멍을 보고 말하기를,

"이것은 형님이 다음 날 나가고자 해도 얻을 수 없을 것이니
오늘 시험삼아 나가보시는 것이 어떻겠습니까?"

하니, 정(貞)은 대답하지 않았다.

뒤에 정(貞)이 화를 입자 의(義)가 와서 곡하면서 말하기를,

"쥐구멍이 저기 있는데 형님은 어디 가셨소?"

했다. 정(貞)이 비록 사람들을 시기하고 해치기는 했으나 우애
(友愛)가 천성에서 나왔었다.

일찍이 정이 남곤(南袞)과 함께 소재(小齋)에서 일을 의논하는

데, 의(義)가 밖으로부터 와서 창을 밀치고 말하기를,

"두 명의 소인(小人)이도다."

하니, 곤(袞)이 크게 노하여 얼굴빛이 변하거늘, 정이 태연히 말하기를,

"내 아우는 본래 바보이니 원컨대 공은 그를 용서하시옵소서."

했다.

의(義)는 형의 지위가 높고 권세가 당당해 전원(田園)을 많이 가진 것을 보고 마음 속으로 몹시 기뻐하지 않더니, 어느 날 새벽에 잠에서 깨어 울면서 말하기를,

"꿈에 아버지 어머니를 뵈었더니 아버지 말씀이, '너는 내 작은 아들이어서 내가 몹시 생각하여 어느 밭과 어느 종은 너에게 주려고 하다가 그대로 죽었으니 끝내 이 일을 잊지 못하겠구나' 하셨습니다. 그래서 슬픈 마음에 우는 것입니다."

했다.

이에 정은 크게 감동되어 말하기를,

"부모께서 너를 생각하시는 것이 지극하시다니 내 어찌 이 물건을 아껴서 지하에 계신 영혼을 위로해 드리지 않으랴."

하고, 즉시 문서를 만들어 주었다. 그러나 정은 뒤에 속은 것을 알고, 의의 뜻을 시험해 보기 위해 역시 새벽에 일어나 거짓 슬픈 체하면서 말하기를,

"부모의 말씀이 전택(田宅)과 노비를 나에게 주려다가 그대로 죽었다고 하시므로 내가 이 때문에 슬퍼한다."

하니, 의는 말하기를,

"봄 꿈을 어찌 다 믿을 수 있으리오."

하니 정은 크게 웃을 뿐이었다.

의는 서경덕(徐敬德)·성세창(成世昌)과 벗을 삼았는데, 세창(世昌)은 의와 가까운 이웃에서 살았다. 어느 날 의는 세창(世昌)의 동산에서 말리던 세 필의 비단을 몰래 가져가는데 그 집 계집종이 소리치기를,

"심좌랑(沈佐郞)이 비단을 다 가져갑니다."

하니, 세창의 부인이 급히 다른 비단 세 필을 보내면서 말하

기를,

　"그 비단으로는 겉옷을 하려 하는 것이니 원컨대 이것으로
바꿔 가십시오."

하자, 의는 사례하기를,

　"이미 겉감을 얻고 또 속감을 얻었으니 부인께서 내 마음을
아십니다."

하고, 그것을 잘라서 5·6개를 만들어 길가는 사람들에게 나누
어 주었다. 〈소대기년(昭代紀年)〉

이행(李荇)이 녹사(錄事)로 하여금
말에서 떨어지게 하다

　이행(李荇)은 덕수(德水) 사람이니, 자는 택지(擇之)요, 호는
용재(容齋)이다. 연산주(燕山主) 갑자(甲子)에 문과에 급제하고
중종(中宗) 경인(庚寅)에 대배(大拜)하여 좌상(左相)에 이르렀다.

　공은 신장(身長)이 10척이요, 얼굴이 모나고 수염이 많았다.
종남산(終南山) 밑 청학동(靑鶴洞)에 집을 짓고 스스로 호를 청
학동인(靑鶴洞人)이라 했다. 복숭아나무와 버드나무를 심어 놓고
관청에서 돌아오면 지팡이를 짚고 거닐어 마치 야로(野老)와 같
았다.

　어느 날 녹사(錄事)가 어두울 무렵에 기별을 가지고 들어서는데
어떤 사람이 짚신을 신고 추레한 옷을 입고서 어린 동자(童子)를
데리고 동문(洞門)에서 나오고 있다. 녹사(錄事)는 말을 타고 지
나가면서,

　"정승은 집에 있는가?"

하고 묻자 공은 서서히 돌아보면서 말하기를,

　"전할 말이 있는가? 내가 여기 있네."

하니, 녹사는 놀라 그만 말에서 떨어지고 말았다. 〈명신록(名臣
錄)〉

안로(安老)의 모함에 빠져서 함종(咸從)으로 귀양갔다가 적소(謫所)에서 졸(卒)하니 나이가 57세였다. 시호는 문헌(文憲)이다.

일찍이 원접사(遠接使)가 되었을 때 중국 사신이 공의 용모가 잘생기지 못한 것을 보고 예로 대접하지 않더니 그의 화답한 글을 보고서는 비로소 깊이 탄복하여 글을 써서 부사(副使)에게 주어 말하기를,

"이 사람은 시단(詩壇)의 노장(老將)이니 아예 경솔히 글을 짓지 마라."

고 했다. 〈지봉유설(芝峰類說)〉

장순손(張順孫)은 고양이를 보고 삶을 얻다

장순손(張順孫)은 인동(仁同) 사람이니, 자는 자호(子浩)이다. 성종(成宗) 을사(乙巳)에 생원(生員)이 되고 문과에 급제했다.

젊었을 때 모양이 돼지 머리와 같아서 동배들이 돼지머리라고 놀려댔다. 어느 날 연산주(燕山主)가 성주(星州) 기생을 좋아하여 종묘(宗廟)의 제사가 파한 뒤 제사에 쓴 고기를 궁중에 보내면서 돼지머리를 주자 기생은 이것을 보고 웃었다.

이에 연산주가 노해서 말하기를,

"순손(順孫)은 너의 사랑하는 남자일 것이니, 속히 돼지머리를 베어서 바치라."

했다.

이때 집에서 밥을 먹고 있던 순손은 잡아 오라는 명령을 받고 길에 올라 함창(咸昌)의 공검지(公儉池) 밑에 이르렀는데 갈림길에서 고양이가 길을 건너뛰는 것을 보았다. 이에 순손이 금오랑(金吾郎)에게 말하기를,

"내가 예전에 과거보러 갈 때 고양이가 길을 건너가는 것을 보면 반드시 합격했었다. 그런데 오늘 또 갈림길에서 고양이

를 보았으니 이 길로 가면 몹시 좋겠구나. 청컨대 이 길로 가
고자 하노라. "
하자, 금오랑(金吾郎)도 이를 허락했다.

이때 바야흐로 선전관(宣傳官)이 속히 돼지머리를 베라는 명
령을 받들고 내려오다가 선전관(宣傳官)은 큰 길로 내려가고,
금오랑과 순손은 갈림길로 해서 올라가는데 상주(尙州)에 이르
러서 도사(都事)가 비밀히 반정(反正)의 기미를 듣고 서서히 가
므로 조령(鳥嶺)에 이르렀을 때는 중종(中宗)이 이미 즉위한 뒤
였다.

이리하여 순손은 죽음을 면하고 여러 벼슬을 거쳐 병조판서
(兵曹判書)에 이르러 김안로(金安老)와 같은 당(黨)이 되자 대간
(臺諫)에서 탄핵하여 삭직(削職)되었으나 얼마 안 되어 서용(叙用)
되어 우상(右相)이 되고 영상(領相)에 이르렀다. 시호는 문숙(文
肅)이다. 〈인물고(人物考)〉

이항(李沆)은 정암(靜庵)의 죽음을 듣고서도
밤잔치를 거두지 않다

이항(李沆)은 성주(星州) 사람이니, 자는 호숙(浩叔)이요, 이
조참의(吏曹參議) 세인(世仁)의 아들이다. 연산주(燕山主) 신유
(辛酉)에 진사(進士)가 되고 문과에 급제했다.

중종(中宗)이 반정(反正)한 처음에 아버지 세인(世仁)이 간장
(諫長)으로 곧다는 소리가 있었으나 항(沆)은 아무런 행실이 없
어서 사류(士類)에 용납되지 못했다.

기묘(己卯)에 경상우도 감사(慶尙右道監司)가 되어 좌도감사
(左道監司) 문근(文瑾)과 함께 모이기로 약속했는데, 마침 이날
조광조(趙光祖) 등이 죄를 입었다고 와서 말하는 자가 있으므로
근(瑾)은 추연(愀然)히 병을 칭탁하고 방으로 들어가고, 항(沆)
은 밤새워 잔치하고 즐기더니 얼마 안 되어 대사헌(大司憲)에

임명되었다.

이때 함양 군수(咸陽郡守) 문계창(文繼昌)이 시를 지어 보내기를,

"공의 이번 길이 신선되는 것과 같은데, 상 위의 술안주는 모름지기 이기(利器)로 끊었어야 하리. 밭 위에 어찌 새 굴의 토끼가 없으랴. 마침 한 수리가 가을 하늘로 올라가는 것을 보리. 〔明公此去似登仙 盤錯應須利器剸 畎後豈無三窟兎 會看一鶚上秋天〕"

했는데 항(沆)은 자기를 기롱한 것인지도 알지 못하고 기뻐했다. 〈동각잡기(東閣雜記)〉

김안로(金安老)는 비록 귀했으나
다만 칡에서 죽었다

김안로(金安老)는 연안(延安) 사람이니, 자는 이숙(頤叔)이요, 호는 보락당(保樂堂)이다. 신유(辛酉)에 생원·진사가 되고, 중종(中宗) 병인(丙寅)에 문과에 장원으로 급제했다.

젊었을 때 관동(關東)에서 노는데, 신인(神人)이 시를 읊기를,

"봄은 우(禹)임금의 발자취 산천 밖에 무르익고, 풍류는 우(虞)나라 조정 조수 사이에 아뢰네. 〔春融禹迹山川外 樂奏虞廷鳥獸間〕"

하고, 계속해서 말하기를,

"이것은 곧 너의 후일에 길을 얻을 말이다."

했다.

그 이듬해에 정시(庭試)에 응하자 연산주는 율시(律詩) 6편을 내어 시험을 보이는데, '春日梨園弟子沈香亭畔閱樂譜'라는 제목에 압운(押韻)은 간(間)자였다. 안로(安老)는 그가 들은 글귀를 여기에 맞는 것을 생각하고 써서 내었더니 고관(考官)으로 있던 강혼(姜渾)이 크게 칭찬하고 장원으로 뽑았다.

이때 모재(慕齋) 김안국(金安國)이 참시(叅試)했다가 말하기를,

"이것은 곧 귀신의 말이요, 사람의 시가 아니로다."

하고 급히 안로에게 물으니 그가 사실대로 대답하자, 사람들은 그 시감(詩鑑)에 탄복했다. 〈소화평(小華評)〉

안로는 또 중국 점장이에게 운명을 물었더니 대답하기를,

"몹시 귀하기는 하지만 다만 칡〔葛〕에서 죽으리라."

했다. 그 뒤 정유(丁酉)에 이르러 배척을 받고 진위(振威) 갈현(葛峴)에 이르러 사사(賜死)되니 그 말이 과연 맞았다. 〈인물고(人物考)〉

안로가 '鞦韆律詩'로 문과에 장원으로 뽑혔는데 그 시에 말하기를,

"동쪽 바람이 불어서 조그만 복숭아 같은 뺨을 때리니, 절기가 그네 뛸 때에 박두하여 비가 먼지를 씻네. 수놓은 신이 꽃을 차니 붉은 이슬에 젖고, 가느다란 손이 버들가지를 휘잡으니 푸른 연기가 열리네. 처음에는 옥을 희롱하여 퉁소를 불고 가는가 의심했으나 도리어 날으는 구슬이 학을 타고 오는가 의아하네. 반 신선이 놀이를 하는 것이 참으로 우스운데, 경양(景陽)의 병화(兵禍)가 이것으로 원인이 되었네. 〔東風吹破小桃腮 節迫秋千雨洗埃 繡舃掠花紅露濕 纖肢擎柳綠烟開 初疑弄玉吹簫去 還訝飛瓊御鶴來 堪笑半仙眞戲劇 景陽兵禍是成胎〕"

했다. 〈지봉유설(芝峰類說)〉

벼슬이 영상(領相)에 이르렀다.

조광조(趙光祖)의 대사헌(大司憲) 3일에
남녀가 길을 달리하다

조광조(趙光祖)는 한양(漢陽) 사람이니, 자는 효직(孝直)이요, 호는 정암(靜庵)이다.

나이 17세에 아버지 원강(元綱)이 어천찰방(魚川察訪)이 되었
는데, 이때 한훤당(寒暄堂) 김굉필(金宏弼)이 희천(熙川)에 귀
양가 있었다. 이에 광조(光祖)는 그를 좇아 따라서 학문을 하는
큰 방법을 얻어 들었다.

이때 굉필(宏弼)이 꿩을 뜰에 말려 제사에 쓰려고 했는데, 지
키던 자가 조심하지 않아서 고양이에게 도둑을 맞았다. 굉필이 화
를 내고 그 사람을 책망하자 광조가 말하기를,

"조상을 받드는 정성이 비록 간절하더라도 군자(君子)는 말하
는 사이에 살피지 않으면 안 됩니다."

하니, 굉필이 그의 손을 잡고 사례하기를,

"나도 역시 이내 후회했는데 네 말이 다시 이러하니 나는 부
끄럽고 탄복함을 감추지 못한다. 그러니 네가 곧 나의 스승이
요, 내가 너의 스승이 아니다."

했다.

경오(庚午)에 진사로서 문과에 장원으로 급제하고, 기묘(己卯)
에 대사헌(大司憲)이 되니 백관(百官)들이 그 위의(威儀)를 바라
다보고 탄식하지 않는 자가 없어서 말이 입에서 나오지 않았고,
부임한 지 3일만에 남녀가 길을 달리했으니, 그 한 세상의 복종
을 받은 것이 이와 같았다.

10월에 화가 일어나서 능주(綾州)로 귀양갔다가 12월 20일에
사사(賜死)되었는데, 그 절명시(絶命詩)에 말하기를,

"나라 근심하기를 집안 근심하듯 하고, 임금 사랑하기를 아비
사랑하듯 하네. 하늘의 해가 붉은 마음에 비치니, 밝고 분명
하게 아래 땅에 비치네. 〔憂國如憂家 愛君如愛父 天日照丹衷 昭
昭臨下土〕"

라고 했다. 이때 나이 38세인데 영상(領相)을 증직했고, 시호는
문정(文正)이요, 문묘에 배향되었다. 〈유선록(儒先錄)〉

정암(靜庵)이 사사(賜死)했을 때 그 아우 숭조(崇祖)가 가서
길 가에서 우는데, 한 늙은 할머니가 산골짜기로부터 울면서 와
서 묻기를,

"대인(大人)은 어찌해서 우시오?"

묻자 숭조(崇祖)는 대답하기를,

"우리 형님이 죽었기 때문에 울지만, 늙은 할머니는 무슨 일로 우시오?"

하고 물었다. 그녀가 말하기를,

"들으니 조정에서 조광조를 죽였다고 하니 착한 사람이 죽었으므로 백성이 살아갈 수 없겠기로 우노라."

했다. 〈기묘록(己卯錄)〉

황해도 강령군(康翎郡)에서 세 사람이 밭에서 김을 매다가, 그 중 한 사람이 말하기를,

"가뭄이 심하니 올해도 반드시 흉년이 들 것이다. 근래에 조재상(趙宰相) 광조(光祖)가 몹시 맑고 간결하여 백관(百官)들이 두려워하고 공경해 각 도(道)와 주군(州郡)이 절대로 간사한 일이 없으니 이로써 온 고을 안에 전혀 떠들고 부르는 아전이 없었는데 이제 들으니 귀양갔다가 이미 죽었다고 하니, 천재(天災)가 이로 말미암아 생길까 두렵다."

하자, 그 중 한 사람이 서울로 가서 고발하여 즉시 그를 잡아다 고문해 마침내 지독한 형벌을 받게 했으며, 같이 김매던 한 사람은 고발하지 않은 죄로 벌을 주었으며, 고발한 자에게는 포목을 상으로 주었다. 〈소대기년(昭代紀年)〉

성수침(成守琛)은 당시 세상의 일민(逸民)[1]

성수침(成守琛)은 창녕(昌寧) 사람이니, 자는 중옥(仲玉)이요, 호는 청송(聽松)이다. 풍도(風度)와 모습이 평화롭고 순수하며 학행(學行)이 순전히 갖추어지니, 대신(大臣)들이 그 높은 행동을 천거하여 여러 번 벼슬에 임명하였으나 나가지 않으니, 사대부(士大夫)들이 당시 세상의 일민(逸民)을 의논할 적에 수침(守琛)을 우두머리로 삼았다. 벼슬이 적성현감(積城縣監)에 이르렀

---

1) 逸民 : 세상을 등지고 사는 사람.

다. 〈소대기년(昭代紀年)〉

백악산(白岳山) 밑에 살 때 황혼(黃昏)에 홀로 앉았는데 갑자기 무언가 다가와 집 모퉁이에 서길래 보니, 몸에는 감색 이불을 뒤집어 썼고 그 길이가 발꿈치에 닿았으며, 머리는 풀어 땅에 드리워서 바람을 따라 펄럭이고 그 어지러운 머리털 사이로 두 눈이 고릴라 같이 빛나서 몹시 사나워보였다.

공이 묻기를,

"너는 누구냐."

했으나 그는 잠잠히 듣고 대답도 하지 않았다. 공이 다시 말하기를,

"이리로 오라."

하니 드디어 창 가까이 오는데 비린내가 코를 찔렀다. 공이 말하기를,

"네가 만일 도적이라면 내 집에 아무 물건도 없으며 네가 만일 귀신이라면 사람과 귀신의 길이 다르니 빨리 가라."

하고, 말을 마치자, 홀연히 가버렸다. 〈어우야담(於于野談)〉

나이 72세에 졸하니 좌상(左相)을 증직했고, 시호는 문정(文貞)이다.

김식(金湜)은 의대(衣帶) 속에 초소(草疏)가 있었다

김식(金湜)은 청풍(淸風) 사람이니, 자는 노천(老泉)이요, 호는 동천(東泉)이다.

일찍 부모를 여의자 개연(慨然)히 힘써서 성리(性理)의 학문을 제창(提唱)하고 신유(辛酉)에 진사가 되어 조광조(趙光祖)와 함께 천거되어 장령(掌令)이 되었으며, 기묘(己卯)에 현량과(賢良科)에 천거되고, 문과에 장원으로 급제하여 부제학(副提學)·대사성(大司成)에 이르렀다.

사화(士禍)가 크게 일자 선산(善山)으로 귀양갔다가 갑자기 망명(亡命)하여 거창(居昌)의 산 속에 이르러 시를 짓기를

"해저물어 하늘은 검은 빛 머금었고, 산속의 빈 절은 구름 속으로 들어갔네. 임금과 신하의 천 년의 의리는, 어느 곳의 외로운 무덤일런가. 〔日暮天含黑　山空寺入雲　君臣千載義　何處有孤墳〕"

하고 이내 목매어 자살했는데, 의대(衣帶) 속에 초소(草疏)가 있었으니 대개 남곤(南袞)·심정(沈貞)의 화를 얽어 만든 간사한 내용을 말한 것이었다.

기묘팔현(己卯八賢)의 한 사람이니, 시호는 문의(文毅)이다. 〈대동운옥(大東韻玉)〉

한충(韓忠)은 황서경(黃瑞慶)과 음(音)이 같아서 화를 입다

한충(韓忠)은 청주(淸州) 사람이니, 자는 서경(恕卿)이요, 호는 송재(松齋)이다. 경오(庚午)에 생원(生員)이 되고 계유(癸酉)에 문과에 장원으로 급제하여 호당(湖堂)을 거쳐 벼슬이 승지(承旨)에 이르렀다.

서장관(書狀官)이 되어 명나라에 갔을 때 어떤 사람이 앞에 가다가 물건을 잃거늘, 충(忠)이 말하기를,

"불러서 주워가게 하라."

했더니 남곤(南袞)은 말하기를,

"저 사람의 얻고 잃는 것이 나에게 무슨 상관이 있는가?"

하여 세 사람이 시비를 다투다가 드디어 사이가 벌어졌다.

연경(燕京)에 있을 때, 복서(卜書) 회문시(回文詩)에 말하기를,

"소년의 재예(才藝)가 마천루(摩天樓)[1]에 의지했는데, 손으로

---

1) 摩天樓 : 하늘에 닿을듯이 아주 높은 고층 건물.

용천검(龍泉劍)[1]을 잡고 얼마나 갈았는가. 돌 위의 오동은 장
차 소리가 나고, 소리 속의 율려(律呂)는 때로 화락했네. 입으
로는 삼대(三代) 시서(詩書)의 가르침을 전하고, 글은 천추
(千秋)의 도덕적 물결을 일으켰네. 화폐가 이미 어진 선비의
값을 이루었는데, 가생(賈生)을 무슨 일로 장사(長沙)로 귀양
보냈는가.〔少年才藝倚天摩 手把龍泉幾許磨. 石上梧桐將發響 音中
律呂有時和 口傳三代詩書敎 文起千秋道德波 皮幣已成賢士價 賈生
何事謫長沙〕"
했다.

기묘(己卯)에 화가 일어나자, 매를 맞고 거제(巨濟)로 귀양갔
고, 신사(辛巳)의 옥사(獄事)에는 송사련(宋祀連)이 바친 문부
속에 황서경(黃瑞慶)이란 자가 있어, 곤이 충의 자인 서경(恕卿)
과 음이 같다 하여 드디어 충을 지목하여 옥에 가두었다. 이때
상(上)께서 그것이 거짓임을 알고 즉시 명하여 석방했으나 곤이
비밀히 사람을 시켜 잡아다가 죽였다.〈기묘록(己卯錄)〉

이때 나이 36세였는데, 이조판서를 증직하고 문정(文貞)이란
시호를 내렸다.

최수성(崔壽峸)이 패선(敗船)의 비유로
착한 사람을 달래다

최수성(崔壽峸)은 강릉(江陵) 사람이니, 자는 가진(可鎭)이요,
호는 원정(猿亭)이다. 나이 19세에 세상을 도망하고 멀리 나가
산수(山水)에 두루 놀면서 도처에 소나무를 쪼개서 거문고를 만
들어 그것을 뜯고난 뒤에 깨어 내버렸다. 시를 지어 기상이 표
일(飄逸)했고, 또 글씨와 그림에 능했으니 참으로 절대(絶代)의
기재(奇才)였다.

김식(金湜)이 조광조·김정(金淨)·김구(金絿)와 함께 이야기
하는데, 공이 갑자기 밖으로부터 오더니 길게 읍(揖)하고 급

---

1) 龍泉劍：옛날 중국에 있었다는 보검의 이름.

히 부르기를,

"노천(老泉)은 나에게 술 한잔 주게."

하여 술을 주었더니 그는 단숨에 마시고 나서 말하기를,

"내가 깨진 배를 타고 거의 물에 빠질 뻔하여 마음에 몹시 두렵더니 이제 술을 마시고 나니 좀 후련하다."

하고 역시 인사도 하지 않고 가버리는 것이었다.

이에 모든 사람들이 피이히 여기자 광조가 말하기를,

"깨진 배를 비유해서 말한 것은 우리들을 경계한 것인데, 그대들은 알지 못하는가?"

했다.

남곤(南袞)이 산수도(山水圖)를 김정(金淨)에게 주면서 시를 써주기를 요구했는데, 공이 마침 이것을 보고 드디어 그 위에 쓰기를,

"떨어지는 해는 서쪽 산으로 떨어지고, 외로운 연기는 먼 나무에서 나네. 폭건(幅巾)을 쓴 3·4인 중 누가 이 망천(輞川)[1]의 주인인가. 〔落日下西山 孤烟生遠樹 幅巾三四人 誰是輞川主〕"

하니, 곤은 이것을 보고 싫게 여겼다.

기묘(己卯)의 화가 일어나자 공이 시를 지어 숙부(叔父) 세절(世節)에게 바치기를,

"해 저문 창강(滄江) 위에, 날씨는 차고 물은 저절로 물결이 이네. 외로운 배는 마땅히 일찍 육지에 대게 하라, 풍랑이 밤에 응당 많으리. 〔日暮滄江上 天寒水自波 孤舟宜早泊 風浪夜應多〕"

했다.

세절(世節)이 승지(承旨)가 되어 동료들에게 이르기를,

"조카가 나에게 권하여 물러가 쉬라고 하는데 가려고 해도 되지 않는다".

하고, 또 그 시를 외어 전하자, 공을 꺼리는 자가 곤에게 말하니 곤이 안처겸(安處謙)의 옥사(獄事)의 추관(推官)이 되어 공도

---

1) 輞川: 당대(唐代)의 시인 왕유(王維)의 별장이 있던 곳.

함께 추국(推鞫)하기를 청했다.

이때 공이 말하기를,

"사림(士林)이 화합치 못하여 화가 조정 안에서 날까 두렵기 때문에 숙부에게 말하여 벼슬을 내놓고 쉬라고 했을 뿐이다."

했으나 곤은 드디어 사형에 처했다. 이때 공의 친구 이달형(李達亨) 등이 직접 시체를 거두어 임시로 빈 골짜기에 묻었다. 〈기묘록(己卯錄)〉

영상(領相)을 증직했고, 시호는 문정(文貞)이다.

김안국(金安國)은 보내는 물건이 있으면 문득 책에 기록하다

김안국(金安國)은 의성(義城) 사람이니, 자는 국경(國卿)이요, 호는 모재(慕齋)이다. 연산(燕山) 신유(辛酉)에 진사시(進士試)에 장원으로 급제하고, 생원시(生員試)에 제2인으로 합격했으며, 계해(癸亥)에 문과에 급제하고, 정유(丁酉)에 중시(重試)에 합격했다.

신묘(辛卯)에 일본 사신 붕중(弸中)이 왔을 때 안국(安國)이 선위사(宣慰使)로서 접대하는데, 붕중(弸中)이 말하기를,

"노생(老生)이 두 번 중국에 갔고, 두 번 유구(琉球)에 갔고, 세 번 귀국(貴國)에 와서 사람을 많이 보았으나 일찍이 공과 같은 분이 없었다."

하여 공경하고 심복하기를 마다하지 않았고, 헤어질 때 눈물까지 흘렸다. 〈기묘록(己卯錄)〉

그 아우 정국(正國)과 함께 같이 유림(儒林)의 종장(宗匠)이 되어 공은 이천(利川)으로 물러가 있고, 정국(正國)은 고양(高陽)으로 물러가 있었는데, 어느 날 정국(正國)이 이천(利川)에 가자 마을 사람이 혹은 청태(靑太)를 주고, 혹은 동산의 외를 따서 공에게 주거늘 공은 모두 이것을 받고 그 책에 기록하자, 정국(正國)이 눈을 찡그리고 말하기를,

"형님은 이 물건을 무엇에 쓰며 뭐하려 책에 기록하십니까?"
하니, 공은 말하기를,

"사람이 정성으로 물건을 주는데 내가 어떻게 이를 물리치며, 책에 기록하지 않으면 내 마음에 잊게 될 것인데 어찌 남의 은의(恩意)를 잊는단 말이냐?"
했다.

시골에 있을 때에 정국(正國)은 본래 간결하고 담백하여 채소와 거친 밥을 계속 먹지 못했는데 공은 전원(田園)을 갖고 있어 곡식을 쌓아 거두고 흩었으며, 향음(鄕飮)의 모임에도 참석하지 않는 일이 없었다.〈전언왕행록(前言往行錄)〉

공이 전라감사(全羅監司)가 되었을 때 마침 경기전(慶基殿)을 중건(重建)하는 날을 당해서 따로 대문(大門) 밖 가까운 곳에 별당(別堂)을 세웠는데 인조(仁祖)의 계해(癸亥) 반정(反正)이 있은 뒤, 원상 두표(元相斗杓)가 정사공신(靖社功臣)으로서 방백(方伯)이 되어 경기전(慶基殿)에 이르러 태조(太祖)의 영정(影幀)을 뵙자 재랑(齋郞)이 기생을 불러 별당(別堂)에서 자게 하니 원상(元相)은 그 집을 철거하고 그대로 그 터를 없애 버렸다.

그 뒤 나이 젊은 재랑(齋郞)이 집을 떠나 나그네가 되었을 때 적막함을 이기지 못해 기생을 불렀으나 머물게 할 곳이 없어 혹 재실(齋室)로 몰래 불러다 잤으니 이 두 공의 처사에 득실(得失)을 분별할 자가 능히 있을 것이다.〈동평견문록(東平見聞錄)〉

벼슬이 좌찬성(左贊成)에 이르렀고, 시호는 문경(文敬)이며, 인종(仁宗)의 사당에 배향되었다.

김정국(金正國)이 소를 올려 남곤(南袞)· 심정(沈貞)을 배척하자 신인(神人)이 현몽(現夢)하다

김정국(金正國)의 자는 국필(國弼)이요, 호는 사재(思齋)이니 안국(安國)의 아우이다.

정묘(丁卯)에 생원·진사가 되고, 기사(己巳)에 문과에 장원으로 급제하여 황해감사(黃海監司)가 되었을 때, 남곤·심정의 간사함과 남을 모함한 것과 정암(靜庵) 등 여러 어진 이가 몸을 잊고 순국(殉國)한 충성을 간곡히 말하여 한 소(疏)에 여러 천언(千言)을 써서, 마침 막료(幕僚)의 남씨(南氏) 성 가진 자가 남곤의 일족(一族)으로서 발탁되어 헌납(獻納)이 되어 서울에 가므로 공은 그 소(疏)를 주면서 말하기를,

"모름지기 서울에 가거든 이 소를 올리라."

했더니 남(南)은 이애 대답하고 가지고 떠났다.

그런데 그날 밤 꿈에 신인(神人)이 공에게 이르기를,

"공이 만일 이 소를 올리면 사림(士林)이 어육(魚肉)을 당할 것이니 지금이라도 사람을 달려 보내면 쫓아가서 찾아올 것이다."

했다. 이에 공은 놀라 깨어서 즉시 역졸(驛卒)을 보내어 벽제관(碧蹄館)까지 가서 찾아왔다.

남(南)이 서울에 도착하자 사람들이 남에게 소(疏)의 내용을 묻자, 남은 그런 일이 없다고 대답하고 다시 다른 사람에게도 말하지 않으니 사람들이 몹시 높이 여겼다. 그 뒤에 남은 벼슬이 판서(判書)에 이르렀다.

모재(慕齋)가 매양 말하기를,

"이 소가 만일 올려졌으면 사람들이 어찌 날더러 알지 못했다고 하겠는가? 그렇게 되면 우리 형제는 모두 죽었을 것이요, 이밖에도 몇이나 죽었을지 모르는 일이다."

했다. 그때에 모재(慕齋)는 다만 파직만 하고 사재(思齋)는 삭직(削職)되었는데, 혹 말하기를, 사재(思齋)가 죄를 얻은 것이 모재(慕齋)보다 중한 것은, 그 소가 비록 들어가지는 않았어도 사람들이 그가 소를 올리려 한 것을 알았기 때문이라 했다.

또 혹은 말하기를, 남지정(南止亭)이 주청사(奏請使)에 갔다올적에 공이 황해 관찰사(黃海觀察使)로서 황주(黃州)에 나가 보고서, 지정(止亭)이 사류(士流)를 사랑하지 않는다고 꾸짖자, 이때

문에 그 노여움을 산 일이 있어서 죄가 더 가중(加重)된 것이라
고도 했다. 〈월정만록(月汀漫錄)〉

채세영(蔡世英)이 사필(史筆)은 남이 쥘 수
없는 것이라고 항언(抗言)하다

채세영(蔡世英)은 평강(平康) 사람이니, 자는 영지(英之)요,
호는 임진당(任眞堂)이다. 경오(庚午)에 진사가 되고 정축(丁丑)
에 문과에 급제하여 검열(檢閱)이 되었다.

기묘(己卯)에 화가 일어나자 세영(世英)이 명령을 받고 당인
(黨人)에게 전지(傳旨)를 쓰는데, 세영이 붓을 잡고 절실히 간(諫)
하자 승지(承旨) 김근사(金謹思)가 그의 붓을 빼앗아 자신이 쓰
려고 했다. 이에 세영은 대항하여 말하기를,

"이 사필(史筆)은 아무도 잡을 수 없다."

하고 도로 뺏으니 사기(辭氣)가 정직하여 좌우가 숙연(肅然)했
다. 벼슬이 좌참찬(左參贊)에 이르고 기사(耆社)에 들어갔다.
〈대동운옥(大東韻玉)〉

박영(朴英)이 여인(女人)을 업고
담을 넘어서 뜻을 굽히고 글을 읽다

박영(朴英)은 밀양(密陽) 사람이니, 자는 자실(子實)이요, 호
는 송당(松堂)이다. 아버지 수종(壽宗)의 벼슬이 이조참판(吏曹
參判)에 이르러 양녕대군(讓寧大君) 제(禔)의 딸에게 장가들어
영(英)을 낳았는데, 기국(器局)이 컸다.

신해(辛亥)에 무과(武科)에 급제하여 금중(禁中)에 입직(入直)
하다가 탄식하기를,

"말을 달리고 칼을 쓰는 것은 한 용부(勇夫)의 일이니, 사람으로서 배우지 않으면 어찌 군자가 될 수 있으랴."

하고는 드디어 뜻을 결정하고 돌아와 신당(新堂) 정붕(鄭鵬)에게 학문을 배우는데 마음을 가라앉히고 몸으로 익혀서 문을 닫고 나가지 않은 지 수 년이 되었다.

어느 날 신당(新堂)이 손을 들어 냉산(冷山)을 가리키면서 말하기를,

"저 산 밖은 어떻겠느냐?"

하자, 영(英)은 말하기를,

"밖이나 앞이나 피차가 하나일 뿐입니다."

하니 신당(新堂)은 웃으면서 말하기를,

"오늘에야 비로소 그대의 글 읽은 공을 알겠도다."

했다. 이에 두어 달 동안 머물면서 강구(講究)하기를 게을리하지 않았다.

일찍이 김해부사(金海府使)가 되었을 때 이웃 여인의 우는 소리를 듣고 아전으로 하여금 잡아오게 하여 물으니 여인은 대답하기를,

"제 남편이 병도 없이 갑자기 죽었습니다."

하는 것이다. 이에 영(英)은 사람을 시켜 그 남편의 시체를 져오게 하여 힘이 있는 자로 하여금 시체를 가슴으로 배까지 문질러 보게 했더니 과연 배꼽쪽으로부터 대나무로 찌른 것이 있는데 크기가 손가락만한 것이 거꾸로 나오는 것이었다.

이에 영은 드디어 그 여자를 결박하고 조사하니 드디어 항복해 말하기를,

"마을 사람과 같이 살기로 약속하고 그가 취해서 잠든 틈을 타서 흉한 일을 했습니다."

했다. 군사를 풀어 그 사람을 급히 잡아오게 했더니 그 말이 맞으므로 법으로 처리했다.

어느 날 들새가 관아(官衙) 뒷동산에서 놀란 듯 세 번 울고 서남쪽으로 날아가자, 공은 집사람을 불러 급히 행장을 차리게 했는데 미처 끝나기 전에 금오랑(金吾郞)이 와서 공이 모반(謀反)

했다 하여 잡아다가 옥에 이르자 고문해서　뼈마디가 모두 부서졌다.

이때 공이 큰 소리로 외치기를,

"어떤 사람이 고발했느냐?"

하니, 추관이 말하기를,

"아무가 고발했다."

고 했다. 공은 또 소리치기를,

"만일 그렇다면 이 사람과 원망이 있는 자는 경주부윤(慶州府尹) 유인숙(柳仁淑)이 나보다 더 심할 것이니, 유(柳)를 또한 잡아오면 나는 살아날 수가 있을 것이다."

했다.

당시에 중종(中宗)이 바야흐로 친히 국문하여 묻자, 공은 말하기를,

"어떤 사람이 문서를 위조(僞造)해서 남의 전지(田地)를 빼앗으려고 김해(金海)에 송사를 냈다가 지게 되자 또 경주(慶州)에 냈는데 그 곳에서도 그 간사하고 교활한 것을 미워하여 감사(監司)에게 보고하여 형벌을 받게 했기 때문에 원망이 저보다 심할 것입니다. 저 사람이 먼저 저를 모반(謀反)했다고 고발했사오니 경주(慶州)는 그 다음 차례일 것입니다."

했다. 임금이 드디어 인숙(仁淑)에게 물으니 그 대답이 과연 그 말과 같으므로 이에 도리어 고발한 자를 벌했다. 〈기재잡기(寄齋雜記)〉

선전관(宣傳官)이 되어서 어느 날 준마(駿馬)를 타고 아름다운 옷을 입고서 어둘 무렵에 수구문(水口門) 밖을 지나노라니 자못 아름다운 얼굴을 한 여자 하나가 손으로 공을 불렀다. 공은 말에서 내려 종에게 이르기를, 내일 일찍 오라고 하고 드디어 그 여인을 따라가니 깊고 궁벽한, 사람이 없는 그런 곳에 집이 있었다.

공이 그 집에 당도하자 날이 이미 어두웠는데 그녀는 공을 대하더니 갑자기 눈물을 주루루 흘린다. 공이 그 까닭을 묻자 그녀는 문득 손을 들어 말을 중지시키더니 낮은 목소리로 귀에 입

을 대고 말하기를,

"공의 풍채를 보니 반드시 보통 사람이 아닌데 나로 인해서 억울하게 죽게 되었으므로 이 때문에 슬퍼합니다."

했다. 공이 이상하게 여겨 다시 묻자 그녀는 말하기를,

"도적이 나를 미끼로 해서 사람을 유인해다가 죽이고 그 의복과 안마(鞍馬)를 나누어 가진 지가 여러 해가 됩니다. 이에 나는 날마다 탈출(脫出)할 것을 생각했으나 적의 무리가 몹시 많아서 죽을 것이 두려워 감히 계획을 하지 못하고 있는데, 공은 나를 능히 살릴 수 있겠습니까?"

했다.

이에 공이 칼을 빼어 들고 앉아 있노라니 밤중에 다락 위에서 여인을 불러 큰 밧줄로 포로로 잡은 자를 묶어 올려보내라고 했다. 이때 공은 몸을 날려 벽을 차고 여인을 업고서 벽 사이로 나와서 두어 칸 담을 뛰어넘어 치마를 끊고 달아났다.

이튿날 벼슬이 파면되자 선산(善山)으로 돌아가 자기의 의지를 꺾고 글을 읽어 기질(氣質)을 변화시켜 세상의 순수한 선비가 되었으며, 평생 자기 자리 곁에 끊어진 치마를 놓아 두고 자제들에게 보여 경계를 삼았다. 〈기재잡기(寄齋雜記)〉

신사(辛巳)의 옥사(獄事) 때 모함을 받아 혹형(酷刑)을 당하게 되었는데 이내 석방되어 나이 70세에 졸(卒)했고, 이조판서에 증직되었으며, 시호는 문목(文穆)이다.

박소(朴紹)는 깊이 사귄 사람이 있어
묘지(墓地)를 얻다

박소(朴紹)는 반남(潘南) 사람이니, 자는 언주(彦冑)요, 호는 야천(冶川)이다. 기묘(己卯)에 생원으로 문과에 장원으로 급제하여 사간(司諫)이 되었다가 김안로(金安老)에게 내쫓겨서 식구를 데리고 합천(陜川)으로 돌아가 5년 만에 졸(卒)했다.

진주(晉州) 이광(李光)과 깊은 사귐이 있더니 부음(訃音)이 전
해지자 삼짚신에 대나무지팡이 차림으로 조상을 오는데 20리 밖
에서부터 산마루를 타고 뒷산에 이르러 큰 소리로 부르기를,

"장지(葬地)를 얻었노라. 그 어질면서도 수(壽)를 얻지 못한
것이 마음 아파서 자손을 위하여 좋은 자리를 얻으려 했더니
이제 과연 얻었도다."

하고 산에서 내려와 통곡하고 갔다.

지금의 무덤이 곧 그가 잡은 자리인데, 뒤에 보는 자들이 모
두 대지(大地)라 하며, 동래(東萊) 정씨(鄭氏)의 산보다 못하지
않다고 한다. 〈오창잡기(梧窓雜記)〉

심전(沈銓)은 그 탐(貪)하는 것을 숨기지 않다

심전(沈銓)은 청송(靑松) 사람이니, 자는 숙평(叔平)이다. 계
묘(癸卯)에 생원이 되고 명종(明宗) 병오(丙午)에 문과에 급제했
으며, 병진(丙辰)에 중시(重試)에 합격했다.

대주 목사(大州牧使)로 나가자 재물 긁어 모으는 것으로 일을
삼고 사람들에게 말하기를,

"나는 남녀 10명이 있어서 재물을 탐하지 않고는 살아갈 수가
없노라."

했다. 이에 안자유(安自裕)가 말하기를,

"전(銓)은 곧은 선비이다. 그 탐하는 것을 숨기지 않는도다."

하니, 듣는 자들이 조소했다. 〈석담일기(石潭日記)〉

벼슬이 경기감사(京畿監司)에 이르렀으나 정묘(丁卯)에 삭직
(削職)당했다.

최명창(崔命昌)을 사람들은
적창재상(糴倉宰相)이라고 하다

최명창(崔命昌)은 황주(黃州) 사람이니, 자는 여신(汝愼)이요, 호는 송석(松石)이다. 기유(己酉)에 진사가 되고 갑자(甲子)에 문과에 급제하여 양사(兩司)와 전한(典翰)을 거쳐 여러 번 고을의 수령(守令)을 지냈으나 행장이 쓸쓸했다.

황해 관찰사(黃海觀察使)가 되었을 때 청백리(淸白吏)에 뽑혔는데, 거처할 집이 없어서 항상 남의 집을 빌려서 살았고, 느지막에 지은 쌍계(雙溪)의 집도 역시 겨우 바람과 비를 가릴 뿐이었다.

벼슬을 내놓은 뒤로 양주(楊州)의 창고 곡식을 얻어다 먹으니 사람들이 적창재상(糴倉宰相)이라 했다. 기묘(己卯)의 당인(黨人)이라 해서 폐해지니 나이 71세이고, 유고(遺稿)가 있으며, 벼슬은 참판에 이르렀다. 〈인물고(人物考)〉

박세무(朴世茂)가 성황신(城隍神)의 깃대를
가져다가 불태우다

박세무(朴世茂)는 함양(咸陽) 사람이니, 자는 경번(景蕃)이요, 호는 소요당(逍遙堂)이다.

병자(丙子)에 생원이 되었다.

괴산(槐山) 시골집에 있을 때 그 지방 풍속이 음사(淫祀)에 빠져서 이것을 성황신(城隍神)이라 하여 이것을 들고 온 마을을 돌아다녔다. 이에 세무(世茂)가 그 깃대를 가져다가 모두 불태우자 이로부터 그 폐단이 드디어 없어졌다. 신묘(辛卯)에 문과에 급제하여 헌납(獻納)이 되어 사원(史院)에 있을 때 숨기는 일을 바로 쓰다가 김안로(金安老)의 배척을 당했다.

일찍이 동몽선습(童蒙先習)을 지어서 자제들을 가르쳤고, 졸할 때 나이가 71세였다. 〈인물고(人物考)〉

봉천상(奉天祥)이 비로소 쇠칼을 써서 잣을 깨다

봉천상(奉天祥)은 하음(河陰) 사람이니, 자는 이선(履善)이다. 덕행(德行)으로 천거되어 희릉참봉(禧陵叅奉)이 되었는데, 능침(陵寢)의 제사에 잣을 모두 이빨로 까거늘, 천상(天祥)이 비로소 쇠로 만든 칼을 가지고 잣을 깨니 지금까지 이 법을 쓴다.

신사(辛巳) 안처겸(安處謙)의 옥사(獄事)때 죽음을 당했다. 〈소대기년(昭代紀年)〉

신잠(申潛)의 백패(白牌)[1]를 도둑이 훔쳐가다

신잠(申潛)은 고령(高靈) 사람이니, 자는 원량(元亮)이요, 호는 영천자(靈川子)인데, 세상에서 시서화(詩書畵)의 삼절(三絶)이라고 했다.

계유(癸酉)에 진사에 장원으로 급제하고, 기묘(己卯)에 현량(賢良)으로 천거되고, 문과에 급제하여 검열(檢閱)이 되었다가 이윽고 파면당하여 장흥(長興)으로 귀양가서 17년을 적소(謫所)에서 지냈다. 여기에서 양주(楊州)로 옮겨서 편한대로 거주하여 아차산(峨嵯山) 밑에서 살았는데, 백패(白牌)를 또한 도둑이 훔쳐갔다.

---

1) 白牌 : 소과(小科)에 합격한 생원이나 진사에게 주는 증서(證書). 흰 종이에 검은 글씨로 썼음.

일찍이 시를 지어,

"홍패(紅牌)[1]는 이미 거두어 가고 백패(白牌) 마저 잃었으니, 한림(翰林) 진사(進士) 모두 다 헛이름일세. 이제부터 아차산 밑에 있을 것이니, 산(山) 인(人) 두 글자야 누가 능히 다투랴.〔紅牌已收白牌失 翰林進士摠虛名 從此峨嵯山下住 山人二字孰能爭〕" 했다.〈소대기년(昭代紀年)〉

특별히 음직(蔭職)으로 상주목사(尙州牧使)가 되었는데 치행(治行)이 제1이라 하여 통정(通政)에 승진시켰으니, 이때 나이 64세였다.〈대동운옥(大東韻玉)〉

이장곤(李長坤)이 몹시 목이 말라 마실 것을 구하다

이장곤(李長坤)은 성주(星州) 사람이니, 자는 희강(希剛)이요, 호는 금재(琴齋)이다. 연산(燕山) 을묘(乙卯)에 생원·진사가 되고, 임술(壬戌)에 교리(校理)가 되었는데, 미움을 받아 거제(巨濟)로 귀양갔다.

연산(燕山)이 장곤(長坤)을 의심하여 다시 체포하려 하자 함흥(咸興)으로 도망하는데, 가는 길에 몹시 목이 말라 냇가에서 물을 긷는 동녀(童女)가 있는 것을 보고 한 표주박을 마시기를 요구하자, 그녀는 표주박에 물을 가득히 뜬 뒤 버들잎을 따서 그 위에 띄워 주었다. 괴이해서 그 까닭을 묻자 그녀는 말하기를,

"몹시 목이 마른데 급히 마시면 병이 생길까 두렵기로 버들잎을 따서 물에 띄워 천천히 마시게 한 것입니다." 했다.

장곤(長坤)이 놀라고 이상히 여겨 묻기를,

"너는 뉘집 여자인가?"

---

1) 紅牌 : 문과의 회시(會試)에 급제한 사람에게 내어주는 붉은 종이에 쓰는 교지(敎旨).

하니 그녀는 대답하기를,

　"저 건너 유장가(柳匠家)의 딸입니다."

했다. 그녀의 집으로 따라가서 그 집 사위가 되어 몸을 의탁했는데 경화(京華)의 귀한 몸으로 어찌 버들그릇 만드는 법을 알랴. 다만 날로 낮잠 자는 것으로 일을 삼으니 유장(柳匠) 내외가 노해서 꾸짖기를,

　"내가 너를 사위로 맞은 것은 버들그릇 만드는 것을 돕게 하기 위한 것인데, 다만 조석밥만 먹고 밤낮으로 잠만 자니, 이는 곧 하나의 밥주머니일 뿐이다."

하고, 이제부터는 조석밥을 반으로 줄여 주라고 했다. 그러나 그 아내는 이를 불쌍히 여겨 매양 남비 밑에 있는 눌은 밥을 더 주어 이렇게 수년을 보냈다.

　이때 중종(中宗)이 반정(反正)하여 조정이 일신(一新)해지고 혼조(昏朝)에서 죄를 얻은 자를 모두 용서하여 이장곤(李長坤)에게도 관직(官職)을 도로 주어 팔도(八道)에 걸쳐 찾게 하니 풍문(風聞)이 자자하므로 장곤(長坤)도 이 소식을 풍편(風便)에 듣게 되었다.

　이에 그는 장인에게 이르기를,

　"이번 관가(官家)에서 유기(柳器)를 받을 때에는 제가 가서 바치겠습니다."

하자, 장인은 말하기를,

　"너같이 밥만 먹고 잠만 자는 놈이 어디가 어딘지도 모르면서 어떻게 관가(官家)에 상납(上納)한단 말이냐? 내가 친히 갖다 바쳐도 번번이 퇴짜를 맞았는데 당치도 않은 말은 하지도 마라."

꾸짖었다. 이때 그 아내가 말하기를,

　"시험삼아 한 번 보내보시옵소서."

하여 장인이 바로 허락했다.

　장곤(長坤)이 버들그릇을 지고 바로 관청 뜰로 들어서서 큰 소리로 외치기를,

　"아무 곳 유기장(柳器匠)이가 물건 바치러 와서 기다립니다."

하니, 이때의 본관(本官)은 장곤이 본래부터 친한 무변(武弁)이
라, 그 용모를 보자 크게 놀라 뜰로 내려와 손을 잡고 자리로 올
라가 말하기를,

"어데 가서 자취를 감추었다가 이런 모양으로 오는가? 조정
에서 바야흐로 그대를 찾은 지 이미 오래일세."

하고, 술과 안주와 의관(衣冠)을 내어다주었다.

그러나 이(李)는 말하기를,

"죄진 사람이 몸을 유장(柳匠)의 집에 의탁하여 연명(延命)하
고 있다가 뜻밖에 하늘의 해를 다시 보는도다."

하니, 본관(本官)은 급히 순영(巡營)에 알려서 즉시 말을 내게하
여 재촉하여 서울로 가게 했다. 이때 장곤이 말하기를,

"유장(柳匠)의 집에서 3년 동안 주객(主客)으로 있었으니 정의
에 돌아다보지 않을 수 없고, 겸하여 조강(糟糠)[1]의 의미가
있는 터라. 이제 가서 작별 인사를 할테니 바라건대 그대는 내
일 아침에 나를 찾아주게."

하고 바로 유장(柳匠)의 집으로 와서 이르기를,

"이번 버들그릇은 무사히 바쳤습니다."

고 하자, 장인은 말하기를,

"이상하다. 옛 말에 이르기를, 올빼미가 천 년을 묵으면 능히
꿩을 잡는다고 하더니, 이것이 헛말이 아니로다. 오늘 저녁밥
은 한 숟가락을 더 주도록 하라."

했다.

이튿날 날이 밝자 장곤이 일찍 일어나서 뜰과 마당을 청소하
니 장인은 말하기를,

"내 사위가 어제는 물건을 잘 바치더니 오늘 아침에는 마당을
청소하니 오늘은 해가 서에서 뜨려나 보다."

했다. 그러나 장곤은 그 말을 못들은 체하고 뜰에 자리를 깔자,
장인은,

"무엇하려 자리는 까느냐?"

---

1) 糟糠 : 가난한 때 고생을 같이 한 아내.

고 물었다. 장곤이,

"오늘 관사주(官司主)가 마땅히 이 집에 행차할 것입니다."

했다. 장인은 냉소(冷笑)하면서,

"꿈 속의 말을 하지 마라. 관사주(官司主)가 어찌 내 집에 행차할 이치가 있단 말인가? 이제 생각하니 어제 버들그릇을 바쳤다는 것도 필경 길거리에 맡기고 집으로 돌아와서 헛자랑을 한 것이로다."

했다.

그러나 말을 마치기도 전에 본부(本府)의 상리(上吏)가 채색자리를 가지고 숨이 차서 오더니 방과 마루에 자리를 깔면서,

"관사주(官司主)의 행차가 방금 도착하오."

하는 것이다. 주인 내외는 어찌할 바를 몰라 얼굴빛을 잃고 울타리 뒤에 숨어 있노라니 조금 있다가 전도(前導)의 소리가 문에 이르더니 본관(本官)이 도착하여 장곤과 인사가 끝난 뒤에 말하기를,

"수씨(嫂氏)는 어데 계신가? 청컨대 상견(相見)의 예(禮)를 행해야 되지 않겠나?"

하자 장곤은 부인을 불러 절하게 하는데, 그녀는 의복은 비록 남루해도 의용(儀容)이 몹시 안한(安閒)해서 상천(常賤)의 여자의 태도가 아니었다.

이에 본관(本官)이 공경하는 뜻을 나타내어 말하기를,

"이학사(李學士)가 궁한 처지에 있다가 수씨(嫂氏)의 힘으로 이에 이를 수가 있었으니 비록 의기남자(義氣男子)라도 여기에 지날 수가 없다."

하고, 명하여 유장(柳匠)을 불러오게 하여 술과 안주를 대접했다. 이때 이웃 고을 수령들도 계속하여 와서 보고 감사(監司)도 막객(幕客)을 보내서 인사를 전하니, 유장(柳匠)의 집 문 밖에 인마(人馬)가 들끓고 구경꾼이 장을 이루었다.

장곤이 본관(本官)에게 이르기를,

"저 여인이 비록 상천(常賤)이지만 내가 이미 신세를 졌으니 버릴 수는 없는 것이 아닌가? 원컨대 교자 하나만 빌려서 같

이 가고자 하노라."
하니 본관은 그 말을 좇았다.

　장곤이 서울에 올라와서 사은(謝恩)하자, 임금은 유리(流離)하
던 때의 시말(始末)을 물었다. 장곤이 지난 일을 갖추어 아뢰자
임금은 재삼 칭찬하고 탄식하여 말하기를,

　"이 같은 여인은 천첩(賤妾)으로 대접할 수 없다."
하고 특별히 후부인(後夫人)으로 승격시켰다. 벼슬이 우찬성(右
贊成)에 이르렀다. 〈청구야담(靑邱野談)〉

　일찍이 망명(亡命)해 다닐 때 두어 달 만에 한 번 집에 가서
그 부인을 보고 가는데, 어느 날 집에 도착하자 날이 장차 밝아
와서 감히 집에 들어가지 못하고 대나무 숲에 숨어 있었다. 부
인은 남편이 올 때가 지났는데도 오지 않으므로 그가 죽었는가
의심하여 무당을 불러다가 점을 치게 했더니, 무당은 말하기를,

　"죽지 않고 그림자가 뜰 안에 있다."
고 했다. 공이 이 말을 듣고 그 후로는 감히 다시 집에 가지 못
했다. 만년(晩年)에 항상 말하기를,

　"무당의 말도 역시 헛말이 아니다."
했다. 〈지봉유설(芝峰類說)〉

안찬(安瓚)이 소경도 고치고
여자(女子)의 음문(陰門)도 고치다

　안찬(安瓚)은 순흥(順興) 사람이니 의술(醫術)에 정통(精通)하
고 더욱이 이학(理學)에 정밀하여 사류(士類)들을 많이 벗으로
사귀었다.

　어떤 사람이 느즈막에 외출했다가 도중에 갑자기 두 눈이 붙
어서 떠지지 않으므로 손으로 문질렀더니 마치 아교칠을 한 것
과 같아서 그대로 소경이 되었는데 사람들은 모두 병의 까닭을
알지 못했다.

그러나 찬(瓚)은 말하기를,

"눈이란 폐(肺)에 속해 있는데 폐에 병이 생겼기 때문에 눈이 그렇게 된 것이니, 폐를 치료하는 약을 쓰라."

했다. 그 사람은 이 말대로 약을 썼더니 오래지 않아서 눈이 점점 나아졌다.

또 어떤 여인 하나가 어느 날 갑자기 음호(陰戶)가 아프기 시작하더니 조금 있다가 누르고 검은 것이 마치 소와 말의 털과 같이 서로 섞여서 음호(陰戶)로부터 물이 솟듯이 나왔다.

이에 찬(瓚)은 말하기를,

"털이란 피의 나머지이니 이는 피에 병이 생긴 까닭에 이렇게 괴상한 병이 생긴 것이니, 먼저 피를 치료하게 하라."

했다. 여인이 이 말을 좇아 피를 치료했더니 털이 나오지 않았다.

기묘(己卯) 북문(北門)의 화에 이항(李沆)이 대사헌(大司憲)이 되어, 그가 당인(黨人)들과 교결(交結)했다는 이유로 잡아다 국문하고 매 백 대를 때려 내쳐서 연서(延曙)에 이르러 죽으니, 사람들이 모두 애석히 여겼다. 〈동유사우록(東儒師友錄)〉

아들 자명(自命)은 역학(譯學)으로 벼슬이 가선(嘉善)에 이르렀다.

박세화(朴世華)가 정암(靜庵)을 위하여 병을 치료해주고 기와를 일어 주다

박세화(朴世華)는 큰 의원이다. 지개(志慨)가 있어서 기묘(己卯)의 사류(士類)들과 함께 했고, 특히 조정암(趙靜庵)에 대해서 정성을 다해 섬겼으며, 효직(孝直 : 靜庵) 형제가 병이 있으면 비록 깊은 밤이라도 반드시 가서 힘을 다하여 구원했다.

정암(靜庵)의 집 행랑을 떼로 헤일었는데 그것도 해마다 헤일지 못해서 장차 썩어내리게 되었다. 이에 그는 자기 집 재산으로 기와를 사다가 해입어 주었다. 그러나 이 까닭에 용사자(用事者)들에게 미움을 받아 끝내 가산(家産)을 몰수당했다.〈전언왕행록(前言往行錄)〉

신광한(申光漢)은 이재(吏才)에 짧았다

신광한(申光漢)은 고령(高靈) 사람이니, 자는 한지(漢之)요, 호는 기재(企齋)이다.

영상(領相) 숙주(叔舟)의 손자로서, 문장에는 능했으나 이재(吏才)에는 짧았다. 형조판서(刑曹判書)가 되었는데 일처리를 잘하지 못해 죄수(罪囚)를 판결하지 못한 것이 많아서 감옥에다 넣을 수가 없으므로 글을 올려 위에 청하여 옥사(獄舍)를 넓게 지어달라고 하자 중종(中宗)은 말하기를,

"판서(判書)를 바꾸느니만 같지 못하니 어찌 옥사를 새로 지으랴."

하고 허자(許磁)로 이를 대신하자 그 자리에서 재결(裁決)해서 옥사(獄舍)가 모두 비었다.

미련한 종이 수공(修貢)하지 않으므로 이에 시를 지어 써보내기를,

"평해(平海) 고을에 사는 종 막동이, 해마다 제 신공(身貢)을 듣고도 모른 체하네. 관청의 위엄으로 잡아 오기는 어려운 일이 아니지만, 모름지기 내년 2월 중으로 가져오라.〔平海郡居奴莫同 年年身貢聽如聾 官威促致非難事 須趁明年二月中〕"

했다.〈기재록(寄齋錄)〉

인종조(仁宗朝) 때 문형(文衡)을 맡고, 시호는 문간(文簡)이다. 광한(光漢)이 젊었을 때, 채색 새가 입으로 들어오는 꿈을 꾸고 이로부터 재사(才思)가 날로 진보되더니, 자라면서 문형(文衡)을 맡았고, 또 채색 새가 입으로 들어왔는데 이는 나함(羅含)이 꿈에 오색조(五色鳥)를 삼키는 꿈을 꾼 것과 같았다.

중국 사신 장승헌(張承憲)이 왔을 때 원접사(遠接使)가 되어 창화(唱和)한 시가 있었는데, 승헌(承憲)이 크게 칭찬했다. 또 이듬해에 중국 사신 왕학(王鶴)이 공을 보고 치사하기를,

"황화집(皇華集)을 보니 우리 장천사(張天使)가 쩔쩔맨 일이 많더군요."

했으니, 그 중국 사신들의 심복(心服)됨이 이와 같았다. 〈지봉유설(芝峰類說)〉

김천귀(金千貴)가 정암(靜庵)을 위해서 3일 동안 소식(素食)하다

김천귀(金千貴)는 천인(賤人)인데 효성으로 어머니를 섬기고 착한 일을 하기 좋아했다. 조정암(趙靜庵)을 위하여 3일 동안 소식(素食)했고, 안당(安瑭)의 집에 출입했다는 일로 신사(辛巳) 옥사(獄事)에 온 집이 초산(楚山)으로 옮겨가는데 험한 곳을 걸어가면서 항상 울며 음식을 먹지 않으므로 그 처자들이 다투어 꾸짖기를,

"유리(流離)해서 여기까지 왔는데 무슨 은덕(恩德)이 있는가?"

하자, 천귀(千貴)는 말하기를,

"나 같은 천인(賤人)이야 어데를 간들 살지 못하리오마는 저 억울하게 죽은 혼은 의지할 곳이 없으니 어디로 떠돈단 말인가? 생각이 여기에 미치면 어찌 차마 음식을 먹겠는가?"

했다.

말미를 얻어 서울에 가면 반드시 먼저 안당(安瑭)의 집을 찾아가서 붙들고 울어 오래 되어도 변치 않았으며, 안당(安瑭)의 제사나 생일날을 당하면 깊숙하고 궁벽한 곳에 음식을 차려 놓고 목을 놓아 울었다. 뒤에 용서를 받아 풀려 나왔다. 〈기묘록(己卯錄)〉

그의 언행(言行)은 천년 뒤에 들어도 사람으로 하여금 눈물을

흘리게 하니 아름답도다. 저 글을 읽고서도 말과 행동이 다른 자
는 홀로 무슨 마음인가. 〈지퇴당집(知退堂集)〉

박수량(朴遂良)이 충암(沖庵)을 경계하여
화(禍)를 피하라 하다

박수량(朴遂良)은 강릉(江陵) 사람이니, 호는 쌍한(雙閑), 또
삼가(三可)이다.

용궁 현감(龍宮縣監)으로 물러가서 시골에 숨어 있더니 김충암
(金沖庵) 정(淨)이 풍악(楓嶽)으로부터 찾아가서 철죽〔躑躅〕지
팡이와 시를 지어 주기를,

"만 개의 옥 층층한 바위 속에, 구추(九秋)의 서리와 눈 가지
일세. 이것을 가져다가 군자에게 주노니, 해가 늦으니 이 마
음을 알겠네.〔萬玉層岩裡 九秋霜雪枝 持來贈君子 歲晩是心知〕"
하자, 공이 여기에 화답해서 말하기를,

"혐의하는 것 같아 바로 먼저 베어서, 짐짓 그 뿌리를 굽게 하
네. 곧은 성질이 오히려 속에 있으니, 어찌 능히 도끼를 면하
랴.〔似嫌直先伐 故爲曲其根 直性猶存內 那能免斧斥〕"
했으니, 이는 대개 그 화를 피하라고 경계한 것인데 끝내 면치
못했으니 애석한 일이다. 〈지봉집(芝峰集)〉

남주(南趎)는 매화를 읊고
그 누이는 눈〔雪〕을 두고 시를 짓다

남주(南趎)는 고성(固城) 사람이니, 자는 계응(季應)이요, 호
는 서계(西溪), 또 선은(仙隱)이다. 갑술(甲戌)에 진사가 되고 문
과에 급제하여 호당(湖堂)을 거쳐 전한(典翰)이 되었다. 선풍도

골(仙風道骨)[1]로 촉영부(燭影賦)를 지어 한 세상에 회자(膾炙)했
다. 남곤(南袞)에게 미움을 받아 영광(靈光)의 삼계(森溪)로 물
러가 살았으니 이때 그의 나이 28세였다. 〈국조방목(國朝榜目)〉
　남곤(東袞)이 그를 올려 쓰려고 불러 이르기를,
　"들으니 그대의 문장이 남보다 뛰어나다 했으니 시 한 수(首)
　를 듣기를 원하노라."
하고 분매(盆梅)를 가리켜 시를 지으라 하니, 즉시 읊기를,
　"한 떨기가 분에서 자라 약하니, 천추에 눈 같은 모습이 호기
　로세. 누가 능히 너의 굽은 것을 펴서, 바로 저녁 구름에 떨
　쳐 높게 하리.〔一朶盆莖弱 千秋雪態豪 誰能伸汝曲 直拂暮雲高〕"
하니, 곤은 그 뜻을 알아차리고 크게 노하여 드디어 그와 끊
었다. 〈기묘록(己卯錄)〉
　그 누이도 시에 능했는데 일찍이 눈〔雪〕이란 제목으로 녹(綠)·
홍(紅)을 운(韻)으로 달게 했더니 누이는 즉시 읊기를,
　"땅에 떨어질 때에는 누에가 푸른 뽕 먹는 것 같고, 하늘에
　나부낄 때는 모양이 나비가 붉은 꽃 엿보는 것과 같네.〔落地
　聲如蠶食綠 飄空狀似蝶窺紅〕"
라고 했다. 〈조야첨재(朝野僉載)〉
　젊었을 때 학업(學業)을 닦지 않고서도 능했는데, 그 아버지가
글을 읽으라고 권하면 그는 말하기를,
　"제가 일찍이 읽지 않을 때가 없습니다."
했다. 어느 날 구름과 안개가 끼어 어둡다가 이윽고 안개가 걷히
는데 저만큼 보니 주(趎)가 어떤 어른 두어 사람과 바위에 앉아
서 글을 읽고 있으므로 사람들이 이상히 여겼다.
　일찍이 편지를 써서 가동(家僮)에게 주면서 말하기를,
　"지리산(智異山) 청학동(靑鶴洞)에 가면 두 사람이 마주 앉았
　을 것이니 이 편지를 전하고 회답을 받아 가지고 오라."
했다. 가동이 그 말대로 가보니, 과연 화각(畵閣) 두어 칸이 바
위 사이에 있는데 정하고 곱기가 비할 데 없고 한 도인(道人)이

1) 仙風道骨 : 신선의 풍채와 도인의 골격(骨格)이라는 뜻으로, 고상한 풍
　채를 말함.

노승(老僧)과 바둑을 두고 있었다. 가동이 편지를 전하니 도인
(道人)은 웃으면서 말하기를,

"내 이미 네가 올 줄 알았다."

하고 두던 바둑이 끝나자, 편지 한 장과 푸른 옥으로 만든 바둑
알을 가동에게 주어 보냈다.

가동이 갈 때는 9월이어서 낙엽이 길에 날리고 하늘에서 눈이
뿌렸지만 도인(道人)과 작별하고 돌아올 때는 배고픈 생각도 들
지 않는데 바야흐로 발자국 밑에 시들었던 풀에서 새로 싹이 나
고 있었다. 가동이 의아히 여겨 동구(洞口)를 나오니 일기가 따
뜻하고 초목에 잎이 돌아오는 인간 세상의 3월이었다.

주(趎)가 졸하자 그 후에 바둑알 둔 곳을 잃었는데, 일을 좋
아하는 자가 말하기를, 도인은 곧 최고운(崔孤雲)이요, 늙은 중
은 곧 검단선사(黔丹禪師)이며 주(趎)도 또한 신선이었다고 했
다. 〈지봉유설(芝峰類說)〉

김대유(金大有)는 김식(金湜)이
망명(亡命)하여 집에 온 것을 거절하다

김대유(金大有)는 김해(金海) 사람이니, 자는 천우(天佑)요,
호는 삼족당(三足堂)이다.

정묘(丁卯)에 진사가 되고, 은일(隱逸)로 전생직장(典牲直長)
이 되었다가 현량(賢良)으로 천거를 받았으며, 기묘(己卯)에 문
과에 급제하여 호조좌랑(戶曹佐郞)이 되었다.

북문(北門)의 화가 일자 벼슬을 내놓고 돌아와서 운문산(雲門
山) 우연(愚淵)에 별장을 짓고 한가로이 지내더니, 명종(明宗) 을
사(乙巳)에 벼슬이 회복되어 전한(典翰)에 임명되니 이 때 나이
74세였다.

공(公)이 복과(復科)의 명령을 듣고 양식을 준비하지 않고 그
대로 길을 떠나자 어떤 사람이 말하기를,

"길이 먼데 양식이 떨어지면 어떻게 가려고 그러느냐?"

하자 그는 웃으면서 말하기를,

"나라에서 오랫동안 폐해졌던 우리를 불러 이미 벼슬을 주었으니, 가는 길에 고을 관원도 있을 것이라 스스로 먹을 것을 이으며 서울에 도착할 것인데 어찌 양식 떨어질 것을 근심하리오."

하니, 사람들이 그 뜻을 알지 못했다. 그런데 하루에 백 리 길을 달려가던 어느 날 함께 가던 사람에게 이르기를,

"오랫 동안 한가로이 있다가 갑자기 먼 길을 가려니 병이 나서 더 갈 수가 없다."

하고 그대로 돌아와서 이내 밖에 나가지 않다가 졸(卒)했다. 〈기묘록(己卯錄)〉

김동천(金東泉) 식(湜)이 망명(亡命)한 지 얼마후 삼족당(三足堂)의 집에 가서 천한 사람의 옷차림으로 문 밖에서 절하자, 삼족당은 알면서도 받아들이지 않고 심부름꾼을 시켜 말을 전하기를,

"자네가 어찌해서 이처럼 구차하게 되어 남의 집에까지 누(累)를 미치게 하는가?"

했다.

남명(南冥)이 이 말을 듣고 말하기를,

"천우(天佑 : 金大有)의 행위는 의리에는 마땅하나 정리에 그럴 수가 있는가?"

했다. 남명(南冥)이 일찍이 삼족당과 같이 자다가 밤중에 그를 깨우면서 말하기를,

"들으니 조정에서 공을 지평(持平)에 임명했다고 하네."

하자 삼족당은 벌떡 일어나 앉더니,

"그게 누구의 말인가?"

하고 물었다.

남명이 크게 웃으니 삼족당은 다시 누우면서 말하기를,

"이 사람이 나를 속였군!"

했다. 남명은 말하기를,

"저 사람이 재주가 있어 항상 벼슬에 보낼 생각을 했기 때문에

212

내가 시험해본 것인데 과연 벼슬로 해서 움직이지 않는도다. "
했다. 남명은 항상 말하기를,
"삼족당은 정승이 될 만한 인재이다. "
했다. 〈덕천사우록(德川師友錄)〉

복성군(福城君)이 이백사(李白沙)에게 현신(顯神)하다

복성군(福城君) 미(嵋)는 중종(中宗)의 왕자(王子)이니 경빈 (敬嬪) 박씨(朴氏)의 소생이다.

중종(中宗) 임진(壬辰)에 동궁(東宮) 근처에 쥐를 태워 흉한 것을 묻는 변고가 있고, 또 가상(假像)을 만들어 거기에 목패(木 牌)를 달고 도리에 어긋난 말을 써놓는 일이 생겼다. 이에 의심 스러운 사람을 체포해다가 국문하는데, 경빈(敬嬪)이 한 짓이라 고 지목하여, 명하여 서인(庶人)을 삼고, 모자(母子)를 모두 국 문하다가 이윽고 그 아들 미(嵋)와 함께 사사(賜死)했다. 〈조야 첨재(朝野僉載)〉

백사(白沙) 이항복(李恒福)이 젊었을 때 친구집에 가서 공부 를 하는데 이웃에 사는 젊은 여자가 날마다 그 집에 와서 출입 할 때 문득 공을 우러러 쳐다보곤 했다. 비가 몹시 내리는 어느 날 친구들이 모두 나간 뒤 공이 홀로 앉았노라니 그 여인이 또 들어와서 우러러 쳐다봤다.

이에 공은 앞으로 오게 하여 묻기를,
"네가 날마다 와서 홀로 나를 쳐다보니, 대체 무슨 까닭인 가? "
하니, 그 여인이 무릎을 꿇고 앉아서 말하기를,
"저는 본래 무당이어서 의지하는 신(神)이 있사온데 낭군(郎 君)을 뵙고자 하여 먼저 허락을 얻으려 했으나 감히 아뢰지 못 하고 있는 터입니다. "

했다. 공이 즉시 데리고 오라 했으나 여인은 말하기를,

"감히 낮에 나타나지는 못합니다."

하는 것이다.

밤이 되자 비가 개이고 달빛이 가느다란데 공이 등불을 밝히고 기다리고 있노라니 여인이 오더니,

"신(神)이 왔습니다."

했다. 문을 열어보니 얼굴이 옥설(玉雪)과 같고 눈썹이 그림과 같은 한 소년이 푸른 도포에 붉은 띠를 띠고 천천히 다가 왔다.

공이 관복(官服)을 입고 나가서 맞아 읍양(揖讓)하고 들어와서 좌정(坐定)한 뒤에 묻기를,

"유현(幽顯)의 길이 다른데 어찌해서 만나고자 하는가?"

하자, 신(神)이 탄식하고 말하기를,

"나는 왕자(王子) 복성군(福城君)이오. 참혹한 화를 당하여 집이 망했으므로 구천(九泉)에서도 원통한 마음을 품고 세상의 공의(公議)를 듣고자 했으나 보통 사람은 정신이 약해서 나를 믿지 못했습니다. 그러나 공은 나이는 비록 젊어도 다음 날에 반드시 크고 귀하게 될 것이요, 기백(氣魄)이 능히 서로 만날 수 있으며, 그 말을 또 족히 믿을 만하겠기로 한 마디 가르침을 받고자 한 것입니다."

했다.

공이 말하기를,

"이미 신설(伸雪)된 지가 오래인데 듣지 못했는가?"

하니, 신이 말하기를,

"제사로 고하는 것을 보아 알기는 했으나 이는 특별히 친친(親親)의 은혜일 뿐이니, 내가 듣고자 하는 것은 공의(公議)입니다."

했다. 이에 공은, 세상 사람들이 그 지극히 원통함을 슬퍼하고 불쌍히 여긴다고 갖추어 말하자, 신은 두 줄기 눈물을 흘리고 말하기를,

"그렇다면 비록 다시 죽더라도 남은 감정이 없소이다."

하고, 무당으로 하여금 과일 두어 가지를 내오게 한 다음에 드디
어 인사하고 가버렸다.

공이 또 나가서 전송하니 신은 두어 걸음 걸은 뒤에 형체가
없어졌다. 공은 몹시 허탈한 일이라 하여 목숨을 마치도록 말하
지 않다가 만년(晚年)에 북청(北青)으로 귀양갔을 때 비로소 동
악(東岳) 이안눌(李安訥)에게 이야기했다. 〈백사집(白沙集)〉

계림군(桂林君)이 머리를 깎고 중이 되다

계림군(桂林君) 유(瑠)는 성종(成宗)의 둘째 아들이요, 계성군
(桂城君) 순(恂)의 계자(繼子)이다. 중종조(中宗朝)에 군(君)에
습봉(襲封)되어 좌찬성(左贊成)이 되었는데 윤임(尹任)의 생질
이다.

명종(明宗) 을사(乙巳)에 경기관찰사(京畿觀察使) 김명윤(金明
胤)은 계림군(桂林君) 유(瑠)와 봉성군(鳳城君) 완(岏)이 윤임(尹
任)에게 의지하여 흉모(凶謀)를 꾸민다고 밀고했다. 이에 전지
(傳旨)를 내려 국청(鞫廳)을 설치하자, 유(瑠)는 망명(亡命)하
여 머리를 깎고 중이 되어 안변(安邊) 황룡산(黃龍山) 밑에 토굴
을 파고 숨어서 살았다.

토산현감(兎山縣監) 이감남(李坎男)이 찾아서 잡아다가 심문하
자 유(瑠)는 대답하기를,

"윤임(尹任)이 비록 나를 추대하려 한들 조정에서 즐겨 듣겠
는가? 만에 하나라도 그럴 이치가 없다."

했다. 무릎을 눌러도 항복하지 않다가 낙형(烙刑)을 몹시 지
독하게 쓰므로 유(瑠)는 그 괴로움을 이기지 못해 드디어 거
짓 항복하여 참형(斬刑)을 받았다가 선조조(宣祖朝) 때 신설(伸
雪)되었다. 〈소대기년(昭代紀年)〉

박충원(朴忠元)이 단종(端宗)을 제사지내다

박충원(朴忠元)은 밀양(密陽) 사람이니, 자는 중초(仲初)요, 호는 낙봉(駱峰)이다.

무자(戊子)에 생원시(生員試)에 장원, 진사시(進士試)에 제2인으로 급제했으며, 신묘(辛卯)에 문과에 급제하고 병오(丙午)에 중시(重試)에 합격하여 호당(湖堂)·홍문관(弘文舘)을 거쳐 신축(辛丑)에 영월 현감(寧越縣監)으로 나갔다. 이때 영월에는 현감으로 부임하는 사람마다 갑자기 죽어갔는데, 충원(忠元)은 정하게 제물(祭物)을 갖추어 단종(端宗)에게 제사지내면서, 글을 지어,

'어질고 밝은 임금이 왕실(王室)의 원자(元子)로서 마침 비색한 운수를 만나 궁벽한 고을로 왕위(王位)를 내놓고 물러나시니, 한 조각 푸른 산에 만고(萬古)의 원혼(寃魂)입니다. 바라옵건대 여기 강림(降臨)하시어 흠향하시옵소서.'

했더니 이로부터 군수(郡守)가 죽는 걱정이 없어졌다.〈소대기년(昭代紀年)〉

벼슬이 좌찬성(左贊成)에 이르렀고 시호는 문경(文景)이다.

한승정(韓承貞)의 꾸짖음

한승정(韓承貞)은 청주(淸州) 사람이니, 자는 성지(成之)이다. 정묘(丁卯)에 진사가 되고, 을해(乙亥)에 문과에 급제하여 예조 참의(禮曹參議)가 되었다.

젊었을 때 김안로(金安老)와 함께 주계군(朱溪君)의 문하에서 배웠는데 그가 득지(得志)하게 되자 사람들이 다투어 그를 따르므로 공은 홀로 그를 미워하여 그 문 앞을 지나가도 들어가지 않았다.

이에 안로(安老)가 공을 시험해보고자 하여 심언광(沈彦光)의 무리와 함께 진목정(眞木亭)에 모였는데, 이곳은 공의 집에서 천 보(步)도 되지 않았다. 여기에서 공을 청했으나 공은 병을 칭탁하여 사양하고, 가서 보고자 해도 역시 굳이 피하고 만나지 않으니 사람들이 모두 두려워했으나 공은 모른 체하다가 마침내 소를 올려 배척했다.

안로(安老)를 폐하자 특별히 공을 대간(大諫)으로 승진시켰는데, 집이 남산(南山) 기슭에 있어서 항상 좋은 말을 타고 헌관(憲官)으로서 송림(松林) 사이를 오가니, 사람들이 그의 꾸짖는 소리를 들으면 이를 희롱하여,

"한공(韓公)이 또한 소나무 사이를 꾸짖는 곳으로 삼는가?"

했다.

이는 대개 그의 풍의(風儀)를 사모하여 도리어 우스개 소리를 한 것이다.

그가 졸(卒)했을 때 가난해서 장사를 지낼 수가 없으므로 이희보(李希輔)가 시를 지어 곡(哭)하기를,

"시체를 덮을 여벌 옷이 없고, 집에 전하는 것은 한 권의 경서뿐이네. 〔覆尸無餘服 傳家有一經〕"

하니, 사람들이 사실을 읊은 것이라고 했다. 〈인물고(人物考)〉

이현보(李賢輔)는 철면(鐵面)에 수염 난 사람

이현보(李賢輔)는 영천(永川) 사람이니, 자는 비중(棐仲)이요, 호는 농암(聾岩)이다.

을묘(乙卯)에 생원이 되고 연산(燕山) 무오(戊午)에 명경문과(明經文科)에 급제하여 검열(檢閱)이 되어 각의(閣議)에서 일을 의논했는데, 연산주(燕山主)가 노여움이 나서 명하여 옥에 가두었다가 안기역(安奇驛)으로 귀양보냈다.

을축(乙丑)에 먼저 공이 한 말을 추구(追究)하는데 연산주는

그의 성명(姓名)을 기억하지 못하고 말하기를,

"철면(鐵面)에 수염난 자가 그 사람이니 다시 옥에 가두라."

하고 멀리 귀양보냈는데, 이내 반정(反正)이 되자 방환(放還)되어 지평(持平)에 임명되었다.

일을 당하면 꺾이지 않아서 당시 그를 가리켜 '소주질그릇 병'이라고 하였는데 이는 겉은 컴컴해도 안은 맑고 깨끗함을 말한 것이다. 〈행장(行狀)〉

연산(燕山) 때에 사랑하는 계집이 죽자 조정 선비로 하여금 시를 지어 조상하라 하니 현보(賢輔)의 시에 말하기를,

"궁문은 깊이 잠기고 달은 황혼인데, 열두 개의 종루(鍾樓)가 밤이 되자 나누이네. 어느 곳 청산에 옥골(玉骨)을 묻었는가. 가을 바람 낙엽소리 차마 들을 수 없네.〔宮門深鎖月黃昏 十二鍾樓到夜分 何處靑山埋玉骨 秋風黃葉不堪聞〕"

했다. 〈송와잡기(松窩雜記)〉

허굉(許磁)이 훈권(勳劵)을 박탈(剝奪)하다

허굉(許磁)은 양천(陽川) 사람이니, 자는 굉지(宏之)요, 호는 징와(澄窩)이다. 진주(晋州)의 별장(別莊)에서 났는데 어떤 중이 지나다가 말하기를,

"내일 반드시 귀자(貴子)를 낳을 것이니, 마땅히 명신(名臣)이 될 것이오."

하더니 그 이튿날 과연 공을 낳았다. 이때 그 백부(伯父) 충정공(忠貞公) 종(琮)이 공을 소중히 여겨 말하기를,

"나를 계승할 자는 반드시 이 아이일 것이다."

했다.

임자(壬子)에 진사가 되고 연산(燕山) 갑자(甲子)에 문과에 급제하여 검열(檢閱)이 되고 병인(丙寅)에 반정(反正)하자, 사인(舍人)으로 승진되었다. 그러나 승지(承旨)인 이우(李堣)·윤장(尹

218

璟)·조계형(趙繼衡)이 반정(反正)하던 날, 정원(政院)에 입직
(入直)했다가 개구멍으로 도망해 나왔는데도 도리어 공신(功臣)
에 기록되기를 구하니 사람들이 몹시 조소했다. 이에 공이 즉시
항론(抗論)하여 훈권(勳券)을 박탈(剝奪)하니 시론(時論)이 이
를 쾌하게 여겼다. 쥐를 태워 묻은 변에 대하여 공이 아뢰기
를,

"요새 옥사(獄事)가 평반(平反)¹¹하지 않는 것이 많습니다."
하자 송질(宋軼)이 말하기를,

"신(臣)이 위관(委官)으로 있어도 무슨 일이 평반(平反)되지
않았는지 모르겠습니다."
하니 임금은 빙그레 웃었다.

질(軼)이 공을 사제(私第)로 불러서 책망하기를,

"의옥(議獄)은 수상(首相)의 일인데 그대가 미관(微官)으로서
어찌 감히 말하는가?"
하니, 대답하기를,

"미관(微官)은 또한 수상(首相)의 말을 하지 못합니까?"
하니 이를 크게 기이하게 여겼다. 〈인물고(人物考)〉

장언량(張彦良)은 옛 장수의 풍도가 있다

장언량(張彦良)은 풍덕(豊德) 사람이니, 무과(武科)에 급제하
여 청백(淸白)한 것으로 벼슬이 정이품(正二品) 판윤(判尹)에 이
르렀고 시호는 공무(恭武)이다.

중종(中宗) 때 들으니 중국 조정에서 장차 건주위(建州衛)를
토벌하려고 우리 나라에서 군사를 모집한다 하므로 이기(李芑)로
도원수(都元帥)를 삼고 장언량(張彦良)으로 부원수(副元帥)를 삼
고 임형수(林亨秀)를 이조정랑(吏曹正郎)으로서 종사관(從事官)을
삼았는데, 형수(亨秀)는 기(芑)를 찾아가서 부모가 늙었다는 이

1) 平反 : 원죄(寃罪)를 다시 조사하여 무죄로 하거나 감형함.

유로 사양하자, 기(芑)는 부원수(副元帥)에게 가서 말하라고 했다.

이에 형수가 언량에게 가뵙자 언량은 융복(戎服) 차림으로 청사(廳事)에 나와 의자에 앉아 있었다. 형수도 급히 융복을 입고 다른 종사관(從事官)과 같이 서서 예를 행하는데 감히 말 한 마디도 못하고 물러났다. 그런 지 얼마 안 되어 일이 드디어 중지되었다. 그 뒤에 형수가 가보았더니 언량은 중문(中門)까지 나가 맞으며 읍양(揖讓)하고 함께 자리에 올라, 술을 내다가 마음껏 즐기다가 헤어지니 가히 옛 장수의 풍도가 있었다.

이회재(李晦齋)가 변방으로 귀양가는데 날은 차고 옷이 얇으므로 길에서 만나자 호구(狐裘)를 벗어서 주었다. 을사(己巳)에 이기(李芑)가 사람을 시켜 이르기를,

"만일 내 말을 좇으면 마땅히 큰 훈공(勳功)을 얻을 것이다."

했으나 언량은 말하기를,

"선인(先人)께서 정국(靖國)의 훈(勳)을 받았으니 그것으로 이미 족하다."

하고 끝내 좇지 않았다. 〈지봉유설(芝峰類說)〉

아버지 정(珽)은 중종(中宗)의 원훈(元勳)으로서 하원군(河源君)에 봉해졌다.

송기수(宋麒壽)는 명향(名香)과 용묵(龍墨)을 벽 틈에 두어 두다

송기수(宋麒壽)는 은진(恩津) 사람이니, 자는 대수(臺壽)요, 호는 추파(楸坡)이다.

신묘(辛卯)에 진사가 되고 문과에 급제하여 검열(檢閱)이 되었다. 처음 벼슬할 때 김안로(金安老)가 명향(名香)과 용묵(龍墨)을 주었는데, 기수(麒壽)는 소인(小人)이 준 것이라 하여 담벽 사이에 넣어 두었다. 이에 안로(安老)는 그가 자기를 가까이 하

지 않는 것이 미워서 배척하여 벼슬을 파면시키더니 안로(安老)
가 폐하자 비로소 등용(登用)되었다.

명종(明宗) 정미(丁未)에 종형(從兄) 규암공(圭庵公)이 화를 당
하자 기(芑)의 무리가 함께 귀양보내려 하니 공의 모부인(母夫
人)이 침식(寢食)을 폐하고 근심하거늘, 공은 범방(范滂)[1]의 일
을 인용해서 풀어드렸다.

기미(己未)에 임금이 윤원형(尹元衡)의 하는 일이 싫어서 사류
(士流)들을 뽑아 대각(臺閣)에 두었으니, 공이 그 중의 하나이
다. 명종(明宗)이 병환이 있자 공은 힘써 이상 준경(李相浚慶)을
도와서 세자(世子)를 정했다.

선조(宣祖)가 장차 대통(大統)을 전하는데, 여러 대신들이 여
러 가지로 의절(儀節)을 의논하자 공은 말하기를,

"전(傳)에 말하기를, '대궐 정문(正門)으로 들어와야 만백성
이 모두 본다'고 했으니, 세자(世子)가 오모(烏帽)와 백포(白
袍)로 조그만 수레를 타고 광화문(光化門) 서쪽 좁은 문으로
들어와야 한다."

고 하자 여러 사람들이 비로소 이에 따랐다.

벼슬이 이조판서에 이르러 기사(耆社)에 들어가고 자손들이 번
창하니 사람들이 분양(汾陽)[2]의 만석군에 비했다.

양연(梁淵)의 손톱이 손바닥을 뚫다

양연(梁淵)은 남원(南原) 사람이니, 자는 거원(巨源)이요, 호
는 설옹(雪翁)이요, 문양공(文襄公) 성지(誠之)의 손자이다.

갑신(甲申)에 문과에 급제하고 정유(丁酉)에 대사헌(大司憲)이
되었는데, 참판(叅判) 윤안인(尹安仁)의 말을 듣고 하루에 세 번

---

1) 范滂 : 후한(後漢) 사람. 영제(靈帝) 때에 당사(黨事)로 인하여 환관
   (宦官)에게 죽음을 당함.
2) 汾陽 : 분양왕(汾陽王)에 봉해진 곽자의(郭子儀)를 말함. 큰 부자(富
   者)인 동시에 많은 복을 누렸음.

아뢰어 김안로(金安老)·채무택(蔡無擇)·허항(許沆)의 간사한 무리를 배척하여 안로(安老) 등이 이때 사사(賜死)되었다. 영상 (領相) 윤은보(尹殷輔)가 종묘와 사직이 거의 위태롭다가 다시 편안해졌으니 마땅히 진하(陳賀)하자고 청해서 양연(梁淵)에게 상을 주고 계급을 더하여 벼슬이 좌찬성(左贊成)에 이르렀다.

공이 젊었을 때 뛰어나게 총명하고 사물(事物)에 구속되지 않아 40세에 이르러 비로소 글을 배우는데 발분(發奮)하고 결심(決心)하여 왼쪽 손을 꼭 쥐고, 문장을 하지 못하면 맹세코 손을 펴지 않겠다 하고 북한산(北漢山) 중흥사(中興寺)에서 글을 읽는데 몇 해 만에 문리(文理)가 관통(貫通)하고 시격(詩格)이 맑고 높았다.

이에 그 장인에게 시를 보내어,

"책상에는 등불이 어둡고, 벼루에는 물빛이 맑네. 붓도 내가 원하는 바지만, 겸해서 종이도 바라노라.〔書榻燈光暗 硯池水色淸 管城吾所願 兼望楮先生〕"

했으니 이는 대개 사우(四友)[1]를 청한다는 뜻이었다. 그 장인은 배운 것은 늦었어도 속히 이루어진 것을 아름답게 여겨 장난으로 회답하기를,

"양충의(梁忠義)가 나이 40에 절에서 글을 읽으니, 아아, 늦었도다!〔梁忠義四十讀書山堂嗚呼晚矣〕"

하니, 세상 사람들이 전해가면서 미담(美談)으로 여겼다. 뒤에 과거에 급제하던 날 비로소 손을 펴보니 손톱이 손바닥을 뚫었다.

영조(英祖)가,

'梁忠義四十讀書山堂嗚呼晚'

이라고 현판을 써서 호당(湖堂)에 걸었다. 〈소대기년가장합록 (昭代紀年家狀合錄)〉

---

1) 四友 : 문방사우(文房四友). 곧 종이·붓·먹·벼루의 네 가지를 말함.

민씨(閔氏)의 다섯 형제

민구령(閔九齡)·구소(九韶)·구연(九淵)·구주(九疇)·구서(九敍) 형제 5인이 점필재(佔畢齋)의 문하(門下)에서 공부했는데, 효도와 우애가 천성(天性)에서 나왔다. 삼랑강(三郞江) 가에 정자를 짓고 그 이름을 오우(五友)라 하여 먹을 때는 밥상을 같이 하고 잘 때는 베개를 같이 하며, 척령가(鶺鴒歌)를 지어 스스로 즐겼다.

임호신(任虎臣)이 영남(嶺南)의 도백(道伯)이 되어 그 이름을 듣고 그 실상을 시험하고자 하여 아무도 데리고 가지 않고 밤중에 졸지에 가보니 다섯 사람이 과연 한 베개 한 이불에서 자고 있었다.

이에 크게 공경하고 탄복하여 조정에 알려서 벼슬을 주고 상을 내리니 후세 사람이 강가에 서원(書院)을 세웠다. 〈소대기년가장합록(昭代紀年家狀合錄)〉

정광세(鄭光世)가 도상(圖像)의 늦음을 희롱함

정광세(鄭光世)는 동래(東萊) 사람이다. 문과에 급제하여 부사(副使)가 되었는데 본래 산증을 앓아서 신낭(腎囊)이 크기 때문에 멀리 갈 수 없다고 아뢰자, 연산주(燕山主)는 명하여 그 크고 작은 모양을 그려 들이라 하고 드디어 부사(副使)의 임명을 취소했다.

뒤에 중종(中宗)이 도화서원(圖畵署員)에게 명하여 정국공신(靖國功臣) 등의 초상(肖像)을 그리게 했는데, 김지사(金知事) 선(瑄)이 사등공(四等功)에 참여하여 함원군(咸原君)에 봉해져서 이때 바야흐로 초상을 그리게 되었다.

광세(光世)가 마침 그를 보고 희롱하기를,

"어찌 도상(圖像)이 이렇게 늦으셨소. 나는 이미 연산조(燕山朝) 때 도상(圖像)해서 궁중에 들여보냈소."

했다,

함원(咸原)이 노해서 말하기를,

"그대의 순(脣)을 내 얼굴에 비하느냐?"

하고는 크게 웃고 헤어졌다. 벼슬이 판서(判書)에 이르렀다.

〈지봉유설(芝峰類說)〉

양희(梁喜)가 10년 후에 시욕동(詩欲凍)의 시구(詩句)의 대(對)를 짓다

양희(梁喜)는 남원(南原) 사람이니, 문과에 급제했다. 시(詩)에 능하여 눈내린 밤에 매화를 찾다가,

"눈이 시 읊는 입술에 떨어지니 시가 얼려고 하네. 〔雪墮吟脣詩欲凍〕"

라는 시구(詩句)를 짓고 나서 오래도록 대(對)를 채우지 못해 결국은 잊어버리고 기억하지 못했다.

10년이 지난 어느 날 꿈에 어떤 사람이 와서 묻기를,

"그대는 어찌해서 시욕동(詩欲凍)의 시구의 대를 채우지 않는가?"

하고 계속해서,

"매화꽃이 노래부르는 부채에 나부끼니 곡조에서 향기가 나네. 〔梅飄歌扇曲生香〕"

하고 나직이 읊어 주었다.

꿈에서 깬 양희가 이상히 여겨 드디어 장률(長律) 한 수를 지었는데,

"그윽한 사람이 세한(歲寒)의 맹세를 맺고자 하여 홀로 강루(江樓)를 찾으니 미친 듯 흥이 솟네. 시 읊는 입술에 눈이 떨

224

어지니 시가 얼고자 하고, 노래하는 부채에 매화꽃이 흩날리
니 곡조에서 향기가 나네. 사람은 은하수 다릿가를 좇아 지
나가고, 달은 구슬 궁궐 안에 걸려 차갑네. 내일은 해가 높고
바람도 급히 불 것이니, 초혼(招魂)하는 어느 곳에 남은 꽃다
움 찾으리. 〔幽人要結歲寒盟　獨訪江樓興轉狂　雪墮吟唇詩欲凍
梅飄歌扇曲生香　人從銀漢橋邊過　月掛瓊瑤宮裏凉　明日日高風正急
招魂何處覓餘芳〕"
했다. 〈대동시화(大東詩話)〉

송언신(宋言愼)이 불교(佛敎)를 배척하다

　송언신(宋言愼)은 여산(礪山) 사람이니, 자는 과우(寡尤)요,
호는 호봉(壺峰)이다.
　약관(弱冠)이 지나자, 개연(慨然)히 불교(佛敎)를 배척하고 요
승(妖僧) 보우(普雨)를 베기를 청하고, 자기 몸을 위하는 학문
에 독실하여, 유희암(柳希庵)·허초당(許草堂)·노소재(盧蘇齋)
의 문하(門下)를 좇아다니지 않은 곳이 없고 퇴계(退溪)에게 사
사(師事)하여 문답한 것이 많았다.
　정묘(丁卯)에 생원이 되고 정축(丁丑)에 문과에 급제하여 검열
(檢閱)을 거쳐 벼슬이 이조판서에 이르렀고, 곽재우(郭再祐)의
신선 이야기 하는 것과 허균(許筠)의 부처 숭배하는 것을 다스
리기를 청했다. 〈동유사우록(東儒師友錄)〉

박신규(朴信圭)가 미리 기첩(妓帖)을
허락했다가 완산백(完山伯)이 된 뒤에 주다

　박신규(朴信圭)는 밀양(密陽) 사람이다. 과거에 급제하기 전에

완산(完山)을 지나는데, 이 때 방백(方伯)이 큰 잔치를 벌여, 공은 지나가던 유생(儒生)으로 말석(末席)에 참여하게 되었다.

여러 고을 수령(守令)들이 모두 모였다가 잔치가 파하고자 하자 여러 기생들은 시끄러이 이 잔치에 참석한 수령(守令)들에게 첩지(帖紙)를 올리니 수령들은 다투어 서로 글을 쓰고 물건을 내주었다. 그때 한 기생이 홀로 공의 앞에 와서 무릎을 꿇고 앉았다. 공이 웃으면서 말하기를,

"내 포의(布衣)의 한사(寒士)로 오늘 마침 이곳을 지나다가 이 잔치에 참석한 것인데 어찌 너에게 줄 물건이 있겠느냐?"

하자 기생은 말하기를,

"저도 모르는 것이 아닙니다. 하오나 상공(相公)께서는 귀인(貴人)이시어 앞길이 무궁하실 것이오니 원컨대 미리 써주소서."

하므로 공은 웃으면서 써주었다.

그후에 완산백(完山伯)이 되었는데, 기생이 첩지(帖紙)를 바치자 공은 웃으며 물건을 내주었다.

조원기(趙元紀)는 궁사십(窮四十) 달사십(達四十)

조원기(趙元紀)는 한양(漢陽) 사람이니, 자는 이지(理之)이다.

한미(寒微)했을 때 정허암(鄭虛庵) 희량(希良)과 사귀더니, 허암이 한림(翰林)이 되자 공을 찾아가 그곳에서 같이 묵는데 이튿날 보니 명관(名官) 달사(達士)가 찾아와 길을 메운 것이 이루 셀 수 없이 많았다.

손들이 모두 돌아가자 허암이 말하기를,

"과연 명류(名流)가 부러운가?"

하니, 공은 대답하기를,

"날씨가 이렇게 차니 관(關)지기도 오히려 나보다는 나은데, 하물며 저 금마(金馬) 옥당(玉堂)의 선비이겠는가?"

했다. 그러나 허암은 말하기를,

"자네는 부러워하지 말게. 저것은 아침 이슬이나 마찬가지지
만 자네 같은 사람은 궁사십(窮四十) 달사십(達四十)이니 수
(壽)는 그 속에 있네."

했다.

오래지 않아 공이 한강(漢江)을 건너다가 배가 뒤집혀 물 속
에 빠졌는데 갑자기 희량(希良)의 말을 생각하고 말하기를,

"정군(鄭君)이 어찌 나를 속이랴."

하고는 머리를 풀고 눈을 감고서 기어 언덕에까지 닿았는데도
그곳이 육지인 줄을 모르고 계속 기어가자 길 가던 사람이 괴상
히 여겨 말하기를,

"저 손과 발로 가는 사람은 누구인가?"

했다. 그가 그제서야 눈을 뜨고 보니 이미 모래밭을 기어가고
있었다.

그는 40세에 비로소 통달하여 문과에 급제하니 벼슬이 찬성
(贊成)에 이르렀고 수(壽)도 또한 80을 지냈다. 시호는 문절(文
節)이다. 〈인물고(人物考)〉

조광원(曺光遠)이 기녀(妓女)의 원통함을
신설(伸雪)하자 요괴(妖怪)가 드디어 없어지다

조광원(曺光遠)은 창녕(昌寧) 사람이니, 문과에 급제하여 벼슬
이 판돈령(判敦寧)에 이르렀다.

공이 천추사(千秋使)로 연경(燕京)에 갔다가 저녁에 서관(西
關)의 한 큰 고을에서 자는데, 전도관(前導官)이 별사(別舍)에
와서 뵙자 하자 공이 아전을 시켜 까닭을 물으니 그가 말하기를,

"객관(客舘)에 요괴(妖怪)가 있어 여러 번 사신(使臣)이 갑자
기 죽어서 폐하고 문을 잠가둔 지가 오래입니다."

했다.

이에 공은 말하기를,

"임금의 명령을 받은 사신이 마땅히 객관(客館)에서 자야 할
것인데 어찌 요괴(妖怪)가 있다 해서 폐하겠는가?"

하고 급히 명하여 가서 청소하게 했다. 수령(守令)이 쫓아와서
간곡히 말렸으나 공은 듣지 않고 들어가 밤에 등불을 돋우고 거
짓 자는 체하니, 방에 있던 기생과 대령하고 있는 예속(隸屬)들
이 하나같이 모두 달아나 피하면서 모두 이르기를 요괴(妖怪)가
장차 이르러서 공은 반드시 죽게 된다고 했다.

한밤중이 되자, 한 줄기 음침한 바람이 장막에 불어와서 촛
불을 끄려 했다. 공이 일어나 앉아서 들으니 대들보 사이 판자
에서 판자를 뜯어내는 것 같은 소리가 나더니 이윽고 사람의 사
지(四肢)가 차례로 내려오는데 가슴과 배에 이어 머리와 얼굴이
저절로 연결되어 하나의 여인의 모습을 이루었다.

그 여인은 살빛이 눈같이 희고 핏자국이 낭자한데 이미 온몸
이 발가숭이로서 아주 얇은 비단으로 가리웠고, 흐느껴 울면
서 왔다갔다 한다. 이에 공은 정색(正色)하고 소리를 높여 말하
기를,

"너는 무슨 요망스런 물건이냐? 들으니 일찍이 여러 번 사신
을 해쳤다고 하니 너의 죄가 이미 큰데, 또 당돌하게 이같이
내 앞에 나타났느냐? 만일 하소연할 원통한 일이 있다면 모
르지만 그렇지 않으면 마땅히 중하게 처치하리라."

하자, 요괴(妖怪)는 울면서 고하기를,

"저는 하늘에 사무치는 원통함이 있어 이것을 호소하려고 왔
는데 사신들마다 놀라 그대로 죽어버린 것이니 실상 저는 죄
가 없습니다. 다행히 이번에 하느님의 도움을 입어 오늘을 얻
었사오니 어찌 설원(雪冤)할 때가 아니겠습니까? 저는 이 고
을 기생 아무이온데 모년 모월 모일에 어떤 사신을 이 방에
서 천침(薦枕)하다가 밤이 깊은 뒤에 소변을 보려고 밖의 뜰
로 나갔더니 관노(官奴) 모갑(某甲)이 기둥 밑에 누워 있다가
제가 오는 것을 보고 뛰어나와 겁탈하는 것을 제가 죽기로 거
절하고 듣지 않았더니, 본래 힘이 있다고 소문난 모갑(某甲)은

228

옷을 찢어다가 입을 막아 아무 소리도 내지 못하게 한 다음
저를 안고 동산 속 큰 돌 옆으로 가더니 손으로 그 돌을 떠들
고 저를 그 밑에 넣어 눌러서 사체(四體)가 가루가 되어 이 모
양을 만들었사오니 어찌 천하의 지극히 원통한 일이 아니겠습
니까?"
했다.
공이 듣고 나서 말하기를,
"내 마땅한 처치(處置)가 있을 것이니 이제는 속히 물러가
라"
하니, 그녀는 다시 울면서 사례하고는 형체도 없이 사라져버
렸다.
공이 시험삼아 예속(隸屬)을 불러보았으나 아무도 응답하는 자
가 없었다. 그래서 공은 스스로 옷을 벗고 잠자리에 들었다가
날이 새자 기안(妓案)을 내어 일일이 검열하고 모갑(某甲)의 이
름을 가리켜 즉시 명하여 잡아다 놓고서 많은 사람을 시켜 돌을
들어 보니 살빛이 아직도 희고 조금도 썩지 않았다.
이에 시체를 뜰에 내다놓고 모갑(某甲)을 신문하니 한 마디도
숨기지 못하고 모두 고백했다. 즉시 그 앞에서 매를 때려 죽이
고, 수령을 시켜 관(棺)에 넣어 묻어주게 했더니 그 요괴(妖怪)
가 드디어 없어졌다. 〈조서주집(曺西州集)〉
창양군(昌陽君)에 습봉(襲封)되었고, 시호는 충경(忠景)이다.

서경덕(徐敬德)이 종이를 오려 물고기로 만들다

서경덕(徐敬德)은 개성(開城) 사람이니, 자는 가구(可久)요,
호는 화담(花潭)이다. 집이 대대로 한미하여 농사 짓고 누에치
며 몹시 가난하게 살았다.
천품이 총명하고 스스로 분발(奮發)하여 학문함에 있어 일찍
이 어버이의 명령으로 과거에 응해서 진사에 합격했으나 즉시

과업(科業)을 버리고 화담(花潭) 위에 집을 짓고 도의(道義)에
잠심(潛心)하니 그 학문의 이치를 궁리하는 것으로 일을 삼아,
혹 여러 날 동안 잠잠히 앉아 있는데 만일 하늘의 이치를 연구
하려면 벽에 '天'자를 써놓고 이미 연구가 끝난 뒤에는 다시 다
른 글자를 써놓고 정밀히 생각하고 힘써 연구하며 밤에서 낮으
로 여러 해를 계속하여 뚜렷이 분명해진 뒤에라야 글을 읽어서
이것을 증명(證明)했다. 항상 말하기를,

"나는 스승을 얻지 못했기 때문에 공부하는 것이 지극히 깊을
    것이니, 뒷 사람들이 내 말대로 하면 나와 같이 애쓰지는 않
    을 것이다."
했다.

그의 의논은 횡거(橫渠)의 말을 많이 주장해서 스스로 마음에
얻어 충연(充然)히 즐거워하여, 세상의 시비(是非)와 득실(得
失)과 영욕(榮辱)에 대하여 터럭만큼도 개의(介意)하지 않고 집
이 항상 몹시 가난해도 태연하게 거처했다.

어느 날 문생(門生) 강문우(姜文佑)가 찾아 오니 선생은 화담
(花潭) 위에 앉아서 해가 한낮이 되도록 함께 강론(講論)하는
데도 조금도 피로한 빛이 없었다. 이때 문우(文佑)가 부엌에 들
어가 그 집사람에게 물었더니 어제부터 양식이 떨어져 밥을 짓
지 못한다 했다. 〈인물고(人物考)〉

화담(花潭) 위를 거닐다 조그맣게 종이를 오려 두어 자의 글
씨를 써서 물에 던지니 한 쌍의 흰 물고기가 물 속에서 뛰어나
와 돌 위에 던져진다. 선생이 이것을 손으로 주워 보고나서 웃고
도로 던져주면서 말하기를,

"사람들의 말이 거짓이 아님이 증명되었도다."
했다. 중종조(中宗朝)에 참봉을 제수했으나 나가지 않았고, 선
조조(宣祖朝)에 영상(領相)을 증직(贈職)했으며, 시호는 문강(文
康)이다. 〈오산셜림(五山說林)〉

겨울에 화롯불을 쬐지 않고 여름에 부채질하지 않으며 밤에
는 자리를 깔지 않았다. 일찍이 시를 지어 말하기를,

"글 읽던 당일에는 경륜(經綸)에 뜻했는데, 해 저무니 도리어

안씨(顏氏)의 가난함이 달가우네. 부귀는 다툼이 있으니 손대기가 어렵고, 임천(林泉)은 금함이 없으니 가히 몸을 편안히 하리. 산에서 나무하고 물에서 낚시하니 배 채울 만하고, 달을 읊고 바람을 읊으니 마음 화창하기에 넉넉하네. 학문이 의심치 않는 데에 이르니 참으로 쾌한 일인데, 헛되이 백 년을 사는 사람이 되게 하지 마라.〔讀書當日志經綸 歲暮還甘顏氏貧 富貴有爭難下手 林泉無禁可安身 採山釣水堪充腹 咏月吟風足暢神 學到不疑眞快活 免敎虛作百年人〕"

했다.

관직을 버리고 와서 학업을 배우는 자가 날로 문에 가득했는데, 송도(松都)에는 인물이 많아 차오산(車五山)의 문장과 한석봉(韓石峰)의 명필(名筆)이 그 속의 사람이다.

이때에 명창(名唱) 진이(眞伊)라는 자가 얼굴이 아름답고 노래와 거문고에 능하고 시사(詩詞)를 잘해서 역시 여자 중에 뛰어나고 협기(俠氣)가 있는 자였다. 그는 일찍이 말하기를,

"송경(松京)에는 삼절(三絶)이 있으니, 그 첫째는 박연폭포(朴淵瀑布)요, 그 둘째는 화담선생(花潭先生)이요, 그 셋째는 곧 나이다."

했다.

그는 화담 선생이 높은 행동으로 벼슬하지 않고 학문이 정수(精粹)하다는 말을 듣고 한번 시험해 보고자 하여 거문고와 술을 가지고 실끈으로 허리를 매고 대학(大學)을 옆에 끼고 가서 절하고 말하기를,

"듣자오니 예기(禮記)에 말하기를, 남자는 가죽을 매고 여자는 실끈을 맨다고 했사온데, 저도 역시 학문을 아옵기에 실끈을 매고 와서 가르침을 받기를 원하나이다."

했다.

이에 선생은 웃고 가르치더니, 진이가 밤이 되어 가까이 했으나 마치 마등(魔登)이 아란(阿難)에게 가까이 한 것과 같이 여러 날이 되어도 선생은 끝내 꺾이지 않으니, 진이(眞伊)는 부끄럽고 한스러움을 이기지 못하여 드디어 선생께 인사하고 금강산

(金剛山)으로 가서 칡으로 짠 저고리와 무명 치마 차림으로 짚
신을 신고 명아주 지팡이를 짚고서 가보지 않은 곳이 없이 두루
안팎 산을 구경하고 돌아왔다.

　사람들이 매양 말하기를,

　"지족선사(知足禪師)가 30년 동안 벽을 향해 앉아 있었으나 역
　시 생각하는 바가 있었다 하는데, 오직 화담선생만이 여러 해
　동안 가까이 있었으면서도 끝내 어지러움을 받지 않았으니 이
　는 참으로 성인(聖人)이다."

라고 하였다.

　선생은 일찍이 시냇가에 조그만 정자를 짓고 이름하여 서사
(逝斯)라 하고 그 위에서 한가로이 노는데, 어느 날 바야흐로 문
도(門徒)들과 함께 역(易)의 뜻을 이야기하자니, 갑자기 늙은 중
하나가 와서 뜰 밑에서 절하는데 눈썹이 많고 고리 눈이어서 모
양이 사납고 흉악했다. 선생은 말하기를,

　"너는 무슨 일로 여기에 왔느냐?"

하니, 중은 대답하기를,

　"빈도(貧道)가 마침 갈 곳이 없어 문 앞을 지나다가 잠시 뵙
　고 가는 것입니다."

했다. 화담이 말하기를,

　"내 차마 그가 죄없이 죽는 것을 볼 수 없으니 너는 살려줄
　수 없겠느냐."

하니 대답하기를,

　"이는 천수(天數)에 달린 것이오니 진실로 어길 수가 없습니
　다."

하고 이내 절하여 작별하고 그대로 가버렸다.

　화담이 이것을 보고 탄식하기를 마지않자 문도(門徒)들은 모
두 당황하여 서로 돌아보면서 선생의 말을 알 수가 없어 어리
둥절해했다. 이때 화담이 말하기를,

　"그 중은 곧 아무 산에 있는 신호(神虎)인데 오늘 저녁에 아
　무 마을 아무의 집에서 장차 사위를 맞아 폐백을 받는데 신부
　가 그 해를 입을 것이니 어찌 참혹하지 않느냐?"

했다.

이에 문도(門徒)들이 말하기를,

"선생님께서는 이미 그 일을 아시면서 어찌 구제할 계획을 세우지 않으십니까? 유곤(劉崑)은 이적(異績)이 있어서 범이 그 아들을 업고 물을 건너갔고, 황공(黃公)은 적도(赤刀)에게 빌어서 범이 능히 사람을 해치지 못했사온데, 이제 선생님의 도교(道敎)는 만 가지 지경에 모두 통달하셨는데 어찌 그를 눌러 이길 방법이 없겠습니까?"

하니, 화담이 한참 동안 잠자코 있다가 말하기를,

"내가 조금 시험해 보려 한 것이지 결코 남에게 시키려 한 것이 아니다."

했다.

이때 한 문생(門生)이 가고자 하자, 화담은 이를 기뻐하여 글 하나를 주면서 말하기를,

"이 글은 연화경(蓮華經) 속의 보문품(普門品)인데, 옛날에 고환국(高歡國)의 손모(孫某)가 이 경(經)을 외워서 액화(厄禍)를 면했으니 불가(佛家)에서 말하는 고음관음서경(高音觀音書經)이 이것이다. 너는 그 집에 가서 모름지기 이 일을 누설하지 말고 다만 향(香)과 초를 탁자 위에 갖추어 놓고 그 처녀로 하여금 방 안에서 문을 걸어 잠그게 한 다음에 건장한 계집종 5, 6인으로 하여금 단단히 잡고 놓아주지 않게 하고서, 너는 마루 위에 앉아서 이 경(經)을 읽는데 한 구절도 잘못 읽지 말아서 닭이 울 때를 지나면 스스로 무사할 것이니 삼가하도록 하라."

했다.

그 문생(門生)이 가르침을 받고 그곳에 가니 그 집은 마을 속에서 부자로 사는 집이었다. 집이 가지런히 벌여 있고 노적(露積)이 높이 쌓였으며, 뜰 가에는 장막을 설치하고 있어 들으니 장차 혼인을 지내고 이제 바야흐로 채단(綵緞)을 받는다고 했다. 들어가서 주인을 보고 인사하자 주인이 묻기를,

"손님은 어찌해서 이토록 깊은 밤에 오셨는가?"

하므로 대답하기를,

"나는 지나가는 손이 아니라 주인집에 화(禍)가 될 일을 복으로 만들려고 일부러 온 것이오."

하자, 주인 늙은이는 말하기를,

"무슨 일인가?"

했다.

이에 대답하기를,

"오늘 밤 주인댁에 큰 액이 있는데, 진실로 내 말에 의하여 이리이리 하면 화를 면할 것입니다."

했다. 그러나 주인 늙은이는 눈을 부릅뜨고 말하기를,

"어디에서 온 풍객(風客)이 미친 소리를 하느냐?"

했다. 대답하기를,

"나는 초(楚)나라의 미친 사람 접여(接輿)가 아니오. 모수(毛遂)가 초나라를 위하는 계획이오니, 잠시 앞으로 오는 일을 보십시오. 만일 내 말이 거짓이거든 매를 때려서 쫓아내도 원망하지 않으오리다."

했다.

주인은 마음 속으로 몹시 의아스럽기는 하지만 하회(下回)나 보리라 하고 가동(家僮)들을 시켜서 손이 하자는 대로 하게 하였다.

대청을 소제하고 탁자와 자리를 준비한 다음에 처녀는 방 안 깊숙이 감추어 두고서 그 손님이 옷깃을 여미고 단정히 대청 위에 앉아 있으니 안팎이 정숙하고 등불만 휘황하게 밝았다.

이렇게 하고 그 손님이 책상 앞에 앉아 경(經)을 읽는데 삼경이 되자 외마디 벽력소리가 크게 나면서 지붕의 기왓장이 모두 흔들리니 집안 사람들은 모두 놀라서 쥐구멍을 찾아 도망해 버렸다. 이때 이마의 털이 흰 한 마리 큰 범이 마당 가운데로 뛰어내리는데 눈빛은 번개빛과 같고 소리는 천둥소리와 같았다. 이러한 범이 마당 한복판에서 으르렁거리니 그 형세가 몹시 사납고 무서웠다.

그러나 그 손님은 얼굴빛을 변치 않고 경(經) 읽는 것을 그치지 않았다. 이때 처녀는 소변을 보고자 밖으로 나가려 했으나 계집종들이 좌우에서 만류하여 수족을 놀리지 못하게 하니, 처녀는 편안히 있지 못했다. 이윽고 범은 갑자기 큰 소리로 외치더니 창밖의 기둥나무를 세 번 물어뜯었다. 이렇게 세 번을 계속하자, 이윽고 닭 우는 소리가 요란히 들리고 범은 갑자기 보이지 않았으며 처녀는 까무러쳤다. 집사람들이 겨우 정신을 수습하여 더운물을 입에 흘려 넣으니 처녀는 잠시 후에 깨어 나고, 그 손님도 경 읽는 것을 마치고 밖으로 나갔다.

주인이 절하고 사례하기를,

"공은 신인(神人)이십니다. 내가 눈은 있어도 신인을 몰라뵈었으니 다시 뵈올 낯이 없습니다. 원컨대 공의 수(壽)를 위하여 천금(千金)을 바쳐 만분의 일이라도 은혜에 보답하고자 합니다."

하자, 그 손님은 말하기를,

"나는 사람의 급한 일을 구하라는 의무로 인해서 잠시 수법(手法)을 시험했을 뿐이오. 처음부터 재주를 가지고 이(利)를 도모하는 사람이 아닙니다."

하고 떠나갔다. 주인이 재삼 만류했지만 그는 옷소매를 뿌리치고 그대로 돌아갔다.

화담에게 돌아와서 지난 일을 선생께 고하니 화담 선생은 웃으면서 말하기를,

"너는 어찌해서 세 번이나 잘못 읽었느냐?"

했다. 잘못 읽은 곳이 없다고 대답하자, 화담은 말하기를,

"조금 전에 그 중이 또 지나가다가 나에게 사람 살린 공을 사례하고, 말하기를 경문(經文)의 세 곳을 잘못 읽어서 기둥을 세 번 물어뜯었기에 이를 알았다고 하더라."

했다. 그 사람이 다시 생각해보니 과연 잘못 읽은 데가 있었다.
〈동야휘집(東野彙輯)〉

김언겸(金彦謙)은 정성과
효성으로 길지(吉地)를 만나다

　김언겸(金彦謙)은 김해(金海) 사람이니, 대대로 고양(高陽)에 살았는데 지극히 곤궁하면서도 선비 노릇을 하고 있었다. 천성이 지극히 효성스러워 그 어머니가 서울에서 병으로 졸(卒)하자 관(棺)을 모시고 시골로 돌아가 구산(舊山)에 장사지내려 했다. 이윽고 신원(新院)에 이르렀을 때 관을 모신 수레바퀴가 부러져 어찌할 바를 모르고 길 가에서 울고 있는데 가까운 마을에 사는 사람들이 마음으로 그를 불쌍히 여겨 다투어 와서 역사를 하여 권도(權道)로 길 가 높고 건조한 곳에 임시로 장사지냈다가 즉시 선영(先塋) 밑으로 이장(移葬)하려 했으나 힘이 없어서 하지 못하고, 언겸 자신이 그곳으로 흙을 져다가 무덤을 만들었다.

　이때 나라의 능(陵)을 개수(改修)할 일로 한 유명한 지관(地官)이 이곳을 지나다가 그 무덤을 돌아다보면서 말하기를,

　"이 새 무덤은 누가 잡은 자리인지 모르지만 참으로 길지(吉地)로다."

했다.

　언겸이 이 말을 듣고 그 지관의 말 앞에 나가서 절하고 그 묘를 쓴 내력을 다 이야기하면서 눈물을 흘리니 지사(地師)가 불쌍히 여기며 말하기를,

　"산 형세를 두루 보니 청룡(青龍), 백호(白虎)가 너무 가깝고 명당(明堂)이 좁아서 비록 대지(大地)라고는 할 수 없지만 산세(山勢)가 멀리 와서 자리를 저절로 이루었으니 과거에 급제할 귀한 자손이 두 대(代)에 걸쳐 계속 나올 것이오."

하고 그의 성명(姓名)과 족계(族系)를 물어서 알고 나자 탄식하기를,

　"상주(喪主)는 정성과 효성이 있는 사람이오. 내가 젊었을 때부터 산을 보면서 이 길을 지난 것이 한두 번이 아닌데, 보

(步) 안에 이러한 아름다운 자리가 있을 줄 몰랐도다. 이는 진실로 사람의 힘으로 얻어진 자리가 아니니 아예 이장(移葬)하지 마시오."

했다.

언겸이 그 말을 좇아 그대로 완전히 장사를 지냈더니, 그 후 3년 뒤에 언겸은 과연 과거에 급제해서 여러 고을을 두루 다녔고, 그 아들 현성(玄成)은 호가 남창(南窓)인데 문과에 급제하여 벼슬이 동돈령(同敦寧)에 이르고, 몸가짐이 청고(淸苦)하여 심지어 빙벽(氷蘗)[1]과 같다는 소리가 있었으나 관리로서의 자질은 그의 장점(長點)이 아니었다.

남창(南窓)이 어떤 고을에 수령(守令)으로 나갔는데, 한 서생(書生)이 글을 써서 조롱하기를,

"백성 사랑하기를 자식과 같이 하니 온 고을 안이 시끄럽고,
추호(秋毫)도 범하지 않으니 관청 창고가 비어 있네."

하니, 남창은 이 말을 듣고 크게 웃으면서 말하기를,

"이것이 나의 실적(實蹟)이다."

하고 그를 미워하지 않았다. 〈지봉유설(芝峰類說)〉

진우(陳宇)가 형(刑)에 임(臨)해서 시(詩)를 읊다

진우(陳宇)는 여양(驪陽) 사람이니, 자는 낭이(廊而)이다.

어려서부터 총명하고 재주가 있어서 갑오(甲午)에 진사시(進士試)에 장원으로 급제하고, 태학(太學)에 있을 때 시정(時政)의 득실(得失)을 말하다가 김안로(金安老)의 뜻에 거슬려 비방했다는 죄로 죽게 되자, 당시에 동갑인 친구 이제윤(李悌胤)이 성균관 안에서 말하기를,

"오늘 진장원(陳壯元)이 죽으니 우리 동년(同年)의 친구 중에

---

1) 氷蘗 : 얼음을 마시고 황벽나무를 먹는다는 뜻으로서, 대단히 가난하지만 맑은 것을 말함.

누가 능히 나를 따라 전별(餞別)하겠는가？"
했으나 모두 응하지 않으므로 홀로 제윤(悌胤)이 술병을 가지고 가서 저자에서 진우(陳宇)에게 술을 따라 주고 통곡하면서 결별(訣別)했다.

진우가 형(刑)에 임할 때 절구(絶句) 한 수를 읊었는데,
"아득한 저 하늘이 나를 밝게 하지 못하니, 뜬 구름 흐르는 물이 내 삶을 어찌 하리. 평생에 품은 포부 아는 이 없어, 끝내 맑은 조정에 원통한 귀신의 이름 얻었네.〔漠漠皇天不我明 浮雲流水奈吾生 平生所抱無人識 終得清朝冤鬼名〕"
라는 내용이다.

정유(丁酉)에 삼간(三奸)이 베임을 당하자 집의(執義)의 증직을 받았다.〈소대기년(昭代紀年)〉

조변(趙忭)의 장딴지에서
부서진 뼈 다섯 조각이 나오다

조변(趙忭)은 한양(漢陽) 사람이니 자는 호연(浩然)이요, 정암(靜庵)의 족질(族姪)이다. 신사(辛巳)의 옥사(獄事)에 형벌을 받고 강진(康津)으로 귀양갔다가 19년 만에 풀려 돌아왔다.

평생에 장딴지를 앓아 부서진 뼈 다섯 쪽을 꺼내고 수(壽)는 80세를 살았다. 여러 손자들이 수연(壽筵)을 베푸니, 변(忭)은 아직도 강강(康强)해서 춤을 추고 시를 짓기를,
"형의 나이 80세요 아우는 71세니, 이 세상에 거듭 기묘(己卯)의 봄을 만났네. 지난 일 역력히 감개(感慨)가 많은데, 모름지기 정이 있는 사람에게 말해주지 않으리.〔兄年八十弟稀一 身世重逢己卯春 往事歷歷多感慨 不湏說與有情人〕"
했다.〈조야집요(朝野輯要)〉

윤현(尹鉉)이 낡은 자리와
푸른 무명을 간직해 두다

윤현(尹鉉)은 파평(坡平) 사람이니, 자는 자용(子用)이요, 호
는 국간(菊磵)이다.

신유(辛酉)에 진사가 되고 정유(丁酉)에 문과에 장원급제하여
벼슬이 호조판서(戶曹判書)에 이르렀는데, 낡은 자리와 푸른 무
명을 모두 창고 속에 간직해 두니 사람들이 모두 이를 웃었다.
그 후에 낡은 자리는 모두 조지서(造紙署)에 보내어 종이를 만
드니 종이의 품질이 몹시 훌륭하였고, 푸른 무명으로는 야인(野
人)들의 옷을 만들게 했다. 〈목민심서(牧民心書)〉

청렴하고 매사에 신중히 일을 처리했으며 시호는 충간(忠簡)
이다.

차식(車軾)이 꿈에 정종(定宗)을 보다

차식(車軾)은 연안(延安) 사람이니 자는 경숙(敬叔)이요, 호는
호재(灝齋)이다. 10세에 시서(詩書)를 외우고 화담(花潭) 서경덕
(徐敬德)에게서 공부했다.

정유(丁酉)에 진사가 되고 계묘(癸卯)에 문과에 급제하여 군수
(郡守)가 되었다. 일찍이 정종(定宗)의 능침(陵寢)에 제사를 지
내는데, 세대(世代)가 이미 멀어져서 다만 한식(寒食)에만 지낼
뿐이요, 음식도 아주 적고 깨끗지도 못했다. 그러나 식(軾)은 유
달리 정성을 다하여 재계하고 목욕하여 몸을 깨끗이 하고 음식
과 술도 모두 친히 살피지 않는 것이 없었다.

제사가 끝나자 꿈에 정종(定宗)이 하교하기를,
"저번 제사지내는 관원은 다만 옛날에 하던 것만 좇아서 음

식이 깨끗지 못하더니, 이번에 너는 정성과 예의를 다하니 내
이를 가상히 여기노라. 듣자니 네 어미가 병이 있다고 하기로
너에게 좋은 약을 줄 것이니 그렇게 알라."
했다.

이때 식의 어머니가 송도(松都)에 살고 있어 대하(帶下)의 병
을 앓았는데, 돌아오는 길에 보니 두 마리의 수리가 한 마리 큰
고기를 가지고 다투어 중천(中天)을 맴돌다가 식이 가는 말 앞
에 떨어뜨리는데 그것은 곧 뱀장어로서 그 크기가 한 자가 넘었
다. 돌아와서 이것을 어머니에게 드렸더니 앓던 병이 씻은 듯이
나았다.

유몽인(柳夢寅)이 묘갈(墓碣)을 지었고 아들은 천로(天輅), 운
로(雲輅)이다.

김윤종(金胤宗)은 잡혀가면서도 울지 않다

김윤종(金胤宗)의 자는 계지(繼志)이니, 김식(金湜)의 문하(門
下)에서 공부하다가 화가 일어난 것을 듣고 북장사(北丈寺)에서
속리산(俗離山)으로 피해 들어갔는데 관리에게 체포되자 몸종
이 울면서 식사를 내왔다. 이에 윤종(胤宗)은 말하기를,
"나는 장차 죽을 사람인데도 울지 않는데 너는 어찌해서 우느
냐?"
하고 조용히 밥을 다 먹고 조금도 두려워하거나 겁내는 빛이
없었으니 속류(俗流) 속의 인물이 아니었다.

매를 맞고 명천(明川)으로 귀양갔다가 적소(謫所)에서 졸(卒)
했다. 〈치재일록(恥齋日錄)〉

홍순복(洪順福)이 칼을 빼어 띠를 끊다

홍순복(洪順福)은 남양(南陽) 사람이니, 자는 자유(子綏)요, 호

는 고암(顧庵)이다.

김식(金湜)의 문하에서 공부하더니, 화가 일어나던 날 순복(順福)은 남원(南原)에 있다가 행장을 차려 가지고 장차 떠나려하는데, 아내 김씨(金氏)가 띠를 잡고 만류하거늘 순복은 분연(奮然)히 칼을 빼어 띠를 끊고 가서 드디어 관학(舘學)의 유생(儒生)들과 함께 대궐을 지키고 소를 올리다가 잡혀 갇혔다가 이내 석방되었다.

경신(庚申)에 이신(李信)이 고하기를, 김식(金湜)이 도망가 있어서 문도(門徒)를 거느리고 가서 집정(執政)하려 한다 하자, 순복은 식(湜)의 제자로서 체포되어 고문을 받고, 매를 때려 귀양보내게 되었는데, 대간(臺諫)이 말하기를,

"진술한 말이 공손치 못하고 시정(時政)에 많이 저촉된다."
하여 사형(死刑)을 행하기를 청했다.

형(刑)을 받는데 썩은 새끼가 두 번이나 끊어지거늘 감형관(監刑官)을 돌아다보면서 말하기를,

"그대가 왕명(王命)을 받들고 형벌을 감독하면서 썩은 새끼로 죽일 사람의 목을 잡아매느냐?"
하고 꾸짖으면서도 얼굴빛이 변치 않았다. 그 아들에게 이르기를,

"고암(顧庵)이라고 신주(神主)를 쓰라."
했다. 〈동유사우록(東儒師友錄)〉

타고난 바탕이 맑고 개결(介潔)한데, 처조(妻祖) 김맹유(金孟鍒)가 고을 수령(守令)으로 있는 곳을 우연히 지나노라니 김(金)이 말하기를,

"그대는 원래 궁핍(窮乏)한 터인데 어찌 한 가지 물건도 구하지 않는가?"
하자, 대답하기를,

"관청 물건을 공(公)께서 마땅히 줄 것도 아니요, 나도 마땅히 받을 것이 아닙니다."
했다.

김(金)이 다시 말하기를,

"사소한 물건이야 무엇이 의리에 해롭겠는가?"

하니, 대답하기를,

"기어이 주시려면 꿀 5홉과 개가죽 반 짝이면 족합니다."

했다. 김(金)이 이것을 마련해 주어 집에 돌아오자 그는 다시 이를 돌려 보내면서 말하기를,

"가죽은 말안장이 찢어질 염려가 있어서였고, 꿀은 먼 길에 병이 나면 치료하려고 했던 것인데, 이제 다행히 면했으므로 그대로 두어 두는 것은 의리에 옳지 못하겠기에 돌려 보냅니다."

했다. 〈행장(行狀)〉

고순(高淳)의 귀머거리 병

고순(高淳)은 제주(濟州) 사람이니 자는 희지(熙之), 태진(太眞), 진진(眞眞)으로 득종(得宗)의 아들이다.

귀가 먹어서 땅에 글자를 그어 뜻을 전하더니 무술(戊戌)에 소를 올려 시정(時政)의 득실(得失)을 의논하여 망녕되다는 이름을 얻게 되자 어떤 사람이 이 사실을 고하니 희지(熙之)는 이 말을 듣고 기뻐하여 스스로 이름하여 망희지(妄熙之)라고 했다.

처음에 여러 선비들 속에서 신덕우(辛德優)를 만났는데, 여러 선비들이 서로 이야기를 주고받자 희지(熙之)는 종이에 절구(絕句)한 수를 쓰기를,

'조그만 집에 봄바람이 고요한데, 맑은 말들이 모두 남음이 있네. 귀먹은 사람은 한 가지 맛도 없어, 머리 드리우고 홀로 글을 보네. 〔小閣春風靜　淸談摠有餘　聾人無一味　垂首獨看書〕"

했다. 이에 덕우(德優)는 여기에 화답하여 시를 지어주고 스스로 족히 마음을 아는 사람이라고 했다.

희지는 독실하게 믿고 학문을 좋아하여 어느 날 시를 읊다가 잠자리에 들었더니 꿈에 그 아버지 중추공(中樞公) 득종(得宗)이 시한 수를 지어 주기를,

242

'빛나는 터럭 희고 희어 옛날보다 줄었고, 외로운 몸 적적히 산 앞을 지키네. 백골(白骨)이 지감(知感) 없다고 말하지 마라. 너의 시 읊는 것 들으니 잠을 이룰 수 없네. 〔華髮蒼蒼減昔年 孤身寂寂守山前 莫言白骨無知感 聞汝吟詩我不眠〕'
했다. 〈추강냉화(秋江冷話)〉

양수척(楊水尺)¹⁾이 옛날 물든 것을 버리다

청주(淸州)의 양수척(楊水尺) 3형제는 하는 행동이 정당치 못하더니, 들으니 징사(徵士)²⁾ 경연(慶延)이 부모 섬기는 것이 도리가 있다는 말을 듣고 그 옛날 물든 것을 버리고 조심하여, 자식의 도리를 지켜서 역시 저녁이면 잠자리를 정해 주고 새벽이면 안부를 살폈으며, 부모가 죽은 날에는 물 한 모금도 입에 넣지 않고 3년 동안 여막(廬幕)에 있으면서 술과 과일을 먹지 않았으며, 초상이 끝난 후에는 3인이 같이 거처하여 모두 즐겁게 지내면서, 서로 경계하기를,
"혹시라도 도리에 어긋난 행동을 하여 경생원(慶生員)으로 하여금 듣게 한다면 또한 부끄럽지 않겠는가?"
했다. 〈추강냉화(秋江冷話)〉

이인형(李仁亨)이 시주(施主)를 쫓다

이인형(李仁亨)은 함안(咸安) 사람이니, 자는 공문(公文)이다. 세조(世祖) 무자(戊子)에 진사가 되고 문과에 급제하여 벼슬이 대사헌(大司憲)에 이르렀다.

1) 楊水尺 : 백정(白丁).
2) 徵士 : 조정에서 부른 학덕(學德)이 높은 선비.

일찍이 금산군수(金山郡守)가 되었는데 임인년간(壬寅年間)에 개영(開寧) 송방리(松坊里)에 사는 한 사람이 밭을 갈다가 옛 석불(石佛) 하나를 얻었는데 이목구비(耳目口鼻)가 모두 닳아 없어져 밭 가에 두었더니 우연히 숨이 찬 사람이 여기에 와서 절하고 병이 좀 멀한 것 같다고 하여 드디어 신령스럽다 하고 혹은 빛을 발한다고도 했다.

이로 인해서 이웃 고을에 오래 앓는 자, 자식이 없는 자, 장가들지 못한 자, 재물 잃은 자들이 마음 속으로 하고자 하는 것을 여기에 빌기만 하면 문득 효험이 있다고 하여 남녀가 분주히 오고, 쌀이나 무명, 종이, 향, 초, 꽃, 과일을 가지고 오는 자가 주야로 끊어지지 않았다.

이때 어떤 중이 와서 향화(香火)를 주장하자 이에 한 시주(施主)가 기와집을 지어주고 또 장차 큰 절을 지어 놓으니, 사족(士族)의 부녀(婦女)가 모두 친히 와서 기도하고, 개영현감(開寧縣監)과 금산훈도(金山訓導)도 모두 그 아들의 병을 기도하고 혹 자식 낳기를 기도했다.

이 소식을 인형(仁亨)이 듣고 유생(儒生) 및 사졸(使卒)을 보내서 그 중과 시주(施主) 한 사람을 잡아 쫓아 버리니 김문간공(金文簡公) 종직(宗直)이 시를 지어 하례하기를,

"밭의 나물을 집어던진 것이 언제인가 기억하지 못하는데, 미련한 저 돌에 무슨 신(神) 스러움이 있으랴. 처음에는 먹을 것 구하는 나무로 만든 거사(居士)와 같더니, 점점 돈 받는 흙으로 만든 선비가 되네. 〔拋擲田萊不記春 頑然掌石有何神 初如求食木居士 漸作撞錢土士人〕"

했다. 〈유문쇄록(諛聞鎖錄)〉

정희등(鄭希登)의 아비가 병이라 일컫고 18년 동안 자리에 앉다

정희등(鄭希登)은 동래(東萊) 사람이니 자는 원룡(元龍)이요,

사간(司諫) 구(球)의 아들이다. 구(球)의 호는 괴은(乖隱)이니 기묘(己卯)의 사류(士流)로서 화가 일어나자 문을 닫고 병을 칭탁하고서 자리에 앉아 일어나지 않은 지 18년이나 되었다. 그러나 신부를 맞는 날 일어나서 걷기를 평상시와 같이 하니 집사람이 비로소 그가 병이 아닌 것을 알았다.

희등(希登)은 행동이 독실하고, 식견(識見)이 정밀하고 넓어서 매일 새벽에 일어나면 반드시 옷을 정제하고 단정히 앉아서 글을 한차례 읽어서 비록 창졸간이라도 중지하는 일이 없이 날마다 법도를 삼아 깊이 스스로 얻는 즐거움이 있었다.

중종(中宗) 무자(戊子)에 진사가 되고, 갑오(甲午)에 문과에 급제하여 교리(校理), 필선(弼善)이 되었다. 그가 상처(喪妻)를 했을 때 김안로(金安老)가 딸이 있어 사위를 구하자 희등(希登)은 말하기를,

"차라리 죽을 때까지 장가를 들지 않을지언정 권세 있는 집의 사위는 되지 않겠다."

하고 끝내 대답지 않으니, 안로(安老)의 노여움으로 벼슬길이 막혔다가 안로가 폐하자 비로소 좋은 자리에 나갈 수 있었다.

희등(希登)이 본래 진복창(陳復昌)의 간사한 것을 알았었는데 이때에 구수담(具壽聃)이 복창(復昌)의 재예(材藝)를 크게 허여(許與)하여 힘껏 천거해서 올려쓰려 하자 희등(希登)이 큰 소리로 단호히 말하기를,

"다음 날 나라를 그르칠 간사한 사람을 시론(時論)에 참여시킬 수 없다."

고 하니, 복창(復昌)이 원한을 품은 것이 이때로부터 시작되었다.

을사(乙巳)에 희등이 지평(持平)으로서 아뢰기를,

"구수담(具壽聃), 박광우(朴光佑)·김저(金䃴)가 일찍이 옥당(玉堂)에 있을 때 신(臣)과 함께 이조(吏曹)에서 대간(臺諫)을 잘 가려 쓰지 못한 실수를 의논했습니다."

했으니, 이는 오로지 진복창(陳復昌)을 가리켜 한 말이다. 명종(明宗)이 크게 노하자 대신(大臣)이 회계(回啓) 하기를,

"정희등(鄭希登)의 용맹스런 공격을 죄줄 것이 아닙니다."
하니 이에 양사(兩司)가 모두 바뀌었다. 희등(希登)이 벼슬에
나가자 복창(復昌)의 앉았던 자리를 걷어다가 불태우면서 말하
기를,

"사군자(士君子)가 간사한 사람의 좌석에 앉을 수 없다."
하니 듣는 자가 숙연(肅然)했다.

희등이 용천(龍川)으로 귀양갈 때, 그 모부인(母夫人) 김씨(金
氏)가 길까지 좇아가서 말하기를,

"네가 어려서부터 정직한 행동이 있었으니 죄를 지은 것이 무
엇이 부끄럽겠느냐? 이제 실로 아주 결별(訣別)하는데 나는
실상 할 말이 없다."
하니 길에 있던 사람들이 이 말을 듣고 눈물을 흘리지 않는 자
가 없었다. 이날 밤에 희등은 장독(杖毒)으로 병이 나서 졸(卒)
했다.

그 후에 구수담(具壽聃)이 화를 입어 죽음에 임했을 때 탄식
하기를,

"내가 복창(復昌)의 간사한 것을 알지 못해서 여기에 이르렀으
니 장차 무슨 면목(面目)으로 지하(地下)에서 원룡(元龍 : 希登)
을 만날 것인가!"
했다.

희등이 졸(卒)하자 유사(有司)가 그 가산(家產)을 몰수해버려
염습을 할 수가 없었다. 이에 이름을 밝히지 않은 도중(都中) 사
람들이 서로 모아 무명 3백 필을 거두어 주었고, 장사 지내던
날에는 영남(嶺南)의 선비 백여 명이 각각 물건을 부의로 주면
서 모두 성명은 말하지 않고 갔다. 〈묘갈명(墓碣銘)〉

송희규(宋希奎)가 도깨비를 때리다

송희규(宋希奎)는 합천(陜川) 고을에서 풀무질하는 사람이니

자는 천장(天章)이요 호는 야계(倻溪)이다. 중종(中宗) 기묘(己卯)에 진사가 되고 문과에 급제하여 벼슬이 첨지(僉知)에 그쳤다.

어렸을 때 좌랑(佐郞) 도형(都衡)의 문하(門下)에서 공부하는데 아침에 갔다가 저녁에 돌아와서 자못 빈 날이 없었다. 어느 날 날이 어두워서 족인(族人)의 집에 들어가려 하자 그 집 문앞에 이르기 전에 갑자기 송림(松林) 속에서 한 늙은 할미가 본래부터 서로 아는 것처럼 아명(兒名)을 부르고 놀리는 것 같았다. 이에 좇아가 보았더니 얼굴의 크기가 울타리에 가득찬 것이 참으로 괴상한 도깨비였다.

희규(希奎)가 몸을 날리며 가서 때리려 하자 그 모양이 점점 사라져 없어지더니 물러나서 돌아다보니 다만 얼굴만이 울타리에 걸렸을 뿐이었다. 어려서부터 굳세고 용맹스럽기가 대개 이와 같았다. 자란 뒤에 효성이 있는 것으로 해서 그 집에 정문(旌門)을 내렸다. 〈인물고(人物考)〉

송인수(宋麟壽)의 집 신주(神主) 모신 방에서 각각 소리가 나다

송인수(宋麟壽)는 은진(恩津) 사람이니 자는 미수(眉壽)요, 호는 규암(圭庵)이다.

임오(壬午)에 문과에 급제하여 검열(檢閱)·수찬(修撰)을 거쳤다. 김안로(金安老)가 거짓으로 옥사(獄事)를 일으켜서 사천(泗川)으로 귀양갔다가 베임을 당하자 불러서 이조참판(吏曹叅判)에 임명하고, 인종조(仁宗朝) 때에는 사신으로 명(明)나라에 갔으며, 돌아오자 대사헌(大司憲)이 되어 윤원형(尹元衡)을 탄핵해 내쫓았다.

을사(乙巳)에 명종(明宗)이 즉위하자 문정왕후(文定王后)가 충순당(忠順堂)에 거둥하여 크게 주륙(誅戮)을 행할 때 부박(浮薄)

한 무리의 영수(領袖)라고 지목하여 배척해 내쫓았다. 정미(丁未)에 이기(李芑) 등이 빈청(賓廳)에 모여서 명부에 귀양가 있는 사람 중에서 마땅히 죽일 자를 정하는데, 그의 이름에 이르자 기(芑)가 붓에 먹을 흠뻑 묻혀서 크게 점을 찍고 말하기를,

"인수(麟壽)가 어찌 착하지 않은 사람이리오마는 다만 큰 일을 행함에 있어 사소한 어진 일에 구애될 수 없다."

하고 드디어 죽음을 내렸다. 〈석담일기(石潭日記)〉

그가 죽던 날 그 집 신주를 모신 방 안에서 각각 하는 소리가 나길래 괴상히 여겨 가보았더니 규암(圭庵)의 아버지 신주(神主)가 저절로 영상(靈床) 밑으로 내려와 창 밑으로 가서 머리로 벽을 두드려 민망하고 답답한 형상을 하더니 이윽고 형리(刑吏)가 왔다. 〈청강쇄어(淸江瑣語)〉

시호는 문충(文忠)이다.

임형수(林亨秀)는 형(刑)에 임하면서 아들에게 경계하여 과거를 보지 말라고 하다

임형수(林亨秀)는 평택(平澤) 사람이니 자는 사수(士遂)요, 호는 금호(錦湖)이다.

중종(中宗) 신묘(辛卯)에 생원이 되고 기묘(己卯)에 문과에 급제하여 호당(湖堂)·설서(說書)·수찬(修撰)을 거쳐 회령판관(會寧判官)으로 나왔는데 때로 하루를 걸러서 먹기도 하고 혹은 하루에 여러 날 먹을 것을 먹으면서 말하기를,

"장수가 된 자는 이와 같이 습성(習性)을 익히지 않으면 안 된다."

했다. 국경의 오랑캐를 잘 무마하여 그들의 마음을 얻고, 오산가(鼇山歌)　수백 구(句)를 지어서 북방(北方)의 물색(物色)을 기록했다. 〈일월록(日月錄)〉

정미(丁未)의 벽서(壁書)의 변에 사사(賜死)의 명령이 내려졌

248

으나 태연하기가 평시와 같아 약그릇을 들고 무릎 꿇고 마시거
늘 한 종이 울면서 안주를 집어 올리자 형수(亨秀)는 이를 물리
치면서 말하기를,
　"벌을 주는 데는 안주를 허락하지 않는 법인데 이것이 무슨 짓
　이냐?"
하고, 화락한 빛으로 내정(內庭)에 들어가 다시 작별하고 나
왔다. 그 아들이 나이 10세도 차지 않았는데 불려서 경계하기
를,
　"아예 글을 배우지 마라."
하고 떠나가다가 다시 불려서 말하기를,
　"만일 글을 배우지 않으면 무식한 사람이 될 것이니, 글은 배
　워도 과거를 보지 않는 것이 옳다."
했다. 〈동각잡기(東閣雜記)〉
　사수(士遂)가 말하기를,
　"눈이 산에 가득할 때 검은 담비 갖옷을 입고 허리에는 백우
(白羽) 긴 화살을 차고 어깨에는 천근되는 활을 메고 철총마
(鐵驄馬)를 타고 채찍을 휘둘러 골짜기로 달려 들어가면, 긴 바
람은 골짜기에서 나고 만 그루의 나무는 흔들려 움직이는데 갑자
기 큰 돼지가 놀라 일어나서 길을 잃고 달아나는 것을 문득 활
을 당겨 쏘아 죽인 다음 말에서 내려 칼을 빼어가지고 잡아서,
늙은 상수리나무로 불을 피우고 긴 꼬챙이에 고기를 꿰어서 구
우면 기름과 피가 뚝뚝 떨어지는데, 걸상에 걸터 앉아 입으로 썰
어 먹으면서 커다란 은대접에 더운 술을 가득 부어 단숨에 마시
고 얼근해져서 우러러 구렁의 구름을 보면 그 구름이 눈이 되
어 비단처럼 펄펄 날려 취한 얼굴을 씻어주면 이것이 쾌한 일
이다."
했다. 내 이 말을 듣고 가슴이 시원하여 그 기상의 호일(豪逸)함
을 지금까지도 상상(想像)한다. 〈퇴계집(退溪集)〉
　금호(錦湖)가 임종(臨終) 때에 형관(刑官)에게 청하기를,
　"조정에서 자살(自殺)하라고 했는데, 반드시 약을 먹을 것이
　아니라 차라리 목을 매게 해달라."

하자 이 말을 들어줬다. 이에 그는 드디어 방으로 들어가서 벽
을 뚫고 나졸(邏卒)로 하여금 밖에서 바를 잡아다니게 했다. 그
러나 얼마 후에 나졸이 들어가 보니 금호는 그 옆에 드러누워 넓
적다리를 쓰다듬으면서 웃고 말하기를,

"내가 평생에 해학을 좋아했기에 오늘 마지막으로 한 것이다."

하고 드디어 죽음을 맞이했다. 〈우암집(尤庵集)〉

김정(金淨)이 제주(濟州)로 귀양가서
민속(民俗)을 선도(善導)하다

김정(金淨)은 경주(慶州) 사람이니 자는 원충(元冲)이요, 호는
충암(冲庵)이다. 갑자(甲子)에 진사가 되고 정묘(丁卯)에 문과에
장원으로 급제했다. 아들이 없어서 형 광(洸)의 아들 철보(哲葆)
를 데려다가 아들을 삼았다.

기묘(己卯)에 금산(錦山)으로 귀양갔다가 진도(珍島)로 옮겼고,
다시 국문하여 제주(濟州)로 귀양보냈으며, 신사(辛巳)에 다시
죄를 의논하여 자살(自殺)하게 했으니 이때 나이 36세였다.

공의 학문은 처음에는 비록 노장(老莊)에 빠졌으나 뒤에 가서
는 보는 바가 실로 사람들보다 한 등급이 높았다. 그의 귀양 사
직(歸養辭職) 등의 소(疏)는 실로 지극한 정성에서 나온 것인데
이러한 식견(識見)이 있으면서도 그 뜻과 같음을 얻지 못하고 끝
내 큰 화에 빠졌으니 애석한 일이다. 〈기묘록(己卯錄)〉〈퇴계집
(退溪集)〉

공이 일찍이 순창군수(淳昌郡守)가 되었을 때 정원(政院)의 아
전이 편지를 청했는데 이항(李沆)이 승지(承旨)로서 자기의 직함
과 이름까지 쓰고서도 실정(實情)의 말이 없자, 공이 절구(絶句)
한 수(首)를 편지 뒤에 써서 도로 보내기를,

'일찍이 한 책상에서 공부했고 같이 벼슬하다가, 남쪽 변방에
유락(流落)하는 한 병든 몸일세. 하늘 위의 화려한 직함인 승

지(承旨) 이(李)가, 글을 쓰는데 옛 친구 생각도 하지 않는 가.〔曾同書榻又鸞署 流落南荒一病軀 天上華啣承旨李 臨題還憶故 人無〕'

했다. 항(沆)이 이 때문에 원한을 품고 공의 죄를 추론(追論)한 것이다.〈상동(上同)〉

공이 제주(濟州)로 가는데 길이 순창(淳昌)을 지나게 되었는데, 순창 백성들이 다투어 술과 안주를 가지고 길을 막고 울면서,

"우리의 옛 사군(使君)이다."

했다. 제주(濟州) 풍속은 음사(淫祀)를 숭상하고 예제(禮制)에 어두웠는데, 공이 상장제의(喪葬祭儀)를 지어서 백성들의 풍속을 옳게 인도하자 풍속이 크게 변해졌다.

그의 절명사(絶命辭)에 말하기를,

"먼 나라에 와서 외로운 넋이 되니, 어머님이 계시나 천륜(天倫)이 끊어졌네. 이 세상 만남에 이어 내 몸을 잃으니 구름 기운을 타고 천제(天帝)의 문턱을 거치네. 굴원(屈原)을 좇아 높이 거니니, 긴 밤은 언제나 아침이 되랴. 충성된 붉은 마음 풀 속에 나니 당당한 장한 뜻이 중도에 꺾이네. 아아! 천추 만세(千秋萬歲)에 응당 나를 슬퍼하리라."

했다.〈동각잡기(東閣雜記)·기묘록(己卯錄)〉

인종(仁宗) 말년에 복관(復官)이 되고, 선조조(宣祖朝)에 시호를 문정(文貞)이라 내렸다가 뒤에 문간(文簡)으로 그쳤다.

김구(金絿)가 글을 읽는데 중종(中宗)이 달밤에 걸어서 좇다

김구(金絿)는 광주(光州) 사람이니 자는 대유(大柔)요, 호는 자암(自庵)이다. 예조판서 예몽(禮蒙)의 증손이다. 나이 16세에 한성시(漢城試)에 장원으로 뽑히고 정묘(丁卯)에 생원·진사에 모

두 장원으로 급제하고, 계유(癸酉)에 문과에 급제하여 기묘(己
卯)에 부제학(副提學)으로서 개영(開寧)으로 귀양갔다가 남해(南
海)로 옮겨 섬 속에 13년간 있는 동안에 부모가 모두 몰(歿)
했다. 신묘(辛卯)에 임피(臨陂)로 옮기고 계사(癸巳)에 석방되어
예산(禮山)으로 돌아와 부모의 무덤에 가서 울어 추모(追慕)의
정을 펴려고 조석으로 묘소에 올라가니 그가 다닌 길에 초목이
모두 말랐다. 이로 인해 병이 나서 1년 만에 졸(卒)하니 나이
47세였다.

　김안국(金安國)이 젊었을 때 생원진사 회시(會試)에 모두 장원
을 했는게 방(榜)을 붙일 때 말하기를, 한 사람이 두 장원을 할
수 없다 하여 진사는 제 2인으로 발표하자 안국(安國)은 이를 평
생 한스럽게 여겼다. 그 후에 그가 시관(試官)이 되었을 때 김
구(金絿)가 생원 진사에 모두 장원을 하자, 여러 시관(試官)들이
말하기를, 한 사람이 두 장원을 할 수 없다고 하자, 안국은 분
연(奮然)히 말하기를,

　　"왕희지(王羲之)의 글씨와 한퇴지(韓退之)의 글로 무엇이 안 된
　　단 말이냐?"

하고 드디어 두 장원을 모두 내었다. 〈기재잡기(寄齋雜記)〉

　경진(庚辰) 봄에 공의 부인이 말 한 필에 5·6명의 종을 데리
고 적소(謫所)로 가는데, 이때 김식(金湜)이 도망해 있어서 서
둘러 그를 잡으려고 길 가에 수졸(守卒)들이 서로 바라보면서 지
키고 있어, 모든 행인을 수색을 하고서야 보내 주었다. 이때 영
남 감사(嶺南監司) 반석평(潘碩枰)이 길에서 붙잡혀서 가지 못하
고 길 옆에 머물러 있는 것을 보고 조사해서 누구인지 안 뒤에
추연(愀然)히 불쌍히 여겨 양식을 주고 또 영리(營吏)로 하여금
모시고 가게 했는데, 뒤에 공이 드디어 죽림(竹林) 속에 집을 짓
고 살았다. 〈당적보(黨籍補)〉

　공은 문장이 기이하고 웅장했으며 필력(筆力)이 굳세고 건장하
여 종요(鍾繇)·왕희지(王羲之)의 법을 사모하더니 일찍이 들으
니 중국 사람들이 보배로 여긴다고 하자 드디어 글씨를 쓰지 않
아서 필적이 세상에 전해지는 것이 드물며, 공의 필법(筆法)을

인수체(仁壽體)라고 했으니 이는 대개 공이 인수방(仁壽坊)에 살았기 때문이다. 〈명현전(名賢傳)〉

공이 일찍이 홍문관(弘文舘)에서 숙직(宿直)을 하다가 달밤에 촛불을 밝히고 글을 읽는데, 갑자기 문을 두드리는 소리가 나므로 내다보았더니, 임금이 걸어서 앞으로 오고, 별감(別監)이 술을 가지고 따라오고 있었다. 구(銶)가 기어가서 엎드리자 임금은 말하기를,

"달이 이같이 밝은데 글 읽는 소리가 들리므로, 내가 여기까지 왔는데 군신(君臣)의 예의가 무슨 필요 있겠는가? 마땅히 친구 사이로 서로 대하리라."

했다. 〈비고(備考)〉

이조판서를 증직하고 시호는 문의(文懿)이다.

기준(奇遵)이 관외(關外)에 여행(旅行)한 것이 꿈 속의 시(詩)와 같다

기준(奇遵)은 행주(幸州) 사람이니 자는 경중(敬仲)이요, 또한 자는 자경(子敬)이며 호는 복재(服齋)이다. 응교(應敎) 찬(襸)의 아들이요, 정무공(貞武公) 건(虔)의 손자이다. 계유(癸酉)에 생원 진사가 되고 갑술(甲戌)에 문과에 급제하여 호당(湖堂)·전한(典翰)·응교(應敎)를 지냈다.

기묘(己卯)의 화가 일자 매 맞고 아산(牙山)으로 귀양갔다가 온성(穩城)으로 옮겨져서 드디어 죽음을 당하니 그때 나이 30세였다. 저서로는 덕양유고(德陽遺稿)가 있다. 〈대동운옥(大東韻玉)〉

공이 일찍이 대궐 안에서 숙직(宿直)하다가 꿈에 국경 지방을 여행하여 이리저리 돌아다니는 나그네 길에서 근체시(近體詩) 한 수(首)를 읊었는데, 그 시에 말하기를,

"다른 땅 강산이 고국(故國)과 같은데, 하늘 가에 눈물 떨구

면서 높은 봉우리에 의지했네. 무딘 구름은 막막(漠漠)한데 하관(河關)은 닫혔고, 옛 나무는 쓸쓸한데 성곽(城郭)은 비어 있네. 들 길은 가느다랗게 가을 풀 밖에 나뉘었고, 사람의 집은 멀리 석양 속에 있네. 가는 돛대 만 리에 돌아오는 배 없는데, 푸른 바다 아득하여 소식이 통하지 않네.〔異域江山故國同 天涯垂淚倚高峯 頑雲漠漠河關閉 古木蕭蕭城郭空 野路細分秋草外 人家遙住夕陽中 征帆萬里無回棹 碧海茫茫信不通〕"

했다.

갑자기 꿈에서 깨어 꿈의 일을 기억하여 벽에 써놓았더니, 오래지 않아 기묘(己卯)의 당적(黨籍)에 연좌되어 호남(湖南)으로 귀양갔다가 북쪽으로 옮겨졌는데, 길에서 보는 것이 모두 시(詩) 속의 경치였다. 말고삐를 잡고 시를 읊으면서 처연(凄然)히 울먹이니 따르던 자들이 모두 눈물을 흘렸다. 온성(穩城)에 이르러 이윽고 사사(賜死)되었으니 사람의 일이란 모두 먼저 정해진 것이 있다는 것을 알겠다. 사림(士林)들이 전해외면서 슬퍼하지 않는 자가 없었다.〈덕양유고(德陽遺稿)〉

이조판서를 증직했고 시호는 문민(文愍)이다. 아들 대항(大恒)과 손자 자헌(自獻)이 모두 귀하게 되었다.

이자(李耔)가 괴화탕(槐花湯)을 얼굴에 바르고 화를 면하다

이자(李耔)는 한산(韓山) 사람이니, 목은(牧隱) 색(穡)의 후손이다. 신묘(辛卯)에 진사가 되고 갑자(甲子)에 문과에 장원으로 급제하여 벼슬이 좌참찬(左叅贊)에 이르렀다.

기묘(己卯)에 음성(陰城)으로 물러가 살아 호를 음애(陰崖)라 했고, 충주(忠州) 토계(兎溪)로 옮겨가 살았는데 집 이름은 몽암(夢庵)이라 하고 호는 몽옹(夢翁)이라 했다. 나이 54세에 졸(卒)했다. 검암(劍巖)으로 물러가 살아서 서원(書院)이 있다.

254

공이 무인(戊寅)에 개종계 주청사(改宗系奏請使)로 한충(韓忠)
· 남곤(南袞)과 연경(燕京)에 가는데 남곤(南袞)이 병이 났으나
충(忠)은 구원해 치료해 줄 생각 없이 말하기를,
"저 놈이 죽지 않으면 반드시 사류(士類)를 써도 남기지 않을
것이다."
했다.

그러나 공은 스스로 보살펴 주고 지성으로 치료해 주면서 말
하기를,
"이 간사한 놈이 죽는 것은 애석할 것이 없지만 그러나 만 리
길을 같이 가다가 어찌 그 죽음을 앉아서 보고 구원하지 않으
랴."
하여 마침내 죽지 않았다. 기묘(己卯)에 공이 석방된 것은 역시
곤(袞)이 그때 치료해 준 것을 잊지 않았기 때문이었다. 〈하담
록(荷潭錄)〉

공이 김안로(金安老)와 인아(姻婭)의 관계가 있고 또 주계군
(朱溪君)에게서 같이 공부했으나 평생에 하는 일이 옳고 그른 것
이 서로 반대되어서 안로(安老)는 매양 공을 해칠 마음이 있었
다.

기묘 후에 공이 용궁(龍宮)으로 내쫓겨 사는데, 갑오(甲午)에
안로가 좌상(左相)으로 함창(咸昌) 땅에 소분(掃墳)[1]을 갔다가
돌아오는 길에 공을 찾아 보았으니 이는 실로 공을 꺼리고 미워
해서 시험삼아 탐지해 보려던 것이었다. 이에 공은 먼저 그의 속
셈을 알고 장차 지나가는 날에 괴화탕(槐花湯)[2]을 얼굴에 바르
고 이불을 두르고 앉아 있으니, 안로는 손을 잡고 은근히 눈물
을 흘리며 작별하고, 나가서 사람들에게 말하기를,
"음애공(陰崖公)도 이제 끝났으니 걱정할 것이 없겠다."
했다. 〈송와잡기(松窩雜記)〉

1) 掃墳 : 경사스러운 일이 있을 때 조상의 묘에 가서 제사지내는 것. 또는
성묘.
2) 槐花湯 : 홰나무 꽃을 달인 약. 여기에서는 그 약이 몹시 지저분한 것
을 말함.

구수복(具壽福)이 외구(外舅)에게 내쫓기다

구수복(具壽福)은 능성(綾城) 사람이니 자는 백응(伯凝)이요,
호는 병암(屛庵)이다. 경자(庚子)에 생원이 되고 병자(丙子)에
문과에 급제하고 기묘(己卯)에 이조좌랑(吏曹佐郞)에서 파면되었
다가 계사(癸巳)에 서용(叙用)되어 구례현감(求禮縣監)이 되어 관
《官)에서 졸(卒)했다.

기묘(己卯)에 공이 이조좌랑(吏曹佐郞)에서 파면되어 갈 곳이
없게 되자 외구(外舅)가 그를 불쌍히 여겨 자기의 보은 별장(報
恩別莊)에 가서 거처하게 했더니, 이윽고 그 별장의 종이 공을
싫어하여 외구(外舅)에게 거짓말을 하기를,

"좌랑(佐郞)이 농사(農舍)에 와있는 후로 종들에게 사납게 굴
어서 차츰 견딜 수 없게 합니다."

하자 외구(外舅)는 다시 알아보지도 않고 이내 노해서 내쫓아 버
렸다.

때는 겨울인데 종 하나에 말 한 필만으로 길을 나섰으나 갈
곳이 없어 행색(行色)이 몹시 쓸쓸했다. 마침 어느 호사(豪
士)[1] 하나가 종들을 많이 데리고 사냥나왔다가 짐승을 잡아가
고 있었다. 공이 길 가에서 방황하고 있노라니 얼마 안 되어
다시 만나게 되었다.

호사(豪士)는 말 위에서 공에게 읍(揖)하면서 말하기를,

"그대는 어떤 사람이기에 이같이 방황하시오?"

하자 공은 대략 그 까닭을 말했다. 호사(豪士)는 즉시 말에서
내리기를 청하더니 눈 위에 담요를 깔고 마주 앉아 이야기하다
가 꿩을 굽고 술을 데워서 권하니 가슴이 트여 마치 본래부터 사
귄 사이와 같았다. 이리하여 그와 함께 집으로 돌아갔다. 〈월
정만록(月汀漫錄)〉

---

1) 豪士 : 여기에서는 김태암(金泰巖)인 듯하다.

김태암(金泰巖)이 전택(田宅)을
구수복(具壽福)에게 주다

김태암(金泰巖)은 보은(報恩) 사람이니 자는 탁보(卓甫)요, 호는 희암(希庵)이다. 학문은 없으나 기상(氣象)이 남보다 뛰어나서 김정(金淨) 등 여러 공들과 함께 좋게 지내더니 조정에 천거되어 연원찰방(連源察訪)이 되었는데 직무(職務)를 보는데 청렴하고 간결하게 하였으나, 기묘(己卯)의 화가 일어나자 파면되어 시골로 돌아갔다.

구수복(具壽福)이 벼슬을 파면당하여 갈 곳이 없어 보은(報恩) 산 속에서 방황하자 태암(泰巖)이 집 하나와 밭 수십 경(頃)을 주어 살게 했다. 수복(壽福)이 그 부인과 함께 세 아들을 데리고 사니 온 지방에서 의사(義士)라고 일컬었다.

태암(泰巖)이 나이 70세에 여행하다가 사람을 만났는데 신채(神彩)가 사람을 움직이고 말이 확실했다. 이날 밤에 바람은 차고 달은 밝은데 슬픈 노래가 강개(慷慨)하여 밤새 잠을 자지 않으면서 조용히 평생 일을 이야기하여 이르기를,

"내가 젊었을 때 학문을 하지 않고 홀로 미련한 생명만을 보존했다."

고 하더라 했다. 〈전언왕행록(前言往行錄)〉

김세필(金世弼)이 공자당(工字堂)을
지비천(知非川)에 짓다

김세필(金世弼)은 경주(慶州) 사람이니 자는 공석(公碩)이요, 호는 십청헌(十淸軒)이다.

을묘(乙卯)에 생원이 되고 연산(燕山) 병진(丙辰)에 문과에 급
제하여 검열(檢閱)이 되었으나, 갑자(甲子)에 거제(巨濟)로 귀양
갔다가 병인(丙寅)에 반정(反正)이 되자 응교(應敎)로 소환(召還)
되어 사가호당(賜暇湖堂)이 되고 부모의 봉양을 위하여 광주목
사(廣州牧使)로 나갔다가 경진(庚辰)에 매 맞고 음죽(陰竹)으로 귀
양갔으나, 임오(壬午)에 용서를 받아 이내 충주(忠州) 지비천(知
非川) 위에 살면서 스스로 호를 지비옹(知非翁)이라 했다. 뒤에
서용(叙用)되어 추부(樞府)에 임명되고 벼슬이 형조판서에 이르
렀다.

처음에 성종(成宗)이 제생(諸生)들을 시험할 때 공의 나이 18
세로 장원을 차지하자 성종(成宗)이 이상히 여겨 다시 '낙하(落
霞)'로 제목을 하고 운(韻)을 부르자 그 자리에서 글을 지어 올
렸다. 임금이 더욱 기이하게 여겨 말하기를,

"비상(非常)한 인재이니 마땅히 그 재주를 살려서 쓰리라"
하면서 집을 하사하고 상품을 내려 특별히 대우했다. 〈시장(諡
狀)〉

공이 지비천(知非川)을 지나는데 그때는 비어 있고 아무도 살
지 않아서 버려진, 거치른 들이었다. 공이 말을 세우고 한참 동
안 보다가 말하기를,

"이는 가히 살 만한 곳이다."
하고 지비천(知非川) 위에 조그만 집을 지으려 했다. 이때 박
상(朴祥)이 충주목사(忠州牧使)로 있어 매양 필마(匹馬)로 와서
보고 집 지을 것을 상의했으니, 소위 공자당(工字堂)이라고 한
것은 모양이 공(工)자와 같고, 양 쪽에 침실(寢室)을 만들어 좌
편은 공이 거처하고 우편에는 배우는 자들이 거처하게 했으며,
가운데는 마루를 놓았다. 박공(朴公)이 올 때는 매양 냇가 무
성한 숲 밑에서 말에게 꼴을 먹이더니 점점 마을을 이루어 그대
로 이름을 말마리(秣馬里)라고 했다. 〈십청집(十淸集)〉

나이 61세에 졸(卒)하니 시호는 문간(文簡)이요, 아들 저(儲)
는 문과에 급제하여 을사(乙巳)의 명신(名臣)이 되었다.

유운(柳雲)이 술을 너무 마셔서 창자가 타다

유운(柳雲)은 문화(文化) 사람이니 자는 종룡(從龍)이요, 호는 항재(恒齋)이다.

신유(辛酉)에 진사(進士)가 되고 갑자(甲子)에 문과에 급제했으나, 기묘(己卯)에 배척당하여 파면되고, 신사(辛巳)에 관작(官爵)이 삭탈(削奪) 되었다. 공은 호탕하고 구속을 받지 않아 시론(時論)에 용납되지 못했다.

충청감사(忠淸監司)로 나갔을 때 단양(丹陽) 군사(郡舍)에 절구(絕句) 한 수를 쓰기를,

'흉하고 못생긴 돌을 다 주워다가, 맑고 깨끗한 물에 평평히 깔았네. 바람을 잡아다가 해약(海若)[1]을 가두고, 그런 후에 내 배를 띄우네. 〔拾盡凶頑石 平鋪淸淨流 捕風囚海若 然後放吾舟〕'

했는데, 간사한 무리들이 그 시를 외어 전하면서 유(柳)가 맑은 의논에 용납되지 못해서 이 시를 지은 것이라고 했다.

기묘(己卯)에 발탁되어 대사헌(大司憲)이 되자 공은 부임한 즉일로 바로 금부(禁府)로 가서 문 틈으로 조광조(趙光祖)의 자식을 부르고, 그 손을 잡고 통곡하면서 말하기를,

"오래 전부터 마땅히 일이 있을 것이라 했지만 어찌 이 지극한 데에 이를 줄 알았으랴."

하고 힘써 다투다가 결국은 탄핵을 받아 파면되어 고향으로 돌아갔으나 권리를 잡은 자들이 해치려고 하여 편안히 있을 수가 없었다. 이에 술을 많이 마시다가 창자가 타서 죽었다. 〈기묘당적보(己卯黨籍補)〉

무인(戊寅)에 서당(書堂)의 관원(官員)이 모두 모이고 선생들도 많이 모여서 잔치를 베풀다가 파한 뒤, 조광조(趙光祖)가 공과 같이 잤는데 밤중에 술이 깨지 않은 공이 벌거숭이로 일어나서 광조(光祖)를 밟고 넘어가더니 난간 머리에 서서 오줌을

---
1) 海若 ; 바다의 신(神).

누고는 돌아올 때도 역시 그와 같이 했다. 이에 광조(光祖)가 말하기를,

"종룡(從龍)아! 종룡(從龍)아! 이게 무슨 짓인가?"

했다. 이에 공이 말하기를,

"이것이 좋다. 나는 그대의 소학(小學)의 도리는 배우지 않으련다."

하니, 광조도 역시 어찌할 수가 없었다. 그러나 그 풍골(風骨)을 사랑하여 다만 몸 단속할 것을 권할 뿐이었다. 〈기재잡기(寄齋雜記)〉

최숙생(崔淑生)이 대사헌(大司憲)이 되자 조정과 저자가 숙연(肅然)해지다

최숙생(崔淑生)은 경주(慶州) 사람이니 자는 자진(子眞)이요, 호는 고재(蠱齋)이다. 성종(成宗) 임자(壬子)에 문과에 급제하여 벼슬이 우찬성(右贊成)에 이르렀으나 기묘(己卯)에 관작(官爵)을 삭탈(削奪) 당하고 경진(庚辰)에 졸(卒)했다.

정축(丁丑) 무인(戊寅)년 사이에 대사헌(大司憲)이 되자, 도성(都城)의 무녀(巫女)들을 모두 나오게 하고 동쪽과 서쪽 활민서(活民署)에 모이게 한 다음 성 남쪽의 이사(尼舍)를 철거했으며, 불상(佛像)을 헐어버려서 중들로 하여금 도성(都城) 안에 발을 붙이지 못하게 했다. 또 사대부(士大夫)가 제도에 넘게 집을 지으면 즉시 조사해서 죄로 다스리고 집을 철거시켜 무너져가는 기강(紀綱)을 진기(振起)시켜 사사로운 일에 조금도 아당(阿黨)하지 않으니 조정과 저자가 숙연(肅然)해져서 금법(禁法)을 범하는 것을 부끄럽게 여겼다. 〈당적보(黨籍補)〉

이세정(李世精)은 경학(經學)이 정숙(精熟)했으나 여러 번 과거를 보아도 급제하지 못해 제생(諸生)들을 가르치니, 이장곤(李長坤)·성몽정(成夢井)·김세필(金世弼)·김안국(金安國)·김정

국(金正國)이 모두 그에게 공부했다. 그는 성질이 소활(疏闊)하고 졸(拙)해서 능한 일이 없었는데, 한때에 공부하던 자들이 힘을 같이 하여 그를 천거해 청양현감(靑陽縣監)에 임명되었다. 공은 이때 새로 관찰사(觀察使)로 가게 되어 같이 공부하던 여러 공(公)들이 성문 밖에 나와서 전송했는데, 이들은 청양현감(靑陽縣監)의 일을 부탁하여 말하기를,

"우리 스승이 학문과 맑은 지조가 있으니 학부로 폄고(貶考)하지 마라."

했다. 공은 그렇게 하겠다고 대답했으나 그 고을에 가자마자 전최(殿最)로 조사하여 파면시켜 돌아갔다. 그 뒤에 공의 벼슬이 바뀌어 돌아왔을 때 삼공(三公)이 공에게 가서 말하기를,

"호서(湖西) 한 도(道)에 백성들을 해치고 법을 범하며, 정치에 졸(拙)하는 교활한 아전이 어찌 없겠는가? 그러니 공이 그의 업적을 조사한 것은 잘못된 것이 아닌가?"

하자, 공이 말하기를,

"다른 고을의 수령(守令)은 비록 교활하나 다만 하나의 도적이어서 백성들이 오히려 견딜 수 있지만, 청양 현감(靑陽縣監)은 비록 맑아도 큰 도적이 아래에 있으니, 백성이 견디지 못하는 바이고, 또 뱃속이 비어 있는 사람이 어찌 한 고을의 수령(守令)이 되는 것이 마땅하겠는가."

했다.

이때 정국(正國)이 말하기를,

"이공(李公)의 뱃속에는 육경(六經)이 가득 차 있는데 어찌 비었다고 하는가?"

하자 공은 말하기를,

"그대들이 이(李)의 뱃속에 있는 육경(六經)을 가져다가 그것을 나누어 자기들의 창자를 가득 채워 그것으로 과거를 보아 급제했으니, 이(李)의 배가 아무리 크다고 해도 남은 것이 없음을 알 수가 있다."

하니, 좌중이 크게 웃었다. 〈사재척언(思齋摭言)〉

이청(李淸)은 풍류관찰(風流觀察)

이청(李淸)은 한산(韓山) 사람이니, 자는 계아(季雅)이다. 정유
(丁酉)에 진사가 되고 신미(辛未)에 문과에 급제했으나 사인(舍
人)으로 파면되었다가 정유(丁酉)에 다시 서용(叙用)되어 벼슬이
감사(監司)에 이르렀다.

연산조(燕山朝) 때 대역(大逆)의 죄로 연좌되는 것은 팔촌(八
寸)에게까지 이르렀다.

공은 이세좌(李世佐)의 일로 연좌되어 귀양갔는데, 연산이 음
학(淫虐)한 것이 날로 심한 것을 보고 중한 형벌을 더할 것이 두
려워서 드디어 도망하여 그 살빛을 변하게 하고자 하여 몸을 더
운 볕에 그을리고 또 때를 칠했으나 그래도 성명은 변하지 않았
다. 산 속에서 밥을 먹는데 한 번 식사 때마다 자리를 옮겨 두루
여러 산을 돌아다니다가, 반정(反正)이 되자 과거에 올라 청요
(淸要)의 벼슬자리를 거쳐 영남관찰사(嶺南觀察使)로 나가서 시
서(詩書)와 음악으로 스스로 즐기며 밤낮을 계속하니 한 도(道)
가 풍류관찰사(風流觀察使)라고 일렀다. 〈당적보(黨籍補)〉

성희안(成希顔)이 곽씨(霍氏)의 화가
참승(驂乘)[1]에서 싹텄다고 경계함

성희안(成希顔)은 창녕(昌寧) 사람이니 자는 우옹(愚翁)이요,
호는 인재(仁齋)이다. 아버지 판서(判書) 찬(瓚)이 덕천군(德泉

---

1) 驂乘; 옛날에 수레를 탈 때 높은 이는 왼쪽에 앉고 어자(御者)는 가운
데에 앉으며, 호위하는 사람은 오른쪽에 타 수레가 기울어지지 않게 했
음. 배승(陪乘).

君) 후생(厚生)의 딸에게 장가들어 희안(希顔)을 낳았는데, 임산
(臨産) 때 어머니의 꿈에 신인(神人)이 와서 지팡이를 주면서 말
하기를,

"이 지팡이를 가지면 너의 집 복록(福祿)이 창성하리라."

했다.

나이 20세에 생원이 되고, 성종(成宗) 을사(乙巳) 나이 21세에
문과에 급제하여 검열(檢閱)이 되었고, 정해(丁亥)에 아버지 상
사를 당하여 3년 동안 여묘(廬墓)하는데, 아우 희옹(希雍)과 함
께 산 속에서 감자를 캐어다가 조석 상식에 올렸다. 어느 날 마
침 피로하여 아우와 함께 바위 위에서 잠들었더니, 아버지가 부
르기를,

"도둑이 있다."

했다.

문득 놀라서 깨어 보니 큰 범이 가까이 오고 있었다. 이에 희
안(希顔)이 돌을 집어 던지자 그 범이 달아나니, 사람들이 이르
기를,

"효성에 감동된 바라."

고 했다.

임금이 불러 들여 위로한 다음 매를 주면서 말하기를,

"네게 늙은 어미가 있는데 맛있는 음식을 올리지 못한다고 하
기에 이것을 특별히 주는 것이니 사냥하는 도구로 삼으라."

했다. 희안이 매양 이 은총을 항상 뼈에 새겨 이를 잊지 않았
다.

연산주(燕山主)가 양화도(楊花渡) 망원정(望遠亭)에서 놀 때 희
안이 이조참판(吏曹叅判)으로 따라갔더니 연산주가 명하여 시를
지으라 하길래,

"성심(聖心)은 원래 청류(淸流)를 좋아하지 않네.〔聖心元不愛
淸流〕"

했더니, 연산주가 크게 노하여 그 벼슬을 갈아서 여러 해 동안
순조롭지 못했다.

연산주의 음학(淫虐)함이 날로 심해서 종묘와 사직이 몹시 위

태롭자 회안은 개연(慨然)히 어지러움을 바로잡을 뜻이 있으나 일을 같이 의논할 자가 아무도 없었다. 이때 들으니 박원종(朴元宗)이 무사(武士)들에게 추앙(推仰)을 받는다 하므로 같이 의논하고자 했으나, 서로 잘 아는 사이가 아니면 말을 내기가 어려운 터였다.

그런데 마침 마을 사람 신윤무(辛允武)가 원종(元宗)과 친밀하므로 회안이 그로 하여금 그 뜻을 시험해 보게 했더니 원종은 옷소매를 뿌리치고 일어나면서 말하기를,

"내가 전부터 생각하던 바이다."

하더라는 것이다.

이에 그날 밤으로 원종의 집에 가서 통곡하면서 말하기를,

"남아(男兒)가 죽고 사는 것이 명(命)에 있는데, 어찌 종묘 사직의 위태로운 것을 보고 구하지 않겠는가?"

하고 드디어 의논을 정하였다. 이에 이조판서(吏曹判書) 유순정(柳順汀)이 시망(時望)이 있다 하여 그 뜻을 타이르고서, 병인(丙寅) 9월 2일에 충분(忠奮)의 선비들을 일으켜 거의(擧義)하였다. 연산(燕山)을 폐하고 중종(中宗)을 추대하여, 정국 일등훈(靖國一等勳)에 기록되고 창산부원군(昌山府院君)에 봉해졌다.

박원종·유순정 등과 함께 정란(靖亂)한 뒤로 서로 계속해서 정치를 보필하니, 세상에서 이들을 삼대신(三大臣)이라고 일컬었다. 〈소대기년(昭代紀年)·신용개찬비(申用溉撰碑)·대동운옥합록(大東韵玉合錄)〉

중종(中宗)이 예로 대접하는 것이 보통과 달라서, 그들이 조회에서 물러갈 때는 일부러 일어나서 문 밖으로 나간 뒤에야 비로소 자리에 앉으니 삼대신(三大臣)은 이를 알지 못했다. 회안이 늙고 병들어서 걸음이 몹시 느려 조용히 문에 이르자, 중검(中檢)이 말하기를,

"상공(相公)은 상(上)께서 일어나 계신 것을 모르십니까? 어찌 걸음이 이다지도 느리시오?"

하자, 회안은 눈물을 흘리면서 말하기를,

"노부(老夫)가 죽을 곳을 알지 못하겠도다. 옛날에 곽씨(霍氏)

의 화가 참승(驂乘)에서 싹텄으니 인신(人臣)이 임금의 위엄을
놀라게 하고 능히 목숨을 보존한 자가 없다."
했다. 이들 세 대신은 모두 아름답게 끝을 맺었으니 중종(中宗)
은 가히 지극히 덕이 있는 임금이로다.〈배계기문(涪溪記聞)〉

정묘(丁卯)에 대배(大拜)하여 영상(領相)에 이르고 졸(卒)한 나
이는 53세이며 시호는 충정(忠定)이요, 중종(中宗)의 사당에 배
향되었다.

유순정(柳順汀)과 정미수(鄭眉壽)가 씨름하는 꿈을 권숙달(權叔達)이 꾸다

유순정(柳順汀)은 진주(晉州) 사람이니 자는 지옹(智翁)이요,
목사(牧使) 양(壤)의 아들이다. 일찍이 점필재(佔畢齋) 김종직
(金宗直)을 좇아 배워서 문무(文武)의 재주가 있어 자못 무거운
인망(人望)을 지니고 있었다.

성종(成宗) 정미(丁未)에 진사가 되고 문과에 급제했으며, 연
산조(燕山朝)에 이조판서가 되어 성희안(成希顔)·박원종(朴元
宗)과 함께 계획을 정하여 연산(燕山)을 폐하고 중종(中宗)을 세
우니, 청천부원군(菁川府院君)에 봉해지고 정국훈(靖國勳) 일등
(一等)에 기록되었다.

공은 또 활을 잘 쏘아서 성종조(成宗朝) 때 문무(文武)의 재주
를 겸했다고 천거되어 이조참판(吏曹參判)이 되니, 임사홍(任士
洪)이 당시 이조판서로서 백 가지 계책으로 중상했어도 해치지
못했다. 이때 소릉(昭陵)을 추복(追復)하자는 의논이 나와서 공
이 이를 난감히 여기다가 갑자기 조당(朝堂)에서 병이 나 집으로
실려왔다. 병이 위독하나 여전히 조정의 일을 걱정하니, 자제들
이 소릉(昭陵)을 복위(復位)하게 됨을 말했다. 그러자 공은 머
리를 흔들고 말하기를,

"이 일은 끝내 할 수 없다."

했으니, 그 고집이 이와 같았다.

권숙달(權叔達)의 꿈에 정미수(鄭眉壽)가 유순정(柳順汀)과 씨름을 하여 순정이 몹시 군색하게 되더니, 갑자기 병으로 졸(卒)하는 것을 보았다. 미수(眉壽)는 곧 소릉(昭陵)의 외손(外孫)이다. 〈조야첨재(朝野僉載)〉

정묘(丁卯)에 대배(大拜)하여 영상(領相)이 되고 왜(倭)를 정벌할 때 도원수(都元帥)가 되어 나이 53세에 졸(卒)하니, 시호는 문정(文定)으로 중종(中宗)의 사당에 배향했다.

신용개(申用漑)가 국화 여덟 분(盆)을 가리켜 이는 나의 가객(佳客)이라고 하다

신용개(申用漑)는 고령(高靈) 사람이니 자는 개지(漑之)요, 호는 이락정(二樂亭), 또는 송계(松溪)로서 영상(領相) 숙주(叔舟)의 손자이다. 성종(成宗) 정묘(丁卯)에 진사가 되고 무신(戊申)에 문과에 급제하고, 연산(燕山) 갑자(甲子)에 영광(靈光)으로 귀양갔다가 중종(中宗)이 반정(反正)하자 형조참판(刑曹參判)으로 소환(召還)되어 문형(文衡)에 뽑혔다.

공은 천자(天姿)와 기우(器宇)가 평탄하고 너그러워서 바라보면 의연(毅然)하여 범하지 못할 것 같았다. 이시애(李施愛)의 난(亂)에 공의 아버지 면(沔)이 함길도관찰사(咸吉道觀察使)로서 창졸간의 변에 대처할 수가 없어서 대청 위 곡루(曲樓) 틈에 숨었더니 적이 찾지 못하고 장차 가려 하는데 소리(小吏)가 그 있는 곳을 가리켜서 마침내 해를 입었다.

공이 자라자 기어이 원수를 갚고자 하여 홍유손(洪裕孫)과 사귀어 여러 번 함길도(咸吉道)로 가서 그 소리(小吏)의 얼굴과 성명을 살펴서 알았다. 어느 날 소리(小吏)가 일이 있어 서울에 왔는데 공은 이때 사인(舍人)으로 있었다. 이에 공은 어두울 때 홍유손(洪裕孫)과 함께 도끼를 가지고 그가 있는 집으로 가서,

유손으로 하여금 관청의 일로 말할 것이 있다고 해 불러낸 다음,
공은 뒤에 있다가 도끼로 찍어 죽였다. 〈송와잡기(松窩雜記)〉

공은 성품이 술을 좋아하여 때로 늙은 계집종을 불러 서로 큰
그릇에 술을 가득 채워 마시다가 취해서 쓰러진 뒤에야 그만두
었다. 일찍이 국화 여덟 분을 키웠는데 바야흐로 가을이 되어
꽃이 만발하자 이것을 방에 갖다 놓으니 그 높이가 대들보와 가
지런했다.

공은 그 향기롭고 아름다운 것을 사랑하여 상완(賞玩)하기를
그치지 않더니 어느 날 집사람에게 이르기를,

"오늘 마땅히 여덟 명의 가객(佳客)이 올 것이니 술과 안주를
마련해 가지고 기다리라."

했는데, 장차 해가 떨어지도록 아무도 오지 않았다. 집사람이
이를 괴이히 여기자 공은 말하기를,

"조금만 기다리라."

고 했다.

이윽고 달이 떠오르자 그 밝은 빛이 방으로 들어오니 꽃빛과
달빛이 난만(爛熳)하고 교결(皎潔)하다. 그제서야 공은 비로소
술을 내오라 하고, 여덟 분(盆)의 국화를 가리키면서 말하기를,

"이것이 나의 가객(佳客)이다."

하고 각각 안주를 벌여 놓은 뒤에 말하기를,

"내 마땅히 술을 따르리라."

하고 은도배(銀桃盃)로 각각 두 잔씩 권하고 나니 공도 또한 취
하더라. 〈기재잡기(寄齋雜記)〉

병자(丙子)에 대배(大拜)하여 좌상(左相)에 이르러 졸(卒)하니
나이 57세고, 시호는 문경(文景)이다.

성세창(成世昌)은 학식(學識)이 뛰어나서
많은 선비들이 본보기로 삼다

성세창(成世昌)은 창녕(昌寧) 사람이니 자는 번중(蕃仲)이요, 호

는 둔재(遯齋)이니 예조판서(禮曹判書) 현(俔)의 아들이요, 김굉필(金宏弼)의 문인(門人)이다. 신유(辛酉)에 진사가 되고 중종(中宗) 정묘(丁卯)에 문과에 급제했다. 무자(戊子)에 국문을 받고 평해(平海)로 귀양갔다가 김안로(金安老)가 복죄(伏罪)되자 이내 소환되었고, 을사(乙巳)에 대배(大拜)하여 좌상(左相)에 이르렀고, 병오(丙午)에 장연(長淵)으로 귀양갔다가 적소(謫所)에서 졸(卒)했다.

기묘(己卯)에 승지(承旨)로서 화(禍)의 기미를 느끼고 위태로운 것을 근심하더니, 일찍이 김정(金淨)·이자(李耔)와 함께 좋게 지냈는데, 매양 칼날이 너무 예리한 것으로 경계했었다.

경진(庚辰)에 산반(散班)으로 집에 있더니 심정(沈貞)은 그가 청류(淸流)와 취미를 달리한다고 생각하고 공의 집에 찾아가서 간장(諫長)에 천거하자, 공은 그 말이 자기를 더럽힐까 두려워하여 말하기를,

"용렬한 사람이 어찌 그 직책을 견디리오마는, 다만 전일에 국가에서 백면서생(白面書生)을 죄준 것은 실로 암매(暗昧)하니 북문(北門)에서 밀계(密啓)한 자의 바르지 못한 것이 심한 까닭이오. 언책(言責)이 있는 자는 비록 지나간 일이나 이를 마땅히 바로 간해서 그 잘못을 밝혀야 할 것이오."

하니, 정(貞)은 얼굴빛이 변하여 일어났고 이 때문에 당시 재상들을 크게 미워하게 되었다.

남곤(南袞)이 죽자 정광필(鄭光弼)이 다시 정승이 되고, 무자(戊子)·기묘(己卯) 때 사람들을 조정하라는 의논이 있어 공이 이조참판이 되었다.

공은 타고난 천품이 영특하고 빼어나서 구차히 삶을 경영하지 않았고, 학식이 높고 뛰어났으며 문장이 전아(典雅)해서 오랫동안 사원(詞苑)에 있다가 대제학(大提學)이 되니 많은 선비들이 그를 본떴다. 필법(筆法)이 또한 묘하고, 서화(書畵)와 음률(音律)에도 모두 정하지 않은 것이 없으니, 당시 사람들이 삼절(三絶)로 지목했다.

평해(平海)에 있을 때 이자(李耔)가 하세(下世)한 것을 듣고

268

시를 짓기를,

'백 가지 병과 천 가지 근심이 모두 몸에 이르니, 존망(存亡)
과 강개(慷慨)함이 또한 서로 계속되네. 멀리 들으니 벼슬길에
새 사람들이 많고, 매양 보니 가을 산에 친구를 장사지내네.
다시 옛 친구와 도의(道義)를 생각할 수 없고, 감히 앞자리에서
이야기할 것 기약하리. 비록 이 세상에 살아도 끝내 유익함이
없을 것이니, 황천 길에 모두 돌아가 옛날처럼 친하세. 〔百疾
千愁摠到身 存亡慷慨亦相因 遙聞雲路多新輩 每見秋山葬故人 無復
舊交思道義 敢期前席爲敷陳 雖存人世終無益 泉路皆歸昔日親〕'
했다. 〈유분록(幽憤錄)・이식찬 행장합록(李拭撰行狀合錄)〉

소세양(蘇世讓)이 고종(考終)¹⁾하니 부귀(富貴)가 그보다 나은 사람이 없었다

소세양(蘇世讓)은 진주(晋州) 사람이니 자는 언겸(彦謙)이요, 호
는 양곡(陽谷)으로서 도사(都事) 자파(自坡)의 아들이다. 기사
(己巳)에 진사가 되고 문과에 급제하여 호당(湖堂)에 들어가고
정언(正言)이 되었다. 입시(入侍)했을 때 소릉(昭陵)을 회복하기
를 청하는데 사기(辭氣)가 강개(慷慨)해서 즉시 윤허를 받았다.

공은 신광한(申光漢)・정사룡(鄭士龍)과 같은 때인데, 이행(李
荇)이 가장 칭찬하고 허여(許與)하여 여러 번 위에 말하기를,

"세양(世讓)은 마땅히 글을 주장할 사람이 될 것이오니 아래
지위에 둘 수가 없습니다."
했으니, 통정(通政)으로부터 자헌(資憲)에 이르기까지의 벼슬이
모두 행(荇)의 청에 의한 것이었다.

세양(世讓)이 부모를 봉양하기 위해서 홍주목사(洪州牧使)가
되었는데 채 두어 달이 되지 못하여 행(荇)이 또 말하기를,

"문장의 선비를 외방에 내보내는 것은 마땅치 않다."

―――――――――――
1) 考終;고종명(考終命). 최후를 잘 마침.

고 하자, 임금이 즉시 명하여 소환(召還)하게 하여 벼슬이 중
추(中樞)·대제학(大提學)에 이르렀는데, 문장과 필법(筆法)이
모두 당시 세상에 이름이 났었다. 일찍 벼슬에서 물러나 집에 있
으면서 청한(淸閑)의 복을 누린 지 20년에 이르렀다. 근세(近世)
의 문인(文人)으로서 고종(考終)하고 부귀를 누린 자가 그의 위
에 나올 사람이 없었다.

우찬성(右贊成)이 되었을 때 상진(尙震)과 동료인데 상(尙)이
하관(下官)이더니 정승이 되자 학을 그린 시축(詩軸)에 시를 써
달라고 세양(世讓)에게 부탁했다. 공이 여기에 절구(絶句) 한 수
를 쓰기를,

'외로운 그림자 해 저문 강가에 쓸쓸히 내리고, 붉은 갈대꽃 쇠
잔하니 두 언덕이 어두우네. 부질없이 서쪽 바람 향하여 옛 짝
을 부르나, 구름과 물이 만 겹으로 깊어 미처 알지 못하네. 〔蕭
蕭孤影暮江潯 紅蓼花殘兩岸陰 謾向西風呼舊侶 不知雲水萬重深〕'
했다. 〈시화(詩話)〉

이세영(李世英)이 불행히 일찍 죽으니
조야(朝野)가 애석하게 여겼다

이세영(李世英)은 양성(陽城) 사람이니 자는 자실(子實)이요,
참판(叅判) 옥번(沃蕃)의 아들이다. 성종(成宗) 정유(丁酉)에 문
과(文科)에 급제했다.

공은 몸을 맑고 검소하게 가져서 세상을 따라 행동하지 않았
다. 나라 법에 승지(承旨)는 정치에 관여하기 때문에 청탁하는
일이 많았으나 공이 승지(承旨)가 되자 홀로 입을 다물고 말을
하지 않으니 정조(政曹)의 당상(堂上)이 그들의 맘대로 혐의하
여 말하기를,

"영공(令公)께서는 어찌해서 한 마디 말도 하지 않는가?"
하니, 공이 말하기를,

"옥새(玉璽)를 받들어 출납(出納)하는 것은 승지(承旨)의 책임
이요, 어질고 어질지 못한 사람을 각각 그 재주에 따라 쓰고
버리는 것은 유사(有司)가 있는 것이오."

하니 동렬(同列)의 사람들이 사례하고 부끄럽게 여겼다.

더구나 공에 이어서 안윤덕(安潤德)이 승지(承旨)가 되자, 한
달도 채 되지 못하여 그 인아(姻婭)와 옛날에 은혜 입은 사람들
을 모두 벼슬에 나가게 하니, 이 때문에 사람들이 더욱 공의 절
개를 소중히 여겼다. 바야흐로 공에게 정승을 기약했으나 개성
유수(開城留守)로서 불행히 일찍 죽으니 조야(朝野)가 이를 애석
히 여겼다. 〈음애일기(陰崖日記)〉

송흠(宋欽)은 삼마태수(三馬太守)

송흠(宋欽)은 신평(新平) 사람이니, 호는 지지당(知止堂)이다.
경자(庚子)에 진사(進士)에 오르고, 성종(成宗) 임자(壬子)에 문
과(文科)에 급제했다. 청렴하고 편안히 물러가기로 조원기(趙元
紀)와 이름을 같이 했다.

공이 매양 지방 수령이 되어 부임할 때에는 신영(新迎)하는 말
이 겨우 세 필이었으니 대개 공이 탄 것이 한 필이요, 어머니와
아내가 각각 한 필씩 탔기 때문에 당시 사람들이 삼마태수(三馬
太守)라고 했다.

일찍이 여산태수(礪山太守)로 나갔을 때 군(郡) 옆에 큰 길이
있는데 손님들을 대접할 물건이 없어서 따로 양주법(釀酒法)을
만들어 술을 빚었으니, 그 이름을 호산춘(壺山春)이라 했다. 〈행
장(行狀)〉

벼슬이 판중추(判中樞)에 이르러 기사(耆仕)에 들어가고 청백
리(淸白吏)에 뽑혔다. 시호(諡號)는 효헌(孝憲)이요, 졸(卒)한 나
이가 90세였다.

황형(黃衡)이 연미정(燕尾亭)에 소나무를 심어
이미 먼저 아는 것이 있었다

황형(黃衡)은 후창(厚昌) 사람이니, 자는 언평(彦平)이다. 성
종(成宗) 경자(庚子)에 나이 22세로서 무과(武科)에 급제하고 병
오(丙午)에 중시(重試)에 뽑혔으며 승지(承旨)를 거쳐 벼슬이 공
조판서(工曹判書)에 이르렀다.

공의 시골집은 강화(江華) 연미정(燕尾亭)에 있었는데 일찍이
소나무 수천 수를 심자 사람들이 묻기를,

"공은 이미 늙었는데 무엇하러 이토록 많이 심는가?"
했다.

공은 대답하기를,

"후세에 가서 마땅히 스스로 알게 될 것이다."
했다.

그 후 선조(宣祖) 임진(壬辰)에 김천일(金千鎰)·최원(崔遠)이
강도(江都)에 들어가 지킬 적에 배와 기계를 만드는 데 모두 이
나무로 썼어도 모자라지 않았다. 또 정유(丁酉)에 양호(楊鎬)가
장차 선조(宣祖)를 모시고 강도(江都)로 갈 때, 부관(府官)이 이
나무를 베어다가 행궁(行宮) 및 그 밖의 집들과 채책(砦冊)을 만
드는 데 쓰자 사람들이 비로소 공의 먼저 안 것에 탄복했다·
〈식소록(識小錄)〉

공이 박원종(朴元宗)을 대신하여 북병사(北兵使)가 되어 배사
(拜辭)하던 날, 원종(元宗)이 술을 가지고 동교(東郊)에 나가 전
송하면서 '국유대사공가소유(國有大事公可少留)'라는 여덟 글자
를 써 술잔이 오고 가는 틈을 타서 남몰래 보이니, 이는 대개 대
계(大計)가 이미 정해진 뒤였다. 그러나 공은 취한 것을 핑계하
여 보지 못한 체하고 갔는데 포천(抱川)에 이르러 반정(反正)의
소식을 들었다.

강화(江華)의 옛 집이 지금은 월곶진사(月串鎭舍)가 되었는데

동우(棟宇)의 짜임새가 몹시 견고하여 마치 새로 지은 것과 같다. 뜰 아래에 대나무숲이 있는데 마도(馬島)에서 회군(回軍)할 때 옮겨다가 손수 심은 것이라 한다. 〈기재잡기(寄齋雜記)·강화지합록(江華誌合錄)〉

나이 62세에 졸(卒)하니, 시호는 장무(莊武)이다.

조언형(曺彦亨)이 단천군수(端川郡守)를 버리고 갔다

조언형(曺彦亨)은 창녕(昌寧) 사람이니, 자는 형지(亨之)이다. 연산(燕山) 갑자(甲子)에 문과(文科)에 급제하여 전랑(銓郎)을 지냈다.

공은 성품이 악한 것을 미워하고 착한 것을 좋아해서 능히 세상과 같이 행동하지 못하여 전랑(銓郎)을 거쳐 집의(執義)에 이르는 동안 여러 번 주저앉았다가 여러 번 일어났다. 강혼(姜渾)과 죽마(竹馬)의 교분(交分)이 있어 이미 장성한 뒤에도 역시 쇠하지 않더니 혼(渾)이 폐조(廢朝)에서 하는 것을 보고 분하게 여기고 미워하여 사귀지 않았다.

정묘(丁卯)·무진(戊辰) 사이에 단천군수(端川郡守)가 되었는데 강혼(姜渾)이 감사(監司)로 그 고을에 온다는 말을 듣고 드디어 행장을 차리고 집사람에게 명하여 퇴주 한 통을 준비하게 하니 아전이 말하기를,

"감사가 장차 가까이 왔으니 예(禮)에 마땅히 나가서 맞으셔야 합니다."

했다.

그러나 공은 병을 칭탁하고 있다가 해가 장차 저물자 감색 직령(直領)에 분투(分套)를 끌고 한 종을 시켜 술통을 챙겨서 바로 상방(上房) 밖으로 나가 부르기를,

"혼지(渾之)는 어데 있는가?"

하니 혼(渾)은 그 소리를 듣고 급히 일어나 문을 열고 맞으면서 말하기를,

"나 여기 있네."

했다.

이에 공은 자리에 나가 앉자마자 인사도 하기 전에 먼저 말하기를,

"날씨가 찬데 자네는 술을 마시겠는가?"

하고 스스로 큰 잔에 술을 떠서 마시는데 안주는 아무것도 없다. 이것을 보고 혼(渾)도 역시 스스로 술을 떠서 마셨다. 이렇게 술이 세 순배를 지나자 공은 말하기를,

"자네가 전일 한 일이 개돼지만도 못하니 누가 그 똥인들 먹겠는가? 자네가 젊었을 때는 총명하고 지혜가 있어 사귈 만하다고 여겼는데 조그만 재주를 가지고 처신해서 못나기가 이토록 지극한 데에 이를 줄 어찌 알았겠는가? 이는 사는 것이 죽는 것만도 못함이다. 내가 편지를 보내고 절교(絶交)하려 했으나 한 번 만나보고 책망하려 온 것이니 나는 마땅히 내일 가리로다."

하고, 다시 한 잔을 마시고 또 계속해서 석 잔을 주니 혼(渾)은 머리를 떨어뜨리고 말이 없이 눈물을 흘릴 뿐이었다.

이튿날 공은 드디어 벼슬을 버리고 가서 뒤에 판교(判校)에 이르러 마쳤다. 그 아들 남명(南冥) 식(植)이 의기(義氣)가 격양된 풍도가 있었던 것은 대개 여기에서 비롯된 것이다. 〈기재잡기(寄齋雜記)〉

주세붕(周世鵬)이 소수서원(紹修書院)을 창건(創建)하다

주세붕(周世鵬)은 상주(尙州) 사람이니 자는 경유(景游)요, 호는 신재(愼齋)이다. 임오(壬午)에 생원(生員)이 되고 문과(文科)에 급제하여 검열(檢閱)이 되고 호당(湖堂)에 들어갔다가 부제학

(副提學)이 되었으며, 경인(庚寅)에 헌납(獻納)으로 김안로(金安老)를 탄핵했다.

공의 어머니 병이 위중하자 향을 피우면서 하늘에 빌었더니 이 날 밤 꿈에 어떤 사람이 백사(白絲) 8냥(兩)을 주면서 말하기를,
"병이 나은 지 80일 만에 죽을 것이다."
하니, 비로소 그 8냥이 80일을 연장하는 징조임을 알았다.

나이 7세 때에 어머니가 병으로 오래 빗질을 못하자 공이 친히 스스로 목욕을 시키고 빗질을 하면서 이를 잡아 주니 사람들이 기특히 여겼다.

아버지 상사를 당하여 여묘(廬墓)하는 데 매양 3일에 한 번씩 와서 어머니를 뵙고 자기 방에는 한 번도 들르지 않았다. 집에서 기르는 개가 공이 출입할 때면 항상 따라다니는데 고기를 주어도 먹지 않으니 사람들이 말하기를 효성에 감동된 것이라고 했다. 일찍이 홍문관(弘文舘)에 있을 때 직제학(直提學)이 바르지 못한 의논을 고집하자 공은 다들 보는 앞에서 배척해 말하기를,
"공은 곧 곡제학(曲提學)이다."
라고 하니 그 사람이 부끄러워하였다. 〈행장(行狀)·병정록합록(丙丁錄合錄)〉

신축(辛丑)에 풍기군수(豊基郡守)가 되어 문성공(文成公) 안유(安裕)의 옛 터에 사당을 세우고 봄 가을로 제사를 지내니 이름하여 백운서원(白雲書院)이라고 했다. 서원(書院) 좌우에 학교〔序〕가 있는데 범민(凡民)의 준수(俊秀)한 자를 모아서 학문을 강습(講習)하고 곡식을 저축했다가 남는 것을 주어서 먹게 했고, 또 여유가 있으면 경사(經史)를 사서 그들이 강독(講讀)하게 했다.

명종(明宗) 경술(庚戌)에 이황(李滉)이 본군(本郡)에 부임하자 말하기를,
"가르침이 위를 거치지 않으면 뒤에 반드시 떨어지고 폐해진다."
하여, 감사(監司)에게 글을 보내서 청하기를, 위에 보고하여 송조(宋朝)의 석록규(白鹿規)에 의하여 사액(賜額)하고 책을 주

며, 겸해서 전토(田土)와 노복(奴僕)을 주어서 배우는 자로 하여
금 장수(藏修)하도록 하라고 했다.

이에 감사(監司) 심통원(沈通源)이 그 말을 좇아 위에 보고하
여 사액(賜額)을 소수서원(紹修書院)이라 내리고, 대제학(大提學)
신광한(申光漢)에게 명하여 기(記)를 짓게 하고, 계속하여 사서
오경(四書五經)과 성리대전(性理大全) 등 책을 나누어 주었으니 사
원(祠院)에 사액(賜額)한 것이 이로부터 시작되었다. 〈문헌비고
(文獻備考)〉

경술(庚戌)에 조정에 들어가 대사성(大司成)이 되자 벽불소(闢
佛疏)를 올렸고, 조정에 선 지 30년 동안에 한결같이 한사(寒士)
와 같았으며, 산택(山澤)에서 노는 것을 즐기니 지금에 이르기까
지 이름 있는 산수(山水)에 이따금 유적(遺跡)이 있다. 나이 60
세에 졸(卒)하고, 벼슬은 호조참판(戶曹叅判)에 이르렀다. 저술
서에 죽계지(竹溪誌)·무릉지(武陵誌)가 있고, 합천(陜川)에 서
원(書院)이 있다. 〈미수기언(眉叟記言)〉

형의 아들 박(博)이 뒤를 이었는데, 문과(文科)에 급제하여
벼슬이 교리(校理)에 이르렀다.

어득강(魚得江)이 말하기를 문학(文學)에는
자유(子游) 자하(子夏)이다

어득강(魚得江)은 함종(咸從) 사람이니 자는 자유(子游)요, 호
는 관포(灌圃)요, 또 혼돈산인(渾沌山人)이다. 임자(壬子)에 진
사(進士)가 되고, 연산(燕山) 경진(庚辰)에 문과(文科)에 급제했
는데, 회해(詼諧)를 잘하고 문장에 능했다.

어득강(魚得江)이 영남(嶺南) 진주(晋州)에 살아서 문학과 맑
은 운치가 있더니 과거에 급제한 후로는 모두 외군(外郡)만 돌
고, 성품이 편안히 물러나기를 좋아해서 벼슬에 뜻을 끊었다.
이리하여 조정에서 화요(華要)의 자리로 불러도 결코 나가지 않

고 조그만 집을 산수(山水) 사이에 지어 집에 누(累)가 되는 것
은 끊어버리고 다만 어린 동자(童子) 하나만을 데리고 간략히 조
석의 식사만을 갖추어 담담(淡淡)하기가 중의 거처와 같았으며,
남과 이야기할 때는 해학(諧謔)이 많이 섞였다.

어느 날 어떤 사람과 마주 앉았는데 사람이 와서 전하기를, 도
사(都事) 정만중(鄭萬重)이 문학(文學)으로 벼슬이 바뀌어 갔다고
했다. 이에 어득강(魚得江)은 이내 말하기를,

"내가 일찍이 문학(文學)이 되었는데 어찌해서 정(鄭)이 되었
다고 하는가?"

했다. 좌우 사람이 괴상히 여겨 물으니, 어(魚)는 말하기를,

"문학(文學)은 자유(子游)·자하(子夏)라고 하지 않았는가."

하니 듣는 자들이 모두 몹시 웃었다. 이는 공의 자가 자유(子
游)이기 때문에 그렇게 말한 것이었다. 〈사재척언(思齋摭言)〉

벼슬이 대사간(大司諫)에 이르렀으나 버리고 돌아갔고, 여러 번
불러도 나오지 않으니 특별히 가선(嘉善)의 계급을 더했고, 저술
한 것으로는 동주집(東洲集)이 있다. 〈대동운옥(大東韵玉)〉

고형산(高荊山)이 모화관(慕華舘) 기둥에
술을 권하다

고형산(高荊山)은 횡성(橫城) 사람이니, 자는 정숙(靜叔)이다.
성종(成宗) 계묘(癸卯)에 생원(生員)이 되고 문과(文科)에 급제하
여 벼슬이 좌참찬(左叅贊)에 이르렀다.

성질이 질박(質撲)하고 진솔(眞率)하며 근검(勤儉)하여 여러 번
군병(軍兵)과 전곡(錢穀)의 책임을 맡았는데 처리하기를 몹시 조
밀하게 했다. 다만 기묘(己卯)에 남곤(南袞) 등 여러 간사한 자들
의 꾀임에 빠져서 북문(北門)의 화를 만들어 이루니 사람들이 이
를 애석히 여겼다. 〈대동운옥(大東韵玉)〉

고형산(高荊山)은 그 배가 큰 것을 스스로 자랑하여 음식을 남

의 곱절을 먹어, 어떤 사람이 혹 음식을 주면 좋거나 나쁘거나 많거나 적거나를 가리지 않고 입을 다물지 않았으며, 더욱이 술 은 한량이 없었다. 바야흐로 호조(戶曹)에 있을 때 어느 날 하리 (下吏)에게 이르기를,

"내일 내가 아는 사람이 외임(外任)으로 나가게 되어 내 마땅 히 모화관(慕華舘)에 나가 전송할 것이니 장막과 술과 안주를 마련해 가지고 기다리게 하라."

했다.

이튿날 수레를 재촉하여 나가니 과연 관문(舘門)에 장막을 치 고 술 세 항아리와 안주 한 행담을 책상 위에 놓아 두었다. 형 산(荆山)이 자리에 앉자 한 아전이 달려 오더니 말하기를,

"오늘은 다만 대포만호(大浦萬戶)가 사조(辭朝)했을 뿐이온데 길이 동대문(東大門)을 거쳐서 갔습니다."

했다.

이에 형산(荆山)은 말하기를,

"그는 내 친구인데 일찍이 약속을 해놓고 어찌 서로 속인단 말인가! 그러나 어쩔 수 없는 일이로다. 어쨌든 목이 마르구 나."

하고 큰 대접 하나를 갖다가 드디어 두 항아리를 비웠다.

그는 또 녹사(錄事) 서리(書吏)의 무리와 잔을 나누었는데 여 전히 술이 남아 있자 형산은 말하기를,

"어찌 주인에게 술을 권하지 않을 수 있는가!"

하고 관문(舘門)으로부터 첫째 기둥에다가 대접을 들어 권하 여 마치 서로 수작하는 것과 같이 하다가 세 항아리를 다 비운 뒤에 조금 취해서 돌아갔다. 〈기재잡기(寄齋雜記)〉

기사(耆社)에 들어갔고 안윤덕(安潤德)과 함께 기로회(耆老會) 를 만들었다. 시호는 익평(翼平)이다.

남곤(南袞)의 글은 유자광전(柳子光傳)만이
홀로 전한다

남곤(南袞)은 의령(宜寧) 사람이니 자는 사화(士華)요, 호는 지정(止亭)으로서, 고려 참지문하(參知門下) 을진(乙珍)의 증손(曾孫)이다.

김종직(金宗直)에게 공부하여 문명(文名)을 크게 떨쳐 박은(朴闇) · 이행(李荇) · 홍언충(洪彦忠) 등과 함께 이름이 가지런했으며 금남(錦南) 최부(崔溥)가 일찍이 인재(人才)라고 일컬었다.

눈에 동자가 겹으로 있고, 거동이 단아하여, 성종(成宗) 갑인(甲寅)에 생원(生員)이 되고 문과(文科)에 급제하여 검열(檢閱)이 되었고, 연산조(燕山朝)에서는 부제학(副提學)으로서 임금의 뜻을 거슬러서 서쪽 변방으로 귀양갔다.

중종(中宗) 정묘(丁卯)에 부모상을 당했으며 박경(朴耕)이 모반(謀反)한다고 무고(誣告)하여 죽게 하고서 그 공으로 이조참판(吏曹參判)에 승진하고, 나아가 완산백(完山伯)이 되더니 정광필(鄭光弼)의 추천으로 크게 쓸 만하다 하여 불러들여 대사헌(大司憲)을 삼았다.

이때 조야(朝野)에서 분하게 여기는 일로 해서 글을 올려 소릉(昭陵)을 회복하기를 청하여 윤허를 얻었으나 당시 사람들이 이를 가볍게 여겨 대제학(大提學)을 허락지 않았다. 그러나 안당(安瑭)은 말하기를,

"예로부터 재행(才行)이 겸전(兼全)한 자를 많이 얻을 수가 없고 또 곤(袞)의 문장은 버릴 수가 없다."

하여 드디어 신용개(申用漑)를 대신하여 문형(文衡)을 삼으니 곤(袞)은 한편 기뻐하고 한편 유감스럽게 여겼다.

조광조(趙光祖)가 대사헌(大司憲)으로서 곤(袞)과 함께 경연(經筵)에서 임금을 모시고 있는데, 곤(袞)이 능(陵)의 헌관(獻官)에 참여하지 않은 잘못을 가지고 박하게 대접했다. 이때 마침

서울 안팎에 지진(地震)이 크게 나서 임금이 근심하고 두려워하여 편안치 못하자, 곤(袞)이 위태로운 말로 임금을 움직이고자 하여 금원(禁苑) 나뭇잎에 단물로, '주초위왕(走肖爲王)' 네 글자를 써놓자 벌레들이 그것을 갉아먹어 글씨가 나타나게 되었다.

기묘(己卯) 11월 보름에 이장곤(李長坤)·홍경주(洪景舟)·고형산(高荊山)을 피어서 날이 어두울 무렵에 신무문(神武門)으로부터 들어와서 비밀히 아뢰어 당화(黨禍)를 얽어 만들었으니 이는 모두 곤(袞)이 주장한 것이었다.

이에 정광필(鄭光弼)을 내쫓고 곤(袞)을 승진시켜 좌상(左相)을 삼고 김전(金詮)·이유청(李惟淸)으로 삼공(三公)을 보충했다.

신사(辛巳) 송사련(宋祀連)의 옥사(獄事)에 곤(袞)이 스스로 소초(疏草)를 지으니 다만 형정(刑政)이 엄하지 못한 것과 조정의 기강(紀綱)이 해이하다는 두어 조목만을 들어서 당인(黨人)들을 구함(搆陷)하여 교묘하게 말을 만들어 역당(逆黨)으로 지목하여 엄한 형벌과 혹독한 벌을 좇도록 힘써서 온 세상 사람으로 하여금 구원하지 못하게 했다.

계미(癸未)에 영상(領相)에 올랐으나 5·6년 사이에 같이 일하던 사람들을 서로 계속해 죽였는데, 사람들의 마음은 속일 수가 없어서 공론(公論)이 자연 격동(激動)했다.

이에 곤(袞)이 항상 근심스럽고 즐겁지 못하여 족인(族人)에게 묻기를,

"사람들이 나를 어떤 사람이라 하던가?"

하자 대답하기를,

"마땅히 소인(小人)이란 책망을 면치 못할 것이오."

했다. 이에 그는 드디어 집사람으로 하여금 평생의 문고(文稿)를 가져다가 모두 불태워 버렸으나 오직 유자광전(柳子光傳)만은 홀로 세상에 전한다. 〈인물고(人物考)·지봉집합록(芝峰集合錄)〉

곤(袞)은 백악록(白岳麓)에 집을 짓고 살았는데 그 북쪽 동산에 천석(泉石)의 경치가 있었다. 박은(朴誾)은 이행(李荇)과 함께 술을 가지고 가서 놀았지만, 곤(袞)은 승지(承旨)로서 새벽에

나갔다가 밤에 돌아오기 때문에 한 번도 같이 놀지 못했다. 이때 은(誾)이 그 바위에 쓰기를 '대은(大隱)'이라 하고, 그 여울에는 '만리(萬里)'라고 썼으니 대개 바위는 주인의 아는 바가 되지 못해서 '대은(大隱)'이 된다는 것이요, 여울은 만리의 먼 곳에 있기 때문이란 것이다.

일찍이 그는 술에 취해서 바위에 쓰기를,

'주인은 벼슬이 높아 세력이 불타오르는데, 문 앞의 거마(車馬)들이 안부를 묻는 자 많네. 3년 동안 하루도 동산을 엿보지 않으니, 혹시 산신령도 응당 더러움을 받을까 해서인가. 〔主人官高勢薰灼 門前車馬多伺候 三年一日不窺園 倘有山靈應受垢〕'

했다.

신문경(申文景) 용개(用漑)가 장차 문형(文衡)을 남곤(南袞)에게 전하고자 하여, 어느 날 곤(袞)과 이야기하다가 시를 짓기를 청하니 말하기를,

"버들은 그늘지고 낮닭이 울려 하는데, 갑자기 거리에 수레가 넘쳐나 놀라네. 다투어 높은 식견(識見)이 이웃집에 빈 것을 보고, 재촉해 술자리 차리게 하여 늙은 아내 군색하게 하네. 흥에 겨워 다만 술잔 기울이는 것만 알고, 형체를 잊어 모란꽃 잡아다니는 것 깨닫지 못하네. 중얼거리면서 시를 짓고 높은 다루로 지나려 하니, 정중하게 거치른 글을 감히 쓸 수가 없네. 〔楊柳陰陰欲午鷄 忽驚窮巷溢輪蹄 爭看風裁空隣舍 促具盤筵窘老妻 乘興但知傾藥玉 忘形不覺挽鞓犀 沈吟欲賦高軒過 鄭重荒詞未敢題〕"

하니, 신(申)이 탄상(歎賞)하기를,

"의발(衣鉢)이 돌아갈 곳이 있도다."

하더니 얼마 안 되어 곤(袞)이 과연 문형(文衡)을 맡았다. 〈패관잡기(稗官雜記)〉

정해(丁亥)에 죽으니 시호는 문경(文敬)이다. 선조(宣祖) 초년에 관작(官爵)이 삭탈(削奪)되었다.

남포(南褒)가 청맹(靑盲)이라 핑계하다

남포(南褒)는 지정(止亭) 곤(袞)의 아우이니 자는 사미(士美)요, 호는 지지당(知止堂)이다. 기유(己酉)에 생원(生員) 진사(進士)가 되고 연산(燕山) 임신(壬申)에 별과(別科)에 급제하여 벼슬이 직학(直學)에 이르렀다.

나라 일이 날로 잘못되는 것을 보자 세도(世道)에 뜻을 끊고 청맹(靑盲)이라 핑계하여 벼슬하지 않고 적성(積城) 감악산(紺岳山)에 숨어 항상 삿갓에 헌 옷을 입고 두루 나라 안 산천(山川)을 노닐면서, 스스로 창랑거사(滄浪居士)·소요자(逍遙子)라 일컫고 성명을 말하지 않으니 세상에 얼굴을 아는 자가 없었다.

신사(辛巳)에 비로소 감파동 재사(紺波洞齋舍)로 돌아와서 경자(庚子)에 졸(卒)하니 나이 82세였다. 본질(本疾)을 앓게 되자 공의 아들 장령(掌令) 정진(廷縉)이 곡산 임소(谷山任所)로부터 돌아와서 모셨다.

이에 공이 경계하기를,

"네가 여덟 번 군읍(郡邑)의 수령(守令)을 제수받아서 세 번은 사양하고 다섯 번은 나갔으니 이는 부모를 위하여 굽힌 것이었다. 그러나 우리에게 옛 토지와 집이 있어서 족히 바람과 비를 가리고 죽은 먹을 수가 있다. 그러니 내가 죽은 뒤에는 다시 벼슬에 나갈 계획을 하지 말고, 묘갈(墓碣)에는 다만 수부(水部)의 옛 직함만 쓰고, 전한(典翰)이나 직학(直學)은 살아서도 나가지 않았으니 죽어서 묘(墓)에 쓰라."

했다.

명묘(明廟)가 일찍이 말하기를,

"고(故) 직제학(直提學) 남포(南褒)는 평생 편안히 살다간 절개가 이미 가상했거니와 그 아들 정진(廷縉)이 또 이같이 청백(淸白)하니 비록 옛날의 양리(良吏)라도 여기에 지날 수 없다."

하고 특별히 표리(表裏)[1]를 하사했다.〈이복원찬 묘지(李福源撰 墓誌)〉

이중(李中)이 이미 자복(自服)했는데
어찌 다시 매를 때리느냐

이중(李中)의 자는 이강(而强)이다. 김식(金湜)에게 공부하고 영산(靈山)에 우거(寓居)했는데 가계(家計)가 넉넉했다. 식(湜) 이 망명(亡命)해서 이신(李信)과 함께 그 집에 가 있는데, 마침 중(中)은 서울에 갔고 같이 사는 서제(庶弟) 용(庸)이 그를 영 접하여 방 안에 숨기고 신(信)을 꾀어내 서울에 가서 고발하게 하여 중(中)을 잡아 국문하는데 추관(推官) 심정(沈貞)이 죽이고 자하여 억지로 매를 더 때리자 중(中)이 곤장(棍杖) 7대를 맞고 크게 소리치기를,

"이미 숨겨 주었다고 자복(自服)했는데 어찌해서 다시 매를 때 리느냐?"
했다.

이에 때리는 것을 중지하고 14년 동안 부령(富寧)으로 귀양보 냈다.〈동유사우록(東儒師友錄)〉

이신(李信)은 낙안(樂安) 관노(官奴)이다. 도망해서 머리를 깎 아 중이 되었고. 다시 속세(俗世)로 돌아오자 김대성(金大成)에게 배워 의지(意志)를 굽히고 공부에 게으르지 않으니, 대성(大成) 이 그 뜻을 가상히 여겨 마음을 다하여 가르쳐서 친자제(親子弟) 를 대하듯이 했다.

대성이 귀양가자 뒤이어 배소(配所)에 갔다가 드디어 그를 따 라서 숨어 영산(靈山) 이중(李中)의 집에 이르자 먼저 대성을 내보내어 무주(茂朱)에서 만나기로 약속했는데, 비밀히 적심(賊 心)을 품고 그를 얽어 고발하여 옥사(獄事)가 이루어지자, 상을

---

1) 表裏 ; 웃감의 안팎.

받고 면천(免賤)[1]하여 고향에 돌아와 살다가 뒤에 말도둑의 두 목으로 잡혔는데 군수(郡守) 김문서(金文瑞)가 매때려 죽였다.

이중호(李仲虎)는 이따금 사람을 놀라게 하는 일이 있었다

이중호(李仲虎)는 효령대군(孝寧大君) 보(補)의 오대손(五代孫) 이니 자는 풍후(風后)요, 호는 이소재(履素齋)이다.

타고난 바탕이 용감해서 매사에 남의 뒤가 되는 것을 부끄러 워하고 뜻을 다듬어 문장을 하니, 모재(慕齋) 김안국(金安國)이 그의 글을 보고 말하기를

"기이하다. 귀신이 아니면 능히 하지 못한다."

하고 두루 이름난 경(卿)에 알려서 그 글을 베껴서 보이면서 칭찬 해 마지않으니, 이로 말미암아 시명(詩名)을 크게 떨쳤다.

일찍이 맹자(孟子)를 읽다가,

"사람은 모두 요순(堯舜)이 될 수 있다."

는 글에 이르자 드디어 깨닫는 바가 있어 개연(慨然)히 도를 구할 듯이 있어 낮에는 외우고 밤에는 생각하여 심지어 침식(寢 食)을 잊고 돈독하게 배우고 힘써 행하는데, 이따금 뛰어나게 사 람을 놀라게 하는 일이 있었고, 생도(生徒)들을 가르쳐서 진작 (振作)한 것이 많자 당시에 명망(名望)이 융숭하고 무거웠다. 퇴 계(退溪)는 이르기를, 그 학문이 과중(過中)한 폐단이 있는 것 같 다고 했다. 〈대동운옥(大東韻玉)〉

기묘(己卯)·기사(己巳) 이후에 나라 안 사람들이 하나도 소학 (小學)을 가지고 학문을 권하는 자가 없자 중호(仲虎)가 문을 열 고 가르치니 배우는 자가 많았는데, 그 중에 박응남(朴應男)·박 점(朴漸)·김근공(金謹恭)이 있다. 〈중봉집(重峰集)〉

---

1) 免賤 ; 천인(賤人)의 신분을 면하고 양인(良人)이 됨.

윤탁(尹倬)이 태학(太學) 뜰 안에 손수
문행(文杏)을 심다

윤탁(尹倬)은 파평(坡平) 사람이니 현감(縣監) 사은(師殷)의 아들로서 자는 언명(彦明)이요, 호는 평와(平窩)이다. 연산(燕山) 신유(辛酉)에 진사(進士)가 되고 문과(文科)에 급제했다. 일찍이 주계군(朱溪君) 심원(深遠)에게서 배웠는데, 주계군(朱溪君)은 종실(宗室)의 아들로서 실로 성리(性理)의 학문을 제창해서 갑자(甲子)에 귀양갔다가 중종(中宗)이 즉위하자 다시 일어나서 대사성(大司成)이 되었다.

이때 정암(靜菴) 등 여러 어진 이가 조정에 모여서 도학(道學)을 창명(倡明)하는 데 모두 윤탁(尹倬)을 선생으로 추대하니, 선생은 스스로 기뻐하여 정성스럽게 가르치고 게을리하지 않았다. 퇴계(退溪)도 매양 선생에게 들은 바를 가지고 말하니, 학자(學者)들이 모두 윤선생(尹先生)이라 했는데, 그가 말한 대학(大學)의 격치(格致)의 설(說)은 회옹(晦翁·朱子)의 유지(遺旨)를 잃지 않았다.

남곤(南袞)·심정(沈貞) 등이 사화(士禍)를 일으킬 계획을 하는데, 선생은 마땅히 그 의논에 참여하게 되었는데도 즉시 사양하고 나가지 않으니 군소(群小)들이 기뻐하지 않아서 이로써 선생은 폐해져서 배척을 받고 물러났다.

지금 태학(太學) 뜰 안에 손수 심은 문행(文杏) 두어 그루가 있는데, 매양 배우는 자들에게 말하기를,

"뿌리가 깊은 자는 반드시 무성하지 않은 것이 없다."

했다. 그런 까닭에 선생에게 배운 자는 모두 근본을 독실하게 하고 실지에 힘쓰고 정대(正大)하여 그 전하는 바를 떨어뜨리지 않았다.

갑자(甲子)에 개성유수(開城留守)로서 임소(任所)에서 졸(卒)했다. 〈묘비(墓碑)〉

정응두(丁應斗)가 말하기를 내가 두터운 복(福)을 누리면 자손은 무엇에 힘입는단 말인가

정응두(丁應斗)는 나주(羅州) 사람이니, 자는 추경(樞卿)이다. 신묘(辛卯)에 진사(進士)가 되고, 갑오(甲午)에 문과(文科)에 급제했으며 호당(湖堂)을 겪었고, 일찍이 삼도관방록(三道關防錄)을 지었다.

겨울에도 일찍이 털옷을 입지 않고 말하기를,

"내 몸이 두터운 복을 누리면 자손들은 무엇을 받는단 말이냐."

했다.

그는 항상 자제(子弟)들로 하여금 노역(勞役)을 하게 하면서 말하기를,

"자제(子弟)된 자의 직책은 마땅히 부지런히 일한 다음에 문예(文藝)를 하는 데 있다."

했다.

벼슬이 좌찬성(左贊成)에 이르렀고 시호는 충정(忠靖)이다.

〈인물고(人物考)〉

《仁宗朝》

김인후(金麟厚)의 묵죽(墨竹)

김인후(金麟厚)는 울산(蔚山) 사람이니 자는 후지(厚之)요, 호
는 하서(河西)이다. 나이 22세인 신묘(辛卯)에 진사(進士)가 되
고, 중종(中宗) 경자(庚子)에 문과(文科)에 급제하여 호당(湖堂)
을 겪은 다음 정자(正字) 겸 설서(說書)가 되었다.

인종(仁宗)이 동궁(東宮)에 있을 때 그를 만나보고 크게 기뻐
하여 은우(恩遇)가 날로 높아서 혹은 친히 그의 숙직(宿直)하는
곳에 가서 조용히 물어보고 특별히 서책을 하사했으며, 또 묵죽
(墨竹)을 그려서 조그만 뜻을 표하기도 했다.

부모를 봉양하기 위해서 옥과현감(玉果縣監)이 되었는데, 을사
(乙巳)에 인종(仁宗)이 승하(昇遐)하자 인후(麟厚)는 부음(訃音)
을 듣고 놀라고 슬퍼서 거의 죽었다가 깨어났다. 이 때문에 병
이 생겨서 벼슬을 내놓고 돌아온 뒤로 모든 제배(除拜)가 있을
때마다 나가지 않고, 선영(先塋) 옆에 집을 지어 '담(湛)'이라
칭하고 이것으로 호(號)를 삼았다.

송강(松江) 정철(鄭澈)이 시에서 말하기를,

'동쪽 나라에 나갈 곳이 없으니, 담재(湛齋)의 늙은이 홀로 있네. 해마다 가을 7월이면, 만산(萬山) 속에서 통곡하네.〔東方無出處 獨有湛齋翁 年年秋七月 痛哭萬山中〕"
했다.

인후(麟厚)는 매년 인종(仁宗)의 제삿날인 7월 1일이 되면 산골짜기로 들어가 하루 종일 통곡하다가 돌아왔다.

천문(天文) 지리(地理) 의약(醫藥) 산수(算數) 율력(律曆)에 능통하지 않은 것이 없었으니 일찍이 시(詩)에 이르기를,

"천지의 중간에 두 사람이 있으니 중니(仲尼:孔子)의 원기(元氣)요, 자양(紫陽:朱子)의 참〔眞〕일세.〔天地中間有二人 仲尼元氣紫陽眞〕"
했다.

시호는 문정(文靖)이요, 문묘(文廟)에 배향(配享)되었다.〈인물고(人物考)〉

정세억(鄭世億)이 하서(河西)가 명사(冥司)를 주장하는 것을 보다

정세억(鄭世億)의 자는 대년(大年)이니, 장성(長城)에서 살았다. 어느 날 병으로 죽어서 염라부(閻羅府)에 들어가서 보니, 하서(河西) 김선생(金先生)이 명사(冥司)를 주장하는데 대년(大年)을 불러 말하기를,

"너와 이름이 같은 사람이 마땅히 죽어야 할 것인데 너는 지금 잘못 왔으니 모름지기 즉시 돌아가라."
하면서 절구(絶句) 한 수를 주기를,

'세억(世億)은 그 이름이요 자는 대년(大年)인데, 구름을 헤치고 와서 자운(紫雲) 신선을 뵈었네. 77세에 다시 만나게 될 것이니, 이 말을 인간에게 함부로 전하지 마라.〔世億其名字大年 披雲來謁紫雲仙 七十七歲還相見 此語人間莫浪傳〕'

했다. 〈송자대전수창(宋子大全隨創)〉

이문건(李文楗)의 영비(靈碑)

이문건(李文楗)은 성주(星州) 사람이니 자는 자발(子發)이요, 호는 묵재(默齋)요, 또 휴수(休叟)이다. 중종(中宗) 계유(癸酉)에 진사(進士)가 되고 무자(戊子)에 문과에 급제하여 벼슬이 승지(承旨)에 이르렀다.

그 중형(仲兄) 눌재(訥齋) 충건(忠楗)과 함께 일찍이 정암(靜菴) 조광조(趙光祖)의 문하(門下)에서 배웠는데 정암(靜菴)이 화(禍)를 입자 당시 인사(人士)들이 감히 가서 조상하지 못하는데, 공은 중씨(仲氏) 및 문생(門生) 한 사람과 함께 가보고 장사지내기를 예(禮)대로 했다.

인종(仁宗)이 동궁(東宮)에 있을 때 공이 가까이 모시기를 오래하여 가장 권우(眷遇)를 받아 일찍이 어찰(御札)과 갓끈을 하사하고 사랑했다.

중종(中宗)이 승하(昇遐)했을 때는 공이 빈전도감 집례관(殯殿都監執禮官)으로서, 명정(銘旌)과 시책(諡册)과 신주(神主)를 모두 썼다. 전서(篆書)를 잘쓰기로 세상에 이름이 났었다.

인종(仁宗)이 승하(昇遐)하고 을사(乙巳)의 화(禍)가 일어나던 날, 녹공(錄功)한 뒤에 조카 수찬(修撰) 휘(煇)의 화(禍)에 연좌되어 성주(星州)로 귀양갔는데, 퇴계(退溪)·율곡(栗谷)·남명(南冥) 등 여러 선생과 왕복한 것이 자못 많았다.

공이 몰(歿)할 때 보첩(譜牒)을 만들어 미리 자손들의 이름을 지었는데 10여 대(代)에 이르기까지 적손(嫡孫)·지손(支孫)의 혹 많고 혹 적고 혹 없다는 것이 한결같이 보첩(譜牒)과 같았다. 그 태어나고 요사(夭死)할 사람은 옆에 권점(圈點)을 찍었으니 대개 미리 안 것이 많았던 것이다. 그러나 그가 살아 있을 때는 사람들이 그가 남과 다른 것을 알지 못했다. 〈성주지(星州誌)·

우암찬행장합록(尤庵撰行狀合錄)〉

공의 아버지 정자(正字) 윤탁(允濯)의 묘(墓)는 양주(楊州) 노
원(蘆原)에 있는데 그 묘갈(墓碣)과 글은 모두 공의 손에서 나왔
다. 후손들이 멀리 있어서 오래도록 성묘(省墓)를 하지 못하더
니 모갑(某甲)이란 사람이 점령하여 소나무를 베자 윤탁(允濯)의
묘갈(墓碣)이 나타났는데 완연히 새 것과 같았다. 이에 산 밑에
사는 사람에게 묻기를,

"모갑(某甲)이란 사람은 남의 선영(先塋)을 점령했으면서 어
찌해서 이곳의 묘갈(墓碣)과 무덤은 없애지 않았는가?"

하니, 대답하기를,

"영비(靈碑)이기 때문이오. 여기 사는 사람이 병에 걸려 이곳
에 빌면 효험을 보았고, 나무꾼이 혹 묘갈(墓碣)을 건드려 흠
이 나면 재앙이 있었으니, 그 영험이 이와 같은데 누가 감히
훼손(毁損) 하겠는가?"

했다.

이에 그 비문(碑文)을 상고해 보니 앞뒤 면(面)은 다른 비문과
같고 양쪽 옆에 아래와 같은 글자가 있는데 대개 수백 년 전에
쓴 언문 비석이었으니 이상한 일이었다.

不忍碣 부모를 위하여 이 비석을 세우니 어느 누가 부모 없
으리오. 그러니 어찌 훼손(毁損)하랴. 차마 돌을 범하지
못하고 묘(墓)를 헐지 못할 것이 분명하다. 그러므로 만
세(萬世) 후에도 가히 면할 수 있을 것을 알 수 있다.〔爲
父母立此誰無父母何忍毁之石不忍犯則墓不毁明矣萬世之可知免
夫〕〈동측(東側)〉

靈碑 신령한 비라. 건드린 사람은 앙화를 입으리라. 이는
글모르는 사람에게 알림이라.〔녕혼비라거운ㅅ톱은앙화롤입
으리ㄹ이ㄴ글모ㄹㄴㅅ톱더러아뤼노라〕〈서측(西側)〉

──옥파(沃波) 이종일(李鍾一)의 기사(記事)

유희춘(柳希春)은 세 배가 침몰(沈沒)했어도 얼굴이 태연했다

유희춘(柳希春)은 선산(善山) 사람이니 자는 인중(仁仲)이요, 호는 미암(眉庵)이다. 타고난 바탕이 총명해서 한 번 책을 받아 한 번 눈이 지나면 절대 잊지 않았다. 신재(新齋) 최산두(崔山斗)를 좇아 배우고 또 모재(慕齋) 김안국(金安國)의 문하(門下)에서 놀았는데, 모재(慕齋)가 그를 공경하여 배우는 자로 대접하지 않았다.

중종(中宗) 무술(戊戌)에 생원(生員)이 되고 문과(文科)에 급제하여 춘방(春坊)과 옥당(玉堂)을 거쳤다. 을사사화(乙巳士禍)에 정언(正言)으로서 파직당했고, 정미(丁未)에 죄를 더하여 처음에 제주(濟州)로 귀양갔다가 이내 종성(鍾城)으로 옮기는데 바람과 파도가 갑자기 일어서 같이 가던 세 척의 배가 모두 침몰하자 배 안에 탔던 사람들이 소리를 내어 울었으나 희춘(希春)은 얼굴빛이 태연했다.

종성(鍾城)에 있은 지 19년 동안에 궁하지만 괴로움을 참고서 책 만 권을 다 읽어 속몽(續蒙)을 저술하니, 배우는 자에게 혜택을 주었다.

그 부인도 역시 문장에 능했는데, 홀로 공을 따라 만 리 길을 가다가 길이 마천령(摩天嶺)에 이르자 시를 지어 말하기를,
"가다 가다 드디어 마천령(摩天嶺)에 이르니, 동쪽 바다는 끝도 없이 거울 낯이 평평하네. 만 리 길에 부인이 무슨 일로 왔는가, 삼종(三從)[1]의 뜻이 중하니 이 몸은 가벼우네. 〔行行 遂至摩天嶺 東海無涯鏡面平 萬里婦人何事到 三從義重一身輕〕"
이라 하니, 가히 성정(性情)의 정당함을 얻었다 할 것이다.

선조(宣祖) 초년에 소환(召還)되어 대사성(大司成)에 배하고

---

1) 三從; 여자가 지켜야 할 세 가지 도덕. 즉 어렸을 때에는 어버이를 좇고, 시집가서는 남편을, 남편을 여읜 뒤에는 아들을 좇는 일. (三從之義)

벼슬이 부제학(副提學)에 이르렀다. 〈인물고(人物考)·국조방목
합록(國朝榜目合錄)〉

《明宗朝》

이언적(李彦迪)은 안국(安國)이 나라를 그르칠 것을 미리 알다

이언적(李彦迪)은 여흥(驪興) 사람이니 자는 복고(復古)요, 호
는 회재(晦齋)요, 또 자계옹(紫溪翁), 자옥산인(紫玉山人)이다.
처음 이름은 적(迪)이었는데 중종(中宗)이 언(彦)자를 더해서 언
적(彦迪)이라 했다.

계유(癸酉)에 생원(生員)이 되고 갑술(甲戌)에 문과에 급제했
으니 이때 나이가 24세였다. 사간(司諫)이 되었을 때 김안로(金
安老)가 오래 내쫓기더니, 어느 날 심언광(沈彦光)이 이르기를,

"안로(安老)가 소인(小人)인 것을 어찌 알았는가?"

하자 대답하기를,

"안로(安老)가 경주부윤(慶州府尹)이 되었을 때 내가 경주훈도
(慶州訓導)로서 그 처심(處心)과 하는 일을 익히 보았는데 참
으로 소인(小人)의 정형(情形)이었다. 이런 사람이 뜻을 얻으
면 나라를 그르칠 것이 분명하다."

했다.

이에 언광(彦光)이 노하여 조정에 말하기를,

"이모(李某)가 조정에 있으면 안로(安老)가 들어올 수 없다."

고 하여 드디어 공을 탄핵하여 파면시켜서 전리(田里)로 돌아
가게 했다. 안로(安老)가 와서 공이 자기를 공격했다는 말을 들
었으나 역시 몹시 노하지 않았고, 경주(慶州) 사람이 뇌물을 주
고 벼슬을 구하는 자가 있자, 안로(安老)는 그 사람에게 이르기
를,

"조심하여 이언적(李彦迪)이 알지 못하게 하라."

했다. 〈남명집(南冥集)〉

선생의 친구로 경주(慶州)에 사는 진해재(鎭海宰) 김세량(金世良)이 꿈에 공을 보니 시를 주어 말하기를,

"신을 침상 밑에 던지고 가니, 정기(精氣)가 하늘과 함께 통하네. 담연(淡然)히 한 풀 속에, 홀로 신선봉(神仙峰)에 노네. 〔投履床下去 精氣與天通淡然一草裏 獨遊神仙峰〕"

했다. 그는 꿈에서 놀라 깨어 울면서 그 아들에게 말하기를,

"선생이 가셨도다."

하더니 뒤에 들으니 과연 역책(易簀)[1]한 날이었다.

아들 전인(全仁)이 적소(謫所)로부터 관(棺)을 모시고 고향으로 돌아오는데 관(棺) 앞에서 한데에 엎드려 있으니 보는 자들이 눈물을 뿌리면서 울었고, 얼음과 눈이 산에 가득하자 나무꾼들이 흙을 져다가 길에 깔아서 편안히 가게 했다. 〈본집(本集)〉

시호는 문원(文元)이요, 문묘(文廟)에 배향되었다.

정언각(鄭彦慤)이 정미(丁未)의 화(禍)를
만들어내다

정언각(鄭彦慤)은 해주(海州) 사람이니 자는 근부(謹夫)요, 진사(進士) 희검(希儉)의 아들이며 허암(虛菴) 희량(希良)의 조카로서, 중종(中宗) 병자(丙子)에 생원(生員)이 되고 계사(癸巳)에 문과에 급제했다. 〈부정미사화본말(附丁未士禍本末)〉

정미(丁未)에 언각(彦慤)이 부제학(副提學)이 되어 그 딸을 집으로 보내는데 양재역(良才驛)을 지나게 되었다. 거기에서 보니 벽 위에 붉은 글씨로 써서 말하기를,

"여주(女主)가 위에서 집정(執政)하고 간신(奸臣) 이기(李芑)가 아래에서 농권(弄權)하는데 나라가 장차 망하는 것을 서서

---

1) 易簀 : 군자의 죽음.

기다리게 되었으니 어찌 한심하지 않으랴."
했다.

언각(彦懋)이 이것을 보고 몹시 기뻐하여 그 벽서(壁書)를 오려가지고 봉하여 들어가 위에 아뢰자, 임금이 전교하기를,
"이는 뜻을 얻지 못해서 위를 원망하는 자가 한 짓이다."
하고, 삼공(三公)을 부르라고 했다.

윤인경(尹仁鏡)·이기(李芑)·정순붕(鄭順朋) 등이 아뢰기를,
"이 글을 보니 미열(迷劣)한 자가 한 짓이 아니오니, 비록 족히 실상을 캐볼 것은 없사오나 이를 보면 간사한 의논이 일어나고 있음이 틀림없습니다."
하고, 계속하여 을사(乙巳)에 응죄(應罪)한 사람의 경중(輕重)을 벌여 써가지고 들어가 아뢰기를,
"이제 이 글로 아뢴 것은 이 벽서(壁書)를 보지 않고 비로소 한 것입니다. 애당초 죄를 정할 때에 가벼운 것을 좇고 법에 의하지 않았기 때문에 간사한 의논이 이와 같으니 이는 화근(禍根)이 아직 있기 때문입니다. 죄를 정한 뜻을 교서(敎書)를 만들어 중외(中外)에 알리는 것이 어떠합니까? 봉성군(鳳城君) 완(岏), 송인수(宋麟壽), 이약빙(李若氷)은 일죄(一罪)요, 이언적(李彦廸), 정자(鄭滋), 이염(李爓)은 먼 변방에 안치(安置)하고, 임형수(林亨秀), 노수신(盧守愼), 정황(丁熿), 유희춘(柳希春), 김난상(金鸞祥)은 절도(絶島)에 안치(安置)하고, 권응정(權應挺), 권응창(權應昌), 정유침(鄭惟沈), 이천계(李天啓), 권물(權勿), 이담(李湛), 한수(韓㠎), 안경우(安景祐)는 먼 곳에 부처(付處)하고, 권벌(權橃), 송희규(宋希奎), 백인걸(白仁傑), 이언침(李彦忱), 민기문(閔起文), 황박(黃博), 이홍남(李洪男), 김진종(金振宗), 윤강원(尹剛元), 조박(趙璞), 안세형(安世亨), 윤충원(尹忠元), 안함(安馠)은 중도에 부처(付處)하십시오."
했다.

언각(彦懋)은 또 독계(獨啓)하기를
"임형수(林亨秀)는 윤임(尹任)과 한 마을에 살아서 마치 조아

294

(爪牙)인 심복과 같아서 늘 말하기를, 윤원형(尹元衡)을 마땅히 죽여야 한다고 여러 사람이 앉은 자리에서는 더욱 크게 말했사오니 그가 윤임(尹任)과 같은 마음임은 더욱 알 수가 있으므로 다만 귀양보내는 것만으로는 너무 가볍습니다."

하니, 자전(慈殿)이 그를 칭찬하여 말하기를,

"양재(良才)의 벽서(壁書)를 본 사람이 하나 둘이 아니었는데 네가 홀로 와서 아뢰었으니 신자(臣子)의 직분에 마땅하도다. 임형수(林亨秀)는 죄는 같은데 벌이 다르니 내 심히 괴이하게 여긴다. 명하여 사사(賜死)하게 하라."

했다.

양윤온(梁允溫)은 윤임(尹任)에 연좌되어 해남(海南)으로 귀양 갔는데, 언각(彦慤)이 전라감사(全羅監司)가 되어, 윤온(允溫)이 관사(官舍)에 출입했다고 아뢰어 잡아다가 매를 때려 죽게 했다.

언각(彦慤)이 뒤에 경기감사(京畿監司)가 되었을 때 말에서 떨어졌는데 한쪽 다리가 등자(鐙子)에 걸려 빠지지 않은 채 말이 빨리 달려서 머리와 뼈가 모두 부서져서 죽으니 사람들이 모두 쾌하게 여겨 천도(天道)가 아는 것이 있다고 했다.

아들 척(惕)이 문과에 급제하여 승지(承旨)가 되었으나 소인(小人)의 자식이라고 해서 폐기(廢棄)되었다. 〈동각잡기(東閣雜記)〉

상진(尙震)은 남의 단처(短處)를 말하지 않다

상진(尙震)은 목천(木川) 사람이니 자는 기부(起夫)요, 호는 범허정(泛虛亭)이다. 중종(中宗) 병자(丙子)에 생원(生員)이 되고 기묘(己卯)에 문과에 급제했다.

검열(檢閱)이 되어 고향에 돌아가는데 농부가 소 두 마리로 밭을 가는 것을 보고, 어떤 소가 힘이 세냐고 물었더니 대답하지 않고 조용히 말하기를,

"짐승의 마음도 사람의 마음과 같은 것이니 만일 내 말을 들어서 잘한다고 칭찬받은 소는 기뻐하겠지만 못(못)한다고 들은 소는 노여워할 것이오. 사실은 나이 적은 소가 힘이 세오."
했다.

진(震)은 이 말을 듣자 사례하기를,

"그대는 숨은 군자(君子)이시오. 삼가 가르침을 받겠습니다."
하고, 이로부터는 결코 남을 미워하지 않았다.

어떤 사람이 다리 하나가 짧아서 절뚝거렸는데 사람들은 혹 그를 가리켜 절름발이라고 했다. 그러나 공은 말하기를,

"짧은 다리는 딴 사람과 같으나 한 다리가 길다고 하라."
하니, 평생에 남의 단처(短處)를 말하지 않는 것이 이와 같았다.

젊었을 때 홍계관(洪繼寬)에게 점을 쳐서 평생의 일을 물었는데 길흉과 화복이 터럭만큼도 틀리지 않았고, 또한 죽는 날까지 미리 말해 주었으므로 그 해 그 날짜에 가서 미리 수의(壽衣)까지 마련해 놓고 기다렸으나 1년이 넘도록 아무 병도 없었다. 이에 계관(繼寬)이 도리어 이상히 여겨 가보았더니 공은 말하기를,

"내가 너의 점치는 것을 믿어 스스로 내 명이 다한 것을 알고 기다렸는데 맞지 않으니 무슨 까닭인가?"
하자, 계관이 말하기를,

"옛 사람 중에는 음덕(陰德)으로 수를 연장시킨 일이 있었는데 공께서도 혹 이런 일이 있으십니까?"
했다. 공은 말하기를,

"어찌 그런 일이 있겠는가? 다만 내가 수찬(修撰)으로 있을 때 조정에서 돌아오는 길에 땅에 붉은 보자기가 하나 있기에 주워서 보니 순금으로 만든 술잔 한 쌍이 들어 있었다. 이에 나는 그 보자기를 들고 잃은 사람이 오기를 기다리니 이는 곧 대전(大殿)의 수라(水刺)[1]를 맡은 별감(別監)이라, 마침

---

1) 水刺 : 임금이 진지.

제 자식 혼인을 맞아서 어주(御厨)에 있는 금잔(金盞)을 훔쳐 가지고 가다가 길에서 잃었다는 것이다. 이리하여 금잔을 찾은 그 별감은 죽을 죄를 졌다고 무수히 치사(致謝)하고 간 일이 있다."

했다. 이 말을 듣고 계관은 말하기를,

"공이 연수(延壽)하신 것은 그 까닭입니다."

했다.

그 후 15년 뒤에 졸(卒)하니 벼슬이 영상(領相)에 이르고 시호는 성안(成安)이다. 공은 그릇이 넓고 커서 일찍이 남의 장단(長短)을 말하지 않으니 오판서(吳判書) 상(祥)이 시를 지어 말하기를,

"희황(羲皇)[2]의 즐거운 풍속 이제 쓴은 듯이 없어졌으니, 다만 술잔 사이의 봄바람만 남아 있네.〔羲皇樂俗今如掃 只在春風杯酒間〕"

하니, 공이 이 시를 보고 말하기를,

"어찌 그토록 박하게 말을 하는가?"

하고서

"희황(羲皇)의 즐거운 풍속이 지금까지 남아 있으니, 봄바람 술잔 사이를 보라.〔羲皇樂俗今猶在 看取春風杯酒間〕"

로 고치라고 했다.

윤원형(尹元衡)이 고치(高致)라고 부르다

윤원형(尹元衡)은 파평(坡平) 사람이니 자는 언평(彦平)이요, 문정왕후(文定王后)의 오라버니이다. 중종(中宗) 계사(癸巳)에 생원(生員)이 되어 문과에 급제했으며, 명종(明宗) 신해(辛亥)에 대배(大拜)하여 영상(領相)에 이르렀다.

윤임(尹任)은 인종(仁宗)의 모후(母后)인 장경(章敬)의 동생이어서 대소윤(大小尹)이라 불리웠다. 원형(元衡)이 병조판서(兵曺判書)가 되었을 때 한 사람의 무인(武人)을 삼아서 북도(北道)

---

2) 羲皇: 상고시대의 제왕(帝王), 복희(伏羲).

의 권관(權管)을 삼았더니, 그 무인(武人)이 부임하자 전통(箭筒)을 보내 왔다. 이에 원형은 노해서 말하기를,

　"내가 활을 쏘지 않는데 전통(箭筒)을 무엇에 쓴단 말이냐?"
하고 드디어 다락 속에 던져버렸다.

　무인(武人)이 벼슬을 내놓고 돌아와서 원형을 보고 말하기를,
　"전에 보낸 전통(箭筒)을 보셨습니까."
한다. 이 말을 듣고 원형은 의심이 나서 전통(箭筒)을 가져다 보니 자물쇠를 열자마자 초피(貂皮)가 튀어나오는 것이 아닌가. 이에 원형은 기뻐하여 좋은 고을의 수령을 제수했다.

　이조판서(吏曹判書)가 되었을 때 어떤 사람이 고치 수백 근을 바치면서 참봉(參奉)을 요구했는데, 원형이 인사발령(人事發令)을 발표하다가 졸음이 와서 오래도록 이름을 부르지 않았다. 이 때 낭관(郞官)이 붓을 들고 재촉하자 원형이 졸다가 대답하기를,
　"고치(高致), 고치(高致)."
했다. 고치란 누에고치〔繭〕의 속명(俗名)이다. 임명(任命)의 명령이 내려지자 이조(吏曹)에서 그 사람을 찾았으나 찾을 수가 없더니 먼 시골에 있는 한사(寒士)에 성명이 '고치(高致)'라는 자가 있으므로 그를 임명하니 원형은 감히 변명하지 못했다.

　임금이 원형을 죽이고자 하여 어느 날 경연(經筵)에 나가서 한 문제(漢文帝)가 박소(薄昭)를 죽인 일에 대해서 묻자 여러 신하들이 임금의 뜻을 알고 드디어 탄핵하여 벼슬을 삭탈(削奪)하여 내쫓으니 백성들이 기와와 돌을 던졌고, 심지어는 활을 쏘아 죽이려는 자까지 있었다. 이에 원형이 비밀히 강음(江陰)으로 가서 첩 난정(蘭貞)과 함께 날마다 마주 보고 울더니, 원형의 전처(前妻) 김씨(金氏)의 고소로 난정(蘭貞)과 원형이 약을 마시고 죽었으니 죄가 하늘에까지 통해서 스스로 음주(陰誅)가 있었던 것이다. 〈조야집요(朝野輯要)〉

정담(鄭淡)은 연루(連累)가 없었다

정담(鄭淡)의 호는 구재(句齋)이니 청계군(靑溪君) 윤겸(允謙)의 서자(庶子)요, 찬성(贊成) 종영(宗榮)의 서숙(庶叔)이다. 그의 동복(同腹) 누이 난정(蘭貞)이 윤원형(尹元衡)의 첩이 되었다가 문정왕후(文定王后)의 명으로 봉해져 부인(夫人)이 되자, 난정(蘭貞)이 이미 정실(正室)로 자처하니 사람들도 또한 화(禍)를 두려워하여 감히 말하지 않았다.

그러나 담(淡)은 그것이 반드시 화의 빌미가 될 것을 미리 알고 스스로 소원하게 지내어 일찍이 청하는 일로 왕래하는 법이 없었다. 또 담(淡)이 사는 집은 문 안에 담을 쌓아 꼬불꼬불 하게 하여 마치 양장(羊腸)과 같아서 옥교(屋轎)가 출입하지 못하게 했기 때문에 난정(蘭貞)도 역시 가보지 못하니, 비록 나타나게 거절하지는 않았어도 사실은 끊은 것이 깊었다.

원형(元衡)이 폐하고 난정이 죽는 데 이르러서도 담(淡)은 연루되는 바가 없었다.

담은 문장에 능하고 고금(古今)의 일에 통달했으며 역리(易理)를 깊이 터득했으나 겸손하게 스스로를 낮추고 손수 일하니 이 때문에 사람들이 더욱 그를 어질게 여겼다. 〈동평견문록(東平見聞錄)〉

이달(李達)이 자운금시(紫雲錦詩)를 짓다

이달(李達)은 홍주(洪州) 사람이니 자는 익지(益之)요, 호는 손곡(蓀谷)이다. 시(詩)로 세상에 이름이 났으니,

'병든 나그네 외로운 배에 밝은 달이 있고, 늙은 중 깊은 사원에 떨어지는 꽃이 많네. 〔病客孤舟明月在 老僧深院落花多〕'

와 같은 글귀는 한 번만 들어도 가히 그 맛을 알 수가 있다.

일찍이 고죽(孤竹) 최경창(崔慶昌)의 임소(任所)를 지나는데 돌보는 기생이 있었다. 마침 보니 상인(商人)이 자운금(紫雲錦)을 팔자 기생이 이것을 요구하며 즉시 시 한 수를 써서 최(崔)에게 바치기를,

'호상(湖商)이 강남(江南) 저자에서 비단을 파는데, 아침 해가 여기에 비치니 붉은 연기가 나네. 아름다운 사람이 치마와 띠를 만들고자 하나, 손으로 경대 속을 뒤져도 값치를 돈이 없네. 〔湖商賣錦江南市 朝日照之生紫烟 佳人政欲作裙帶 手探粧奩無直錢〕'

했다.

최(崔)는 이 시를 보고 말하기를,

"만일 시가(時價)로 말한다면 어찌 천금(千金)뿐이겠는가. 그러나 쇠잔한 고을에 재산이 없어서 능히 넉넉히 값을 주지 못한다."

하고, 드디어 한 섬 쌀로써 시 한 구 값을 주었다. 〈청구시화(靑邱詩話)〉

홍계관(洪繼寬)이 세 마리 쥐를 점치고 형(刑)을 받다

홍계관(洪繼寬)은 신복(神卜)으로 이름이 나서 일찍이 자기의 명을 점쳐보니 모월(某月) 모일(某日)에 마땅히 횡사(橫死)하게 되어 있었다.

이에 그는 죽는 중에 사는 것을 구하는 괘(卦)를 점치니, 용상(龍床) 밑에 숨어 있으면 면할 수가 있다고 했다. 이 말을 임금께 아뢰자 임금이 이를 허락하므로 그날을 당해서 용상 밑에 들어가 숨어 있었다. 그런데 이때 마침 쥐 한 마리가 마루 앞을 지나갔다. 임금이 묻기를,

"지금 쥐가 이 앞을 지나갔는데 그 수가 몇이냐? 네가 점을
쳐뵈라."

했다. 이에 계관(繼寬)이 대답하기를,

"세 마리입니다."

했다.

그러나 임금은 그가 망녕된 말을 한 것을 노여워하여 즉시 형
관(刑官)에게 명하여 베라 했다. 이 때 죄인의 사형장(死刑場)은
당현(堂峴) 남쪽 모래 강변에 있었다. 계관이 형장(刑場)에 이르
러 다시 점을 쳐서 한 괘(卦)를 얻고 간절히 형관(刑官)에게 고
하기를,

"만일 한 식경(食頃)만 늦추어 주면 혹 살 길이 있다."

고 했다.

이리하여 형관(刑官)이 이를 허락했는데, 한편 임금은 계관을
형장(刑場)으로 보낸 뒤 그 쥐를 잡게 하여 배를 가르고 보니 새
끼 두 마리가 뱃속에 있었다. 이에 크게 놀라고 이상히 여겨 중
사(中使)에게 명하여 급히 쫓아가서 형(刑)을 중지시키게 했다.

중사(中使)가 급히 가서 당현(堂峴) 위에 이르러 바라보니 바
야흐로 형(刑)을 행하려 하고 있었다. 이에 정지하라고 크게 소리
를 쳤으나 소리가 형관(刑官)에게까지 미치지 못했다. 하는 수 없
이 중사(中使)가 급히 손을 흔들어 중지시켰으나 형관은 멀리서
빨리 형(刑)을 행하라는 것으로 잘못 알고 즉시 참형(斬刑)을 행
했다.

중사가 돌아와 그 까닭을 아뢰자, 임금은 아차(呀嗟)하기를 마
지 않으니, 당시 사람들이 당현(堂峴)의 형장(刑場)을 고쳐서 아
차현(呀嗟峴)이라고 불렀다. 〈청구야담(靑邱野談)〉

남사고(南師古)는 아홉 번 옮기고
열 번 장사지내다

남사고(南師古)는 영양(英陽) 사람이니, 호는 격암(格庵)이다.

풍수(風水)·천문(天文)·복서(卜筮)·상법(相法)에 모두 전해지지 않는 비결(秘訣)을 얻었다.

젊었을 때 울진(蔚珍) 불영사(佛影寺)에 가다가 길에서 한 중을 만났는데 그 중은 자신이 지고 있는 배낭을 남(南)이 타고 있는 말에 싣고서 함께 가기를 원했다. 남(南)이 이를 허락하니 함께 절에 이르러 부용봉(芙蓉峰)에서 놀다가 소나무 밑에서 바둑을 두었는데 중이 갑자기 큰 소리로 울부짖으며 이내 보이지 않다가 한참 만에야 비로소 코 끝이 나타나더니 점점 전신(全身)을 드러내며 말하기를,

"두렵지 않느냐 ?"

했다.

남(南)이 말하기를,

"무슨 두려운 일이 있겠는가."

하자, 그 중은 말하기를,

"그대가 능히 두려워하지 않으니 가히 가르칠 만하겠다."

하고 비결(秘訣)을 주면서 말하기를,

"그대는 범골(凡骨)이 아니니 힘쓸지어다.˝

하고 말을 마치자 가버렸다.

남(南)은 이로부터 현묘(玄妙)한 기틀을 확실히 깨쳤다. 만년(晩年)에 천문학 교수(天文學敎授)로 서울에 있을 때 별에 요기(妖氣)가 비치자 관상감정(觀象監正) 이번신(李蕃身)이 스스로 말하기를,

"내가 당하겠다."

고 하자, 남(南)은 웃으면서 말하기를,

"스스로 당할 사람이 있을 것이다."

하고 급히 고향으로 돌아가다가 도중(途中)에서 졸(卒)했다.

이때 손곡(蓀谷) 이달(李達)이 시를 지어 곡(哭)하기를,

"난봉(鸞鳳)이 해지는 곳으로 날아가니, 군평(君平)[1]의 발 아래 다시 누가 있는가. 동상(東床)의 제자들이 유고(遺稿)를 거두니, 옥동(玉洞)의 복숭아꽃이 만년의 봄일세. 〔鸞鳳飄然若木

---

1) 君平 : 촉(蜀)나라 사람 엄군평(嚴君平). 점을 잘 쳤다.

津 君乎簾下更何人 東床弟子收遺稿 玉洞桃花萬歲春]"
이라 했다.

격암(格庵)이 일찍이 밝은 새벽에 동쪽을 향하여 주문(呪文)을
외다가 사람에게 이르기를,

"살기(殺氣)가 아주 나빠서 임진(壬辰)에 왜(倭)가 반드시 크
게 올 것이니, 나는 미처 보지 못하겠지만 그대들은 조심하
라."

했다.

일찍이 서울의 지형(地形)을 의논하여 말하기를,

"동쪽에 낙봉(駱峰)이 서쪽에 안현(鞍峴)이 있어 두 산이 서
로 다투는 형상이므로 반드시 동서(東西)의 다툼이 있을 것이
다. 낙(駱)이란 '각마(各馬)'이니 동인(東人)은 반드시 분열
되어 각각 설 것이요, 안(鞍)이란 '혁이안(革而安)'이니 서인
(西人)은 처음에 개혁(改革)해야 끝에 가서 편안할 것이다."

하니 뒤에 그 말이 과연 맞았다. 〈당의통략(黨議通略)〉

또 말하기를,

"사직동(社稷洞)에 왕기(王氣)가 있어서 중흥(中興)의 임금이
마땅히 그 동네에서 태어날 것이다."

하더니 선조(宣祖)가 사직동(社稷洞)에서 입승대통(入承大統)하
여 임진란(壬辰亂)을 평정하고 중흥(中興)의 임금이 되었다.

그 어버이를 장사지내기 위하여 길지(吉地)를 구했는데 장사지
낸 뒤에 보니 마음에 들지 않았다. 그리하여 여러 번 옮기다가
맨 나중에 한 자리를 얻으니 곧 비룡상천형(飛龍上天形)이다. 크
게 기뻐하여 이장(移葬)하고 흙을 져다가 봉분을 쌓는데 한 일꾼
이 노래하기를,

"아홉 번 옮겨 열 번 장사지낸 남사고(南師古)야! 비룡산천
(飛龍上天)으로만 여기지 마라. 고사폐수(枯蛇掛樹)가 이 아닌
가!"

라 했다.

사고(師古)가 이 소리를 듣고 놀라 이상히 여겨 다시 산형(山
形)을 살펴보니 과연 죽은 용(龍)이다. 이에 급히 그 일꾼을 쫓

아갔으나 갑자기 보이지 않아 어데로 갔는지 알 수가 없었다. 이에 탄식하기를,

"땅이 각각 주인이 있으니 힘으로 이루기는 어렵도다."

하고, 겨우 해가 없는 자리를 얻어서 이장(移葬)했다.

젊었을 때 향해(鄕解)에는 여러 번 장원으로 급제했으나 끝내 회시(會試)에는 급제하지 못하거늘, 어떤 사람이 묻기를,

"그대는 능히 남의 운명은 알아맞히면서 왜 자기의 운명은 알지 못해서 해마다 허행(虛行)하는가?"

하자, 사고(師古)는 말하기를,

"그 사욕(私慾)을 움직이면 술수(術數)가 도리어 어두워지는 법이다."

했다. 〈청구야담(靑邱野談)〉

이번신(李翻身)은 곧 문열공(文烈公) 계전(季甸)의 증손(曾孫)으로서 음양(陰陽)과 복서(卜筮)에 대해서 통달해 알지 못하는 것이 없었다. 그는 송와(松窩) 이기(李墍)에게 이르기를,

"20년 안으로 종묘사직(宗廟社稷)이 터만 남을 것이오, 의관(衣冠)을 한 사람이 모두 망할 것이다."

했는데 임진(壬辰)에 이르러 과연 그 말이 맞았다. 〈조야집요(朝野輯要)〉

전우치(田禹治)가 밥을 뱉자
밥알이 나비가 되다

전우치(田禹治)는 담양(潭陽) 사람이니, 대대로 송도(松都)에서 살았다. 일찍이 기재(企齋) 신광한(申光漢)의 집에 가니 송인수(宋麟壽)도 역시 왔다.

기재(企齋)가 말하기를,

"어찌 장난 한번 해보지 않겠는가?"

하더니, 이윽고 주인 집에서 볶은 밥을 내왔다. 우치(禹治)가

바야흐로 밥을 먹기 시작하다가 뜰을 향해서 뱉으니 밥알이 모두 흰 나비로 화(化)하여 훨훨 날아갔다. 〈어우야담(於于野談)〉

선군(先君)께서 말씀하시는데 어느날 우치(禹治)가 와서 두시(杜詩) 한 질을 빌려달라고 하였다. 선군(先君)께서는 그가 죽은 것을 알지 못하고 빌려주셨는데 뒤에 알고보니 죽은 지 이미 오래되었었다. 〈오산설림(五山說林)〉

옳지 못한 도(道)로 사람을 속인다 하여 체포해다가 신천옥(信川獄)에 가두어 마침내 옥중(獄中)에서 죽었다. 이에 태수(太守)가 사람을 시켜 내다가 매장했는데, 그 친척이 이장(移葬)하려고 관(棺)을 열어 보니 다만 빈 관(棺)뿐이었다. 〈조야첨재(朝野僉載)〉

정렴(鄭𥗺)을 천인(天人)이라 하다

정렴(鄭𥗺)은 온양(溫陽) 사람이니 자는 사결(士潔)이요, 호는 북창(北窓)으로서 순붕(順朋)의 아들이다.

어렸을 때 능히 마음을 가다듬어 신(神)과 통해서, 가까이는 마을이나 집안의 작은 일로부터 멀리는 사이팔만(四夷八蠻) 밖의 풍기(風氣)의 다른 것과 개짖는 소리, 오랑캐의 말까지도 신(神)과 같이 알았다.

나이 14세에 중국에 들어갔는데, 유구국(琉球國) 사람이 이상한 기운을 바라보고 와서 공을 보더니 두 번 절하고 말하기를,

"제가 일찍이 운명(運命)을 점쳤더니 모년(某年) 모월(某月) 모일(某日)에 중국에 들어가면 마땅히 진인(眞人)을 만나리라 했는데, 그대가 참으로 그 사람인가?"

하고 배움을 청하자, 이에 외국 사람들이 모두 다투어 와서 보는데, 공은 능히 사이(四夷)의 말로 응답하니 모두 놀라고 이상히 여겨 그를 이름하여 천인(天人)이라고 했다.

나이 19세에 사마(司馬)에 합격한 뒤에 다시 과거에 응하지 않

고서 양주(楊州) 괘라리(掛蘿里)에 자리를 잡고 살았다. 9월 20
일 후에 늦게 핀 국화를 읊어 말하기를,

"19와 29는 모두 같은 9이나, 99의 월일(月日)은 정한 때가 없
네. 많은 세상 사람은 모두 알지 못하나, 오직 뜰에 가득한 국
화만이 아네. 〔十九廿九皆是九 九九月日無定時 多少世人徒不識
滿階惟有菊花知〕"

라 했다.

그 아우 고옥(古玉)이 여기에 화답하기를,

"세상 사람이 중양절(重陽節)을 가장 소중히 여기나, 반드시
중양(重陽)만이 흥을 이끌어가는 것은 아닐세. 매양 노란 꽃
을 대하여 흰 술 기울이면, 구추(九秋) 어느 날이 중양(重陽)
아니랴. 〔世人最重重陽節 未必重陽引興長 每對黃花傾白酒 九秋何
日不重陽〕"

했다. 〈어우야담(於于野談)〉

공은 휘파람을 잘 불었는데, 그 아버지 순붕(順朋)이 관동백(關
東伯)이 되어 금강산(金剛山)에 놀러 갔을 때 북창(北窓)이 따라
갔는데 순붕(順朋)이 말하기를,

"남들이 말하기를 네가 휘파람을 잘 분다고 했어도 내 아직
들어보지 못했으니 여기에 온 김에 한 곡조 불어 보아라."

하자, 대답하기를,

"오늘은 고을 사람들이 여기에서 많이 기다리고 있사오니 내
일 비로봉(毗盧峰) 위에서 불겠습니다."

했다.

이튿날 비를 무릅쓰고 일찍 가는데 중이 말리면서 말하기를,

"오늘은 비가 와서 높은 곳에 올라갈 수 없습니다. 느즈막에
는 마땅히 개일 것입니다."

했다. 이에 드디어 명아주 지팡이를 짚고 갔더니 낮에 과연 날
이 개었다. 순붕(順朋)이 그를 따라 가노라니 봉우리 위에서 피
리 소리가 들리는데 소리가 몹시 높아서 바위와 골짜기가 모두
진동했다.

이에 중이 놀라서 말하기를,

"산이 깊고 지경이 떨어져 있는데 무슨 피리 소리가 저렇게 청장(淸壯)한가. 이는 필시 신선이로다."

했다. 순붕(順朋)이 속으로 짐작해 가보니 과연 그의 휘파람 소리요, 피리 소리가 아니었다.

북창(北窓)은 일찍이 중으로서 심통(心通)의 법이 있었으나 문호(門戶)를 얻지 못하는 것을 한스럽게 여기더니, 산 속에 들어가서 고요히 생각한 지 3·4일 만에 문득 환하게 깨달아서 능히 백 리 밖의 일을 알아 백에 하나도 틀리지 않았다.

이때 중이 와서 오늘 일을 묻자, 공은 말하기를,

"오늘은 집 종이 술을 가지고 오리라."

하더니 잠시 후 놀라면서 말하기를,

"이상하다, 그 술을 마시지 못하겠다."

다. 이윽고 그 종이 와서 고하기를,

"술을 지고 고개 위에 이르렀을 때 바위에 넘어져서 병이 깨졌습니다."

했다.

항상 한 방에 거처하면서 연단화후(鍊丹火候)의 법을 닦던 중 손님이 왔는데 한사(寒士)로서, 바야흐로 깊은 겨울이니 그 피로움을 참지 못했다. 이에 북창(北窓)이 창고 옆에 있던 차디찬 쇠조각을 가져와 겨드랑이에 끼웠다가 잠시 후에 꺼내서 그 손님에게 주니 화로 속의 불덩이처럼 뜨거워 땀을 흘리며 몸을 적셨다.

또 어떤 사람이 여러 달 고질(痼疾)을 앓아 침도 약도 모두 효험이 없다고 하니, 이에 북창(北窓)이 그를 자리 위에 앉히고 한줌의 떠를 손으로 비비고 입으로 따뜻하게 한 뒤에 먹게 했더니 그 자리에서 병이 나았다.

또 절친(切親)한 친구 한 사람이 병에 걸려 위험하게 되어 의약(醫藥)이 효험이 없는데, 그 아버지가 북창(北窓)의 신이(神異)함을 알고 가서 명수(命數)를 묻자 대답하기를,

"연수(年數)가 이미 다했으니 어찌할 수 없다."

고 했다. 그 아버지가 울면서 구원을 청하니 북창(北窓)이 그

정리(情理)를 불쌍히 여겨 말하기를,

"그러면 마땅히 나의 10년 수(壽)를 감해서 공의 아들의 연한 (年限)에게 더해줄 수밖에 달리 도리가 없습니다. 공은 내일 밤 삼경(三更)에 홀로 남산(南山) 절정(絕頂)에 올라가면, 반드시 붉은 옷과 검은 옷을 입은 두 중이 마주 앉아 있을 것이니, 그 앞에 나아가 슬프고 간절하게 공의 자제의 명(命)을 연장시켜 달라고 애원하십시오. 중이 비록 꾸짖고 쫓아도 물러가지 말 고, 비록 지팡이로 때려도 또한 피하지 말고 정성을 다해서 천 번 애원하고 만 번 빌면 가히 얻는 것이 있을 것입니다."

했다.

그 사람이 그 말에 의해서 밤을 기다려 달빛 아래 홀로 남산 (南山) 잠두(蠶頭)에 올라가니 과연 두 중이 앉아 있었다. 그 앞 에 나가 공손히 절하고 울면서 사정을 말하자, 두 중은 깜짝 놀 라면서 말하기를,

"지나가는 산승(山僧)이 잠시 여기에서 쉬고 있는데, 그대는 어떤 사람이기에 이런 망녕된 일을 하는가? 그대 아들의 수 명의 장단을 내가 어떻게 알 수 있는가? 빨리 물러가라."

하니, 그 사람은 못들은 체하고 손을 이마에 대고 예(禮)하면 서 간절히 빌기를 마지 않으니, 중이 노해서 말하기를,

"이는 곧 미친 사람이로군. 때려서 쫓아야겠다."

하고 드디어 지팡이를 들어 어지러이 때리니 아픔을 이길 수가 없었다. 그러나 죽기를 한사(限死)하고 물러가지 않고 땅에 엎드 려 울면서 애걸했다.

이렇게 한참이 지나자 검은 옷의 중이 웃으면서 말하기를,

"이는 반드시 정렴(鄭磏)이 시킨 것이로다. 이 아이의 하는 짓 을 어찌할 수가 없으니 제 수(壽)에서 10년만 감해다가 이 사 람의 수에 더해 주는 것도 무방하지 않은가?"

하니 붉은 옷 입은 중이 머리를 끄덕이면서 말하기를,

"그렇겠군!"

하더니, 두 중은 그 사람을 부축해 일으키며 위로해 말하기 를,

"잠깐 시험해 보리라."

하고, 검은 옷의 중이 소매 속에서 책 하나를 꺼내어 붉은 옷의 중에게 전하자 그 중은 이것을 받아 가지고 달빛에 비추어 붓을 들어 무엇인가 쓰더니 그 사람에게 이르기를,

"그대의 아들 목숨을 지금으로부터 10년을 연장시켜 줄 것이니, 돌아가거든 정렴(鄭磏)에게 다시는 천기(天機)를 누설하지 말라고 하라."

하고, 이내 보이지 않았다. 대개 붉은 옷의 중은 남두(南斗)요, 검은 옷의 중은 북두(北斗)였다.

그 사람이 돌아오니 아들의 병은 점점 나아서 과연 10년을 더 살았고, 북창은 향년(享年)이 44세였다. 그 자만(自挽)에 말하기를,

"일생 동안 만 권 책을 다 읽었고, 하루에 천 잔 술을 다 마셨네. 높이 이야기한 것은 복희(伏羲) 이상의 일이요, 속설(俗說)은 본래 일에 옮기지 않았네. 안회(顏回)가 30세에 죽었어도 아성(亞聖)이라 일컫는데, 선생의 수(壽)가 어찌 적다고 하랴. 〔一生讀罷萬卷書 一日飮盡千鍾酒 高談伏羲以上事 俗說從來不掛口 顏回三十稱亞聖 先生之壽何其欠〕"

이라 했다. 〈이원명저 동야휘집(李源命著東野彙輯)〉

정작(鄭碏)은 아내가 죽자 다시 장가들지 않다

정작(鄭碏)의 자는 사경(士敬)이요, 호는 고옥(古玉)이니, 염(磏)의 아우다. 어렸을 때 강가의 정자에서 놀다가 모래 위에서 사람이 부는 피리 소리를 듣고 즉시 시를 지어 말하기를,

"멀고 먼 모래 위의 사람이, 처음에는 두 백로인가 의심했었네. 바람에 임해서 갑자기 피리를 부니, 맑은 소리에 강 하늘이 저물었네. 〔遠遠沙上人 初疑雙白鷺 臨風忽橫笛 寥亮江天暮〕"

했다. 〈지봉유설(芝峰類說)〉

맑고 깨끗한 것을 좋아하여 금강산(金剛山)에 들어가 수련법 (修鍊法)을 얻었고, 중년(中年)에 아내가 죽었는데 다시 장가들 지 않고, 욕심을 끊은 지 36년에 수(壽)를 다하고 마쳤다. 능히 풍감(風鑑)의 술(術)에 통하여 기이한 징험이 있었고, 초서(草書) 와 예서(隷書)를 잘 쓰고 시 읊기를 좋아했는데, 세상에 전하기를 작(碏)은 대낮에도 그림자가 없었다고 했다. 벼슬은 사평(司評) 에 그쳤다. 〈미수기언(眉叟記言)〉

고옥(古玉)은 술을 좋아하고 시에 능했으며, 또 의술(醫術)을 깊이 알아서 신효(神效)가 많았다. 어떤 사람이 간사한 빌미로 인한 괴로운 병에 걸려서 여러 날 동안 고생하는데, 고옥(古玉)이 약으로 치료하자 그 증세가 다섯 번 변하고 그 약도 또한 다섯 번변하여 모두 효험을 보았다.

그런데 어느 날 꿈에 한 사람이 고옥(古玉)에게 청하기를,

"내가 그 사람과 대(代)가 묵은 깊은 원수가 있어 이미 상제 (上帝)께 고하여 반드시 죽이고자 다섯 번이나 그 증세를 변 하게 하여 그대의 약을 피했는데, 그대는 그 약을 다섯 번변 하게 하여 고쳤으니 그대를 이기지 못하리로다. 이에 마땅히 여섯 번째 그 증세를 변할 터인데도 그대가 만일 다시 새약 으로 치료한다면 내 마땅히 그 원수를 옮겨서 그대에게 병의 빌미를 줄 것이다."

했다.

고옥(古玉)이 꿈에서 깨어 이상히 여기고 있는데 이윽고 그 집 사람이 왔으므로 까닭을 물었더니 병의 증세가 과연 역시 변 했다 했다.

그러나 고옥(古玉)은 몽조(夢兆)로 해서 근심하지 않고 또 그 증세에 따라 약을 써서 그 사람이 완전히 나았다. 대개 간사한 것이 사람에게 빌미를 주지만 이는 반드시 사람이 자기 마음과 몸을 보호하지 못하는 허(虛)로 인해서 그 간사함을 부리는 것 이요, 사람이 능히 좋은 약으로 잘 방비하면 간사함이 그 틈을 타지 못하는 것이다. 또한 고옥(古玉)은 범인(凡人)과 다르기 때

문에 간사함이 감히 원수를 옮겨 바른 것을 범하지 못한 것이다.

일찍이 사우(士友) 3·4인과 함께 여름날에 모여서 이야기하는데 짧은 처마에 볕이 비쳐서 더운 기운을 견딜 수가 없으므로 손이 말하기를,

"만일 호수 위의 높은 다락에 앉아서 옷을 걷고 발을 닦으면 더위를 거의 잊을 수 있을 것이다."

했다.

이에 고옥(古玉)은 말하기를,

"그것은 어렵지 않다. 마땅히 그대들을 위하여 도모해 보리라."

하고 문 밖으로 나가더니 세수 그릇에 물을 담고 부적을 던지고 주문(呪文)을 외고, 조금 후에 뒷창문을 열어서 손님들로 하여금 보게 하니, 갑자기 호수 하나의 넓이가 천 이랑이나 되어 넓은 것이 끝이 없는데, 푸른 물결이 출렁이는 가운데에 섬 하나가 있어, 채각(彩閣)이 아름답고 홍교(虹橋)로 육지에 통하게 되어 있으니 완연히 그림 속의 거울과 같았다.

이에 손님들을 이끌고 다리를 건너 채각 위로 올라가니 연꽃 향기는 그윽하고 버드나무 바람은 시원해서, 마치 신선이 사는 동산에 올라 서늘한 바람을 쏘이는 것과 같아서 청량관(淸凉館)에서 한 번 노는 것뿐이 아니었다. 이윽고 선동(仙童)이 술상을 받들어 올리니, 아름다운 안주와 맛있는 술에 모두 취하고 배불리 먹고 이야기하면서 즐기더니, 술이 두어 순배에 이르자 그대로 술 속에 자는 것처럼 서로 다락 속에 쓰러져서 해가 저무는 것도 알지 못하더니 깨어서 보니 곧 낮에 앉아 있던 조그만 집이었다. 여러 사람들이 한 번 떠들썩하게 웃고 헤어졌다.

또 그 형 북창(北窓)을 따라서 마을을 걷다가 어느 골짜기에 이르러 한 인가(人家)를 지나는데, 망기(望氣)하고 말하기를,

"아깝다. 저 집이여!"

했다. 북창(北窓)이 말하기를,

"어찌 경솔한 말을 하느냐? 잠자코 지나가면 좋지 않느냐?"

하니, 고옥(古玉)은 말하기를,

"이제 이미 말을 했으니 재앙을 구제해 주지 않으면 역시 군자(君子)의 어진 것을 베풀고 널리 구제하는 의리가 아닙니다."

했다. 이에 북창(北窓)은 말하기를,

"세 말이 옳다. 나는 먼저 갈 것이니 네가 혼자 가보도록 하라."

한다.

이에 고옥(古玉)이 홀로 그 집에 들어가서, 지나가는 나그네가 길을 잃고 날도 저물어 하룻밤 자고 가기를 청한다 하자, 주인은 품위(品位) 있는 장자(長者)여서 즉시 이를 허락했다. 고옥은 밤이 되자 주인에게 이르기를,

"아까 귀댁(貴宅) 문을 지나다가 마침 본 것이 있는데 화가 장차 헤아릴 수가 없습니다. 이에 공을 위해서 해를 없애려 하니, 만일 내 말이 허망하다고 생각지 않는다면 가히 화(禍)를 바꾸어 길(吉)한 것으로 만들 수 있는데 공은 즐겨 내 말을 좇겠습니까?"

하자, 주인은 깜짝 놀라면서 말하기를,

"정히 그와 같다면 어찌 감히 명령에 따르지 않겠습니까."

했다.

고옥(古玉)이 말하기를,

"급히 백탄(白炭) 수십 섭과 큰 나무궤를 준비해 오시오."

하니, 주인은 서둘러 그 말대로 했다. 이에 숯을 마당 가운데에 쌓아 놓고 궤를 그 곁에 놓은 다음 관솔로 숯에 불을 붙이니 불길이 만 길이나 올라왔다.

이때 집안 사람 및 이웃 마을 사람들도 모두 모여서 보는데, 바야흐로 주인의 6, 7세 된 아들 역시 여러 사람 속에서 불을 보고 있었다. 고옥(古玉)이 즉시 그 아이를 잡아서 궤 속에 넣은 다음 뚜껑을 덮으니, 주인과 보는 자가 모두 놀라고 당황하여 어찌할 바를 몰랐다. 그러나 고옥은 조금도 얼굴빛을 변치 않고 급히 궤를 들어 숯불 위에 던지니 주인의 온 가족은 가슴을 치고 발을 구르면서 모두 고옥(古玉)을 향해 꾸짖으며, 하지 못하는

말이 없었다. 그러나 이미 할 수 없는 일이어서 다만 소리내어 울 뿐이었다.

그러나 눈깜짝할 사이에 불이 붙어 궤가 터지면서 비린 냄새가 코를 찌르더니 하나의 큰 이무기가 불에 타면서 몸을 비틀다가 이윽고 몸을 도사린 채 다 타서 없어졌다. 그러자 고옥(古玉)이 한 종에게 명하여 불을 끄고 숯을 치우게 하니 부러진 낫 하나가 나왔다. 이것을 주인에게 보이면서 말하기를,

"이 물건을 알겠습니까?"

하니 주인은 말하기를,

"압니다. 내가 십 년 전에 못을 파고 물고기를 길렀는데 물고기가 점점 줄어들어 괴이히 여겨 살펴 보니 이무기가 물고기를 삼키고 있었습니다. 나는 분하고 노여워서 그 요망한 것을 없애려고 큰 낫을 휘둘렀는데 뱀이 성이 나서 일어서는 것을 낫으로 치자 낫끝이 부러지면서 뱀도 역시 죽었는데 이 낫이 그때 그것인 것 같습니다."

하고 종을 불러 창고 속에 있는 낫을 가져오게 하여 맞춰 보니 틀림이 없었다. 이에 비로소 놀라고 이상히 여겼다.

이때 고옥(古玉)이 말하기를,

"주인의 아들은 곧 뱀의 독정(毒精)으로서 원수를 갚으려 하던 자이니, 만일 수일만 지났더라도 주인의 집은 헤아릴 수 없는 화를 당했을 것입니다. 악한 기운이 먼저 나타났기 때문에 차마 그대로 지나갈 수 없어서 이러한 처치를 한 것입니다. 이제는 아무 근심도 없을 것이니 그리 아시오."

하고 옷소매를 들어 작별하자, 주인은 치사(致謝)함을 마지않았다. 〈이원명저 동야휘집(李源命著東野彙輯)〉

양사언(楊士彦)의 비자(飛字)가 하늘로 올라가다

양사언(楊士彦)은 청주(淸州) 사람이니 자는 응빙(應聘)이요,

호는 봉래(蓬萊)이다. 문장에 능하고 글씨를 잘 써서 세상에서
선풍도골(仙風道骨)이라고 일컬었다.

경자(庚子)에 생원(生員)이 되고, 병오(丙午)에 문과에 급제하
여 벼슬이 회양부사(淮陽府使)에 이르렀다. 큰 글씨를 잘 쓰니
일찍이 양양(襄陽)의 별장(別莊)에 있을 때 '비(飛)'자 하나를
써서 그 아들 만고(萬古)에게 주면서 말하기를,

"내 정력(精力)이 모두 여기에 있으니 너는 잘 보호하고 아끼
라."

했다. 이에 아들은 밀실(密室)에 간직해 두었다.

그러던 어느 날 바다 위로부터 바람이 불어오더니 그 종이를
말아 가지고 하늘로 날아 올라가 어디로 갔는지 알 수가 없는
데, 그 날짜를 상고하니 곧 봉래(蓬萊)가 세상을 떠나던 날이었
다.〈지봉유설(芝峰類說)〉

금강산(金剛山) 만폭동(萬瀑洞)의 누워 있는 돌 위에 씌어진
'봉래풍악원화동천(蓬萊楓岳元和洞天)'이란 여덟 자의 큰 글씨는
곧 봉래(蓬萊)가 쓴 것이다.

임백령(林百齡)이 괴마(槐馬)를 꿈꾸다

임백령(林百齡)은 선산(善山) 사람이니, 자는 인순(仁順)이다.
어머니 박씨(朴氏)의 성품이 씩씩하고 굳세었는데 다섯 아들 중
에 백령(百齡)은 셋째이다.

형 억령(億齡)과 같이 눌재(訥齋) 박상(朴祥)에게 글을 배우는
데 상(祥)이 억령(億齡)에게는 장자(莊子)를 주면서 밀하기를,

"너는 반드시 문장을 잘하리라"

하고, 백령(百齡)에게는 논어(論語)를 주면서 말하기를,

"족히 관각(舘閣)의 글이 되리라."

했다.

중종(中宗) 병오(丙午)에 진사(進士)가 되고, 기묘(己卯)에 문

314

과에 급제하여 벼슬이 좌찬성(左贊成)에 이르고, 명종(明宗) 을
사(乙巳)에 충순당(忠順堂)의 공에 기록되어 숭선부원군(嵩善府
院君)에 봉해지고 우의정(右議政)에 임명되었다가 이윽고 개정되
었으며, 선조조(宣祖朝)에서 을사(乙巳)의 당(黨)이라 하여 훈작
(勳爵)을 추삭(追削) 당했다. 〈소대기년(昭代紀年)〉

젊었을 때 과거 공부를 위하여 경학(經學)은 공부하지 않았는
데, 꿈에 노인이 나타나 말하기를,

"마땅히 이름을 괴마(槐馬)라 고치고 또 강(講)할 때의 경서
(經書)는 마땅히 모장(某章)에서 날 것이다."

했다.

꿈에서 깨자 역력히 기억할 수 있으므로 즉시 촛불을 켜고 일
어나서 그 장(章)을 뽑아내어 따로 책을 만들고, 이름을 괴마
(槐馬)로 고치려 하다가 너무 드러나는 것이 싫어서 괴마(槐馬)
로 별호(別號)를 삼았다.

과거에 나가서 강(講)을 하는데 묻기만 하면 얼른 대답하니 시
관(試官)이 빙그레 웃으면서 말하기를,

"이 과거 보는 사람이 반드시 괴마(槐馬)로다. 내가 어젯밤에
꿈을 꾸니 머리가 흰 한 늙은이가 와서 말하기를, '이번 과거
에 괴마(槐馬)라는 이름을 가진 자가 있는데 마땅히 한 세상
의 위인(偉人)이요, 또 경학(經學)의 정밀함도 절대로 그 짝
이 없다.'고 하기에 내가 묻는 것이다."

하니, 백령(百齡)이 절하여 사례하고, 괴마(槐馬)가 자기의 호라
고 대답했다.

이때 여러 시관(試官)들이 모두 사람 얻은 것을 하례했는데,
그 발신(發身)하기에 이르러 행한 바가 이와 같았으니, 이에 소
인(小人)이 나는 것도 역시 시운(時運)에 관계된다는 것을 알 수
가 있다. 〈축수편(逐睡篇)〉

이해(李瀣)가 개연(慨然)히 구차히 사는 것은 죽는 것만 못하다고 하다

이해(李瀣)는 진보(眞寶) 사람이니 자는 경명(景明)이요, 호는 온계(溫溪)이다. 중종(中宗) 을유(乙酉)에 진사(進士)가 되고 무자(戊子)에 문과에 급제했으며 글씨를 잘 썼다.

대사헌(大司憲)이 되어 이기(李芑)를 탄핵했고, 젊었을 때부터 김안로(金安老)와 이웃해 살고 또 고갈(苽葛)의 사이이므로 안로(安老)가 나라 일을 맡아 다스리게 되자 여러 번 공을 끌어쓰려 했으나 공은 끝내 이를 듣지 않았다. 비록 구수담(具壽聃)과 같은 나이인데도 일찍이 서로 왕래하지 않더니 수담(壽聃)이 대사간(大司諫)이 되자 공을 탄핵하려 했으나 이루지 못했고, 이해 여름에 대신(臺臣)이 임금의 말을 받아 수담(壽聃)의 죽음을 의논했다.

이무강(李無疆)이 해(瀣)와 같이 사국(史局)에서 벼슬하는데 집으로 찾아주기를 요구했으나 여러 번 그 문을 지나도 들어가지 않았다. 무강(無疆)이 해(瀣)를 중상(中傷)하여 기(芑)를 기쁘게 하고 겸해서 자기의 분함도 풀려고 구수담(具壽聃)과 같은 무리라고 무고(誣告)하여 옥사(獄事)를 당하게 되었다.

이에 어떤 사람이 거짓 복종하면 죄를 면할 수 있다고 권했으나 해(瀣)는 개연(慨然)히 말하기를,

"거짓 복종해서 구차히 사는 것이 죽는 것만 같지 못하다."

했다.

이에 스스로 소초(疏草)를 써서 올리려 했으나 추관(推官)이 두려워서 올리지 못하고 매를 때려 갑산(甲山)으로 귀양보냈는데 양주(楊州)에 이르러 졸(卒)하니 나이 55세였다. 〈묘지(墓誌)〉

아우가 있으니 황(滉)이다.

권철(權轍)이 죽을 때
정부(政府)의 괴목(槐木)이 꺾어졌다

권철(權轍)은 안동(安東) 사람이니, 자는 경유(景由)이다. 중종 (中宗) 무자(戊子)에 진사(進士)가 되고 갑자(甲子)에 문과에 급 제하였으나 김안로(金安老)가 그 곧은 붓으로 자기에게 아부하지 않는 것을 미워하여 갑자기 그를 하고(下考)에 두었다.

명종(明宗) 병인(丙寅)에 윤원형(尹元衡)이 죄로 내쫓기자 임금 이 친히 어필(御筆)로 특별히 올려서 우상(右相)을 삼고, 선조 (宣祖) 무인(戊寅)에 영상(領相)으로 배(拜)했다.

정부(政府)의 큰 괴목(槐木)이 폭풍(暴風)에 부러지자 철(轍) 은 웃으면서 말하기를,

"이는 나의 죽을 징조이다."

하더니 과연 병으로 죽었는데, 그때 나이 76세였다. 시호는 강 절(康節)이요, 기사(耆社)에 들어갔으며 궤장(几杖)을 하사했다. 〈인물고(人物考)〉

이황(李滉) 유계(遺戒)로 비석(碑石)을
쓰지 못하게 했다

이황(李滉)은 해(瀣)의 아우이니 자는 경호(景浩)요, 호는 퇴계 (退溪)이다. 나이 12세에 숙부(叔父)인 송재(松齋) 우(堣)에게서 논어(論語)를 배우는데, 우(堣)가 말하기를,

"문호(門戶)를 지킬 자는 반드시 이 아이이다."

했다.

중종(中宗) 무자(戊子)에 진사(進士)가 되고 갑오(甲午)에 문 과에 급제했다. 선조(宣祖) 무진(戊辰)에 대제학인 박순(朴淳)이

아뢰기를,

　"신(臣)이 대제학(大提學)이 되었는데 이모(李某)가 제학(提學)으로 있사오니, 나이 높은 큰 선비를 조그만 직책에 있게 하고 신진(新進)의 초학(初學)이 중요한 자리에 있는 것은 조정의 사람 쓰는 것이 몹시 잘못된 것이오니, 청컨대 바꿔서 제수해 주시옵소서."

했다.

　이에 임금이 대신(大臣)들에게 묻자 모두 순(淳)의 말이 옳다고 했다. 이리하여 명하여 순(淳)과 서로 바꾸게 하여 황(滉)이 대제학(大提學)이 되어 성학십도(聖學十圖)를 올리고 경오(庚午)에 졸(卒)하니 나이 70세였다. 유계(遺戒)도 비석을 쓰지 못하게 하고, 다만 조그만 돌에 '퇴도만은진성이공지묘(退陶晩隱眞城李公之墓)'라고 쓰라고 했다.

　항상 연명(淵明)의 시를 사랑하고 그 사람됨을 사모하여 영야당시(詠野塘詩)에서 말하기를,

　'무성한 풀잎이 물 가를 둘렀는데, 조그만 못이 맑고 조용하여 깨끗하고 모래도 없네. 구름이 날고 새가 지나가 서로 관계가 없는데, 다만 때때로 제비가 물결을 찰까 두려우네.〔露草夭夭繞水涯 小塘淸恬淨無沙 雲飛鳥過無相管 只怕時時燕蹴波〕'

라고 했다. 〈문집(文集)〉

　이이(李珥)가 말하기를,

　"어린 임금이 처음 즉위하여 시사(時事)에 어려운 일이 많으니 분수와 의리로 생각할 때 물러가는 것이 옳지 않습니다."

하자, 선생은 말하기를,

　"도리로는 비록 물러갈 수가 없으나 내 몸으로 보면 물러가지 않을 수가 없으니, 몸에 이미 병이 많고 재주도 또한 능히 할 일이 없어서이다."

했다.

　이때 성혼(成渾)이 참봉(參奉)에 임명되었으나 오지 않거늘, 어떤 사람이 말하기를,

　"혼(渾)은 어찌해서 오지 않는가？"

하니 이(珥)가 말하기를,

"병이 많아서 벼슬에 나오지 못하는 것이니 만일 억지로 벼슬에 나오게 하면 이는 괴롭히는 것이다."

했다.

이에 선생은 웃으면서 말하기를,

"숙헌(叔獻 : 珥)은 어찌 혼(渾)을 대접하기는 후하게 하면서 나를 대접하기는 박하게 하는가?"

하자, 이(珥)는 말하기를,

"그렇지 않습니다. 성혼(成渾)의 벼슬하는 것이 만일 선생과 같으면 한 몸의 사사로운 계교를 돌볼 것이 못 되지만, 혼(渾)으로 하여금 말관(末官)에 나와 있게 한들 무엇이 국가에 도움이 되겠습니까? 그러나 선생께서 벼슬자리에 계시면 유익되는 것이 몹시 크오니 벼슬이란 남을 위하는 것이지, 어찌 내 몸을 위하는 것이겠습니까?"

하니, 선생이 말하기를,

"벼슬이란 진실로 남을 위하는 것이지만, 만일 이로움이 남에게 미치지 못하고 걱정이 몸에 간절하면 옳지 못한 것이다."

했다. 〈석담일기(石潭日記)〉

선생이 임시로 서울에 와 사는데 이웃집의 밤나무 두어 그루가 선생네 담을 지나와서 밤알이 익으니 마당에 떨어졌다. 그러나 선생은 아이들이 주어 먹을까 걱정하여 주워서 담 밖으로 던졌으니 그 청렴하고 깨끗하기가 이와 같았다. 여러 번 소명(召命)이 내려졌으나 진퇴(進退)하는 것을 의리로 하여 벼슬이 우찬성(右贊成)에 이르니, 세상에서 동방주자(東方朱子)라고 일컬었다.

타고난 바탕이 몹시 높아 도덕이 순일하게 갖추어졌고, 고정(考亭 : 朱子)을 존신(尊信)해 몹시 깊은 뜻을 얻었으며, 문인(門人)들과 함께 도산(陶山)에서 강도(講道)하여 성취한 것이 많았으니 우리 나라의 유학(儒學)을 대성(大成)하여 존귀한 이학(理學)의 종(宗)이 되었다.

특별히 영상(領相)에 증직(贈職)되었고, 시호는 문순(文純)이며, 문묘(文廟)에 종사(從祀)되었다. 〈대동운옥(大東韻玉)〉

덕흥대원군(德興大院君)의 제사는
다른 제사보다 정성을 갑절이나 더했다

덕흥대원군(德興大院君)의 사당 묘복(廟僕)이 일찍 일어나서 주위를 살펴 보노라니 어떤 사람이 사당 뜰에 엎드려서 숨이 막힌 채 정신을 차리지 못했다. 이에 종이 발로 차서 일으키고 그 까닭을 물었더니 그 사람이 말하기를,

"나는 도둑이오. 사당 안의 그릇을 모두 거두어 가지고 장차 담을 넘어가려 하는데 두 다리가 무거워서 들 수가 없고, 사당 안에서 무슨 소린가 나면서 계속하여 엄한 형벌을 주니 그대로 엎드려 일어나지 못합니다."

하고는 지고 있던 물건을 펴 보이는데 모두 사당 안에 있는 그릇들이었다.

또 범이 사당 앞에 엎드려 죽기도 했고, 제찬(祭饌)이 깨끗지 않으면 즉각 사손(祀孫)이나 음식을 만든 종에게 벌을 내렸으며, 제사를 지낸 사손(嗣孫)이 뜰에 내려가 자빠져 놀라고 두려운 마음에 음식을 살펴보면 매양 머리털이 들어 있었다. 그런 까닭에 목욕 재계하고 정성들이는 것을 다른 제사보다 백배 더했다. 〈매산집(梅山集)〉

순회세자(順懷世子)의 빈(嬪)에게
심령(心靈)이 있었다

순회세자(順懷世子)의 빈(嬪) 윤씨(尹氏)는 참판(參判) 옥(玉)의 딸이다. 세자(世子)가 계해(癸亥)에 졸(卒)하니 나이 겨우 13세였다. 빈(嬪)이 동궁(東宮)에 있을 때 심령(心靈)으로 앞의 일을 아는 것이 많았다.

일찍이 시녀(侍女)에게 말하기를,

"내가 장차 모년모월 모일에 죽을 것이니, 죽은 뒤에 곧 장사지내면 관(棺)이 흙에 들어갈 수 있지만 만일 예절(禮節)에 구애받아 장사지내는 시기를 좀 늦추면 시체가 반드시 들에 버려져서 까마귀와 솔개의 밥이 될 것이다."

했다.

이 말을 듣고 모신 자들이 헛소리라고 했는데 그 죽는다는 연월일이 과연 그 말과 맞았다. 이에 창경궁(昌慶宮) 통명전(通明殿)에 빈소(殯所)를 마련해 세자(世子)에게 부장(祔葬)케 하기 위해 택일(擇日)까지 했으나 마침 임진란(壬辰亂)을 당해서 임금의 행차가 창황히 파천하게 되니 급히 웅덩이를 파고 후원(後苑)에 권조(權厝)했다가 이듬해에 돌아와 본즉 이미 파가고 없어서 끝내 어디에 있는지를 알 수가 없었고, 그 웅덩이는 지금까지도 평평하게 메우지 못했다. 〈동평견문록(東平見聞錄)〉

정두(鄭斗)가 동산(東山)의 장지(葬地)를 가리키다

정두(鄭斗)는 진주(晋州) 사람이니, 호는 동산옹(東山翁)이다. 성품이 지극히 효성스러워 숨어 살고 세상에 나오지 않더니 토정(土亭) 이지함(李之菡)이 일찍이 남중(南中)에서 놀다가 옹(翁)을 보고 말하기를,

"고사(高士)로다. 강좌(江左)에 이 한 사람이 있을 뿐이다."

했다.

새와 짐승의 말을 알아서 산에 들어가 휘파람을 불면 새와 짐승들이 와서 같이 놀더니, 옹(翁)이 죽을 때 유명(遺命)을 말하기를,

"오래지 않아서 동방(東方)이 크게 어지러울 것이다."

하고, 동쪽 길 가를 가리키면서 말하기를,

"내가 죽거든 여기에 장사지내라."

하고, 계속해서 그 아들에게 말하기를,

"모년(某年)에 이르러 네가 여기에서 죽을 것인데 너를 장사지 낼 사람이 없을 것이다."

했다.

그 후 임진(壬辰) 난리에 이르러 그 아들이 여기에서 해를 입 어 죽었으나 끝내 거두어 장사지내는 자가 없으니, 그런 후에야 모두 말하기를,

"이상하다. 어찌 앞의 일을 먼저 알기를, 신(神)과 같이 하는 가?"

했다. 〈기언(記言)〉

이제신(李濟臣)이 죽는 날을 알다

이제신(李濟臣)은 전의(全義) 사람이니 자는 몽응(夢應)이요, 호 는 청강(淸江)이다. 무오(戊午)에 생원(生員)이 되고 갑자(甲子) 에 문과에 급제하여 벼슬이 북병사(北兵使)에 이르렀다.

산업(産業)이 좀 넉넉했는데 재물을 가볍게 여겨 베풀기를 좋 아했다. 일찍이 금성산(金城山)에 올라 시를 짓기를,

'바위 밑의 맑은 샘물은 새로 내린 빗물이요, 돌 사이의 마른 대나무는 늙은 중이 심은 것이다. 〔岩下淸泉新雨水 石間枯竹老 僧栽〕'

했는데, 이에 남명(南冥)이 무릎을 치면서 칭찬했다.

임오(壬午)에 졸(卒)하니 나이 73세였는데, 하각재(河覺齋)가 만시(輓詩)를 지어 말하기를,

'이인(異人)이요 신인(神人)이요 불기인(不羈人)이니, 세 사람 이 화해서 한 사람의 몸이 되었네. 〔異人神人不羈人 三人化作 一人身〕'

했으니, 이를 공의 실록(實錄)이라고 했다.

임오(壬午) 봄에 공이 집사람에게 이르기를,

"금년에 내 반드시 죽으리라."

하고 항상 물을 마시면서 말하기를,

"장위(腸胃)를 씻고 돌아가리라."

했다. 그가 몰(歿)하던 날, 일찍 일어나 관대(冠帶)를 갖추고 입으로 절구(絶句) 한 수를 불렀는데,

"들을 바라보니 누른 것이 푸른 것을 겸했고 구름을 보니 희고 또 검네. 도옹(陶翁)이 쉴 곳을 아는데, 다만 이 찬 샘물 일세. 〔望野黃兼綠 看雲白又玄 陶翁知止處 只是爲寒泉〕"

하고, 모시고 있는 자를 돌아다보고 말하기를,

"벌써 사시(巳時)가 되었느냐?"

하고 평화스럽게 갔다.

을사(乙巳) 이후로 재물에는 마음을 안 쓰고 항상 시와 술로 스스로 즐겨 술을 마셔 조금 취하면 문득 시를 읊고 손으로 표금(瓢琴)을 어루만지면서 한편 거문고를 타고 한편 춤을 추니 옆의 사람들은 그 뜻을 알지 못했다. 〈산해록(山海錄)〉

공은 바둑을 좋아하고 활쏘기를 잘하니 남명(南冥)이 시를 지어 책망하자 답하기를,

'바둑을 보면 입으로 남의 말 하는 것 끊고, 활을 쏘면 마음을 내 몸 반성(反省)하는 데 두네. 〔看棋口絶論人語 射革心存反己思〕'

했다.

이지함(李之菡)이 도포를 찢어
세 명의 거지에게 입히다

이지함(李之菡)은 한산(韓山) 사람이니, 자는 형중(馨仲)이요, 호는 토정(土亭)이다. 일찍 아버지를 여의고 그 형 지번(之蕃)에게서 배웠고, 자라자 모산수(毛山守) 성랑(星琅)의 사위가 되었다. 장가들던 이튿날 나갔다가 돌아왔는데 집사람이 그의 도포가

없는 것을 발견하고 물었더니 대답하기를,

"홍제원(弘濟院) 다리를 지나다가 거지 아이가 신음(呻吟)하는 것을 보고 찢어서 세 아이에게 나누어 입혔다."

고 했다.

어느 날 그 형에게 이르기를,

"내가 부문(婦門)을 보건대 길(吉)한 기운이 없으니 이곳을 떠나지 않으면 화(禍)가 장차 내 몸에 미칠 것이다."

하고 그 처자(妻子)를 데리고 서쪽으로 갔는데, 그 이듬해에 화(禍)가 생겼다.

배를 잘 부려서 대양(大洋) 가기를 평지(平地)와 같이 하고, 또 나라 안의 산천(山川)을 어느 곳도 가지 않은 곳이 없어서 혹 여러 번 춥고 더운 것을 겪어도 이를 알지 못하고 가는 곳에 항상 거처했다. 자제(子弟)들을 가르치기를,

"여색(女色)을 가장 경계하라. 이것에 엄격하지 못하면 나머지는 볼 것이 없다."

했다.

주림을 참아 열흘이 지나도록 화식(火食)을 하지 않았으며, 목마른 것을 참아 심한 더위에도 물을 마시지 않았으며, 수고로운 것을 참아 멀리 걸어서 발에 고치가 생길 정도였다.

젊었을 때 화담(花潭) 서경덕(徐敬德)을 좇아 배웠고, 베옷과 짚신 차림으로 종이를 지고 가서 사대부(士大夫)의 집에서 노는데도 곁에 아무도 없는 것과 같았으며, 제가(諸家)의 잡술(雜術)을 통달하지 않은 것이 없었다.

조각배 하나를 구해서 네 모퉁이에 표주박을 달고 노(櫓)도 쓰지 않은 채 세 번 제주도(濟州島)에 들어갔으나 풍파(風波)의 걱정이 없었다. 일찍이 맨손으로 장사를 하여 영업(營業)한 지 수년 사이에 곡식 수천 석을 쌓아서 모두 빈궁(貧窮)한 사람에게 나눠주고 빈 손으로 가버렸다.

해도(海島)에 들어가서 판죽곡(瓣鬻穀)을 심었고, 또 서울 강가에 이르러 흙을 쌓아 아무렇게나 칠하여 높이가 수십 척이 되게 하고, 거기에 토실(土室)을 쌓고서 밤에는 그 방 안에서 자고

낮에는 방 위에 올라가 거처하여 이름을 토정(土亭)이라고 했다.

그러나 여기에 있은 지 얼마 되지 않아 이를 버리고, 철관(鐵冠)을 만들어 쓰다가 벗어서 밥을 지어 먹고, 씻어서 다시 쓰곤 했다. 폐양자(蔽陽子)를 쓰고 거친 칡옷에 나막신을 신고 팔도(八道)를 두루 거니는데, 아무것도 타지 않아 스스로 천한 자의 모습을 했지만 깊이 통하지 못하는 것이 없었다. 〈휴와잡기(休窩雜記)〉

평생에 남에게 매를 맞은 일이 없었는데 어느 날 갑자기 어느 민가(民家)에 들어가서 부부가 함께 앉아 있는 곁에 가서 앉자 주인이 크게 노하여 때리고자 하다가 그가 늙은 것을 보고 좋은 말로 일러서 쫓아냈다. 또 볼기 맞는 형벌을 맞아 보고 싶어서 일부러 관인(官人)의 앞 길을 막았더니 관인(官人)이 노해서 태형(笞刑)을 때리려 하다가 익히 보더니 그 모습을 이상히 여겨 중지했다.

그 조부의 장사를 지내기 위해 묘자리를 잡고 보니 자손 중에 마땅히 두 정승이 나겠으나 끝의 아들은 불길(不吉)한 자리였다. 이 끝의 아들은 곧 공인데, 공이 스스로 그 재앙을 감수(甘受)했다.

그 뒤에 공의 조카 산해(山海)는 정승이 되고, 산보(山甫)는 벼슬이 일품(一品)에 올랐으나 공의 아들은 나타나지 않았다.

일찍이 포천현감(抱川縣監)이 되어 무명옷에 짚신 차림으로 관청에 나갔더니 관인(官人)이 식사를 올리는데 익히 보다가 수저를 들지 않고 말하기를,

"먹을 것이 없다."

했다. 아전이 뜰에 내려가 무릎을 꿇고 말하기를,

"고을에 토산(土産)이 없어서 반찬이 별다른 것이 없사오니 청컨대 다시 올리겠습니다."

했다.

이윽고 아름다운 반찬을 많이 차려 올렸으나 공은 또 익히 보다가 말하기를,

"먹을 것이 없도다."

했다. 아전이 몹시 두려워하여 죄를 청하자, 공은 말하기를,
　"우리 나라의 민생(民生)이 곤고(困苦)한 것은 모두 음식이 절
제가 없기 때문이다. 나는 먹는 자가 소반을 쓰는 것을 몹시
미워한다."
하고 하리(下吏)에게 명하여 오곡(五穀)을 섞어서 밥을 짓게 하
여 그것 한 그릇과 나물국 한 그릇을 입모갑(笠帽匣)에 담아서
올리게 했다. 그리고 이튿날 고을 안의 품관(品官)들이 오자 마
른 나물로 죽을 쑤어서 권하니 품관들은 관(冠)을 낮추고 혹 먹
기도 하고 혹 토하기도 했으나 공은 다 먹었다. 오래지 않아 벼
슬을 버리고 가니 고을 사람들이 길을 막고 머무르게 했으나 되
지 않았다.
　집이 몹시 가난하여 악식(惡食)도 대지 못하게 되었다. 어느날
내당(內堂)에 앉았는데 부인이 말하기를,
　"사람들은 모두 이인(異人)이라고 하는데, 어찌해서 내게는
시험해 보이지 않으시오?"
하자, 공이 말하기를,
　"내가 장차 나비를 만들 터이니 그대는 보겠는가?"
했다.
　부인이 말하기를,
　"지금은 깊은 겨울인데 어찌 나비가 있겠소? 공(公)의 말은
망령된 것입니다."
했으나 공은 말하기를,
　"보기나 하오."
하고 즉시 바느질 그릇을 갖다가 여러 색 비단 조각의 옷을 마
르고 남은 것을 골라서 손에 쥐고 나직한 말로 주문(呪文)을 외
우다가 이윽고 공중에 넌지니 나비들이 훨훨 날아 방에 가득한데
오색이 찬란하여 각각 자투리의 본빛을 따라서 날아 춤추어 눈
이 어지럽다.
　부인이 놀라서 괴이함을 이기지 못하니, 공이 다시 손을 펴고
공중을 향하여 주문(呪文)을 외자, 나비들이 모두 손바닥 안으
로 돌아오더니 조금 있다가 손을 펴니 전과 같이 비단조각이 되

는 것이다.

이것을 보고 부인이 말하기를,

"지금 양식이 떨어져서 장차 조석을 끓이지 못하게 되었는데, 어찌해서 신술(神術)을 써서 이 급한 것을 구원하지 않으시오?"

하자, 공은 웃으면서 말하기를,

"무엇이 어렵겠소."

하더니 즉시 계집종을 불러 유기(鍮器) 하나를 주면서 말하기를

"너는 이 그릇을 가지고 경영교(京營橋) 앞에 가면 한 늙은 할미가 백 전을 주고 사자고 할 것이니 팔아가지고 오라."

했다.

계집종이 명령대로 가보니 과연 사기를 원하는 자가 있는데 한결같이 공이 가르친 대로였다. 계집종이 드디어 값을 받아가지고 오자 공은 또 명령하기를,

"네가 이 돈을 가지고 서소문(西小門) 밖 시장에 가면 도롱이 입고 삿갓 쓴 사람이 수저를 급히 팔려고 할 것이니 너는 이 돈으로 그것을 사가지고 오라."

했다. 계집종이 또 가보니 과연 말한 대로여서 수저를 사가지고 와서 바치니 이는 곧 은수저였다.

공은 또 명령하기를,

"너는 이 수저를 가지고 경기감영(京畿監營) 앞에 가면 하인(下人) 하나가 방금 수저를 잃고 같은 물건을 구하고 있을 터이니 네가 이것을 보이면 열다섯 냥을 줄 것이니 팔아가지고 오라."

했다. 계집종이 또 가보니 역시 한결같이 말한 대로이다. 이에 열다섯 냥을 받아다가 바치자, 다시 거기에서 한 냥을 계집종에게 주면서 말하기를,

"그릇을 사간 늙은 할미가 처음에는 밥그릇을 잃고 대신 사려고 하다가 지금은 잃었던 그릇을 찾아서 물러주고자 할 것이니 네가 가서 물러주고 찾아오도록 하라."

했다.

계집종이 또 가보니 과연 그대로였다. 이에 돈을 주고 그 그

룻을 찾아다가 바치자, 공은 남은 돈과 그릇을 부인에게 주면서
조석 식사에 쓰라고 했다. 부인이 다시 더 얻어주기를 청하자,
공은 웃으면서 말하기를,

"이만하면 족하오. 재물이 많은 자는 재앙이 반드시 따르는
것이니 반드시 더할 것이 없소."

했다.

뒤에 아산현감(牙山縣監)이 되었을 때 한 늙은 아전이 죄를 범
하자, 공은 말하기를,

"네 비록 늙었으나 마음은 어린애로구나."

하고, 갓을 벗겨 흰 머리를 땋아 어린이를 만들어 가지고, 벼루
를 들고 책상 앞에 모시게 했더니, 그 늙은 아전은 이 일을 원
망해서 남몰래 지네즙에 술을 타서 올려 공이 졸(卒)하니 나이가
60세였다. 이조판서(吏曹判書)를 증직(贈職)하고 시호는 문강(文
康)이다. 〈이원명저 동야휘집(李源命著東野彙輯)〉

이이(李珥)가 미리 임진란(壬辰亂)을 알다

이이(李珥)는 덕수(德水) 사람이니 자는 숙헌(叔獻)이요, 호는
율곡(栗谷)이다. 이(珥)는 강릉부(江陵府)에서 났는데, 꿈에 검
은 용이 방으로 들어와서 아이를 품에 안았다 해서 소자(小字)
를 견룡(見龍)이라 했다.

말을 배우자 곧 문자(文字)를 알았고, 그가 졸(卒)할 때는 집
사람의 꿈에, 누런 용이 나타나 침방(寢房)으로부터 날아서 하
늘로 올라갔다.

13세에 진사 초시(進士初試)에 합격하고 갑오(甲午)에 문과 초
시(文科初試)·복시(覆試)·전시(殿試)에 모두 장원(壯元)으로 급
제하여 호조판서(戶曹判書)·대제학(大提學)·병조판서(兵曹判
書)가 되었다.

영명(英明)하고 화락(和樂)하여, 5세 때에 왕부인(王夫人)이 석

류를 가지고 희롱하자 즉시 대답하기를,

"석류 가죽 속에 부서진 붉은 구슬〔石榴皮裡碎紅珠〕이다."

했다.

성질이 지극히 효성스러웠는데 16세에 모부인(母夫人) 사임당 (思姙堂) 신씨(申氏)의 상사를 당했고, 19세에 금강산(金剛山) 속 에 들어가 잘못 선학(禪學)에 물들어 스스로 호를 의암(義庵)이 라고 하니, 산 속에서 시끄러이 생불(生佛)이 세상에 나타났다 고 했다.

그러나 이듬해에 선학(禪學)이 잘못된 것을 깨닫고 즉시 산에 서 내려왔으니 비록 모양은 변하지 않았으나 그 마음이 빠져있 는 데에 무엇이 유익하겠는가. 〈사계어록(沙溪語錄)〉

일찍이 경연(經筵)에서 미리 군사 10만을 양성하여 이로써 급 한 일에 대비해야 할 것이니 그렇지 않으면 10년이 지나기 전에 장차 흙처럼 무너지는 화가 있을 것이라고 청했다. 그러나 서애 (西厓) 유성룡(柳成龍)은 일이 없는데 군사를 기른다는 것은 화 를 기르는 것이라 했고, 이때는 모두 오랫동안 세월이 편안하 여 경연(經筵)의 신하들은 모두 이(珥)의 말이 잘못이라고 했다.

이에 이(珥)는 밖으로 나와 성룡(成龍)에게 이르기를,

"나라의 형세가 누란(累卵)과 같은 이 때에 속유(俗儒)들이 시 무(時務)에 통달하지 못하니 딴 사람에게는 진실로 바랄 수 없 지만 그대 마저 역시 이런 말을 하는가? 지금 미리 양성하지 않으면 뒤에 가서 미치지 못할 것이다."

했다. 임진(壬辰) 난리에 서애(西厓)가 사람에게 말하기를,

"당시에 나도 또한 그 시끄러울 것을 염려하여 그르다고 했지 만, 지금에 와서 보니 이문성(李文成 : 珥)은 참으로 성인(聖 人)이로다."

했다. 〈소대기년(昭代紀年)〉

갑신(甲申) 정월에 서울에 사는 선비 이모(李某)가 마침 일이 있어서 강릉(江陵) 땅에 가는데, 파리한 말에 어린 종 하나만 데 리고 먼 산골짜기에 이르러 길을 잃었는데 해는 저물고 객점(客 店)은 멀어서 갈 곳을 모르다가 우연히 한 초부(樵夫)를 만나 길

을 묻자 초부(樵夫)는 건너편 언덕을 가리키면서 말하기를,

"저 언덕을 넘으면 한 양반의 집이 있다."

고 했다.

이에 선비가 그 언덕을 넘어서 보니 과연 초옥(草屋) 두어 칸이
있을 뿐이요, 다른 마을은 없었다. 바로 그 집으로 가서 싸리문을
두드리자 이윽고 동자가 나오더니 이같은 깊은 산골에 손님은 무
슨 일로 왔느냐고 물었다. 선비가 그 까닭을 말하자 동자는 안
으로 들어가서 한참만에 비로소 나와서 손을 맞아 방으로 들어
가게 했다. 주인을 보니 나이는 60여 세가 되었는데 파모관(破
毛冠)을 머리에 쓰고 청려장(靑藜杖)을 짚고 억지로 일어나 손을
접대하여 말하기를,

"오늘 밤에 마침 일이 있어서 손님을 대접하기가 어렵지만,
깊은 산골짜기에 해가 저물었는데 머물게 하지 않는 것도 결코
인정이 아니므로 자고 가게는 하겠지만 필연 불편한 일이 많
을 것이오."

한다.

말을 마치자 주인은 아무 말도 없이 무엇인가 생각하는 것 같
으므로 선비도 역시 잠자코 한 모퉁이에 앉아 있노라니 조금 후
에 밥상이 들어왔는데 날은 이미 황혼이다. 주인이 시동(侍童)에
게 말하기를,

"이미 날이 저물었는데 아직도 오지 않으니 몹시 괴이한 일이
로구나. 네가 문 밖에 나가서 멀리 바라보고 오너라."

했더니, 동자가 돌아와서 고하기를,

"바야흐로 지금 앞내를 건넜습니다."

했다. 이때 주인이 손에게 이르기를,

"반드시 잠자코 앉아 있고 절대로 입을 열지 마라."

했다.

조금 있다가 두 사람이 오니, 하나는 이 마을 학구(學究)요,
하나는 늙은 중이었다. 인사가 끝난 후에는 다시 다른 말이 없이
시동(侍童)에게 명하여 정화수(井華水) 한 그릇을 떠다가 상 위
에 놓게 하고 향을 피우더니, 세 사람이 북쪽을 향하여 무릎 꿇

고 앉아서 한참 동안 주문(呪文)을 외더니 주인이 동자를 불러
말하기를,

"너는 모름지기 문 밖에 나가서 우러러 천상(天象)을 보고 오
라."

하니 조금 후애 동자가 들어와서 고하기를,

"별 하나가 동쪽에서 떨어지는데 빛이 땅에 비쳤습니다."

했다.

이에 세 사람이 갑자기 서로 보면서 길게 탄식하기를,

"천수(天數)인데 어찌 하겠는가?"

하더니 두 손님 모두 슬픈 빛으로 문을 나가서 가버렸다. 선비
는 의아함을 이기지 못하여, 여러분이 탄식하는 일이 무엇이냐
고 묻자 주인이 말하기를,

"숙헌(叔獻)이 장차 죽겠기로 내가 이 두 사람과 약속하여 기
도하고 경(經)을 외워 조금이라도 그 수(壽)를 연장시킬까 했
더니 대수(大數)에 관계되는 것이어서 마침내 효험이 없게 되
었소. 아까 별이 떨어졌으니 이미 구할 수 없는 것이오."

했다.

선비가 묻기를,

"숙헌(叔獻)은 누구입니까?"

하니, 대답하기를,

"이이(李珥)오."

했다. 선비가 말하기를,

"내가 서울을 떠날 때 이모(李某)가 바야흐로 병조판서(兵曹判
書)의 직책을 맡고 있어 조금도 병이 없었는데 이게 무슨 말
입니까?"

하니, 주인이 말하기를,

"7, 8년 사이에 왜병이 크게 올 것이오. 숙헌(叔獻)이 세상에
있으면 난(亂)을 거의 없앨 터인데 이제는 다 끝났도다. 온 나
라가 창황하여 모두 어육(魚肉)이 될 것이니 장차 어찌한단 말
인가!"

했다.

선비가 또 묻기를,

"나라 운수가 이와 같다면 나 같은 궁유(窮儒)는 어떻게 해야 보존하겠습니까?"

하자 대답하기를,

"만일 호서(湖西)의 당진(唐津) 면천(沔川) 사이에 가면 거의 면할 수 있을 것이오."

했다. 또 묻기를,

"두 손님은 누구입니까?"

하자 말하기를,

"선비의 관(冠)을 쓴 자는 그 성명(姓名)을 말할 수 없고, 중의 옷을 입은 자는 검단대사(黔丹大師)인데, 그대는 산에서 나간 후에 딴 사람에게 아예 말하지 마라."

했다. 그 선비가 서울에 돌아와서 들으니 율곡(栗谷)이 과연 그 날 하세(下世)했다고 하는데, 이는 곧 세 사람이 별에 빌던 밤이었다. 〈이원명저 조야휘집(李源命著朝野彙輯)〉

선생이 젊었을 때 꿈에 명부(冥府)에 들어갔는데 관원이 문부(文簿)를 점검하고 있으므로 물었더니 말하기를,

"이승 사람의 수명(壽命)의 장단(長短)이 모두 여기에 들어 있다."

하고 즉시 선생에 대해 한 구절을 써주었는데 거기에 말하기를,

'용이 새벽 동구로 돌아가니 구름이 오히려 젖었고, 사향노루가 봄산을 지나니 풀이 저절로 향기가 나네. 〔龍歸曉洞雲猶濕麝過春山草自香〕'

했으니, 이는 대개 그가 세상에 있었던 것이 마치 용이 동구로 돌아간 것과 같고 사향노루가 산을 지나는 것과 같아서 남기는 것이 이름이라는 말이다. 춘추(春秋)가 겨우 49세였다. 〈지봉유설(芝峰類說)〉

선생이 졸(卒)한 후에 해주(海州) 사람들이 매양 기일(忌日)을 당하면 마치 자기들의 친기(親忌)를 받드는 것과 같이 부녀(婦女)에 이르기까지 모두 소식(素食)했고, 이날에는 혼일을 지내지 않아서 오래 되어도 더욱 더 그러했으니 이는 예로부터 성현

332

(聖賢)에게도 없었던 일이다. 〈매산집(梅山集)〉

송익필(宋翼弼)은 제갈(諸葛)과 같다

송익필(宋翼弼)은 여산(礪山) 사람이니 자는 운장(雲長)이요, 호는 귀봉(龜峰)이다. 서고청(徐孤靑)이 배우는 자들에게 이르기를,

"너희들이 제갈공명(諸葛孔明)을 알고자 하거든 오직 송귀봉(宋龜峰)을 보는 것이 옳으니, 나는 제갈(諸葛)이 귀봉(龜峰)과 같다고 생각한다."
했다.

참의(參議) 홍경신(洪慶臣)이 그 형 영원군(寧原君) 가신(可臣)에게 간하기를,

"어찌해서 송모(宋某)와 벗을 하십니까? 내가 보면 반드시 욕을 하겠습니다."
했다. 이에 가신(可臣)은 웃으면서 말하기를,

"네가 반드시 그렇지 못할 것이다."
했다.

그 후에 경신(慶臣)은 익필(翼弼)이 오는 것을 보고 영접결에 뜰에 내려가 절하고 맞은 후 말하기를,

"내가 절을 한 것이 아니라, 무릎이 저절로 굽혀진 것이다."
했다.

허엽(許曄)의 묘(墓)에서 곡성(哭聲)이 나다

허엽(許曄)은 양천(陽川) 사람이니 자는 태휘(太輝)요, 호는 초당(草堂)이다. 경자(庚子)에 진사(進士)가 되고 병오(丙午)에 문

과에 급제하여 대사헌(大司憲)이 되었다.

광해(光海) 계해(癸亥)에 아들 균(筠)이 베임을 당해 화가 천양(泉壤)에까지 이르렀는데, 뒤에 사간(司諫) 심대부(沈大孚)가 그 산을 지나다가 곡성(哭聲)이 나는 것을 듣고 마을 사람에게 물었더니 말하기를,

"천양(泉壤)이 화를 당한 후로부터 매일 밤마다 문득 곡성(哭聲)이 난다."

고 했다.

이에 대부(大孚)가 돌 위에 시를 쓰기를,

'불초(不肖)한 것은 차라리 자식이 없는 것인데, 빈 산에 백골(白骨)이 차가우네. 정령(精靈)은 밤에 곡(哭)하지 마라. 김완(金椀)도 역시 인간이네. 〔不肖寧無子 空山白骨寒 精靈休夜哭 金椀亦人間〕'

했다.〈이복원당원록(李福源黨源錄)〉

이후백(李後白)의 족인(族人)이 만일 벼슬을 구하지 않았더라면 벼슬을 얻었을 것이다

이후백(李後白)은 연안(延安) 사람이니 자는 계진(季眞)이요, 호는 청련(靑蓮)이다.

병오(丙午)에 진사(進士)가 되고 계축(癸丑)에 문과에 급제하여 벼슬이 이조판서(吏曹判書)에 이르렀다. 이때 어떤 족인(族人) 하나가 찾아와 벼슬을 구하는 뜻을 보이자, 후백(後白)은 얼굴빛이 변하며 조그만 책 하나를 내보였다. 거기에는 장차 벼슬을 제수할 자의 성명을 많이 기록해 놓았는데, 그 족인(族人)의 성명도 역시 그 속에 기록되어 있었다.

이에 후백(後白)이 말하기를,

"내가 자네의 이름도 기록하여 장차 추천하려 했었는데, 이세 자네가 벼슬을 구하는 말을 했으니 만일 구하는 자가 얻으면

334

이는 공변된 도(道)가 아니다. 아깝도다. 자네가 만일 말하지
않았으면 벼슬을 얻을 수 있었으리라."
하니 그 사람이 부끄러워하고 물러갔다.

매양 한 벼슬을 제수하려면 반드시 두루 그 사람을 벼슬시켜
야 옳을지 아닐지를 묻고, 만일 합당치 못한 사람을 제수하면 밤
새 자지 못하고 말하기를,

"내가 나라일을 그르쳤다."
했다. 〈석담일기(石潭日記)〉

시호는 문청(文淸)이다. 공이 젊었을 때 방백(方伯)의 가는 길
을 범했는데 방백이 시를 지으라 하자, 공이 즉시 절구(絶句) 한
수를 지어 드리기를,

'먼 들 비낀 날에 동쪽 서쪽을 알 수 없는데, 눈을 때리는 티
끌 모래가 북풍에 괴로우네. 잘못하여 상아 깃발에 부딪치니
한스럽지 않은 것 알겠는데, 낭선(浪仙)이 이로부터 한공(韓公)
을 아네.〔遠郊斜日眩西東 撲眼塵沙困北風 誤觸牙旌知不恨 浪仙
從此識韓公〕'

하니, 방백(方伯)이 크게 놀라 칭찬하여 예로 대접하여 보냈다.
〈지봉유설(芝峰類說)〉

변성온(卞成溫)은 발 놀리기를 더욱 무겁게 했다

변성온(卞成溫)은 밀양(密陽) 사람이니 자는 여윤(汝潤)이요,
호는 호암(壺巖)이다. 김하서(金河西)에게 가르침을 받았다.

길에서 소나기를 만났으나 발놀리기를 오히려 무겁게 하여 상
도(常度)를 잃지 않자 사람들이 모두 그의 처변(處變)할 줄 모르
는 것을 비웃자, 성온(成溫)이 말하기를,

"바야흐로 비가 내릴 때에 길과 인가(人家)와의 거리가 이미
멀어 비록 빠르기가 나르는 새와 같아도 오히려 비를 피할 수
없을 것이니, 비도 피하지 못하고 한갓 나의 발놀림을 잃는

것보다는 차라리 나의 정상(正常)을 지켜서 변치 않는 것이 낫
다.”
하니, 식자(識者)들이 모두 탄복했다. 〈동유사우록(東儒師友錄)〉

장필무(張弼武)는 다만
초옥(草屋) 삼간(三間)만 믿었다

　장필무(張弼武)는 구례(求禮) 사람이니 자는 무부(武夫)이다.
무과(武科)에 급제하여 벼슬이 북병사(北兵使)에 이르렀다.
　정미(丁未)에 양산군수(梁山郡守)가 되었는데, 이 고을은 병사
(兵事)·수사(水使)의 두 영(營)에 끼어 있어 이들이 요구하는 모
든 것이 진실로 법도 밖에 있으면 일체 좇지 않으니 두 병영이
장필무(張弼武)에게 불만을 가지고 있었다. 어느날 병사(兵使)·
수사(水使)가 군사(郡舍)에 모여서 일구동성으로 묻기를,
　“무엇을 믿고 감히 이렇게 하느냐?”
했다.
　이에 대답하기를,
　“내가 믿는 것은 다만 초옥(草屋) 삼간(三間)뿐이다.”
했다. 〈인물고(人物考)〉
　일찍이 직분을 다해 오랑캐를 쳐서 공을 세우니 명(明)나라 황
제가 사신을 보내 묻기를,
　“청백성(淸白星)이 석목(析木) 밖에 보이니 반드시 그 사람이
　있을 것이다.”
하니, 아조(我朝)에서 공의 이름으로 대답했다.
　이에 황제(皇帝)가 은장(銀章)을 하사(下賜)했다. 〈송자대전(宋
子大全)〉

강극성(姜克誠)이 응제(應製)하자 말을 하사하다

강극성(姜克誠)은 진주(晋州) 사람이니 자는 백실(伯實)이요, 죽취일(竹醉日)[1]에 낳으므로 호를 죽취라 했다. 계축(癸丑)에 진사가 되고 문과에 급제한 다음 또 3년 후에 중시(重試)에 급제해 한림 남상(南床)[2]을 거쳐 호당(湖堂)에 들어갔다.

임금이 중귀인(中貴人)을 보내서 술을 내리고 적당히 취하자 어제 오제시(御題五帝詩)를 내어 즉일로 지어 올리라고 했는데 그때 해가 이미 저물었다. 이에 공은 취함을 이기고 즉시 지어 올리니 임금이 칭찬하고 좋은 말 한 필을 하사하니, 이때 사람들이 전해가면서 칭찬했다.

배척을 받은 지 거의 10년 동안 강호(江湖)에서 놀았는데, 일찍이 시를 지어 말하기를,

"조정 옷 전당 잡혀 다 없애고 술집에서 자는데, 하사 받은 말로 두어 이랑 밭을 사려 하네. 보배롭고 무거운 나라 은혜 아직 갚지 못했는데, 꿈에 쇠잔한 달 화답하고 홀로 하늘에 조회하리. 〔朝衣典盡酒家眠 賜馬將謀數頃田 珍重國恩猶未報 夢和殘月獨朝天〕"

했다. 벼슬은 응교(應敎)에 이르렀다. 〈인물고(人物考)〉

민제인(閔齊仁)의 백마강부(白馬江賦)가 동방(東方)에 크게 전파(傳播)되다

민제인(閔齊仁)은 여흥(驪興) 사람이니 자는 희중(希仲)이요

---

1) 竹醉日 : 대를 심으면 잘 번식한다고 이르는 음력 5월 13일을 말함.
2) 南床 : 홍문관(弘文館) 정자(正字). 정자의 자리가 남쪽에 있었기 때문에 이렇게 말함.

호는 입암(立岩)이다. 경진(庚辰)에 진사가 되고 문과에 급제하
여 벼슬이 좌찬성(左贊成)에 이르렀다.

　젊어서부터 영매(英邁)하여 일찍이 백마강부(白馬江賦)를 짓고
마음속으로 자부(自負)하여 선배(先輩)들에게 고쳐주기를 요구
했으나 차중(次中)으로 인정돼 이를 불쾌히 여겨, 바야흐로 봄에
꽃과 버들이 성에 가득한데 남곽(南郭)에서 산보(散步)하다가 숭
례문(崇禮門) 위에 올라서 큰 소리로 그 부(賦)를 외니 그 소리
가 다락의 대들보에 울렸다.

　이때 장안(長安)의 명기(名妓) 성산월(星山月)이 남곽(南郭) 문
을 나가서 강에 사는 어느 재상의 잔치에 가다가 시 읊는 소리를
듣고 다락에 올라가 보니 한 나이 젊은 유생(儒生)이 이마를 내
놓고 시를 외고 있었다. 듣기를 마치고 이르기를,

　"어느 서생(書生)인데 가사(歌詞)가 그렇게 맑소?"

하자, 공은 말하기를,

　"이것은 내가 지은 것으로서 마음 속으로 항상 스스로 좋아
　했건만 선배(先輩)들에게 욕을 당해서 내 입으로 읊는 것이라
　네."

했다.

　성산월(星山月)이 말하기를,

　"서생(書生)은 같이 이야기할 만하니, 원컨대 나와 함께 내 집
　으로 가십시다."

하고 드디어 함께 집으로 가서 3일 동안을 지낸 후 말하기를

　"저번에 외던 부(賦)를 나에게 한 편 써주시오."

하니, 공이 써주었다. 성산월이 그 부(賦)를 가지고 어느 사인
(舍人)의 술자리에 가서 발표하자 자리에 가득하던 벼슬아치들
이 일제히 칭찬하고 묻기를,

　"네가 어디에서 이 절창(絶唱)을 얻었느냐?"

하자, 성산월은 말하기를,

　"이는 내 마음 속에 있는 사람이 지은 것입니다."

했다.

　이로부터 백마강부(白馬江賦)가 크게 동방(東方)에 전해졌다.

338

그러나 편(篇) 끝에 가사(歌詞)가 없어서 어떤 문사(文士) 하나
가 써주었는데, 중원(中原)의 학사(學士)가 이를 보고 탄식하기
를,
"애석하다. 이 노래는 부(賦)를 지은 사람의 솜씨가 아니로
다."
했다. 〈청구야담(靑邱野談)〉

성호선(成好善)이 남산(南山) 잠두(蠶頭)를
가리키면서 우리집 괴석(怪石)이라고 하다

성호선(成好善)은 창녕(昌寧) 사람이니, 문과에 급제하여 벼슬
이 승지(承旨)에 이르렀다.
청담(淸談)을 좋아하는데, 집이 남산동(南山洞)에 있어서 일찍
이 임자순(林子順)에게 이르기를,
"우리집에 괴석(怪石)이 있는데 몹시 기이하다."
했다. 임자순(林子順)이 빌려보기를 청하자 호선(好善)이 이를
승락해 임(林)이 종을 보내어 빌려달라고 하자, 호선(好善)은
남산의 잠두(蠶頭)를 가리키면서 말하기를,
"저것이 우리집 괴석(怪石)이니 네가 힘이 있거든 가져가라"
하니, 그 종은 돌아다 보지도 않고 가버렸다. 〈지봉유설(芝峰類
說)〉

박광우(朴光佑)가 말하기를, 몽둥이가
다리만 하니 목숨이 오늘 다하리라

박광우(朴光佑)는 상주(尙州) 사람이니 자는 국이(國耳)요, 호
는 혁재(革齋)요, 또 잠소당(潛昭堂)이다. 중종(中宗) 기묘(己卯)

에 생원(生員)이 되고 을유(乙酉) 문과에 제 2등으로 급제했다.

어머니 장씨(張氏)가 네 아들을 가르치고 기르는데 한결같이 예제(禮制)를 따라서, 서실(書室) 세 칸을 만들고 따로 긴 베개와 큰 이불을 만들어 밤낮으로 같이 거처하게 했으며, 또 옷 한 벌과 관(冠) 하나를 마련해 놓고 손이 오면 서로 바꿔 입고 손을 보내고 맞게 하여 한만하게 노는 것을 방지하니, 여러 아들들도 역시 그 교훈에 감동하여 학행(學行)이 성취되었다.

그 중에 광우(光佑)가 가장 나이가 어렸는데 재화(才華)가 뛰어나서 오로지 성리(性理)의 학문을 일삼으니 정암(靜菴)이 맹모(孟母)의 가르침을 다시 본다면서 몹시 칭찬했다.

기묘(己卯)의 화가 일어나자 광우(光佑)는 대궐 뜰에 들어가 호곡(號哭)을 하는데 임금이 명하여 쫓아내었다. 광우(光佑)는 상처가 나서 피가 흐르자 옷을 찢어서 머리를 싸매고 정부 밖의 마루에 앉아 있노라니 도중(都中) 각 마을에서 소(疏)를 올려 신원(伸寃)하고자 하여 그에게 글을 구하는 자가 줄을 지어 늘어섰다.

이때 이 참판(李參判) 해(瀣)와 김 참판(金參判) 노(魯)가 모두 나이가 젊고 글씨를 잘 쓰는데, 광우(光佑)는 두 사람으로 하여금 붓과 종이를 가지고 있게 하고, 좌편에서 부르고 우편으로 대응하니 문사(文辭)가 샘솟듯이 쏟아져 나와서 이(李)·김(金)이 미처 받아 쓰지 못했다. 이리하여 한 때에 지은 것이 10여 장이었는데 글 뜻이 모두 간절했다. 〈잠곡집(潛谷集)〉

을사(己巳)에 화가 일자 광우(光佑)는 사간(司諫)으로서 쟁론(爭論)하기를 그치지 않아 잡혀서 옥(獄)에 갇혔는데 공사(供辭)에 말하기를,

"몽둥이 크기가 다리통 만하니 목숨이 오늘 다할 것이다. 어진 것을 구해서 어진 것을 얻으니 또 무엇을 원망하고 허물하리오."

했다. 봉산(鳳山)으로 귀양가는데 겨우 돈의문(敦義門)을 나가자 졸(卒)했다. 〈인물고(人物考)〉

권벌(權橃)은 항상 근사록(近思錄)을 가지고 있었다

권벌(權橃)은 안동(安東) 사람이니 자는 충허(沖虛)요, 호는 충재(沖齋)이다. 중종(中宗) 병진(丙辰)에 진사가 되고 정묘(丁卯)에 문과에 급제했다.

그는 근사록(近思錄)을 매우 좋아하여 두 손에서 놓지를 않았다. 어느 날 임금이 재집(宰執)들을 불러 후원(後苑)에서 잔치를 벌이고 꽃구경을 하는데, 명하여 각각 마음껏 즐기고 취하게 하여 부축해서 나가게 했다. 이때 내신(內臣)이 근사록(近思錄)을 주워 왔는데 누구의 물건인지 알지 못하더니 임금이 말하기를,

"권벌(權橃)에게서 떨어졌다."

하고 명하여 돌려주게 했다.

정미(丁未)의 양재역(良才驛) 벽서(壁書) 때문에 좌찬성(左贊成)으로서 태천(泰川)으로 귀양가던 중 벽제역(碧蹄驛)에 도착하자 이회재(李晦齋) 이언적(李彦迪) 또한 강계(江界)로 귀양가는 길이어서 그곳에 도착했다. 이에 공은 희롱삼아 말하기를,

"이이상(李二相) 권이상(權二相) 일행의 행차가 어찌 이리 혁혁한가?"

했다.

지척에서도 서로 만나지 못하고 떠났는데, 선조(宣祖) 원년에 좌상(左相)에 증직(贈職)되고, 시호는 충정(忠定)이다. 〈인물고(人物考)〉

윤탁연(尹卓然)이 삼자(三字)를 쓸 때
삼(三)이라 쓰지 않고 삼(參)이라 쓰다

윤탁연(尹卓然)은 칠원(漆原) 사람이니 자는 상중(尙中)이요,

호는 중호(重湖)이다. 무오(戊午)에 생원(生員)이 되고 을축(乙丑)에 문과에 급제하여 천거되어 사국(史局)에 들어갔다.

임금의 병이 위독하자 수상(首相) 이준경(李浚慶)이 유교(遺教)를 받고 탁연(卓然)을 불러서 '덕흥군 제삼자(德興君第三子)'라 쓰라 했는데 탁연(卓然)이 '삼(三)'이라 쓰지 않고 '삼(參)'이라 쓰니 사람들이 그 주민(周敏)함에 탄복했다.

임진(壬辰)에 북도검찰사(北道檢察使)가 되자 임금이 추울 것을 염려하여 양의 가죽으로 만든 갖옷을 하사하자 탁연(卓然)은 글을 올려 사례하기를,

'5월에 명령을 받고 일찍이 노수(瀘水)를 건너는 얼음을 마시고, 밤중에 행군(行軍)하는데 다시 채(蔡) 땅으로 들어가는 눈을 밟겠습니다.'

했으니 모두 사실을 기록한 것이다.

광국공신(光國功臣)에 뽑혀 칠계군(漆溪君)에 봉해졌고 벼슬이 호조판서(戶曹判書)에 이르렀으며 시호는 헌민(憲敏)이다. 〈인물고(人物考)〉

곽월(郭越)은 문무(文武)의 재주가 있었다

곽월(郭越)은 현풍(玄風) 사람이니 자는 시정(時靜)이요, 호는 정재(定齋)이다.

병오(丙午)에 생원(生員)이 되고 병진(丙辰)에 문과에 급제하여 참의(參議)를 거쳐 의주부윤(義州府尹)이 되었는데, 땅이 궁벽되고 멀어서 백성들이 교화(敎化)를 받지 못했다. 이에 월(越)은 교금(敎禁)을 설치하여 더욱 학교(學校)에 마음을 쏟으니 백성들이 그를 위하여 흥학비(興學碑)를 세웠는데 그 문장이 왕양(汪洋)하고 웅건(雄健)해서 세속(世俗)의 기운이 없었다.

공거(貢擧)[1]가 열두 번 있었는데 장원이 여덟 번이어서 사람

---

1) 貢擧 : 주군(州郡)에서 준수한 자제를 선발하여 추천하는 일.

들의 입에 회자(膾炙)되었고, 활을 잘 쏘는 것은 또 그의 천성
(天性)이어서, 관청에서 물러나면 문득 과녁을 쏘아 맞지 않는
때가 없었으니 조정에서 말하기를 문무(文武)의 재주라고 했다.

뒤에 그 아들 재우(再祐)가 시골에서 일어나 임진(壬辰) 계사
(癸巳)의 변에 큰 공을 세우니 사람들이 말하기를 아버지의 풍도
가 있다고 했다. 〈인물고(人物考)〉

황준량(黃俊良)이 벽불소(闢佛疏)를 올리다

황준량(黃俊良)은 평해(平海) 사람이니 자는 중거(仲擧)요, 호
는 금계(錦溪)이다. 퇴계(退溪)의 문하(門下)에서 수학(受學) 했
다.

정유(丁酉)에 생원(生員)이 되고 경자(庚子)에 문과에 급제하
여 병조정랑(兵曹正郎)으로 벽불소(闢佛疏)를 올리고, 신해(辛亥)
에 지평(持平)이 되었다. 이때 한(韓)의 성(姓)을 가진 사람이
언로(言路)에 있어서 일찍이 공에게 구하는 것이 있었는데 공이
이를 들어주지 않자 이로 인해 벼슬이 바뀌었다.

공은 드디어 부모를 위하여 외직(外職)을 구하여 신영(新寧) 고
을로 나갔는데 아름다운 산수(山水)를 사랑하고 좋아했다. 그 밖
에도 지나는 고을마다 이름 있는 산이나 좋은 물이 있으면 반드
시 사람을 불러 함께 즐기기도 하고 혹 홀로 가서 거닐면서 휘
파람도 불고 시를 읊어 저녁에도 돌아갈 것을 잊었으니, 단양
(丹陽)의 도담(島潭)·귀담(龜潭)에서 이은사(李隱士) 지번(之蕃)
을 주인으로 하여 마음껏 놀고 구경했다. 〈인물고(人物考)〉

구봉령(具鳳齡)은 동서(東西)의 화(禍)가 시작될 때 처신(處身)하기를 초연(超然)히 하다

구봉령(具鳳齡)은 능성(綾城) 사람이니 자는 경서(景瑞)요, 호

는 백담(栢潭)이다. 어려서부터 풍채가 옥과 같이 맑고 행동이 성인(成人)과 같으니 한 시골의 이웃이 소중히 여겼다.

글을 읽을 때 한 번 눈으로 보면 문득 외웠고, 하루 종일 읽고 밤까지 계속하여 육예(六藝)와 백가서(百家書)를 두루 공부하여 그 귀취(歸趣)를 터득하고 이를 글로 발표하면 왕양(汪洋)하고 정수(靜邃)해서 일가(一家)를 집성(集成)했으며, 퇴계(退溪)를 따라 배워서 의리를 강론(講論)하여 그 골수(骨髓)를 얻었다.

병오(丙午)에 생원(生員)이 되고 경신(庚申)에 문과에 급제하여 호당(湖堂)을 거쳐 금백(錦伯)·이조참판(吏曹然判)이 되었다.

이때 동서(東西)의 화가 장차 나타나게 되자 특별히 서서 스스로 지켰는데, 또한 공연한 비방을 면치 못했으나 중립(中立)하여 스스로 믿고 사람 쓰는 것을 오직 어진이만을 써서 피차에 사이가 없이 홀로 처신(處身)하기를 초연(超然)히 했다. 벼슬이 대사헌(大司憲)에 이르고 졸(卒)한 해가 61세 였다. 〈동유사우록(東儒師友錄)〉

임권(任權)은 인묘(仁廟)상사에 홀로 소복(素服)을 입다

임권(任權)은 풍천(豊川) 사람이니 자는 사경(士經)이요, 호는 용재(容齋)이다. 중종(中宗) 정묘(丁卯)에 진사(進士)가 되고 계유(癸酉)에 문과에 급제했다.

을사(乙巳) 7월에 인종(仁宗) 상사 때에 조정 신하들의 대부분이 옥관자를 달았으나 유공 관(柳公灌)과 임공 권(任公權)은 홀로 소복(素服)을 입었다. 인종(仁宗)을 연은전(延恩殿)에 부묘(祔廟)할 때 공이 의논을 아뢰기를,

"인묘(仁廟)께서는 위에서 계승받고 아래로 주어졌으니 실로 대통(大統)의 임금인데 따로 연은전(延恩殿)에 부묘(祔廟)하는 것은 기식(寄食)하는 임금과 같다."

고 하여 홀로 바른 의논을 지키고 사사로운 의논을 따르지 않았다. 〈노소재일기(盧蘇齋日記)〉

일찍이 경연(經筵)에서 아뢰기를,

"안로(安老)가 조정에 있을 때 소인(小人)들의 무상(無常)한 자가 무리를 만들어 악한 일을 한 것은 진실로 마땅하다 하겠지만, 전하께서도 역시 무리들에 가담하시어 그 악한 짓을 맘대로 하게 하시는 것은 무슨 까닭입니까."

하자, 중묘(中廟)가 말하기를,

"내가 그 책망을 피할 수 없겠다."

했으니, 장하도다. 임금의 말이여! 참으로 만세(萬世)의 제왕(帝王)의 법도이다. 남의 바른말을 용납하고 내 몸의 허물로 돌려, 한 가지를 들어 두 가지 아름다움이 갖추어졌으니, 임금이 이로부터 당론(黨論)을 듣기를 싫어한다면 누가 즐겨 한 마디 말을 하여 화의 기틀에 빠지랴. 〈병진정사록(丙辰丁巳錄)〉

벼슬이 좌참찬(左參贊)에 이르렀고 시호는 정헌(貞憲)이다.

정유일(鄭惟一)은 옛 유풍(遺風)이 있었다

정유일(鄭惟一)은 동래(東萊) 사람이니 자는 자중(子中)이요, 호는 문봉(文峰)이다. 퇴계(退溪)를 좇아서 강학(講學)한 지가 가장 오래여서 질문한 것이 요긴하여 딴 사람의 미칠 바가 아니었다.

임자(壬子)에 생원(生員)이 되고 무오(戊午)에 문과에 급제하여 호당(湖堂)을 거쳐 벼슬이 도승지(都承旨)에 이르렀는데 옛 사람이 남긴 곧은 풍도가 있었다.

강릉(康陵)의 상사가 끝나고 장차 태묘(太廟)에 부사(祔祀)하려는데 수상(首相) 이준경(李浚慶)이 효릉(孝陵)을 연은전(延恩殿)에 모실 것을 의논했다. 이때 사람들이 감히 이의를 하지 못하는 것을 유일(惟一)이 홀로 의연(毅然)하여 창언(倡言)하여 바

로 전례(典禮)의 잘못을 배척하니 이에 힘입어 일이 바르게 돌아갔다. 〈동유사우록(東儒師友錄)〉

김륵(金玏)이 영월군수(寧越郡守)가 되자 귀괴(鬼怪)가 없어졌다

김륵(金玏)은 예안(禮安) 사람이니 자는 희옥(希玉)이요 호는 백곡(栢谷)이다. 퇴계(退溪)를 좇아 배웠다. 갑자(甲子)에 생원(生員)이 되고 병자(丙子)에 문과에 급제하여 한원(翰苑)을 거쳤다.

글을 올려 임금의 덕(德)을 의논하기를 몹시 간절하게 하자, 임금이 앞으로 불러 책망하기를,

"네가 나를 영예(英睿)하다고 말하는 것이 너무 지나치니 이는 무엇에 근거한 것이냐."

하자 대답하기를,

"오늘 일과 같은 것이 곧 이것입니다."

하자, 임금은 더욱 노하다가 마침 근시(近侍)가 있어서 륵(玏)을 위하여 사례하고 술을 주고 파했다.

갑신(甲申)에 영월군수(寧越郡守)가 되었는데, 이보다 먼저 군(郡)에 귀괴(鬼怪)가 있어서 군수(郡守)가 이르기만 하면 문득 죽었다. 그런데 공이 이르러 먼저 노산묘(魯山墓)에 참배하고 신위(神位)를 모신 다음 송부인(宋夫人)을 배행하고 제물을 몰래 공경하게 모셨더니 3년이 되자 괴이한 일이 없어졌다.

임진란(壬辰亂)에 명을 받아 영남(嶺南)에 안집(安集)했고, 계사(癸巳)에 우도관찰(右道觀察)이 되었다가 들어와서 대사헌(大司憲)이 되어 흥복십육책(興復十六策)을 올리고 물러나와 영천(榮川)의 귀학정(龜鶴亭)으로 돌아와 방랑(放浪)하면서 스스로 즐겼는데 졸(卒)한 나이가 77세였다. 〈동유사우록(東儒師友錄)〉

이항(李恒)이 그 무리들에게
공부에 열심할 것을 사례하다

이항(李恒)은 성주(星州) 사람이니 자는 항지(恒之)요, 호는 일재(一齋)이다.

기우(器宇)가 넓고 크며 용력(勇力)이 남보다 뛰어나서 호일(豪逸)하기가 비할 데 없었다. 어려서부터 놀이를 하는 데 모든 아이들을 복종시켰고 자라면서 썩썩하고 빼어나서 만 리를 뛰어 달릴 뜻이 있었다. 또 활 쏘고 말 타는 것이 남보다 뛰어나 적이 왔다는 소식을 들으면 반드시 가서 제어했다.

일찍 무과(武科)에 올라 남치조(南致助)·남치근(南致勤)·민응서(閔應瑞)와 같은 무리와 함께 서로 따르니 사람들이 미치고 거칠다고 지목했으나 또한 비상(非常)한 사람임을 아는 자도 있었다.

일찍이 깊은 달밤에 숭례문(崇禮門)에 올라서 처마의 기와 끝을 잡고 여러 바퀴를 날아서 돌았는데, 어느 날 그 친구 남씨(南氏)가 사람을 죽이자 부관(府官)이 검시(檢屍)를 하는데, 항(恒)이 포위한 것을 헤치고 그 안에 들어가 시체를 안고 날아 달아나서 강 가운데에 던지고 즉일로 전라감사(全羅監司)를 가보아 그 날 서울에 있지 않았다는 일을 증명시켰다.

그러나 검관(檢官)이 시체에 화살이 박힌 것을 보고 그것이 이 모(李某)의 한 짓이라 판단하여 관문(關文)을 내어 호남(湖南)에서 항(恒)을 체포하게 했더니 전라감사가 회보(回報)하기를, 이항(李恒)이 그날 본영(本營)에 있었다고 하여, 항(恒)과 정범(正犯)이 모두 면했으니 대개 그 용맹이 이와 같았다.

나이 30에 이르러 그 백부(伯父)의 한 마디 경계하는 말을 듣고 즉시 뉘우치고 깨달아서 그 무리들에게 사례하고, 대학(大學)을 한 권 가지고 도봉(道峰) 망월암(望月庵)에 가서 열심히 공부했다. 그러나 가계(家計)가 군색하여 말하기를, 농사에 힘쓰

지 않으면 상제(喪祭)에 이바지하고 가속(家屬)을 양육시킬 수
가 없다고 하여, 이에 어머니를 모시고 남쪽의 태안(泰安)에 가
서 농상(農桑)에 힘쓰니 수년 만에 묵은 빚을모두 갚았다. 그리
고 여유가 생기자 말하기를,

"이만하면 족하다."

하고 모두 종에게 맡기니, 규제(規制)가 이미 정해지자 해가
지나도 곡식이 줄지 않았다. 이에 뜻을 오로지 하여 도를 구하니
드디어 대유(大儒)를 이루었다.

　퇴계 이황(退溪李滉)·남명 조식(南冥曺植)과 합께 대헌(臺憲)
이 되어 정치를 이루는 방책을 많이 진언(進言)하니 임금이 가
납(嘉納)하고 특별히 임천군수(林川郡守)를 제수했으나 병으로
사양하고 돌아왔고, 장령(掌令)에 임명했으나 여러 번 불러도 나
가지 않았다. 〈묘갈(墓碣)·인물고합록(人物考合錄)〉

최영경(崔永慶)은 한 점 티끌 같은 태도도 없었다

　최영경(崔永慶)은 화순(和順) 사람이니 자는 효원(孝元)이요,
호는 수우당(守愚堂)이다.

　처음에 남명(南冥)에게 배우기를 청하는데, 이때 마침 국상
(國喪)이 있어 공이 죽순(竹筍)을 폐백으로 가지고 와서 문하
(門下)에서 절하니, 남명(南冥)이 한 번 보고 이상히 여겨 높은
세상의 인물로 허여(許與)했다.

　공은 맑고 개결(介潔)한 것이 세상에 뛰어나 그 의리가 아니
면 터럭 하나라도 취하지 않고, 부모 섬기기를 몹시 효성스럽게
하여 부모가 죽자 집 재산을 기울여 장사지내서 드디어 집이 군
색하게 되었다. 집이 성 안에 있었으나 남과 사귀어 노는 것을
일삼지 않아서 사람들이 아는 자가 없었다. 이리하여 마을 안 사
람이 모두 고집장이 선비라고 일컬었다.

안민학(安敏學)이 찾아갔다가 그 말을 듣고 궁금히 여겨 성혼
(成渾)에게 말하기를,

"우리 마을에 이인(異人)이 있는데도 알지 못하다가 이제야
비로소 알게 되었으니 어찌 한 번 가보지 않겠는가."

하자 혼(渾)은 성 안에 들어왔다가 일부러 찾아갔다. 문을 두
드린 지 한참 만에 발벗은 어린 계집종이 나와 맞아서 문안으로
들어서니 꽃다운 풀이 뜰에 가득했다.

이윽고 공이 나오는데 무명옷에 찢어진 나막신 차림으로 빈한한
빛이 쓸쓸했으나 그 얼굴은 엄하고도 무거워서 범하지 못할 곳
이 있고 앉아서 이야기 하는데 한 점 떠끌 같은 태도도 없었다.
혼(渾)이 몹시 기뻐하여 그곳에서 물러나와 백인걸(白仁傑)에게
말하기를,

"내가 모인(某人)을 만났는데 돌아올 때는 갑자기 맑은 바람
이 소매 속에 가득한 것을 깨달았다."

하자, 그 역시 크게 놀라고 이상히 여겼다. 이로부터 공의 이름
이 사림(士林) 사이에 전파되었다.

계유(癸酉)에 높은 행동으로 천거되어 육품관(六品官)을 제수
받았으나 나가지 않고, 신사(辛巳)에 지평(持平)에 임명되었으나
역시 일어나지 않았고, 기축 역옥(己丑逆獄)에 연좌되어 체포되
었다가 이내 석방되었는데, 대계(臺啓)로 인하여 다시 잡혀서
경인(庚寅)에 옥중(獄中)에서 말라 죽었으며, 뒤에 대사헌(大司
憲)으로 증직되었다.

공은 격한 말과 심한 논의를 좋아하여 기축(己丑)의 역옥(逆
獄) 때 호남(湖南) 사람 양천경(梁千頃)의 소(疏)에 처음으로 들
어 있었다. 뒤에 전라감사(全羅監司) 홍여순(洪汝淳)의 장계(狀
啓)로 인해 체포되었을 때 공이 적과 서로 알고 왕래한 편지가
있다고 말하고, 모년(某年)으로부터는 아주 끊었다고 하자, 임
금이 역적이 공에게 보낸 편지 몇 통을 내렸는데 모두 모년(某
年) 이후의 편지였다.

이때 임금이 하교하기를,

"그대의 책상자 속에 이 글이 있었는데 어찌 속이느냐."

하고 또 시(詩) 하나를 꺼내 보이면서 말하기를,

"이런 시가 있는데 무슨 말이냐."

했다. 그 시에 '우계(牛溪) 하룻밤 바람에 범이 나고, 선리(仙李)가 뿌리를 흔드니 머리털 있는 중이네.〔牛溪一夜風生虎 仙李根搖有髮僧〕'라는 구절이 있었다.

그러나 영경(永慶)은 말하기를,

"신(臣)은 본래 시를 알지 못하옵고, 친구 이로(李魯)가 사람들이 전해 오는 시를 써서 보이기에 상자 속에 두었던 것입니다."

했다.

정송강 철(鄭松江澈)이 당시 위관(委官)으로 있었는데 아뢰기를,

"이 시는 신(臣)도 일찍이 들었사온데 곧 옛날 종루(鍾樓) 위에 써있던 익명시(匿名詩)입니다."

하여, 임금의 마음이 좀 풀려서 명하여 석방하게 했으나 임금이 말하기를,

"영경(永慶)이 몸이 임하(林下)에 있으면서 스스로 처사(處士)라 하고 권귀(權貴)들과 통하여 멀리서 조정의 기강(紀綱)을 잡고 있어 심지어 그 아우가 글을 알지 못하는 자로 백성을 다스리는 관원을 삼아서 조보(朝報)를 구해 보기에 오히려 미치지 못할까 두려워했으니 처사(處士)가 과연 이러한 것인가?"

했다.

그 뒤에 공은 또 간관(諫官) 구성(具宬), 이상길(李尙吉) 등이 아뢴 글로 해서 다시 채포되어 국문을 받다가 마침내 옥중(獄中)에서 죽었다.〈국조명신록(國朝名臣錄)〉

이정(李瀞)은 신의(信義)가 본래 사람들에게 나타났다

이정(李瀞)의 자는 여함(汝涵)인데 약관(弱冠) 때로부터 남명(南冥)에게 나가서 배워 명민(明敏)하고 일을 처리하는 수단이 있었다.

임진(壬辰) 난리에 의리를 제창(提唱)하고 의병(義兵)을 일으켰는데, 함안군수(咸安郡守) 유숭인(柳崇仁)이 두 번째 벼슬을 버리고 갔다. 이에 진주수문장(晋州守門將)이 되어 초유사(招諭使) 김성일(金誠一)에게 보고하기를,

"군(郡)에는 수(守)가 없을 수 없고 군사에는 장수가 없을 수 없습니다."

하자, 성일(誠一)이 말하기를,

"다 흩어진 시골에 맨 손으로 들어와서 수천의 군사를 얻었으니 신의(信義)가 본래 사람들에게 나타나지 않았으면 어찌 이에 이르겠는가."

라 하고, 드디어 숭인(崇仁)으로 하여금 벼슬에 다시 돌아가게 했다.

여러 번 기이한 공을 세워 벼슬이 목사(牧使)에 이르고 나이 73세에 졸(卒)했다. 진극경(陳克敬)・하징(河憕)과 함께 협의하여 병화(兵火)를 겪은 뒤에 덕천서원(德川書院)을 중창(重創)했다. 〈동유사우록(東儒師友錄)〉

박사종(朴嗣宗)은 윤원형(尹元衡)의 패(敗)를 미리 알다

박사종(朴嗣宗)은 밀양(密陽) 사람이니 자는 공계(公繼)이고,

는 읍청(挹淸)이다. 과거 공부에 누(累)를 받지 않고 오로지 실
천에 힘을 썼다.

을사(乙巳)의 화가 일자 매양 집을 우러러 탄식하여 진취(進
就)하는 데 뜻이 없고, 비록 강호(江湖)에 있어도 또한 세상을 잊
지 못했다. 조정의 정치가 잘못된 것이 있으면 하루 종일 눈썹
을 찡그렸고, 만년(晩年)에는 봉사(封事) 10조(條)를 올리니 말
이 모두 절실했다.

어느 날 고래가 한강(漢江)으로 지나가는 것을 고기잡는 사람
이 잡았는데, 공은 이 일을 전해 듣고 말하기를,

"바다로부터 강으로 왔으니 이는 행어(行魚 : 鮮은 元衡의 字)인
데, 행어(行魚)가 베임을 당했으니 윤원형(尹元衡)이 어찌 면
할 수 있겠느냐."

하더니 그 이듬해에 원형(元衡)이 과연 패했다.

일찍이 공이 말하기를,

"수십 년 후에 나라에 반드시 어려운 일이 많을 것이다."

라고 하고 병서(兵書)를 섭렵(涉獵)하여 장차 난리를 평정하려
했으니, 비록 갑자기 일이 생기기는 했지만 말은 거의 다 맞았다.
임오(壬午)에 학문과 행동이 바르다고 해서 참봉(參奉)을 제수
받아 부임했다가 즉시 돌아와서 졸(卒)하니, 나이 67세였다. 〈묘
갈(墓碣)〉

난설헌(蘭雪軒)은 중국사람이
그 시(詩)를 사가다

난설헌 허씨(蘭雪軒許氏)는 전한(典翰) 허봉(許篈)의 누이요 정
자(正字) 김성립(金誠立)의 아내이다. 근대(近代) 규수(閨秀)의
제일이 되었는데 일찍 요절(夭折)했고 다만 시집(詩集)이 세상
에 남아 있다.

그런데 평생에 금슬(琴瑟)이 좋지 못했기 때문에 원망하는 생

352

각으로 지은 것이 많았다. 채련곡(采蓮曲)에서는 말하기를,

'깨끗한 가을 호수에 푸른 옥이 흐르는데, 연꽃 깊은 곳에 난
초 배를 매었네. 낭군을 만나 물을 격해 연밥을 던지니, 멀리
서 남이 알까 봐 반 나절을 부끄러워하네.〔秋淨長湖碧玉流
荷花深處繫蘭舟 逢郎隔水投蓮子 遙被人知半日羞〕'

라고 했다. 중국 사람이 그 시집(詩集)을 사갔고, 심지어 이담
(耳談)¹⁾에까지 들어갔다.

김성립(金誠立)이 젊었을 때 강사(江舍)에서 글을 읽는데 난설
헌(蘭雪軒)이 시를 보내 말하기를,

'제비가 비낀 처마를 잡고 쌍쌍으로 나니, 떨어지는 꽃 어지
러이 비단옷을 때리네. 동방(洞房) 저 멀리 봄 뜻이 상하니,
풀은 강남(江南)에 푸르고 사람은 돌아오지 않네.〔燕掠斜簷兩
兩飛 落花撩亂撲羅衣 洞房極目傷春意 草綠江南人未歸〕'

했는데, 이 두 작품(作品)은 유탕(流蕩)에 가깝기 때문에 문집
(文集) 속에는 실려 있지 않다.

난설헌집(蘭雪軒集) 속의 금봉화염지가(金鳳花染指歌)는 명(明)
나라 사람의 시(詩)에 있는 '거울에 떨친 화성(火星)은 밤달에
흐르고, 그린 눈썹의 붉은 비는 봄산에 지나네.〔拂鏡火星流夜
月畫眉紅雨過春山〕'의 구(句)를 취해 점화(點化)해서 만든 것이
다.

또 유선사(遊仙詞) 속에 있는 두 편(篇)과 그 밖의 악부(樂府)
궁사(宮詞) 등 작품에는 고시(古詩)에서 도둑질해서 취한 것이 많
기 때문에 홍참의(洪叅議) 경신(慶臣)과 허정랑(許正郎) 적(嫡)이
모두 한 집 사람으로서, 항상 말하기를, 난설헌(蘭雪軒)의 시편
외에는 모두 위작(僞作)이요, 그 백옥루 상량문(白玉樓上樑文)도
또한 허균(許筠)과 이재(李再)가 지은 것이라 한다.〈지봉유설
(芝峰類說)〉

---

1) 耳談 ; 귀엣말.

숙천령(肅川令)의 내자(內子)는 시(詩)에 능했다

숙천령(肅川令)은 종실(宗室)이다. 그 내자(內子)가 시에 능해서, 젊었을 때 비를 보고 읊어 말하기를,

"옥색(玉索)은 처마에 연해 곧고, 은방울은 땅에 떨어져 둥그네.〔玉索連簷直 銀鈴落地圓〕"

했다.

또 선조대왕(宣祖大王) 초년에 임금의 거둥을 보고 시를 지어 말하기를,

"하늘 가운데의 새로운 해와 달이요, 수레 아래 옛 백성들이네.〔天中新日月 輦下舊臣民〕"

이라 했다.〈지봉유설(芝峰類說)〉

옥봉(玉峰)이 시(詩)를 지어 소도둑이 풀려나다

옥봉 이씨(玉峰李氏)는 조첨지(趙僉知) 원(瑗)의 첩이다. (瑗은 林川 사람으로 文科에 급제하여 承旨가 되었고 號는 雲江이다.)

어느 촌부(村婦)의 남편이 소를 훔치다가 갇혔는데, 이씨(李氏)가 관청에 올리는 글 끝에 쓰기를,

'첩의 몸이 직녀(織女)가 아닌데, 낭군이 어찌 견우(牽牛)이겠는가?'

했다. 태수(太守)가 이것을 보고 기이하게 여겨 마침내 소도둑을 놓아 주었다.

송인왕청강시(送人往聽江詩)에 말하기를,

'신륵(神勒)은 연기 물결의 절이요, 청심(淸心)은 눈과 달의 다락일세.〔神勒烟波寺 淸心雪月樓〕'

했고, 사인래방시(謝人來訪詩)에 말하기를,

'음수(飮水)는 문군(文君)의 집이요, 푸른 산은 사조(謝脁)[1] 의 집일세. 뜰의 발자취는 빗속의 나막신이요, 문에 이를 것 은 눈 속의 나귀일세. 〔飮水文君宅 靑山謝脁廬 庭痕雨裡屐 門到 雪中驢〕'

했는데, 음수(飮水)란 곧 그가 사는 집이다.

노산묘시(魯山墓詩)에 말하기를,

'5일에서 연이어 3을 넘어가니, 슬픈 노래 노릉(魯陵) 구름에 끊겨 신음하네. 나의 몸도 역시 왕손(王孫)의 딸이어서, 이 땅의 두견(杜鵑) 소리 차마 들을 수 없네. 〔五日長開三日越 哀 詞吟斷魯陵雲 妾身亦是王孫女 此地鵑聲不忍聞〕'

했다. 〈지봉유설(芝峰類說)〉

정복시(鄭復始)는 안정자(安正字)의 검속(檢束)에 몹시 괴로워했다

정복시(鄭復始)는 동래(東萊) 사람이니, 자는 이건(以健)이다. 안종도(安宗道)와 같은 해에 벼슬에 급제하여 승정원(承政院)에 들어가니, 정공(鄭公)의 자리는 안공(安公)의 밑인데 검속(檢束) 이 몹시 심했다.

정공(鄭公)이 이를 괴로워하여 시를 지어 말하기를,

'형강(荊江)에 물결이 따뜻하여 물고기가 살쪘고 괴원(槐院)에 봄이 깊으니 흰 해가 더디네. 어찌할 수 없는 것은 안정자(安 正字)요, 돌아가는 이만 못한 정권지(鄭權知)일세. 〔荊江波暖 訥魚肥 槐院春深白日遲 無可奈何安正字 不如歸去鄭權知〕'

했다. 이는 정공(鄭公)이 형강(荊江)에 살기 때문에 한 말이 다. 〈지봉유설(芝峰類說)〉

명종(明宗) 말년에 정복시(鄭復始)가 소(疏)를 올려 을사(乙巳

---

1) 謝脁 ; 남조(南朝) 남제(南齊)의 시인(詩人). 자는 현휘(玄暉). 특히 오언시(五言詩)를 잘 썼음.

당인(黨人)의 죄를 설원(雪冤)해줄 것을 청했더니, 선조(宣祖) 정축(丁丑)에 역당(逆黨)의 이름을 다 씻어주고 그 몰수했던 것을 돌려주었다.

성대곡(成大谷)의 시에 말하기를,

'일이 가버렸으니 슬픔이 더 미치고, 어진 이를 생각하니 눈물이 옷에 가득하네. 물결이 마르니 용이 타 죽고, 소나무가 자빠지니 학이 놀라서 날으네. 지하(地下)에서는 은혜와 원망을 잊고, 인간들은 시비를 말하네. 우러러 황도(黃道)[1]의 해를 보니, 누가 그 빛을 가릴 수 있으랴. 〔事往何嗟及 懷賢淚滿衣 波乾龍爛死 松倒鶴鷩飛 地下忘恩怨 人間說是非 仰瞻黃道日 誰得掩光輝〕'

하니, 을사(乙巳)에 죄를 진 여러 집에서 모두 듣고 통곡했다. 〈조야첨재(朝野僉載)〉

민덕봉(閔德鳳)이 제일(第一)이 되다

가정(嘉靖) 경신(庚申)에 어떤 사람이 꿈을 꾸니 두 봉(鳳)이 하늘로 올라가는데, 한 마리는 그 꼬리에 불이 붙어 올라갔다. 그해 별시(別試)에 민덕봉(閔德鳳)이 제1이 되고, 구서봉(具瑞鳳)이 제2가 되고, 정염(丁焰)은 제3으로 급제했다.

채소권(蔡紹權)은 안로(安老)에게 뜻을 얻지 못해서 홀로 화를 면하다

채소권(蔡紹權)은 인천(仁川) 사람이니 자는 희중(希仲)이요, 호는 졸옹(拙翁)이다. 연산(燕山) 갑자(甲子)에 진사(進士)가 되

1) 黃道；임금이 거둥하는 길.

고 병인(丙寅)에 문과에 급제하여 벼슬이 판서(判書)에 이르렀다. 〈국조방목(國朝榜目)〉

소권(紹權)은 안로(安老)의 처제(妻弟)인데, 안로(安老)와 사이가 좋지 않았다. 어느 날 소권(紹權)이 그 누이애게서 조의(朝衣)를 빌렸다가 반례(班禮)가 끝나자 그 옷을 돌려보냈는데, 안로(安老)가 그 옷에 때가 조금 묻은 것을 보고 그 까닭을 묻자 집사람이 사실대로 대답하니 안로(安老)는 화가 나서 그 옷을 즉시 찢어버렸다.

안로(安老)가 패하기에 이르러 소권(紹權)은 안로(安老)에게 뜻을 얻지 못한 까닭에 홀로 화를 면하고 다만 파직만 당했다.

박계현(朴啓賢)은 소나무를 심어 관(棺)을 만들다

박계현(朴啓賢)은 밀양(密陽) 사람이니 자는 군옥(君沃)이요, 호는 관포(灌圃)이다.

만년(晚年)에 어린 소나무를 뜰에 심자 손이 희롱하기를,

"소나무를 심어 정자를 만드는 것은 세상 사람들에게 모두 있는 법인데 이것을 심어 무엇을 하려는가?"

하자, 공도 희롱삼아 말하기를,

"내가 죽으면 관재(棺材)로 쓰려 하네."

했다.

이때 손이 다시 말하기를,

"그때 내가 와서 조상할 것이네."

하자, 목공(木工)이 옆에 있다가 말하기를,

"관(棺)은 소인(小人)이 짜드리겠습니다."

했다. 벼슬이 판서(判書)에 이르렀다. 〈지봉유설(芝峰類說)〉

정사룡(鄭士龍)이 비오는 날 나막신이 되다

정사룡(鄭士龍)은 동래(東萊) 사람이니 자는 운경(雲卿)이요, 호는 호음(湖陰)이다.

시문(詩文)에 능했으나 경술(經術)을 다스리지 않아서 응교(應教)로서 매양 진강(進講)하는데 이맛살을 찌푸리고 머리를 긁으면서 말하기를,

"차라리 열번 학질을 앓을지언정 한번 경연(經筵)에 나가는 것은 원치 않는다."

고 했다.

일찍이 홍주목(洪州牧)이 되어 사달정(四達亭)을 지어놓고 날마다 시 읊는 것으로 일을 삼고, 백성들이 호소하는 것이 있으면 반드시 산 메추라기를 바쳐야만 바야흐로 처리해 주었다. 어떤 백성이 산 메추라기를 바치러 가다 문에 이르러 죽자 문지기가 받지 않으므로 그 백성이 들어가서 호소했으나 공은 그래도 허락하지 않고 내쫓았다.

명(明)나라 사신 공용경(龔用卿)이 왔을 때 소세양(蘇世讓)이 원접사(遠接使)가 되고, 공이 가선(嘉善)으로서 평양 영위사(平壤迎慰使)가 되었다. 그러나 공사(龔使)의 문장이 호한(浩汗)해서 연로(沿路)에서 지은 글이 먼저 우리 나라에 퍼지니, 조정의 논이 모두 소세양(蘇世讓)으로는 감당하지 못한다고 했다.

이에 소(蘇)는 의주(義州)에 있다가 병으로 사양하고 공을 특별히 자헌(資憲)에 승진시켜 그에게 대신하게 하니, 공이 웃으면서 말하기를,

"조정에서 나를 비오는 날 나막신으로 쓰려 하는도다."

했다. 이는 대개 보통 때는 버려 두었다가 일이 있어야 비로소 갖다 쓴다는 말이다. 〈지봉유설(芝峰類說)〉

유관(柳灌)의 계집종 갑이(甲伊)가 주인을
위해 원수를 갚다

유관(柳灌)은 문화(文化) 사람이니 자는 관지(灌之)요, 호는 송암(松庵)이다.

진사(進士)가 되고 문과(文科)에 급제하여 명종(明宗) 을사(乙巳)에 대배(大拜)하여 좌상(左相)에 이르렀으며 시호는 충숙(忠肅)이다.

을사(乙巳)에 죄에 걸렸으니, 정순붕(鄭順朋)이 공을 모역(謀逆)으로 얽어서 가속(家屬) 및 노비(奴婢)를 모두 몰수하여 자신의 집 종으로 삼았다.

이때 한 계집종이 있어 이름은 갑이(甲伊)인데 나이가 겨우 14, 5세에 총명이 남보다 뛰어나므로 정(鄭)은 몹시 그를 사랑하여 의복과 음식을 마치 자식에게 대하듯이 했다. 한편 갑이(甲伊)도 또 이를 좋은 뜻으로 받아들여 일에 따라 정성을 다하고, 매양 옛 주인의 말이 나오면 반드시 욕을 하기를,

"그가 일찍이 나를 은혜가 없이 대했으므로 내가 이를 반드시 갚겠소."

하니 정(鄭)은 더욱 그를 믿어 의심치 않았다.

어느 날 갑이(甲伊)가 그집 보배로운 그릇을 감추자 정(鄭)이 갑이(甲伊)에게 물으니, 갑이는 울면서 말하기를,

"내가 여기에 온 뒤로 주인 어른의 옷을 입고 주인 어른의 음식을 먹고 있어서 은혜가 비할 데 없사온데 무엇이 부족해서 도둑질을 하겠습니까?"

하니 정(鄭)은 의심스러우나 놓아주었다. 갑이는 일찍이 작은 종과 내통하고 그 종에게 이르기를,

"주인이 만일 나를 때려 책망하면 매에 못이겨서 장차 너를 끌어들여 증거를 삼으리라."

하자, 그 종은 크게 두려워서 말하기를,

"그러면 어떻게 하느냐?"
하고 물었다.
　이에 갑이가 말하기를,
"내가 기도를 드리려 하니 금방 죽은 자의 몸뚱이를 얻어 오
너라."
했다. 종이 그 말에 의하여 역질(疫疾)로 죽은 자의 팔뚝 하나
를 잘라다가 주니, 갑이는 이것을 비밀히 순붕(順朋)의 베개 밑
에 넣어 두어 오래지 않아 문둥병에 걸려서 죽게 했다.
　그 후에 정(鄭)의 집에서 이를 알고 심문하자, 갑이는 꾸짖기
를,
"네가 내 주인을 죽였으니 곧 내 원수이다. 내가 죽이려 한
지가 오래였는데 이제 원수를 갚았으니, 죽을 바를 알게 되었
다. 다시 무엇을 묻느냐?"
하고 마침내 매를 맞다가 죽었다. 〈동평견문록(東平見聞錄)〉

이준경(李浚慶)이 종의 사위를 골라
후사(後事)를 부탁하다

　이준경(李浚慶)은 광주(廣州) 사람이니 자는 원길(原吉)이요
호는 동고(東皐)이다. 중종(中宗) 임오(壬午)에 생원(生員)이 되
고 명종(明宗) 무오(戊午)에 문과에 급제했다.
　공은 몸 갖기를 청검(清儉)하게 하고 기우(氣宇)가 엄해서 두
터운 덕과 무거운 인망(人望)이 본래부터 사람을 감복시키더니
후진(後進)과 의견이 맞지 않아서 당시에 미움을 받았으나 상업
(相業)을 말하는 자는 공을 추대하여 제일로 삼았다.
　어려서 아버지를 여의고 어머니 신씨(申氏)가 입으로 대학(大
學)과 효경(孝經)을 가르치면서 말하기를,
"과부(寡婦)의 아들과는 사귀지 않는다는 말이 있으니 반드시
열 배는 부지런히 배워서 옛날의 명예를 떨어뜨리지 마라."

했다. 공은 그 형 정헌공(正憲公) 윤경(潤慶)과 함께 공손히 어머니의 뜻을 받들어 힘써 배우고 종형(從兄)인 탄수(灘叟) 이연경(李延慶)의 문에서 공부했다.

아이 때에 조남명 식(曺南冥植)과 함께 산 속에서 같이 공부하는데 항상 사직(社稷)을 편안히 하기로 스스로 기약하고 남명(南冥)에게 이르기를,

"너는 암혈(岩穴)에서 말라 죽을 사람이다."

하더니 그 후에 정승이 되자 남명(南冥)이 글을 보내 말하기를,

"원컨대 공은 위로 소나무처럼 두려움을 받고 아래로 등나무처럼 넝쿨 뻗지 마라."

했다.

공이 동부승지(同副承旨)가 되었을 때, 홍섬(洪暹)이 일찍이 명기(名妓) 유희(兪姬)를 사랑하고, 유생(儒生) 송강(宋康)도 역시 유희(兪姬)에게 몹시 정을 쏟았다. 어느 날 홍(洪)이 원중(院中)에서 여러 동료들을 대하여 말하기를,

"송강(宋康)이 죽었는데, 나와 같은 해 같은 날에 났다가 먼저 죽고 궁달(窮達)도 같지 않으니 어찌 이상한 일이 아닌가."

하자 공은 말하기를,

"도령공(都令公 : 都承旨)이 유희(兪姬)를 사랑하고 송강(宋康)도 역시 유희(兪姬)를 사랑했으니 비단 운명이 같을 뿐만 아니라, 일도 또한 같습니다."

하니 여러 승지(承旨)들이 서로 돌아보면서 얼굴 빛을 잃고, 여러 아전들도 눈이 움직여, 전고(前古)에 없던 큰 변이라고 했다.

대개 정원(政院)의 고사(故事)에 여러 승지(承旨)는 도승지(都旨承)를 공경하여 감히 희언(戱言)을 하지 못하고, 공경하지 않는 자는 벌연(罰宴)을 열도록 되어 있었다. 이에 공의 집에서 벌연(罰宴)을 여는데 일곱 번을 연 뒤에 그만 두자, 공은 말하기를

"비록 나로 하여금 이 일로 인해서 집이 기울고 파산(破産)하게 한다고 해도 말 자료가 매우 아름다우니 말하지 않을 수

없었다."

했다. 〈윤고산집(尹孤山集)〉

일찍이 피성(皮姓)을 가진 종 하나가 사람됨이 근신(謹愼)하여 공이 몹시 사랑했는데, 공에게 청하기를,

"소인(小人)이 다만 딸이 하나 있어 장차 어진 사위를 데릴사위로 삼아 만년(晚年)을 의탁할 계획을 삼으려 하오니 신랑재목은 감히 대감께서 가려 주시기를 바랍니다."

했다.

어느 날 공이 대궐에서 돌아오자 피성(皮姓)의 종을 부르더니 말하기를

"오늘 아침에 비로소 네 사위감을 얻었으니 속히 가서 불러 오게 하라."

하니, 종이 말하기를,

"어디에 있습니까."

하자, 공이 말하기를,

"경조부(京兆府) 앞에 한 총각이 짚자리로 몸을 가리고 앉아 있는데 바로 그 사람이다."

하는 것이었다.

이에 사람을 시켜 가보았더니 과연 그런 사람이 있었다. 승상(丞相)의 명령이라고 그를 불렀으나 그 총각은 말하기를,

"승상은 무슨 벼슬이며, 나를 불러다가 무엇을 한다는 것이오."

하고 굳이 사양하고 오지 않았다. 이에 부르러 간 사람이 위협도 하고 공갈도 했으나 만 마리의 소가 끌어도 되지 않을 기세였다.

사실대로 공에게 와서 보고하자 공이 말하기를,

"내가 필시 그럴 줄 알았다."

하고 다시 문졸(門卒) 두어 명을 보내서 불러다가 공이 묻기를,

"내가 아내를 얻으려 하느냐?"

하자, 총각이 말하기를

362

"아내는 언어 무엇합니까?"

했다. 이에 공이 여러 번 권해서 비로소 억지로 승락을 얻고 가뻐서 종에게 이르기를,

"내일 성혼(成婚)하도록 하라. 만일 그렇지 않으면 반드시 잃게 될 것이다."

했다.

종이 옆에서 보니 남루한 옷차림이 곧 영락없는 거지애였다. 해괴함을 이길 수 없으나 감히 명령을 어길 수가 없어서 즉시 그 아이를 데리고 가서 머리에 빗질을 하고 목욕을 시킨 다음에 새 옷을 입혀 가지고 그 이튿날로 초례를 지내니 온 집안이 입을 가리고 웃었으나 그 사위는 조금도 부끄러워 하는 빛이 없었다.

그러나 한 번 데릴사위로 들어가 살기 시작한 뒤로 수건질도 하지 않고 버선도 신지 않은 채 잠자는 것이 일이요 문 밖에 나가지 않은 것이 3년이 되니 집사람들이 모두 바보로 지목했다. 그러한 어느 날 갑자기 세수를 하고 의관을 갖추자 그 아내가 괴이히 여겨 물으니 사위는 말하기를,

"오늘 상공(相公)께서 반드시 찾아 오실 것이오."

했다.

이 말을 듣고 사람들이 모두 웃지 않는 자가 없더니 조금 뒤문 밖에서 갑자기 벽제(辟除) 소리가 나더니 과연 동고(東皐)가나타나 바로 방으로 들어가 피서(皮婿)의 손을 잡고 말하기를,

"장차 어찌한단 말이냐. 장차 어찌한단 말이냐?"

하자, 대답하기를,

"천운(天運)인데 어찌하겠습니까?"

하는 것이다. 공이 다시 말하기를,

"이후의 일은 오로지 너에게 맡기리라."

하니, 대답하기를,

"감히 지우(知遇)의 은혜를 잊겠습니까. 앞으로 오는 사세(事勢)가 어떠한 가를 볼 것이요, 지금 무엇이라 말할 수 없습니다."

했다. 이와 같이 두어 마디만 하고 동고(東皐)가 가버리니 온 집안 사람들이 모두 이상히 여겨 비로소 그가 비범(非凡)한 사람임을 알고 이로부터는 대접하는 것이 전보다 좀 나아졌다.

어느 날 저녁에 종이 공의 집에서 돌아오자 사위가 말하기를,

"옷을 벗지 말고 다시 급히 가서 상공(相公)의 운명(運命)을 지켜 보시오."

하니 종이 말하기를,

"내가 지금 상공을 뵈었을 적에 손님과 이야기 하고 계시어 조금도 불평한 기운이 없었는데 어찌 그럴 이치가 있는가?"

했으나 사위는 말하기를,

"많은 말을 하지 말고 급히 가시오."

했다.

종이 다시 가보니 공은 바야흐로 수건으로 얼굴을 씻고 목숨이 다하기를 기다리면서 겨우 두 눈을 뜨고 종을 보면서 말하기를,

"네가 어찌 알고 갔다가 이내 왔느냐?"

하니 대답하기를,

"소인(小人)의 사위가 말해서 왔사온데 병환이 졸지에 이렇게 급하실 줄은 몰랐습니다."

하자 공은 말하기를,

"네 사위는 비범한 사람이니 그가 하는 모든 말을 반드시 그대로 좇고 어기지 마라."

하고 말을 마치자 숨을 거두었다.

그후 4년이 지난 어느 날 사위는 갑자기 그 장인에게 청하기를,

"제가 조금 시험할 일이 있으니 몇천 냥의 돈을 저에게 주시면 장사밑천으로 삼겠습니다."

하자 장인은 즉시 이를 승낙했다. 그러나 사위는 5,6개월 만에 빈 손으로 돌아와서 말하기를,

"돈이 적어서 장사를 할 수 없으니 만일 오륙천 냥만 얻으면 긴 소매로 춤을 잘 추겠습니다."

하니 또 그 말대로 준비해서 주었다.

그러나 1년 만에 또 빈 손으로 와서 청하기를,

"이미 시작한 꿈을 중도에서 폐할 수가 없습니다. 이제 만일 돈이 없거든 가장(家莊)과 전토(田土)를 모두 팔아서 저를 도와주는 것이 어떻겠습니까?"

하니, 장인은 한결같이 상공(相公)의 유교(遺敎)를 좇아서 조금도 의심치 않고 준비해 주고 자기는 오막살이집 하나를 빌려서 살면서, 비록 집사람이 늘상 불평하고 친구들이 비웃어도 아는 체하지 않았다.

그러나 사위는 1년이 지나서 또 빈 손으로 돌아와 말하기를 "처가(妻家)에는 이미 남은 재산이 없을 것이니 상공댁(相公宅)에 가서 몇천 꿰미를 빌릴 수밖에 없습니다."

하고 드디어 함께 가서 상공(相公)의 아들을 보고 사정 이야기를 하자 역시 즉석에서 승낙하고 5천 냥을 준비해 줬다.

그러나 이번에도 전과 같이 빈 손으로 와서 말하기를,

"전답과 집을 팔아서 나를 돕되 피옹(皮翁)이 한 것과 같이 하시오."

하니 상공(相公)의 아들이 한 마디 말도 없이 마침내 허락했다. 이렇게 하는 동안에 이미 5·6년의 세월이 흘렀다.

어느 날 피옹(皮翁) 및 상공(相公)의 아들을 모아 놓고 말하기를,

"두 집 재산을 다 없애고 이제 몸을 의지할 곳이 없게 되었습니다. 일이 이미 이에 이르렀으니 오직 바라건대 두 집에서는 가족들을 데리고 나와 함께 시골로 가서 살아갈 도리를 하시지요."

하자 모두 말하기를 좋다고 했으니, 대개 두 집에서 한결같이 그가 시키는대로 한 것은 동고(東皐)의 유훈(遺訓)이 있었기 때문에 감히 어기지 못했던 것이다.

드디어 날짜를 잡아 길을 떠나서 상하 노소가 말을 타고 소에게 짐을 싣고 일제히 동쪽을 향하여 가서 여러날 만에 한 깊은 골짜기에 이르니 꼬불꼬불 가다가 산이 막히고 길이 다하여 다시

갈 곳이 없었다. 이에 소와 말을 끌러 돌려보내고 바위 밑에 모여 앉아서 서로 돌아보면서 탄식하고 있는데, 조금 있자니 석벽(石壁) 위로부터 비단 수백 줄이 내려오므로 드디어 각각 한 가닥씩을 잡고 개미처럼 기어 올라가서 고개를 넘어 내려가니 넓따란 들이 끝이 없는데 기와집과 초가가 즐비하게 백여 호(戶)가 있고, 꽃과 나무가 서로 비치며 닭소리와 개소리가 서로 들리니, 참으로 가히 무릉도원(武陵桃源)이었다.

그곳에는 모든 곡식과 솥과 그릇 종류와 포백(布帛)과 소금과 간장 등 일용(日用) 집물(什物)이 갖추어지지 않은 것이 없었다. 그리하여 두 집이 각각 제 자리에 편안히 살게 되니 비로소 전일 가져온 돈이 이 은거(隱居)의 자리를 마련하기 위한 것이라는 것을 알 수 있었다.

또 좋은 밭과 기름진 논의 이랑과 이랑이 적당히 벌려 있어서 봄에 갈고 가을에 거두어 남녀가 기뻐하니 편안히 산 속 재미를 누리고 세상의 소식을 들을 수가 없었다. 그러니 동고(東皐)의 아들 두 사람은 번화한 곳에서 생장한 터인데 갑자기 적막한 산골짜기에 머물러 있으니 매양 울적히 옛날 살던 곳을 그리워하는 마음이 있었다.

어느 날 피서(皮婿)는 이들을 데리고 높은 봉우리에 올라가 한 곳을 가리키면서 말하기를,

"공들은 저기 개미처럼 뭉쳐 있는 것이 보이지 않습니까? 저들은 모두 왜병입니다. 금년 4월에 왜병이 크게 몰려와서 팔로(八路)가 모두 함락되고 임금의 행차가 지금 의주(義州)에 머물러 계시니 만약 집이 서울에 있었으면 능히 보존했겠습니까? 내가 말하고자 하는 바는 선상공(先相公)의 지우(知遇)의 은혜에 보답하려 하고자 함이니, 아직 안심하고 여기에 계시면서 산에서 나갈 생각은 하지 마시옵소서."

했다.

그 후 8, 9년이 지난 뒤에 갑자기 동고(東皐)의 아들에게 이르기를,

"여기에서 영구히 사시려 합니까?"

하자, 대답하기를,

"나는 이곳이 편안하노라."

했다. 그러나 피서(皮壻)는 답하기를,

"그렇지 않습니다. 공이 만일 영구히 세상에 나가지 않는다면 선상공(先相公)이 조정에 끼치셨던 위적(偉蹟)을 누가 능히 현양(顯揚)하겠습니까. 지금은 왜병이 다 돌아가고 나라 안이 깨끗하니 가히 고토(故土)로 돌아갈 것입니다."

하니, 피옹(皮翁)이 말하기를,

"나는 자녀(子女)가 없으니 세상에 나가서 무엇을 하겠는가. 나는 그대와 함께 여기에서 늙고자 하노라."

했다.

이에 사위가 말하기를,

"좋습니다."

하고 드디어 동고(東皐)의 아들을 권하여 가족을 데리고 산에서 나와 함께 청주군(淸州郡) 남산(南山) 밑에 이르러 말하기를,

"이 터가 몹시 좋으니 영구히 여기에 사시고 딴 곳으로 옮기지 않으면 대대로 대부(大夫)의 반열(班列)을 잃지 않을 것입니다."

하고, 드디어 작별하고 나가니 어디서 숨을 거뒀는지 알 수가 없다. 〈이원명저 동야휘집(李源命著東野彙輯)〉

공의 또 하나의 호는 남당(南堂)이요, 또 청련거사(靑蓮居士)이니 졸(卒)한 나이는 74세요, 시호는 충정(忠貞)이며 선조(宣祖)의 사당에 배향(配享)되었다.

백광훈(白光勳)을 조룡대(釣龍臺)에 비교함

백광훈(白光勳)은 해미(海美) 사람인데 자는 창경(彰卿)이요, 호는 옥봉(玉峰)이다. 벼슬은 참봉(叅奉)에 그쳤다.

시명(詩名)이 있어, 일찍이 공주(公州)에 갔을 때 주수(主倅)

가 재계하고 장구(裝具)를 갖추어 오리정(五里亭)에 나가 맞으
니, 마침 기생들도 모두 성장(盛粧)하고 기다렸는데, 마침내 백
공(白公)이 오길래 보니 한 포의(布衣)요, 의형(儀形)이 건조하
여 족히 남을 움직이지 못했다. 이에 서로 냉소(冷笑)하며, 그
중 한 기생이 말하기를,

"백공(白公)을 보니 곧 조룡대(釣龍臺)로다."

하니 듣는 자들이 크게 웃었다. 대개 조룡대(釣龍臺)는 비록 승
지(勝地)이지만 실은 볼 만한 곳이 없기 때문이다.

그의 홍경사시(弘慶寺詩)에 말하기를

'가을 풀은 전조(前朝)때의 절이요, 쇠잔한 비석은 학사(學
士)의 글일세. 천년에 흐르는 물이 있으니, 떨어지는 해에 돌
아가는 구름을 보네.〔秋草前朝寺 殘碑學士文 千年有流水 落日
見歸雲〕'

했다.〈지봉유설(芝峰類)〉 일재(一齋) 이항(李恒)의 문하에게 공
부했다.

유조인(柳祖認)은 송곳을 만들어 주춧돌을 파냄

유조인(柳祖認)은 문화(文化) 사람이니 자는 인지(認之)요, 호
는 범애(泛愛)이니 서봉(西峰) 우(藕)의 아들이다. 문과에 급제
하고 임진(壬辰)에 의주(義州)에 호가(扈駕)하여 형조참의(刑曹
叅議)에 배했다.

성품이 자인(慈仁)하고 물건을 사랑하고 세상 사정에는 소활
했다. 일찍이 길에서 한 웅덩이가 물이 말라 있는데 그 속에 올
챙이 수백 마리가 있는 것을 보고 공은 그 죽는 것을 민망히 여
겨 수건으로 싸가지고 9리쯤 가다가 깊은 물을 만나서 던져주었
으나 올챙이는 이미 죽어 있으므로 공은 이를 슬퍼했다.

또 이천현감(伊川縣監)에 임명되었는데 백성이 살아있는 노루
한 마리를 관아(官衙) 앞으로 가지고 왔는데, 공은 이를 차마 받

지 못하고 즉시 놓아주니 노루는 뛰어서 달아났으나 겨우 문을
나서자마자 아전들이 잡아 먹었으니 공은 이를 알지 못했다.
〈지봉유설(芝峰類說)〉

어렸을 때 장난을 자못 심하게 하므로 아버지의 친구가 이를
꾸짖었는데 조인(祖認)은 이를 분하게 여겨 송곳 하나를 만들어
가지고 그 집 주춧돌을 파면서 말하기를,

"내 반드시 이 집을 무너뜨리고 말리라."

하므로 사람들이 미친 아이라고 했다. 장성하자 자기 몸을 굽혀
선유(善儒)가 되어 이소(履素) 이중호(李仲虎)의 문하에서 수학
(受學)했다.〈동유사우록(東儒師友錄)〉

변협(邊協)이 요승(妖僧) 보우(普雨)를 베다

변협(邊協)은 원주(原州) 사람이니 무신(戊申)에 무과(武科)에
올랐다.

파주군수(坡州郡守)로 있을 때 율곡 선생(栗谷先生)을 찾아서
주역(周易)을 강론하고 계몽(啓蒙)되어 자못 홀로 얻은 묘함이
있었고, 천문(天文)·지리(地理)·수학(數學)·산학(算學)에 이
르기까지 정밀하게 터득하지 않은 것이 없었다.

황해도 관찰사(黃海道觀察使)로 나갔을 때 변방 10여 군(郡)을
순찰하는데 한번 눈에 지난 것은 산천(山川)과 도리(道里)의 형
세를 다 알아서 옛 지도를 보면서 가리키는데 물 하나 돌 하나
까지 분명하여 차이가 없었다. 일찍이 병영(兵營)의 군부(軍簿)
를 열람하여 한 번 보고서도 그 이름을 다 기억하니 사람들이 신
(神)이라고 했다.

갑신(甲申)에 일찍이 천문(天文)을 보아 태을(太乙)을 추산
(推算)하고 자질(子姪)들에게 이르기를,

"10년이 되기 전에 국가가 또 병란(兵亂)에 괴롭혀질 것이
다."

하더니 그 뒤에 이 말이 모두 맞았다. 일찍이 제주목사(濟州牧使)가 되었을 때 요승(妖僧) 보우(普雨)가 마침 그 고을에 있으므로 공이 일로 인해서 매때려 죽이니, 유림(儒林)들이 쾌하게 여겨 혹 편지를 보내어 하례하자 말하기를,

"나라 사람이 죽인 것이지 내가 죽인 것이 아니다."

했다.

임진(壬辰)에 일본의 큰 군사가 바다를 건너 오자 임금이 신립(申砬)을 보내서 막게 하는데, 떠나던 날 입(砬)을 불러보고 묻기를,

"적이 어떠한가?"

하자, 입(砬)은 경솔히 여기는 의향이었다. 이에 임금이 말하기를,

"변협(邊協)은 매양 왜병이 가장 대적하기 어렵다고 했는데 경(卿)은 어찌 쉽게 말하는가?"

했다. 입(砬)이 나가자 임금은 몹시 칭찬하기를,

"변협(邊協)은 실로 양장(良將)이었다. 내가 항상 잊지 못하고 있지만 만일 그 사람이 있다면 내가 어찌 왜를 근심하겠느냐."

하고, 슬퍼하고 애석히 여기기를 오래 하더니 열흘이 못 되어 입(砬)이 과연 패해 죽었는데, 이때 공이 몰(歿)한 지 겨우 3년이었다.

을묘(乙卯)에 공이 해남군수(海南郡守)가 되었을 때 왜병이 갑자기 이르러 계속해서 여러 진(鎭)의 각 읍을 함락시키니 호남(湖南)이 크게 놀랐다. 이에 공은 홀로 서서히 행동하여 고을을 다스리면서 조금도 얼굴빛을 움직이지 않고 여러 번 기계(奇計)를 내어 적을 막고, 드디어 복병(伏兵)을 매복해 맞았다가 쳐서 한 번 싸움에 크게 이겨 죽이고 사로잡은 것이 무수하니 국조(國朝) 이래로 일찍이 없던 일이었다.

또 명(明)나라 사람이 포로로 잡혀 있는 사람을 사로잡아서 보내려고 명나라 조정에 아뢰니 천자가 아름답게 여기고 칭찬하여 은과 비단을 상으로 주면서 말하기를,

"현감(縣監) 변협(邊恊)이 외로운 성을 지켜 홀로 온전히 했다."

하니, 이때 공의 나이 28세였다.

공의 나이 6세 때에 달려가다가 깊은 우물에 떨어져서 우물 속에 있는 들을 잡고 빠지지 않고 새벽에 이르러 이웃 사람이 물을 길러온 것을 보고 서서히 말하기를,

"나는 주인집 아이이니, 큰 밧줄을 가져오시오."

하니 온 집안이 놀랐으나 공은 태연하고 두려워하지 않았다.
〈월사집비명(月沙集碑銘)〉

박지화(朴枝華)는 섭양(攝養)을 잘했다

박지화(朴枝華)는 정선(旌善) 사람인데 호는 수암(守庵)이다. 퇴계(退溪)의 문하(門下)에서 공부를 하고 섭양(攝養)을 잘하여 항상 방에서 거처하고 겨울이나 여름에도 밖에 나가지 않고 나이 80인데도 정력(精力)이 범인(凡人)과 달랐다.

임진란(壬辰亂)을 당하여 양근(楊根) 물가로 피난갔는데, 나무를 찍어 두시(杜詩) 1수를 쓰기를,

'백구는 본래 물에서 자는 것이니, 무슨 일로 남은 슬픔이 있으랴.〔白鷗元水宿 何事有餘哀〕'

하고 몸을 물에 던져 죽으니 사람들이 수선(水仙)이라고 했다.
〈지봉유설(芝峰類說)〉

김렴(金濂)은 한산군수(韓山郡守)가 되어 권귀(權貴)가 채소와 물고기 구하는 것에 응하지 않음

김렴(金濂)은 상산(商山) 사람이니 자는 달원(達源)이요, 호는

삼휴당(三休堂)이다.

명종조(明宗朝)에서 진사(進士)가 되고 문과에 급제하여 발탁되어 한림(翰林)이 되었다가 권신(權臣)의 미움을 받아서 한산군수(韓山郡守)로 내쫓겼는데, 이때 그 고을에 괴질(怪疾)이 있어서 가기만 하면 문득 죽으므로 어떤 사람은 혹 조상하자 공은 웃으면서 말하기를,

"죽고 사는 것이 하늘에 있는 것인데 한산(韓山)의 괴질(怪疾)이 하늘에야 어쩌겠는가."

하고 드디어 수레에 올라 군(郡)에 이르자 그 이튿날 단(壇)을 모으고 귀신을 불러 글을 지어 타이르자 그 후로는 근심이 끊어졌고, 처음에 비웃던 자는 공을 신(神)이라고 했다.

벼슬에 있어서는 청백(淸白)하여 산업(産業)을 꾀하지 않았고 어떤 권귀(權貴)가 물고기와 산채(山菜)를 구하자 편지로 답장하기를,

"물고기는 천 이랑 물 밑에 있고, 산채는 만 첩 산 속에 있는데, 벼슬하는 자가 어옹(漁翁)이나 채녀(採女)가 아닌 바에 어떻게 얻는단 말이오."

하고, 그 길로 벼슬을 버리고 가는데 필마 단동(匹馬單童)으로 천령(天嶺)에 이르러 말 위에서 입으로 부르기를,

"말은 속세의 먼짓길에 미끄럽고, 비는 푸른 수운(峀雲)을 돌아가네.〔馬滑紅塵路 雨還碧峀雲〕"

하니, 호미를 든 농부(農夫)가 이에 화답하기를,

"초야(草野)가 조정보다 나으니, 청컨대 그대는 흰구름을 짝하라.〔草野勝朝著 請君伴白雲〕"

하니, 이로부터 드디어 벼슬에 뜻을 끊었다. 〈상산세고(商山世稿)〉

정이주(鄭以周)는 벼슬에서 돌아오자
옷을 불태우다

정이주(鄭以周)는 광주(光州) 사람이니 자는 방무(邦武)요, 호는 성재(醒齋)이다.

무오(戊午)에 생원(生員)이 되고 무진(戊辰)에 문과에 급제하여 검열(檢閱)이 되었으며 서장관(書狀官)으로 명(明)나라에 갔었는데 돌아오는 행장이 쓸쓸했다.

혹 말하기를,

"서적(書籍)쯤이야 사가지고 와도 무엇이 해로운가."

하자 그는 대답하기를,

"우리 나라에 있는 책도 다 읽지 못한다."

했다. 정주목사(定州牧使)가 되었다가 돌아왔는데 행장 속에 새 옷이 두 상자가 있으므로 그 자리에서 불태워 버렸고, 집에 도착하던 날에 양식을 남의 집에서 꾸어다가 비로소 밥을 지었다. 〈인물고(人物考)〉

권극지(權克智)는 철부도(鐵浮圖)

권극지(權克智)는 안동(安東) 사람이니, 자는 택중(擇仲)이다. 무오(戊午)에 진사(進士)가 되고 정묘(丁卯)에 문과에 급제하여 천거되어 한원(翰苑)에 들어갔으며 벼슬은 예조판서(禮曹判書)에 그쳤다.

평생에 실지로 병이 아니면 일찍이 휴가를 얻지 않았고, 벼슬에 있어서는 일체의 일을 법으로 처리하고 일을 당하면 오직 이치에 의해서 구하니 교활한 아전들이 손을 모으고 말하기를,

"철부도(鐵浮圖)."

라고 했다.

연경(燕京)에 갈 때 전에 쓰던 융모자가 때가 묻어서 쓸 수 없으므로 종자(從者)가 바꾸기를 청했으나 끝내 허락하지 않았다. 또 북청(北靑)에 부임해 있을 때 깔고 자는 요가 떨어져서 솜이 모두 나오자 무명 이불로 바꾸게 하고 관인(官人)이 알지 못하게 했다.

임진(壬辰)에 비국(備局)의 유사당상(有司堂上)으로 밤새도록 대궐에 있더니 적의 형세가 날로 급한 것을 보고 사람들에게 말하기를,

"나라가 없어지고 임금이 죽었으니 살아서 무엇하랴."

하고 식사를 폐하고 날마다 피 두어 되를 토하다가 명이 끊어졌다. 시호는 충순(忠順)이다. 〈인물고(人物考)〉

고응척(高應陟)은 사람들이
광랑(狂郎)이라 하다

고응척(高應陟)은 안동(安東) 사람이니 자는 명숙(明叔)이요, 호는 두곡(杜谷)이다. 기유(己酉)에 진사(進士)가 되고 신유(辛酉)에 문과에 급제하여 벼슬이 사성(司成)에 이르렀다.

나이 20세에 김후계 범(金後溪範)을 찾았더니 말하기를,

"중용(中庸)이 몽학(蒙學)의 능할 바가 아니다."

하니 공이 울면서 돌아와서 책을 펴놓고 잠잠히 외워서 도자부(道字賦)를 지었는데 유제(柳霽)가 보고 기이해 하기를,

"이 아이가 반드시 문장이 되리라."

했다.

중씨(仲氏)가 항상 한문(韓文)을 외우면서 공에게 권하자 공은 말하기를,

"스스로 성현(聖賢)의 글이 있는데 하필 한문(韓文)을 배우리오."

했다.

17세에 화산(花山)으로 장가를 들었는데 도끼를 들고 뒷산에 올라 가서는 나무를 베어 지고 오자 장인이 책망하기를,

"선비가 천역(賤役)을 하는 것은 또한 부끄러운 일이 아닌 가?"

하자 웃으면서 말하기를,

"남이 알 바 아닙니다."

하고 손수 집 하나를 짓는데 문을 모조리 막고 두 벽에만 구멍을 뚫어 하나는 친한 손님의 말에 대답하고 하나는 음식을 출입시키면서 앉은 자리에서 1년이 넘도록 대학(大學)을 읽었다.

이웃이나 족인(族人)이 술과 음식을 차려 놓고 청하면 말하기를,

"나를 음식인(飮食人)으로 여기느냐?"

하고, 벗이 찾아오면 벽의 구멍에서 만나보고 말하기를,

"이미 간략으니 각각 하는 공부를 하는 것이 옳다."

하니 온 마을 사람이 광랑(狂郞)이라고 했다. 〈인물고(人物考)〉

新完譯 大東奇聞 上

初版 印刷●2000年 12月 15日
初版 發行●2000年 12月 20日

編著者●姜 斅 錫
譯 者●李 民 樹
發行者●金 東 求

發行處●明 文 堂
　　　서울특별시 종로구 안국동 17~8
　　　대체　010041-31-001194
　　　전화　(영) 733-3039, 734-4798
　　　　　　(편) 733-4748
　　　FAX 734-9209
　　　등록　1977. 11. 19. 제1~148호

값 12,000원
ISBN 89-7270-457-1 94910
ISBN 89-7270-031-2(전3권)

明文堂의 漢書는 內容이 풍부합니다.

明文堂의 漢書는 傳統을 자랑합니다.

原本備旨大學　金赫濟校閱　新菊版　八六面

原本備旨中庸　金赫濟校閱　新菊版　一五四面

新完譯大學·中庸　金學主著　新菊版　三九八面

新譯小學　金星元譯註　新菊版　七八八面

現代譯論語　羅善綱譯解　四·六版　四八〇面

正本論語集註(全)　金星元校閱　新菊版　二九八面

懸吐釋字具解論語集註(全)　金赫濟校閱　新菊版　四一六面

新完譯論語　張基槿譯著　新菊版　五〇二面

原本備旨孟子(上·下)　金赫濟校閱　新菊版　四面·下四〇〇面　上三八

新完譯孟子(上·下)　車柱環譯著　新菊版　面·下六四八面　上五〇八

原本孟子集註　金赫濟校閱　新菊版　四〇六面

正本孟子集註(全)　金星元校閱　新菊版　二三八面

原本集註書傳　金赫濟校閱　新菊版　五一〇面

原本集註詩傳　金赫濟校閱　新菊版　五四四面

新完譯詩經　金學主譯著　新菊版　五八八面

新完譯書經　車相轅譯著　新菊版　五八四面

原本集註周易　金赫濟校閱　新菊版　四七〇面

現代譯周易　金敬琢譯註　新菊版　五〇〇面

明文堂의 漢書는 格調가 높습니다.

明文啓蒙篇

明文啓蒙篇　金赫濟校註　四・六倍版　一二二面

蒙學指南　金文演編著　菊版　一四〇面

明文童蒙先習　金赫濟校註　四・六倍版　一二二面

喪禮秘要　金赫濟校閱　菊版　九〇面

冠婚喪祭禮大典　韓重洙編　菊版　四二四面

新譯列子　金學主譯解　四・六版　二七八面

新譯墨子　金學主譯解　四・六版　四〇八面

新譯老子　金學主譯解　四・六版　二四二面

新譯管子　金學主譯解　四・六版　三四〇面

中國故事　盧在德編著　四・六版　三六八面

孫子兵法　蔡恒錫・金漢宰共編　四・六版　三〇二面

菜根譚　黃英周譯註　四・六版　三七二面

西遊記（上・下）　吳承恩作・金光洲・金湖星譯　四・六版　上三八六面・下二九八面

玉樓夢（上・下）　玉蓮子著　四・六版　各三八六面

聊齋志異（上・下）　金光洲譯　四・六版　各三〇四面

楊貴妃（上・下）　井上靖著　四・六版　二三八・二六二面

雲英傳外　金起東・朴憲道譯　四・六版　三三四面

東國山水記　崔喆編譯　四・六版　二八四面